NAPOLÉON

*

Le Chant du départ

Max Gallo

NAPOLÉON

*

Le Chant du départ

FRANCE LOISIRS
123, boulevard de Grenelle, Paris

Crédits photographiques *Dossier Napoléon*

Dagli Orti : XVII, XVIII, XX, XXII, XXVI, XXXI — Josse : XVII, XVIII, XIX, XX, XXI, XXIII, XXIV-XXV, XXVI, XXVII, XXVIII, XXVIII-XXIX, XXIX, XXX, XXXI, XXXII — RMN : XXII.

Une édition du Club France Loisirs, Paris,
réalisée avec l'autorisation des Éditions Robert Laffont

ISBN 2-7441-1055-8

À
Stendhal et André Malraux

et
pour mon fils.

Sur quoi pourrait-on m'attaquer qu'un historien ne puisse me défendre ?

Napoléon, à Sainte-Hélène.

Il a laissé la France plus petite qu'il ne l'avait trouvée, soit. Mais une nation ne se définit pas ainsi. Pour la France il devait exister... Ne marchandons pas la grandeur.

De Gaulle, cité par André Malraux,
Les Chênes qu'on abat.

OUVERTURE

Cette plaine serait un beau champ de bataille

C'était le 4 avril 1805, peu après l'aube.

Lui, Napoléon Bonaparte, Empereur des Français, se tenait dressé sur les étriers, tirant sur les rênes de son cheval arabe qui piaffait.

Caulaincourt, le grand écuyer et aide de camp, et les officiers de la suite impériale demeuraient à distance. Les chevaux piétinaient, se heurtaient, faisant s'entrechoquer les sabres.

L'Empereur était en avant, seul.

Il regardait ces bâtiments en ruine qui surgissaient du brouillard. Il reconnaissait l'allée de tilleuls et, au bout, le couvent de la Minimière.

C'était tout ce qui restait de l'école militaire de Brienne, où il avait vécu cinq années alors qu'il n'était que cet enfant de dix ans qu'on moquait parce qu'il portait un nom bizarre, celui d'un étranger, *Napoleone Buonaparte,* aux sonorités qui paraissaient ridicules, et on chantonnait pour le provoquer : « Napoleone Buonaparte, Paille-au-Nez. »

Vingt années seulement avaient passé, et il avait, le 2 décembre 1804, à Notre-Dame, pris des mains du pape Pie VII la couronne d'empereur afin de se couronner lui-même.

Il était Napoléon Bonaparte, Empereur des Français. Il n'avait que trente-six ans.

Il était arrivé de Paris la veille, parce qu'il voulait revoir ces lieux, cette école militaire dont il ignorait qu'elle n'était plus qu'un amas de décombres qui témoignait du tumulte de ces vingt années. Elle avait été supprimée en 1793, vendue comme bien national, convertie en fabrique de caissons et, après le transfert des ateliers, cédée à vil prix, démolie en 1799, utilisée comme source de matériaux.

Et il avait vécu là cinq années, les plus dures de sa vie, seul dans ce pays où, en effet, il était un étranger.

Mais il était devenu Napoléon Bonaparte, Empereur des Français, et seulement vingt années s'étaient écoulées.

À Paris, le 30 mars 1805, le pape Pie VII était venu le saluer avant de repartir pour l'Italie. Et Napoléon lui avait indiqué que lui-même quittait Paris pour Milan afin de s'y faire couronner roi d'Italie, dans la cathédrale, par le cardinal Caprara. Et Pie VII, une fois encore, avait courbé la tête devant l'Empereur – et bientôt roi.

Napoléon était sorti de Paris le 31 mars, se dirigeant vers Troyes.

Il avait accepté, comme un pèlerinage sur les lieux de cette enfance solitaire, de ces années d'études à l'école militaire, de séjourner une nuit au château de Brienne, qui dominait le village.

Tout au long du trajet entre Paris et Brienne, ç'avait été une haie de vivats. Il s'était penché à la portière de sa voiture. À l'entrée des villes et des villages, il avait enfourché son cheval arabe et il avait caracolé, droit, répondant aux saluts.

Lorsqu'il avait pénétré dans Brienne, le 3 avril 1805, à la fin de la matinée, il avait retenu son cheval. La foule des paysans du voisinage avait envahi les rues. Napoléon avait reconnu la rampe qui conduisait à l'esplanade sur laquelle, au milieu de vastes jardins, s'élevait le château.

Mme de Brienne était sur le perron, le saluant avec déférence, lui présentant l'appartement qui avait été préparé pour lui et où, murmurait-elle, avait jadis séjourné le duc d'Orléans.

Napoléon s'était avancé, avait ouvert la croisée, regardé cette campagne champenoise, ce paysage qu'il avait senti si hostile, si différent, si étranger lorsqu'il s'y était retrouvé seul, enfant de dix ans.

Durant ces cinq années passées à l'école militaire de Brienne, il avait cent fois entendu le récit des chasses et des fêtes que les de Brienne donnaient au château et dans les forêts qui leur appartenaient. Souvent, le bruit des musiques et celui des chevauchées envahissaient la cour de l'école.

Mais, en une seule occasion, Bonaparte, avec ses camarades, avait été convié à visiter le château.

C'était la Saint-Louis, le 25 août 1783. Mme de Brienne avait remarqué cet élève maigre au teint olivâtre, au nom si curieux, Napoleone Buonaparte, mais ce n'avait été l'attention que d'un instant.

Il s'était perdu parmi la centaine d'élèves de l'école, cette masse anonyme d'enfants en habit de drap bleu, leur veste à doublure blanche aux parements, revers et collet rouges, avec boutons blancs aux armes de l'école militaire.

Dans les jardins du château, Bonaparte avait parcouru les allées où se pressait toute la population des alentours, conviée par les châtelains à la fête du roi.

On avait dressé des estrades pour les saltimbanques, les chanteurs et les acteurs. On avait tendu des cordes pour les équilibristes. Et les marchands de coco et de pain d'épice fendaient la foule, proposant leurs friandises.

Bonaparte avait marché silencieux, les bras croisés derrière le dos.

C'était vingt-deux années auparavant.

Il était maintenant l'Empereur des Français, et Mme de Brienne l'invitait à passer à table, puis au salon.

On se présentait à l'Empereur.

Un curé du voisinage, vêtu d'une redingote brune, s'approcha, s'inclina, prétendant avoir été l'un des professeurs de Bonaparte à l'école militaire, dirigée par les frères de l'ordre des Minimes.

– Qui êtes-vous ? lui demanda l'Empereur, comme s'il n'avait pas entendu.

Le curé répéta.

– La soutane, répliqua Napoléon, a été donnée aux prêtres pour qu'on les reconnaisse toujours de près ou de loin, et je ne reconnais pas un curé en redingote. Allez vous habiller.

Le curé s'éclipsa, revint confus, humble.

– À présent, je vous reconnais, dit Napoléon, et je suis très content de vous voir.

Il était l'Empereur des Français.

Au dîner, il s'impatienta. Les convives se taisaient. Un maître d'hôtel, impressionné, renversa une saucière sur la nappe devant l'Empereur. Napoléon éclata de rire et l'atmosphère aussitôt se détendit.

On quitta la table dans le brouhaha des conversations, puis l'Empereur se retira.

Il dormit peu, et à l'aube il était dans la cour, montant son cheval arabe, quittant le château pour revoir cette école militaire dont il découvrit, quand le brouillard se dissipa, qu'elle était en ruine.

Il ne pouvait envisager de la faire reconstruire. Il y eût fallu des millions.

Le passé ne se relèverait pas.

Alors, soudain, de deux coups secs d'éperon, il piqua son cheval et prit, seul, après avoir traversé Brienne, la route de Bar-sur-Aube.

En quelques minutes, il disparut.

Le coursier, longtemps retenu, déroula sa course au triple galop, sautant les fossés, s'engageant dans les bois, martelant de ses sabots les chemins empierrés. Et l'Empereur, à chaque instant, changeait de direction, reconnaissant un paysage ici, un village là.

Seul, seul, l'Empereur court après ses souvenirs dans la campagne, imagine Caulaincourt et les officiers affolés, qui cherchent à le rejoindre.

Un coup de feu déchira le silence imprégné de brouillard.

Caulaincourt lançait un appel. Il fallait se remettre en route.

L'Empereur rentra, l'œil fixé sur les tours du château de Brienne. Il avait galopé plus de trois heures. Il ne savait où, dit-il à ses officiers qui s'étonnaient.

Son cheval exténué était couvert de sueur, et du sang coulait de ses naseaux.

L'Empereur quitta Brienne ce 4 avril 1805 pour Milan, où l'attendait la couronne du roi d'Italie.

Alors que le château était encore en vue, il se pencha à la fenêtre de sa voiture et la fit arrêter. Le soleil enveloppait les tours, faisait briller les fourreaux des sabres, les parements des uniformes.

« Cette plaine, dit Napoléon, serait un beau champ de bataille. »

PREMIÈRE PARTIE

Du granit chauffé par un volcan

15 août 1769 – Octobre 1785

1

Il n'avait pas encore dix ans, l'enfant qui entrait, le 15 mai 1779, dans le parloir de l'École royale militaire de Brienne, puisqu'il était né le 15 août 1769 à Ajaccio, de Charles Marie Bonaparte et de Letizia Ramolino.

Il se tenait les mains dans le dos, très droit, le visage maigre au menton en galoche, figé, le corps malingre, serré dans un vêtement bleu foncé, les cheveux châtains coupés très court, le regard gris.

Il semblait insensible, indifférent presque, à la grande salle froide dans laquelle il se trouvait, attendant que le principal de l'école, le père Lelue, qui appartenait à l'ordre des Minimes, dont l'école dépendait, le reçoive.

L'enfant savait pourtant qu'il resterait dans cette école plusieurs années sans pouvoir la quitter même un seul jour, et qu'il serait ainsi seul dans ce pays dont il venait seulement d'apprendre les rudiments de la langue.

Il était arrivé le 1er janvier 1779 à Autun avec son père Charles, bel homme, grand, aux allures de seigneur, tenue soignée, recherchée même, aux traits du visage réguliers.

La Corse, les ruelles d'Ajaccio, l'odeur de la mer, le parfum des pins, des lentisques, des arbousiers et des myrtes, tout ce monde qui avait été celui de l'enfant était relégué loin comme un secret intime. Et il avait fallu serrer les dents, se mordre les joues quand le père était reparti, laissant ses deux fils au collège d'Autun, Joseph, l'aîné, né le

7 janvier 1768, et Napoleone – l'un destiné à l'Église, et l'autre aux Armes.

À Autun, en trois mois, du 1er janvier au 21 avril, il avait fallu apprendre le français, la langue étrangère, celle que les soldats du vainqueur clamaient dans les rues d'Ajaccio. Le père la parlait, mais pas la mère. Et tout ce qu'on avait enseigné aux fils Bonaparte, c'était l'italien.

Apprendre, apprendre : l'enfant de neuf ans avait fermé les poings, enfoui la tristesse, la nostalgie, la peur même, le sentiment d'abandon, dans ce pays de pluie, de froid, de neige et d'ardoises où la terre sentait l'humus et la boue, et jamais le parfum des plantes grasses.

Cette langue nouvelle, il a voulu la maîtriser, puisque c'était la langue de ceux qui avaient vaincu les siens, occupé l'île.

Il se tend. Il récite. Il répète jusqu'à ce que les mots se plient. Cette langue, il la lui faut, pour combattre un jour ces Français orgueilleux qui se moquent de son nom et qu'il ne veut même pas côtoyer.

Il se promène seul dans la cour du collège d'Autun, pensif et sombre. Son frère Joseph est au contraire affable, doux et timide. Mais Napoleone irrite par ce comportement où se mêlent fierté d'enfant humilié et amertume de vaincu.

Alors on le taquine, on le provoque. D'abord il se tait, puis, quand on lui dit que les Corses sont des lâches parce qu'ils se sont laissé asservir, il gesticule et lance, rageur : « Si les Français avaient été quatre contre un, ils n'auraient jamais eu la Corse. Mais ils étaient dix contre un. »

On lui parle de Pascal Paoli, le chef de la résistance aux Français, vaincu le 9 mai 1769 à la bataille de Ponte-Novo.

Une fois encore, il se contient.

Il se souvient.

Il sait que son père et sa mère ont été des protégés de Pascal Paoli. Jeunes gens d'à peine dix-huit et quatorze ans, ils ont vécu dans l'entourage de Paoli, à Corte, dans les années de la courte indépendance corse, entre la domination génoise et l'intervention française de 1767. En 1764, c'est Pascal Paoli qui fait pression sur la famille de Letizia Ramolino pour qu'elle autorise la jeune fille à épouser Charles Marie Bonaparte. La parole du *Babbo* – *le père*, ainsi l'on nomme Pascal Paoli – compte. Le mariage a lieu. Deux enfants naissent et meurent aussitôt. Puis, alors que Letizia vient à peine d'accoucher de Joseph, voici qu'elle est à nouveau enceinte, au moment où les troupes royales de Louis XV défont les patriotes corses. Il faut fuir par les sentiers du maquis, il faut franchir à gué les rivières.

Et au collège d'Autun, l'enfant de neuf ans ne peut raconter cela à l'abbé Chardon qui, entre deux leçons de français, l'interroge, à la fois bienveillant et ironique.

– Pourquoi avez-vous été battus ? demande l'abbé. Vous aviez Paoli, et Paoli passait pour un bon général.

L'enfant ne peut se contenir.

– Oui, monsieur, et je voudrais lui ressembler.

Il est corse. Il hait ce pays, ce climat, ces Français. Il marmonne : « Je ferai à ces Français tout le mal que je pourrai. »

Il est une sorte de prisonnier volontaire, de fils de vaincu captif. Il ne peut ni se confier ni pleurer.

Il se souvient des soirées de la maison paternelle, rue Saint-Charles, dans la profusion des parfums. Il se souvient de la douceur des voix.

Sa mère était rude, elle giflait, elle fouettait. Mais elle était belle, aimante.

Elle s'asseyait entre ses enfants. Enceinte une nouvelle fois, apaisée et inflexible.

Elle racontait la guerre, la fuite après la défaite de Ponte-Novo.

La grand-mère paternelle, Maria Saveria Buonaparte, le demi-frère Joseph Fesch, puisque la mère de Letizia s'était remariée, la tante maternelle Gertrude Paravicini, la nourrice de Napoléon, Camilla Ilari, la servante Saveria – la seule domestique de la famille – écoutaient tous. Et souvent, la grand-mère dévote, qui assistait à neuf messes quotidiennes, se signait.

Napoléon se rappelait dans les moindres détails la description de la Liamone aux flots tumultueux.

Letizia Bonaparte avait voulu traverser la rivière à gué, mais le cheval avait perdu pied, emporté par le courant. Charles Bonaparte s'était jeté à l'eau pour secourir sa femme enceinte et son fils Joseph, mais Letizia avait réussi à dompter la monture et à la diriger vers l'autre rive.

Que pouvaient savoir les Français, l'abbé Chardon, les élèves du collège d'Autun, de ces Corses, de la Corse, eux qui ignoraient la rumeur de la mer, l'intimité des ruelles bordant le port et la couleur ocre de la forteresse d'Ajaccio dominant la baie ?

Napoléon pensait à ses courses, aux combats qu'il livrait face à d'autres enfants, comme lui du Sud, parlant comme lui cette langue expressive, chaleureuse, parfois se moquant de lui, de sa tenue négligée.

Napoleone di mezza calzetta
Fa l'amore a Giacominetta
« Napoléon demi-chaussettes
Fait l'amour à Jacquelinette ».

Il se jetait sur eux, il entraînait la petite fille, camarade de classe, à l'école des sœurs béguines où il apprenait l'italien.

Plus tard, à huit ans, il arpenterait avec elle les quais du port. Mais il était déjà loin d'elle. Il étudiait l'arithmétique, il se retirait dans une cabane de planches construite à l'arrière de la maison. Il calculait seul, seul toute la journée, puis il sortait le soir, dépenaillé, indifférent, rêveur.

Ne rien dire de tout cela. Le garder pour soi.

Apprendre le français.

Ils défilaient, ils paradaient, les soldats du roi vainqueur, dans les rues d'Ajaccio, dans cette ville qui vibrait encore des luttes récentes, des oppositions entre les clans, entre ceux qui avaient choisi Pascal Paoli réfugié en Angleterre et ceux qui avaient rejoint les Français.

L'enfant savait bien que son père, Charles Bonaparte, était de ces derniers.

Le gouverneur de Corse, M. de Marbeuf, était le bienvenu à la maison rue Saint-Charles, vieux séducteur attiré peut-être aussi par la beauté de Letizia.

Charles Bonaparte, de famille à quatre quartiers de noblesse attestés par les généalogistes de Toscane, d'où les ancêtres étaient originaires, avait conquis le gouverneur, qui cherchait des appuis parmi les notables prêts à se rallier à la France.

Charles avait joué cette carte. Il le fallait bien, pour obtenir charges, rentes, subsides.

Il avait été élu le 8 juin 1777 député de la noblesse, délégué aux états généraux de Corse à Versailles. Il était rentré à Ajaccio ébloui par la puissance du royaume de France, ses villes, ses palais, son organisation et ce nouveau souverain débonnaire, Louis XVI. Il avait été solliciteur, quémandeur, cherchant à obtenir des bourses pour ses fils, l'aîné, Joseph, promis à l'état ecclésiastique, Napoléon à la carrière des armes.

L'enfant de huit ans, dans la maison ajaccienne, a écouté.

Il suit les défilés dans les rues d'Ajaccio. Il est fasciné par ces officiers de belle prestance en uniforme bleu et blanc. Il dessine des soldats, il range ses figurines en ordre de bataille. Il joue à la guerre. Il est un enfant du Sud qui court les rues, grimpe jusqu'à la citadelle, se roule dans la terre, conduit une bande de garnements, s'expose à la pluie parce qu'un futur soldat doit être endurant. Il change son pain blanc contre le pain bis d'un troupier parce qu'il faut s'accoutumer à l'ordinaire des régiments.

Quand il apprend que son père a obtenu une bourse pour lui et pour Joseph, qu'ils vont tous deux étudier au collège d'Autun, où Joseph demeurera puisqu'il est destiné à l'Église, et que lui rejoindra, dès qu'il saura le français, une École royale militaire, il est à la fois tremblant d'enthousiasme et déchiré à l'idée de quitter sa mère, sa famille, sa maison, sa ville.

Mais il le faut. D'autres enfants sont nés : Lucien en 1775, Maria-Anna Élisa en 1777. Puis viendront Louis (1778), Pauline (1780), Marie Annonciade Caroline (1782) et Jérôme (1784).

Certes, les Bonaparte et les Ramolino ne sont pas pauvres. Ils possèdent trois maisons, des vignes, la propriété de Milelli et les terres de la Pépinière, un moulin, des biens-fonds à Ucciani, à Bocognano, à Bastelica. Ils ont de l'influence. Leurs familles constituent un véritable clan. Mais il faut penser à la carrière des enfants, tenir son rang dans la noblesse de ce royaume dont désormais la Corse fait partie.

Joseph serait donc prêtre, et Napoléon soldat.

M. de Marbeuf promet pour Joseph un des « bénéfices ecclésiastiques » dont dispose son neveu Yves Alexandre de Marbeuf, évêque d'Autun. Quant à la bourse de Napoléon pour une école militaire, il la confirme.

Le 15 décembre 1778, l'enfant de neuf ans et demi embrassait sa mère et ses proches. Il se tenait entre son père, fier et élégant, qui se rendait une fois de plus à Versailles pour apporter les vœux de la noblesse corse, et son frère Joseph. Partaient avec eux Joseph Fesch, le beau-frère, qui allait poursuivre ses études au séminaire d'Aix, et le cousin Aurèle Varèse, nommé sous-diacre de l'évêque de Marbeuf.

Pas de larmes chez l'enfant.

Il embarque et, sur le navire qui cingle vers Marseille, il

regarde la Corse s'effacer. Longtemps après qu'elle a disparu, il respire encore les parfums de sa terre, de sa patrie.

C'est à elle qu'il songeait, la bouche béante, les yeux fixes, dans la salle d'étude du collège d'Autun, quand l'abbé Chardon récapitulait la leçon de français.

Aux reproches du professeur qui l'accusait d'inattention, l'enfant sursautait, répondait sur un ton impérieux où perçait l'intonation de la langue maternelle :

– Monsieur, je sais déjà cela.

Il avait vite appris, en effet, cet enfant solitaire, dans ce collège où il pouvait cependant, parfois, évoquer avec son frère les jeux de là-bas.

Se souvenait-il, Joseph, de leurs luttes ? Et comment il était parfois terrassé par son cadet combatif, rageur ?

Se souvenait-il de l'abbé Recco qui avait enseigné l'arithmétique aux deux frères ? Napoléon déjà excellait dans cette matière, se passionnait pour les calculs.

Se souvenait-il du jour où l'abbé Recco avait partagé les élèves de la classe en Carthaginois et Romains, Joseph, plus âgé, faisant partie des Romains, et Napoléon, des Carthaginois, des vaincus donc ? Et comment Napoléon avait tempêté jusqu'à obtenir que les deux frères échangent leurs camps afin de se trouver, lui, dans le camp des vainqueurs ?

Se souvenait-il de la fête du 5 mai 1777, il y avait moins de deux ans, quand le fermier des Bonaparte était venu à Ajaccio avec deux jeunes chevaux fougueux ? Et comment, le fermier parti, Napoléon avait sauté sur l'une des montures et pris le galop ?

Il n'avait que huit ans alors. Il s'était rendu à la ferme, et avait étonné le paysan, qui l'avait rejoint, en calculant combien le moulin devait moudre de blé par jour.

Forte tête, cet enfant, mais tête bien faite, et volonté farouche.

Après ce bref séjour au collège d'Autun, il maîtrise le français, la langue de M. de Marbeuf, celle des soldats du roi, celle des vainqueurs de Pascal Paoli.

« Je ne l'ai eu que trois mois, confie l'abbé Chardon. Pendant ces trois mois, il a appris le français de manière à faire librement la conversation et même de petits thèmes et de petites versions. »

Comme les démarches de son père attestant des quartiers de noblesse ont abouti, Napoléon peut partir pour l'École royale militaire de Brienne. Et, sur les registres du collège d'Autun, le principal écrit : « M. Neapoleone de Bounaparte, pour trois mois, vingt jours, cent onze livres, douze sols, huit deniers, 111 l., 12 s., 8 d. »

C'est ainsi qu'on le nomme, l'enfant étranger !

Il serre les poings. Il se cambre pour ne pas s'affaisser, se laisser aller à l'émotion dans cette cour du collège d'Autun où la voiture qui va le conduire à Brienne attend.

Son frère Joseph, qui va poursuivre au collège ses études classiques pour accéder à la prêtrise, s'abandonne, serre contre lui Napoléon.

Le cadet sait qu'on tranche ainsi son dernier lien avec sa famille, qu'il va vivre désormais pendant plusieurs années au milieu de ces Français dont il vient à peine d'acquérir les principes de la langue, qu'il va s'enfoncer plus profondément encore dans ces terres froides et pluvieuses de la Champagne, si loin de la mer.

Mais il reste raide.

« J'étais tout en pleurs, raconte Joseph. Napoléon ne versa qu'une larme, qu'il voulut en vain dissimuler. L'abbé Simon, sous-principal du collège, témoin de nos adieux, me dit, après le départ de Napoléon : " Il n'a versé qu'une larme mais elle prouve autant sa douleur de vous quitter que toutes les vôtres ". »

On a confié l'enfant à M. de Champeaux, qui le conduit d'abord à son château de Thoisy-le-Désert.

Napoléon découvre un univers inconnu, celui de ces familles de la noblesse française dont il ignore les usages.

Il se tait. Il observe. Il se durcit encore. Il fait de longues promenades dans la campagne, dont les rondeurs vallonnées l'étonnent.

Il pense aux paysages âpres et ensoleillés de la Corse, aux figuiers dans lesquels il grimpait pour se gaver de la pulpe rouge des fruits. Et sa mère, parfois, surgissait pour le souffleter, le punissant d'avoir enfreint l'interdiction de cueillir les figues.

Heureux temps des punitions maternelles, de la sève blanche des fruits qui collait aux doigts !

Mais il ne faut rien laisser paraître, écouter, saisir les expressions, deviner le sens des mots nouveaux qu'il entend.

Au bout de trois semaines, l'abbé Hemcy d'Auberive, grand vicaire de l'évêque de Marbeuf, appelé par M. de Champeaux, malade, vient chercher Napoléon au château de Thoisy-le-Désert pour l'accompagner à Brienne.

Voici, ce 15 mai 1779, Napoléon Bonaparte, enfant au regard gris, dans cette école militaire où il va passer plus de cinq années.

2

L'enfant est seul.

Il a dû se contraindre pour ne pas se tourner lorsque l'abbé Hemey d'Auberive s'est éloigné, le laissant face à face avec le principal de l'École royale militaire de Brienne.

Le père Leluc s'efforce de répéter ce nom si curieux : « Napoleone de Buonaparte, c'est cela ? »

L'enfant se tait. Il sent le regard qui l'examine. Il se sait petit, avec des épaules larges. Il rentre ses lèvres jusqu'à les faire disparaître pour que son visage, où l'on voit d'abord le grand front et les yeux vifs, n'exprime rien. Mais il sait aussi qu'on s'étonne, ici, dans ce pays de grisaille, cette France où on l'a laissé, de son teint olivâtre.

Au collège d'Autun, on s'est moqué de cette peau jaune. Il n'a pas compris exactement le sens des questions, mais il a deviné l'ironie, le sarcasme. Avec quoi a-t-il été nourri, pour être si jaune ? De lait de chèvre et d'huile ?

Dans ce pays de crème et de beurre, que connaît-on de la saveur onctueuse de l'olive, des fromages qui sèchent sur la pierre ?

Il a serré les poings.

Maintenant, il suit le principal dans de longs couloirs glacés sur lesquels ouvrent des portes étroites.

Tout en marchant, le père Lelue indique que l'enfant a été choisi pour la noblesse de sa famille, attestée par M. d'Hozier de Sérigny, le juge d'armes de la noblesse de France, auquel M. Charles de Bonaparte, « votre père », a répondu avec diligence et minutie. Charles de Bonaparte a précisé, concernant son fils, en réponse à la question de M. d'Hozier : « Comment faut-il traduire en français le nom de baptême de votre fils, qui est Napoleone en italien ? », que « le nom Napoleone est italien ».

Le père Lelue se tourne. L'enfant ne baisse pas les yeux. Alors, le père Lelue énonce les articles du règlement de l'école : « ployer le caractère, étouffer l'orgueil ». Durant les six années d'études à l'école, pas de congé. Il faudra « s'habiller soi-même, tenir ses effets en ordre et se passer de toute espèce de service domestique. Jusqu'à douze ans, les cheveux coupés ras. Au-delà de cet âge, les laisser croître et les arranger en queue et non en bourse, et les poudrer seulement les dimanches et fêtes ».

Mais l'enfant n'a pas dix ans. Cheveux ras, donc.

Le père Lelue ouvre l'une des portes. Il s'efface, invite l'enfant à entrer dans la pièce. L'enfant fait deux pas.

Il songe à la vaste chambre que Letizia, sa mère, avait fait vider de ses meubles pour que les enfants puissent y jouer. Il songe à la cabane de planches construite pour lui afin qu'il s'y livrât à ses calculs. Il songe aux rues qui ouvraient sur l'horizon libre et la mer.

La cellule où il va dormir a moins de deux mètres carrés. Elle ne dispose pour tout ameublement que d'un lit de sangle, d'un pot à eau et d'une cuvette. Le père Lelue, resté sur le seuil, explique que, selon le règlement, « même dans la saison la plus rigoureuse, l'élève n'aura droit qu'à une seule couverture, à moins qu'il ne soit de constitution délicate ».

Napoléon affronte le regard du principal.

Le père Lelue montre la sonnette placée à côté du lit. Les cellules sont en effet fermées au verrou de l'extérieur. En cas de besoin, l'élève doit appeler un domestique qui veille dans le corridor.

L'enfant écoute, refoule cette envie de hurler, de s'enfuir.

Chez lui, dans sa maison, on l'appelait *Rabulione,* celui qui touche à tout, qui se mêle de tout.

Ici, le règlement et la discipline l'enchaînent. L'élève doit quitter sa cellule dès qu'il est levé et n'y rentrer que pour dormir. Il passe sa journée en salle d'étude ou à façonner son corps. Il faut que « les élèves cultivent les jeux et surtout ceux qui sont propres à augmenter la force et l'agilité ».

Dans le corridor, l'enfant entend des pas. D'autres élèves arrivent à l'école. Il les aperçoit, devine à leurs vêtements l'aisance de leurs familles. Il écoute leurs voix. Français, tous, de bonne noblesse.

Il se sent plus seul encore.

« Les écoliers changent de linge deux fois par semaine », ajoute le principal. L'enfant le suit à nouveau dans le corridor. Il entre après lui dans le réfectoire. C'est là que la centaine d'élèves qu'accueille l'école va se réunir par grandes tables, sous des voûtes austères, en présence des maîtres.

Pain, eau et fruits à déjeuner et à goûter. Viande aux deux repas.

L'enfant s'assied au milieu des autres. On le regarde. On chuchote. D'où vient-il ? Quel nom ? Napoleone ? Quelqu'un s'esclaffe, rit. « Paille-au-Nez. »

Voilà ce qu'ils ont entendu.

Je les hais.

Il est l'étranger.

Ses maîtres de géographie ne disent-ils pas, malgré la conquête française, que la Corse est une dépendance de l'Italie, un pays étranger donc ?

Napoléon l'accepte, le revendique. Il méprise et s'isole. Il se bat quand on réussit à percer son armure, à le surprendre.

On lui tend des pièges. On pousse vers lui un nouvel élève arrivé à l'école en juin 1782. On a incité ce Balathier de Bragelonne, fils du commandant de Bastia, à se présenter à Napoleone « Paille-au-Nez » comme génois. Napoléon l'interpelle aussitôt en italien : « *Sei di questa maledetta nazione ?* », « Es-tu de cette nation maudite ? » L'autre fait oui. Aussitôt Napoléon se précipite, saisit Balathier aux cheveux, et il faut séparer les combattants.

Napoléon s'éloigne, patriote corse de douze ans dont l'orthographe française est si défaillante qu'il écrit de façon illisible pour dissimuler ses fautes même si le style s'affirme et si la phrase s'affûte au rythme d'une pensée qui s'affermit et se déploie.

Car l'enfant solitaire veut prendre le dessus, effacer sa condition de vaincu.

Étranger ? Peut-être. Soumis, jamais.

Il confie à Bourrienne, l'un des rares élèves avec lesquels il parle : « J'espère rendre un jour la Corse à la liberté ! Que sait-on ? Le destin d'un empire tient souvent à un homme. »

Ses lectures l'exaltent. Il lit et relit Plutarque. Il fait de l'Histoire sa matière favorite, avec les mathématiques où il excelle, selon son professeur, le père Patrault, qui murmure en l'écoutant résoudre des problèmes d'algèbre, de trigonométrie, de géométrie, de sections coniques : « C'est un enfant qui ne sera propre qu'à la géométrie. »

L'enfant laisse dire. Il aime à la fois les jeux abstraits de l'esprit, qui le font échapper à la réalité pleine d'humiliations et de contraintes, mais aussi la *Vie des hommes illustres* de Plutarque qui lui permettent de s'évader dans une réalité autre, non pas imaginaire, puisqu'elle a existé, qu'elle est histoire et qu'elle peut, donc, renaître.

Avec lui.

Il s'identifie aux héros dont il suit le destin. Il est le « spartiate ». Il est Caton et Brutus, Léonidas.

Il marche dans la cour, son Plutarque à la main. On ne l'interpelle même plus. Mais au fil des mois, en constatant que ce qu'il avait pressenti dans un mouvement spontané de fierté est vrai, qu'il est supérieur à la plupart, peut-être à tous, il répond quand on s'adresse à lui. Il est devenu aigre, piquant. Il ordonne plutôt qu'il ne plie. Il juge. Il condamne.

Parfois, dans les corridors, il entend le frottement de pas qui glissent vers les cellules. Ce sont les « nymphes », élèves aux allures et aux mœurs équivoques qui cherchent un compagnon pour quelques instants de la nuit.

Napoléon est révulsé, et cependant on le courtise. Il a cette finesse des traits et cette insolence qui attirent. Il rejette avec fureur les séducteurs. Il les frappe. Il se bat. Il les chasse. Il les insulte. Il devine, chez certains maîtres, « ces vices et ces désordres des couvents ». Il mène la guerre contre eux, prend la tête des révoltes contre les « régents » qui assistent le nouveau principal, le père Berton. On se saisit de lui. On le fustige. Il serre les mâchoires sans pleurer. Il tient tête au maître qui le réprimande. Celui-ci s'indigne.

– Qui êtes-vous donc, monsieur, pour me répondre ainsi ?

– Un homme, rétorque d'une voix forte Napoléon.

Il est l'enfant inflexible dont la sensibilité est si forte sous la carapace de la volonté qu'elle surgit parfois comme la lave qui emporte tout.

Un soir, le maître de quartier qui l'a surpris à lire le punit. Il doit dîner à genoux devant la porte du réfectoire, revêtu de la tenue infamante, un pantalon d'étoffe grossière, des brodequins informes.

Celui qui se veut déjà un homme s'exécute calmement et, tout à coup, l'enfant qu'il est encore se contorsionne, crie, se roule sur le sol, vomissant tout ce qu'il a avalé.

Le maître de mathématiques, le père Patrault, accourt, révolté qu'on traite ainsi son meilleur élève. Le principal concède que le châtiment a été excessif et retire la punition.

L'homme-enfant se lève, plus sauvage, plus fier, plus déterminé que jamais à ne pas plier.

Séparé des autres, insulaire, voilà ce qu'il était, ce qu'il voulait être.

Un jour, le principal réunit les élèves et déclare qu'il va leur distribuer et leur confier une grande étendue de terrain à proximité de l'école, dont ils auront le libre usage, qu'ils pourront labourer et cultiver à leur guise, et notamment durant ces périodes, en septembre, où l'enseignement prend un rythme plus lent afin de laisser un peu plus de temps aux élèves qui n'ont pas le droit à des vacances.

Bonaparte a écouté le principal, le visage tendu, les yeux fixes.

Dès que le père Berton s'est éloigné, il se dirige vers ses camarades, les interpelle, parlemente. Et plusieurs jours durant lui qui se tient habituellement à l'écart fait le siège des élèves. Puis il cesse. Il a obtenu ce qu'il voulait, que deux d'entre eux lui cèdent leur part de terrain.

On le voit alors, au fil des semaines, à chaque occasion, aménager son territoire, le transformer en citadelle. Il plante des piquets, érige une palissade, retourne la terre afin d'y enraciner des arbrisseaux. Il se construit ainsi un enclos, son « île », bientôt véritable ermitage, comme on l'appelle, où il passe son temps seul, à lire, s'y retirant au moment des récréations, y méditant.

Là, l'été, à l'ombre de sa tonnelle, il peut se laisser aller à la nostalgie. Même à la belle saison, la Champagne est triste et monotone, le ciel voilé, sans que jamais apparaisse le bleu intense du Sud, immaculé.

Il se souvient de sa cabane de planches derrière la maison familiale.

« Être privé de sa chambre natale et du jardin qu'on a parcouru dans son enfance, n'avoir pas l'habitation paternelle, c'est n'avoir point de patrie », ose-t-il confier un jour.

Faiblesse d'un instant. Ceux des élèves qui approchent son « île », ce lieu de retrait, sont repoussés à coups de poing et de pied, quel que soit leur nombre. Et la rage et la détermination de Bonaparte sont telles qu'ils reculent, acceptant qu'il se soit ainsi taillé un « royaume » à part.

« Mes camarades ne m'aiment guère », dira-t-il.

Ils le haïssent même, parce qu'il est fier et hargneux, hautain et solitaire, différent.

On le lui fait payer.

Le supérieur a organisé les élèves en un bataillon composé de plusieurs compagnies. On fait l'exercice. On s'aligne, on défile. Chaque compagnie a pour capitaine l'un de ses élèves choisi pour ses résultats scolaires.

Napoléon est l'un d'eux.

Mais l'état-major des élèves le convoque. Il comparaît, méprisant, devant ces enfants de treize ans qui se sont constitués en conseil de guerre. Il écoute la sentence, prononcée selon les règles. Napoleone Buonaparte est, déclare-t-on, indigne de commander, puisqu'il se tient à l'écart, refusant de se lier d'amitié avec ses camarades d'école.

Qu'il soit dégradé, dépouillé de ses insignes, renvoyé au dernier rang du bataillon.

Il écoute. Il ne répond pas à l'affront, comme s'il ne pouvait en être atteint. Il prend sa place dans le rang.

On le suit des yeux. On murmure. On admire sa fermeté. Et les jours suivants, on lui manifeste des signes d'estime. Il savait résister. On reconnaissait son courage.

Il accepte ces marques de respect, se mêlant à quelques jeux, les dirigeant même, comme en cet hiver 1783, quand il faut construire dans la cour de l'école un véritable fort, et qu'il commande à une bataille de boules de neige.

Mais il reste un récif inaccessible que rien ne peut entamer, et plus les années passent, plus il se sent autre, ne pouvant participer aux joies de ces Français.

Et même s'il est, comme tous les élèves, assidu par obligation aux messes, aux communions, récitant les prières, il refuse de « pactiser » avec ceux que, pourtant, il côtoie maintenant depuis plusieurs années.

Les commander, peut-être, mais être l'un d'eux, jamais.

En 1782, il a treize ans. C'est un adolescent maigre, aux cheveux si raides et si rebelles qu'un perruquier, en violation du règlement de l'école, les coiffe.

Le sous-inspecteur général des écoles militaires, le chevalier de Keralio, maréchal de camp, arriva à M. Brienne en septembre cette année-là, pour sa tournée d'inspection. Il fit comparaître les élèves devant lui, consulta leur dossier, étudia leurs résultats, interrogea ces enfants qui se présentaient devant lui comme de vieux soldats.

Bonaparte rêvait de mer et de navires. D'autres nobles corses servaient sur les bâtiments de Sa Majesté. Pourquoi pas lui ? Il pourrait revoir le ciel méditerranéen, croiser des côtes de Provence à la Corse.

M. de Keralio fut satisfait de l'entretien. Le jeune homme était méritant, brillant en mathématiques, « de bonne constitution, de santé excellente, de taille de quatre pieds, dix pouces, dix lignes[1] », mais faible dans les exercices d'agrément et en latin.

M. de Keralio prit la décision d'envoyer Napoléon Bonaparte le plus rapidement possible à l'École militaire de Paris, dans la compagnie des cadets gentilshommes où entraient les meilleurs boursiers des écoles militaires. Puis il pourrait rejoindre Toulon.

Bonaparte écoute, exulte sans que l'un de ses traits tressaille. Il n'a plus que quelques mois à passer à Brienne. Il marche à grands pas vers son ermitage. Il s'y calme. L'avenir semble ouvert comme la mer.

Mais quelques mois suffisent pour que l'espoir se brise, et l'adolescent se ferme. Keralio a été remplacé en juin 1783 par un autre inspecteur, Reynaud des Monts, qui juge Bonaparte trop jeune pour l'École militaire de Paris, qui rejette le choix de la marine et l'oriente vers l'artillerie, l'arme savante destinée à des élèves qui, comme Bonaparte, excellent en mathématiques. Mais de toute manière, selon le nouvel inspecteur, il est trop tôt pour quitter Brienne : ce Napoleone Buonaparte n'a encore passé que quatre ans et quatre mois à l'école. Qu'il patiente !

Colère, amertume à nouveau. Bonaparte se retire dans son ermitage. L'école de Brienne ne peut plus rien lui apprendre. Il n'y suit plus, d'ailleurs, que les classes de mathématiques. Il se désintéresse du latin. Il connaît toutes les autres matières. Il lit, il ronge son frein, refusant de participer à la vie de l'école.

Quand, le 25 août 1784, le jour de la Saint-Louis, les élèves célèbrent « Louis XVI, Notre Père », il ne se mêle pas aux cortèges. On chante dans les corridors. On fait exploser des pétards, selon la tradition.

Tout à coup, une explosion plus violente que les autres : les étincelles d'un feu d'artifice tiré par un voisin de l'école

1. 1,58 m environ.

ont mis le feu à un caisson de poudre. La panique s'empare des élèves, qui s'enfuient et, dans leur course, renversent la palissade de l'enclos de Bonaparte, brisent ses arbres, détruisent son « ermitage ».

Il se jette au-devant d'eux, armé d'une pioche, pour tenter de les arrêter, pour défendre son territoire, indifférent à leur peur, au danger qu'ils courent peut-être.

On l'insulte. Il menace avec sa pioche. On l'accuse d'égoïsme et de dureté. On lance que les réjouissances en l'honneur du roi de France ont peut-être exaspéré l'étranger, Paille-au-Nez, et, qui sait, le républicain, puisque tel avait été le régime rêvé de la Corse indépendante.

Napoléon ne daigne pas répondre, même si la fureur l'envahit à l'idée qu'il faut demeurer, combien de temps encore, dans cette école de Brienne. Pour s'en échapper, il doit se maîtriser davantage, parce qu'il est, à quinze ans maintenant, un homme en charge du destin de sa famille.

D'ailleurs, en août 1784 il n'est plus seul à Brienne. Son frère Lucien est avec lui à l'école depuis le mois de juin.

Grand moment que ce mois.

Le 21, on a demandé Napoleone Buonaparte au parloir. Il s'y rend. Et là, dans la grande pièce, le père, Charles Bonaparte, en compagnie de l'un de ses fils, le frère cadet, Bonaparte, Lucien, l'attend.

Napoléon ne s'élance pas. Il se cabre au contraire, pour ne pas se briser sous l'émotion. Car cela fait plus de cinq années qu'il n'a vu aucun membre de sa famille.

Il regarde fixement son père. Il retrouve cet homme de haute taille, sec, maigre, portant perruque en fer à cheval avec une bourse et un double cordon de soie noire qui en sort et vient se rattacher au jabot. Il lui semble ne l'avoir jamais quitté. Charles Bonaparte est toujours élégant, en habit de soie passementé avec des brandebourgs, et il porte son épée au côté.

Et pourtant, les traits sont tirés, le teint jaune. Charles

Bonaparte, qui vient de conduire à Saint-Cyr sa fille Maria-Anna Élisa ainsi que deux cousines, se plaint de sa santé. Il explique à son fils qu'il vomit tout ce qu'il avale et que ses douleurs d'estomac sont de plus en plus aiguës.

Bonaparte écoute, son frère Lucien l'observe et s'étonne de cette absence de démonstrations de tendresse ou d'émotion.

Mais quand Bonaparte apprend que Joseph, son aîné, a décidé de quitter le collège d'Autun, de choisir lui aussi la carrière des armes, il argumente avec l'autorité d'un chef de famille, sûr de lui, comme si la maladie de son père le poussait aussitôt à assumer ce rôle.

L'entrevue dure peu. Lucien reste à Brienne. Bonaparte le surveillera, le guidera. Charles Bonaparte se rend à Paris et annonce qu'il repassera par Brienne à son voyage de retour vers la Corse.

Bonaparte l'accompagne jusqu'à leur voiture.

Lorsque les chevaux s'ébranlent, il se tourne avec brusquerie vers Lucien, lui parle sur le ton d'un maître.

Il a quinze ans. Il a déjà changé de rôle.

Le 25 juin, il prend la plume.

L'écriture est penchée, les fautes nombreuses, mais l'expression claire, la pensée forte. C'est un adulte de quinze ans qui s'exprime en s'adressant à son oncle Fesch. Il juge les uns et les autres, son frère cadet Lucien – qu'on nomme, parce que cadet, le Chevalier –, son aîné, Joseph. Chaque phrase indique un homme qui plie ses sentiments à sa raison.

Un homme – quinze ans à peine ! – qui pense par lui-même, forge seul son jugement. Il s'est construit une pensée personnelle en s'opposant à ceux qui l'entouraient. L'enfant qui a dû se défendre, se fermer pour ne pas se dissoudre dans la nostalgie, la tristesse, ou se fondre parmi les autres, est devenu une personne autonome, indépendante, sachant analyser et trancher, conclure.

Quinze ans !

Il écrit :

« Mon cher oncle :

« Je vous écris pour vous informer du passage de mon cher père par Brienne. Il a laissé ici Lucciano, qui est âgé de neuf ans et grand de trois pieds, onze pouces, six lignes [1]. Il est en sixième pour le latin, va apprendre toutes les différentes parties de l'enseignement. Il marque beaucoup de dispositions et de bonne volonté. Il faut espérer que ce sera un bon sujet. Il se porte bien, est gros, vif et étourdi, et pour le commencement on est content de lui. Il sait très bien le français et a oublié l'italien tout à fait...

« Je suis persuadé que Joseph mon frère ne vous a pas écrit. Comment voudriez-vous qu'il le fît ? Il n'écrit à mon cher père que deux lignes, quand il le fait. En vérité, ce n'est plus le même... Quant à l'état qu'il veut embrasser, l'ecclésiastique a été comme vous le savez le premier qu'il a choisi. Il a persisté dans cette résolution jusqu'à cette heure où il veut servir le roi : en quoi il a bien tort par plusieurs raisons... Il n'a pas assez de hardiesse pour affronter les périls d'une action. Sa santé faible ne lui permet pas de soutenir les fatigues d'une campagne, et mon frère n'envisage l'état militaire que du côté des garnisons... Il se tirera toujours bien d'une société, mais d'un combat ? »

Et Bonaparte, de son écriture rapide, poursuit le réquisitoire. Joseph, qui ne connaît pas les mathématiques, ne pourra faire un officier ni de marine ni d'artillerie. Infanterie alors ? « Bon, je l'entends, il veut être toute la journée sans rien faire, il veut battre le pavé... Qu'est-ce qu'un mince officier d'infanterie ? Un mauvais sujet les trois quarts du temps, et c'est ce que, mon cher père, ni vous ni ma mère, ni mon cher oncle l'archidiacre ne veulent, car il a déjà montré des petits tours de légèreté et de prodigalité... »

1. 1,10 m environ.

C'est un cadet qui parle de son aîné ! Un adolescent-homme qui se sent responsable de toute sa famille, comme s'il en était le chef.

Quelques jours plus tard, Bonaparte reprend la plume. Il a essuyé une nouvelle déception. Son père ne repassera pas par Brienne. Il rentre directement de Paris en Corse.

« Mon cher père

« Votre lettre, comme vous pensez bien, ne m'a pas fait beaucoup plaisir, mais la raison et les intérêts de votre santé et de la famille qui me sont fort chers m'ont fait louer votre prompt retour en Corse et m'ont consolé tout à fait.

« D'ailleurs, étant assuré de la continuation de vos bontés et de votre attachement et de votre empressement à me faire sortir et seconder en ce qui peut me faire plaisir, comment ne serais-je pas bien aise et content ? Au reste, je m'empresse de vous demander des nouvelles des effets que les eaux ont fait sur votre santé et de vous assurer de mon respectueux attachement et de mon éternelle reconnaissance. »

Fils aimant, fils « respectueux », attaché à la famille, fils reconnaissant qui salue les efforts de son père pour le faire « sortir » de Brienne, il n'en poursuit pas moins sa lettre en conseillant son père quant au choix des études de Joseph. Il souhaite qu'il place son frère aîné à Brienne plutôt qu'à Metz, « parce que cela sera une consolation pour Joseph, Lucien et moi ». Il souhaite que son père lui envoie des ouvrages sur la Corse. « Vous n'en avez rien à craindre, j'en aurai soin et les rapporterai en Corse avec moi quand j'y viendrai, fût-ce dans six ans. »

« Adieu, mon Cher Père, conclut-il. Le Chevalier – Lucien – vous embrasse de tout cœur. Il travaille fort bien. Il a fort bien su à l'exercice public. »

Puis il adresse ses respects à tous les membres de la famille, aux *Zie* – les tantes –, et il signe :

« Votre très humble et très obéissant T.C. et fils de Buonaparte, l'arrière-cadet. »

Dans la lettre à son père, une phrase apparemment anodine – « Monsieur l'Inspecteur sera ici le 15 ou le 16 au plus tard de ce mois, c'est-à-dire dans trois jours. Aussitôt qu'il sera parti, je vous manderai ce qu'il m'a dit » – marque l'attente de Bonaparte.

Il doit comparaître en effet une nouvelle fois devant Reynaud des Monts, qui a reçu du ministre l'autorisation d'appeler à l'École militaire de Paris « les boursiers des petites-écoles qui se recommanderaient non seulement par leurs talents, leurs connaissances et leur conduite, mais par leur aptitude aux mathématiques ».

En septembre 1784, il choisit, lors de son inspection à Brienne, cinq élèves des minimes, qui deviennent ainsi cadets-gentilshommes et sont destinés à rejoindre Paris. Le premier nom cité est celui de Montarby de Dampierre qui a opté pour la cavalerie. Le deuxième, Castres de Vaux, se destine au génie. Les trois autres sont candidats à l'artillerie. Aux côtés de Laugier de Bellecourt et de Cominges, Napoleone Buonaparte.

Quand il entend son nom, l'adolescent se contente de redresser la tête, et son émotion ne se lit que dans l'éclat du regard.

Il sait ce que signifie ce départ. D'abord, échapper à la routine de Brienne, à ces lieux trop familiers, à ces paysages trop gris. Il y abandonne Lucien, c'est sa blessure. Mais il peut obtenir le grade d'officier en une année, et son frère Joseph disposera alors d'une bourse et rejoindra à son tour Brienne, pour y suivre les cours de mathématiques du père Patrault.

Bonaparte ne laisse rien paraître de sa joie. Mais il marche plus vite, arpentant la cour de long en large, les bras croisés derrière le dos. Il a franchi un obstacle. Il avance. Tout est possible.

Cependant il faut attendre. Les jours s'étirent démesurément. Et ce n'est que le 22 octobre 1784 que Louis XVI, « ayant donné à Napoleone de Buonaparte, né le quinze août 1769, une place de cadet-gentilhomme dans la compagnie des cadets-gentilshommes établie dans mon école militaire », prie « l'inspecteur général, M. de Timbrune-Valence, de le recevoir et de le faire reconnaître en ladite place ».

Le 30 octobre, Napoléon Bonaparte quitte Brienne en compagnie de ses quatre camarades et d'un minime qui les surveille.

Ils prennent d'abord la voiture jusqu'à Nogent, et là embarquent sur le coche d'eau pour Paris.

Le ciel est gris. De temps à autre il pleut.

Mais un cadet-gentilhomme de quinze ans peut-il se laisser aller à la mélancolie lorsqu'il se dirige vers la capitale du royaume de France, où le roi l'accueille comme boursier de sa plus prestigieuse école militaire ?

Voilà ce qu'arrache un étranger, le citoyen d'une patrie vaincue, un Corse, quand il sait vouloir.

« Je veux », murmure Bonaparte.

3

Bonaparte marche dans Paris. C'est « un petit jeune homme fort brun, avec des culottes à parements rouges, triste, rembruni, sévère » mais dont les yeux avides dévorent la ville.

Souvent il s'arrête. Il laisse s'éloigner le minime qui accompagne ses quatre camarades de Brienne.

Bonaparte veut éprouver seul, jouir seul de ce spectacle

qui l'enivre même si son visage ne tressaille pas. Mais en son for intérieur il vibre comme une corde tendue.

Il n'a que quinze ans et deux mois, mais il devine cette ville, il la ressent comme un vaste théâtre, un horizon ouvert. Il traverse le Pont-Neuf encombré de voitures et de charrois. Des barges sont amarrées aux quais. Les portefaix se fraient un chemin dans une foule bigarrée où se mêlent les tenues les plus contrastées, celle, recherchée, d'un jeune aristocrate et celle, dépenaillée, d'une femme à la poitrine forte et aux bras nus.

On le bouscule sans même le regarder. Mais lui, voit. Il découvre ces immeubles d'angle de la place Dauphine dans leur raideur comme des gardes en habit rouge et parements blancs. De l'autre côté du pont s'alignent les hôtels particuliers, devant lesquels se succèdent les carrosses. Et il aperçoit des clochers et des dômes. Bientôt, ce seront les places, le Champ-de-Mars, l'or des coupoles rehaussant le gris des toits d'ardoises. Il s'exalte. Il respire cet air où se mêlent l'odeur des ordures, celles du crottin et de la sueur. Il écoute ces bruits de roues sur les pavés, cette rumeur des pas de la foule pressée dans les rues étroites et ces voix, voix françaises que pour la première fois il ne ressent pas comme hostiles, étrangères.

Il pense à la Corse, à son ciel, à ses paysages, à la beauté des criques, à sa langue, aux siens, mais Paris, si vaste, si munificent, si bouillonnant, est aussi une mer. C'en est fini, de la Champagne pouilleuse et de l'horizon borné de Brienne. Dans cette ville où tout semble bouger, où la grandeur royale s'affiche à chaque pas, dans les constructions monumentales et la statuaire, l'adolescent se sent moins étranger que dans l'univers confiné de l'école provinciale. Ici, le vent souffle comme au bord d'un rivage, et le jeune homme du Sud déraciné retrouve dans la capitale une démesure à laquelle la mer et les cieux immenses l'ont habitué.

Quand l'un de ses condisciples, Laugier de Bellecourt, l'attend pour le pousser du coude, partager cette joie d'être enfin, là, dans une ville qui déborde de vie, dont la liberté des mœurs s'exprime dans chaque corps, dans l'audace des regards, Bonaparte s'écarte.

Laugier de Bellecourt, son cadet de plus d'une année, a pourtant été durant quelques mois l'un de ses proches à Brienne. Mais Bonaparte a vite rejeté cette amitié équivoque : Laugier de Bellecourt, avec son air doux de fille, est sans doute l'une des « nymphes » de l'école. Bonaparte n'oublie pas. Il se détourne. Qu'on le laisse seul pénétrer dans cette ville, découvrir dans la plaine de Grenelle, non loin de l'hôtel des Invalides, l'École militaire de Paris.

Au fur et à mesure qu'il s'approche du bâtiment, la beauté de ce palais, dominé par un haut dôme quadrangulaire, l'impressionne sans qu'il en laisse rien paraître.

Il entre le dernier du groupe pour admirer les huit colonnes corinthiennes, le fronton, les statues qui le surmontent, l'horloge encadrée de guirlandes.

Il franchit les grilles de l'une des trois portes. Il entre dans la cour de récréation éclairée par douze gros réverbères.

Les cadets sont logés dans l'aile droite. Il traverse des salles où les élèves jouent au trictrac, aux échecs, aux dames, quand la pluie les chasse de la cour.

Le parloir n'a pas l'austérité et la froideur de celui de l'école de Brienne. Un grand tableau représente Louis XV. Les rideaux sont de toile de coton blanc, et les tentures, de damas rouge d'Abbeville. Les banquettes et les sièges sont recouverts d'un tapis orné de roses vert et blanc.

Bonaparte pénètre dans les salles de classe, dont les murs sont revêtus d'un papier à fond bleu sur lequel brillent les fleurs de lys et les chiffres du roi en couleur d'or. Les portes sont vitrées et, comme les croisées, encadrées de tentures.

Le luxe, la magnificence, l'abondance frappent aussitôt l'adolescent.

Il prend son premier repas dans le réfectoire, assis à une table de dix. Les mets sont nombreux, les viandes sont suivies de desserts et de fruits. Les domestiques servent avec cérémonie.

Parmi les cadets-gentilshommes, aux côtés des boursiers, il remarque des jeunes gens de la grande noblesse qui paient deux mille livres par an pour être élèves de l'école.

N'étaient leur morgue, leur absence de résultats scolaires – car s'ils suivent les cours, ils n'étudient pas –, on ne le distinguerait pas de la masse des cent vingt-six cadets.

Mais Napoléon, dès le premier jour, sent qu'un duc de Fleury, un Laval-Montmorency, un Puységur, un prince de Rohan Guéménée, cousin du roi, le regardent avec mépris puis détournent la tête pour manifester qu'ils sont d'une autre race, que ce boursier fils d'un petit noble corse est tout juste français parce que l'armée royale a conquis son île.

Ces coups d'œil, dès les premiers instants, ternissent l'enthousiasme de Bonaparte.

Mais que croient-ils, ceux-là ? Il n'a pas plié quand il était un enfant de neuf ans, imaginent-ils qu'il va baisser sa garde alors que cette ville, ce bâtiment, ces salles, tout lui prouve qu'il est un vainqueur ?

Cette certitude le rend moins âpre, même s'il reste intransigeant, inflexible. La beauté des lieux, l'attention avec laquelle on traite les cadets-gentilshommes, la présence même, parmi eux, de ces descendants des plus illustres familles du royaume l'assurent qu'il fait partie du petit nombre qui est appelé à diriger. Son orgueil en est avivé, et sa susceptibilité s'en trouve à la fois calmée et renforcée. « On » l'a reconnu, soit, mais qu'on ne le provoque pas : il n'en serait que plus déterminé à défendre ses origines, sa pensée.

Mais, dès lors qu'on le respecte, il se montre amical, parce qu'il n'est plus l'écorché vif d'antan. Sa première réussite a pansé quelques plaies.

Il partagera ainsi, pendant son séjour à l'école, sa chambre avec un élève, son aîné, qui a été désigné pour lui servir d'instructeur d'infanterie.

Cet Alexandre Des Mazis s'est montré attentif, amical, prévenant même. Bonaparte a répondu à ses avances et il accepte ce compagnonnage.

La chambre est petite, dispose d'une couchette de fer, de chaises, d'un bas d'armoire à l'embrasure de la fenêtre. Là sont rangées les trois paires de souliers réglementaires. Cette chambre ouvre sur une pièce aux murs de bois éclairée par des réverbères et chauffée par plusieurs poêles de faïence : le dortoir.

Rien d'austère, donc, dans cette école militaire, et Bonaparte, quand il aura vu les salles d'armes, admiré les soixante chevaux du manège – des coursiers fins, espagnols, dont quelques-uns coûtent huit cents et mille livres –, se convainc qu'on le traite comme un fils de grand seigneur.

Pourtant, il se cabre de nouveau. Il lui faut ne pas se laisser corrompre par ce luxe dont il sait, avec lucidité, qu'il n'est que passager.

Il connaît les ressources de sa famille. Le statut de boursier l'a fait accéder à une situation inespérée. Maintenant, il faut arracher plus par le travail, le talent, parce que tout ce luxe disparaîtra dès qu'il aura quitté l'école.

Bonaparte a compris cela.

Il s'écarte de ceux de ses condisciples que la dissipation saisit.

– Monsieur, dit-il à Laugier de Bellecourt, vous avez des liaisons que je n'approuve pas. Vos nouveaux amis vous perdront. Choisissez entre eux et moi. Je ne vous laisse pas de milieu. Il faut être homme et vous décider. Prenez mes paroles pour un premier avis.

Mais Laugier de Bellecourt ne résiste pas aux tentations, sa conduite confirme les soupçons que Napoléon Bonaparte avait eus à Brienne.

– Monsieur, lui dit-il sèchement, vous avez méprisé mes avis. C'était renoncer à mon amitié, ne me parlez plus jamais.

Il travaille avec une détermination farouche. Certains, et d'abord les pensionnaires de haute lignée, se moquent. Ce petit jeune homme fort brun « est raisonneur et grand parleur ».

Napoléon Bonaparte n'accepte pas ces remarques. Dans la cour de l'école, il se précipite, poings fermés. Il donne des « roufflées » à ces fils de grands seigneurs. Il est, comme il le dit, « un petit noble », mais il sort vainqueur de ces affrontements physiques.

Parfois l'antipathie tourne à la haine.

À chaque mot, à chaque regard, un noble Vendéen, Le Picard de Phelippeaux, provoque Bonaparte. Il a deux ans de plus que lui. Il est entré à l'école en 1781. Leur rivalité n'est pas scolaire. Ils se haïssent d'instinct, comme si l'un voyait dans le boursier l'incarnation de ces hommes nouveaux qui vont bousculer le monde monarchique et stable, et l'autre devinait dans le Vendéen l'adversaire déterminé du mouvement, le noble décidé à réprimer et à interdire tout changement.

Ils se défient. Ils se battent. Leur sergent-major, Picot de Peccaduc, se place entre eux, à l'étude, pour qu'ils ne se frappent pas, mais ils se lancent des coups de pied sous la table, si bien que le sergent-major en a les jambes meurtries.

Souvent, dans la salle d'armes, entre les leçons des maîtres d'escrime, Bonaparte se promène les bras croisés dans le dos, et tout à coup il se fige. D'un groupe une voix lance un mot, une phrase. On se moque de la Corse, on le provoque. Il bondit, saisit son fleuret, charge le groupe au milieu des éclats de rire.

Mais il ne rit pas.

Il s'indigne quand certains cadets prétendent que, lors de la conquête de l'île, les Français étaient peu nombreux. Ce sont les calomnies du collège d'Autun et de l'école de Brienne qui renaissent et qu'il lui faut dénoncer. « Vous n'étiez pas six cents, comme vous le prétendez, leur répond-il, mais six mille contre de malheureux paysans. »

Pourquoi un grand peuple avait-il dû faire la guerre à une petite nation ? Il a fait preuve « d'infériorité ».

– Viens, lance-t-il enfin à son ami Des Mazis, laissons ces lâches.

Mais il ne peut se taire longtemps, d'autant plus qu'à chaque instant, un détail, une phrase lui rappellent ses origines.

Quand il s'agenouille pour recevoir la confirmation des mains de Mgr de Juigné, celui-ci s'étonne de ce prénom, Napoleone, qui n'est pas l'un des saints du calendrier.

L'adolescent dresse la tête, fixe l'ecclésiastique, puis dit avec vivacité qu'il y a une foule de saints et seulement trois cent soixante-cinq jours dans l'année.

On ne le fera jamais taire.

Même dans un confessionnal, il répond vertement si on l'attaque.

Lorsqu'il écoute, au mois de janvier 1785, le prêtre auquel il vient se confesser – comme tout cadet doit le faire chaque mois –, il ne peut étouffer un rugissement. Le prêtre l'admoneste, lui parle de la Corse, de la nécessité d'obéir au roi, dont il est le boursier et le sujet reconnaissant. Les Corses, d'ailleurs, poursuit le prêtre, sont souvent des bandits au caractère trop fier.

– Je ne viens pas ici pour parler de la Corse, s'écrie Bonaparte, et un prêtre n'a pas mission de me chapitrer sur cet article !

Puis il brise d'un coup de poing la grille qui le sépare du confesseur, et les deux hommes en viennent aux mains.

Cette intrépidité dans la défense de sa patrie, cette rage même qu'il met à vanter les exploits de Pascal Paoli, montrent qu'il n'est pas l'un de ces prudents qui calculent chacun de leurs actes. Cet adolescent est d'abord une énergie qui se déploie sous le coup de l'émotion.

Son professeur de belles-lettres, Domairon, est d'ailleurs frappé par « ses amplifications bizarres ». « C'est du granit chauffé par un volcan », conclut-il. Et le professeur d'histoire, De Lesguille, ajoute que ce jeune cadet est « corse de caractère comme de nation » et « qu'il ira loin si les circonstances le favorisent ».

Mais M. Valfort, le directeur des études de l'école, s'inquiète.

On lui rapporte que ce cadet, boursier du roi, déclame des vers de sa composition où il décrit sa patrie surgissant dans un songe, lui remettant un poignard et lui prédisant : « Tu seras mon vengeur. »

Des dessins circulent où on le voit caricaturé par ses camarades sous les traits d'un jeune cadet vigoureux marchant d'un pas altier, alors qu'un vieux professeur s'accroche en vain à sa perruque, tentant de le retenir. Et la légende commente : « Bonaparte, cours, vole au secours de Paoli pour le tirer des mains de ses ennemis. »

Situation étrange : ce cadet-gentilhomme, futur officier de l'armée du roi, se veut en même temps le « vengeur » de Paoli que les troupes du roi ont vaincu !

Et cet élève ne cache ni ses opinions ni sa détermination.

M. Valfort et les administrateurs de l'école le convoquent. Il est bien jeune, ce patriote corse ! Son enthousiasme imprudent est d'une certaine manière garant de la pureté de son caractère.

D'ailleurs, pour ces officiers, le patriotisme est une vertu. Ils jugent cependant que l'amour de la Corse ne doit pas l'emporter sur la reconnaissance due aux bontés du monarque. Bonaparte les écoute, raidi dans un garde-à-vous.

Il porte l'habit bleu à collet rouge et à doublure blanche avec des galons d'argent. Il tient à la main son chapeau brodé d'argent.

Il ne sent aucune hostilité chez Valfort et les autres officiers. Et lui-même a l'impression d'être compris.

– Monsieur, lui dit-on, vous êtes élève du roi. Il faut vous en souvenir et modérer votre amour pour la Corse, qui après tout fait partie de la France.

Il accepte la remontrance. Mais rien ne change dans son comportement.

Il est inébranlable, et d'autant plus qu'il est sûr de lui-même. Ce n'est pas le luxe de l'école qui lui donne cette assurance. Il confie comme un reproche : « Nous sommes nourris, servis magnifiquement, traités en tout comme des officiers jouissant d'une grande aisance, plus grande que celle de la plupart de nos familles, plus grande que celle dont la plupart de nous jouirons un jour. »

Il est un roc parce qu'il sait ce qu'il veut et qu'il est persuadé qu'il a les qualités nécessaires à la réalisation de son but.

Dans la chambre, il explique à Des Mazis qu'il veut sauter les étapes, obtenir au bout d'un an le grade d'officier, être nommé sous-lieutenant dans un régiment.

Pour cela, dit Bonaparte, visage contracté, corps penché en avant vers son camarade, il faut en une seule fois réussir le concours qui fait accéder le cadet-gentilhomme à une école d'artillerie et celui qui permet d'obtenir le grade d'officier. Point de séjour alors dans une école d'artillerie en tant qu'élève, mais promotion directe de cadet-gentilhomme à sous-lieutenant.

C'est une gageure !

– Je le veux, dit Napoléon Bonaparte.

Cela suppose que Bonaparte connaisse l'intégralité des quatre volumes du *Traité de mathématiques* du professeur Bézout – que les cadets nomment familièrement *le Bézout* – et qu'il puisse répondre à toutes les questions de l'examinateur, Laplace, un membre éminent de l'Académie des sciences.

Bonaparte se redresse. Il va relever ce défi, apprendre son « Bézout », être à la fois reçu élève et officier d'artillerie.

Apprendre, apprendre avec fureur.

Quand Des Mazis passe quelques jours à l'infirmerie, Bonaparte s'enferme dans la chambre et ne lève plus les yeux de son traité de mathématiques. Qu'importent les autres matières, les fautes d'orthographe, le latin, la grammaire, l'allemand ?

Le professeur de langue allemande, Baur, juge Bonaparte à l'aune de ses résultats dans cette matière.

Lorsqu'en septembre 1785, pendant la période d'examen, il constate l'absence de Bonaparte, il interroge ses camarades. On lui répond que Bonaparte concourt pour le grade de sous-lieutenant d'artillerie.

– Il sait donc quelque chose ? questionne Baur.

– Comment ? lui répond-on. C'est l'un des plus forts mathématiciens de l'école.

– Eh bien, dit l'Allemand, j'avais toujours pensé que les mathématiques n'allaient qu'aux bêtes.

Bonaparte néglige aussi les cours de danse. Il se désintéresse de la bonne éducation et des belles manières qu'on enseigne également à l'École militaire de Paris dans le souci de conforter l'excellence et le prestige de la noblesse.

Mais Bonaparte, adolescent pressé, enfermé sur lui-même, obsédé par le but qu'il s'est fixé, n'a pas le temps d'apprendre ce qui ne lui est pas immédiatement utile.

Tout doit être subordonné à la réussite en une seule année des deux concours.

Peu importe qu'il n'obtienne à l'école, durant cette année, aucun des grades qui sont attribués à certains élèves, nommés sergent-major, commandant de division ou chef de peloton. Avec un sens de l'efficacité et de l'utilité, il se moque de ces trois galons d'argent que certains arborent avec fierté.

Il ne sera pas non plus décoré, comme Picot de Peccaduc ou Phelippeaux, de la croix de l'ordre de Notre-Dame-du-Mont-Carmel ! Il faudrait pour cela qu'il passe trois années à l'École militaire !

Trois années ! À cette seule idée, il croit mourir ! Il lui faut dix mois pour, équation après équation, théorème après démonstration, figure après figure, apprendre tout le traité de mathématiques de Bézout.

Il ne se laisse distraire par rien, acharné, obstiné.

D'ailleurs la discipline de l'école ne tolère aucune sortie, ne prévoit aucun congé. Et il ne recevra qu'une seule visite dans le grand parloir de l'école, celle d'un cousin, Arrighi de Casanova.

Entre les leçons et les études, il arpente souvent un vaste espace de terrain que l'on nomme la Promenade et qui est pourvu de huit bancs de chêne et bordé, sur toute la longueur, par des barrières formées de planches en bois blanc.

On y avait bâti, au début de l'année 1785, deux hangars, puis une sorte de redoute, pour donner aux cadets l'idée exacte d'une ville fortifiée.

Bonaparte marche rapidement le long de cette promenade, un livre à la main. Il apprend. Il récite. Et parfois, il versifie.

Le voici, en janvier 1785, qui compose un poème maladroit. Et il recopiera ces vers sur la page de garde de son traité de mathématiques :

Grand Bézout, achève ton cours
Mais avant, permets-moi de dire
Qu'aux aspirants tu donnes secours

Cela est parfaitement vrai
Mais je ne cesserai pas de rire
Lorsque je l'aurai achevé
Pour le plus tard au mois de mai
Je ferai alors le Conseiller.

Il est sûr, dès ce mois de janvier, d'en avoir fini en mai avec l'étude du *Traité de mathématiques*, soit plus de quatre mois avant l'examen, prévu pour le mois de septembre.

Il organise son travail de manière méthodique, prévoit le temps des révisions, car les épreuves sont ardues et l'accès à l'artillerie, cette arme savante, difficile. Un noble désargenté, s'il a du talent, peut, dans cette arme, être sûr de gravir les échelons, la sélection se faisant par examen des qualités du candidat.

On compte vingt-cinq cadets-gentilshommes qui se destinent, en 1785, à l'artillerie. Mais le gouverneur de l'école, M. de Timbrune-Valence, n'autorise que dix-huit élèves à concourir.

Le premier est Des Mazis, l'ami de Bonaparte, qui avait échoué en 1784, puis vient Picot de Peccaduc. Bonaparte suit son ennemi, le Vendéen Phelippeaux. Plus bas dans la liste, on trouve Laugier de Bellecourt, qui, malgré sa dissipation, a été jugé apte à concourir.

Bonaparte, quand il voit cette liste, ne cède qu'un instant à un sentiment de supériorité : il ne craint pas ses concurrents.

Il se sait l'un des meilleurs mathématiciens de l'école. Mais il y a les candidats des écoles de province, et notamment ceux de l'école de Metz, la plus prestigieuse école d'artillerie. De plus, il ne veut pas se contenter de réussir ce premier concours. Il n'oublie pas le concours d'officiers. Il redouble donc d'efforts.

Il aborde le troisième volume du traité de Bézout au mois de février 1785.

Rien ne doit dévier de la route.

Et pourtant, à la fin de ce mois-là, une nouvelle frappe Napoléon Bonaparte comme la foudre. Son père, Charles Bonaparte, est mort le 24 février 1785 à Montpellier. Il avait trente-neuf ans.

La douleur violente se lit sur le visage de l'adolescent. Ses traits se creusent. Il savait son père malade, mais le vide est là, devant lui, et Bonaparte se tient sur le bord, près de basculer.

Le directeur des études, Valfort, qui vient de lui annoncer la nouvelle, l'invite, comme c'est l'usage, à se retirer à l'infirmerie afin d'y pleurer et d'y prier, de se soumettre à la souffrance que le destin lui impose. Bonaparte reste un instant silencieux, puis il répond d'une voix sourde qu'un homme doit savoir souffrir. C'est aux femmes de pleurer. Il demande donc à reprendre sa place, comme si rien ne s'était produit. Le chagrin est une affaire personnelle. « Je ne suis pas venu jusqu'à cette heure sans avoir songé à la mort, dit-il. J'y accoutume mon âme comme à la vie. »

Et cependant sa peine est extrême.

Il apprend comment son père avait subi durant ces derniers mois les assauts de plus en plus cruels de la maladie. Des vomissements, des douleurs intolérables à l'estomac, l'impossibilité de s'alimenter.

En compagnie de Joseph, son fils aîné, Charles Bonaparte avait voulu gagner Paris pour s'y faire à nouveau examiner par le médecin de la reine, le docteur Lasonne. Mais le navire, dès qu'il a quitté la Corse, au mois de novembre 1784, a essuyé une tempête et a été rejeté vers Calvi, où il a fait escale, et il n'a abordé les côtes de Provence qu'après un nouveau et brutal coup de vent.

À Aix, Charles Bonaparte a retrouvé son beau-frère, le séminariste Fesch.

Les souffrances sont si vives qu'un médecin, le professeur Turnatori, conseille à Charles Bonaparte de se rendre à

Montpellier où exercent des médecins renommés, La Mure, de Sabatier, Barthez.

Mais il est trop tard. À Montpellier, Charles Bonaparte s'affaiblit d'heure en heure.

Son fils Joseph, son beau-frère Fesch, une Mme Pernom et sa fille Laure l'entourent de soins.

Charles, l'esprit fort, l'ennemi des jésuites, le voltairien, réclame des prêtres, se confesse, prie. Sa voix se voile, puis par à-coups s'éclaircit, et dans les heures qui précèdent sa mort il appelle Napoléon, ce fils seul capable de le sauver, de l'arracher au dragon de la mort.

Dans des accès fébriles, il crie que l'épée de Napoléon fera trembler les rois, que son fils changera la face du monde. S'il était présent, « il me défendrait de mes ennemis », lance-t-il.

Il tente de se redresser, il répète : « Napoléon, Napoléon », puis retombe.

Il meurt ce 24 février 1785.

Les médecins, dans les heures qui suivent, procèdent à son autopsie, décrivent : « À l'orifice inférieur de l'estomac, une tumeur de la longueur et du volume d'une grosse patate ou d'une grosse poire d'hiver allongée. Les tuniques de l'estomac vers le milieu de sa grande courbure étaient très épaisses et d'une consistance très ferme approchant du cartilage... Nous avouons que nous trouvâmes le foie gorgé et la vésicule du fiel extrêmement remplie d'une bile très foncée, ayant acquis le volume d'une poire médiocre, allongée... »

On inhuma Charles Bonaparte dans un des caveaux de l'église des Cordeliers.

Bonaparte, dans les jours qui suivent l'annonce du décès, se montre encore plus acharné au travail. Il y noie sa douleur. Il impose silence à Alexandre Des Mazis, qui veut le consoler. Il dit simplement que sa réussite est plus nécessaire encore. Il doit être officier dès septembre. Élève ? Il n'est plus temps. Sous-lieutenant d'emblée, voilà l'obligation.

Il sait qu'à Ajaccio sa mère devra désormais élever ses quatre cadets avec seulement mille cinq cents livres de revenus. Les quatre aînés sont placés dans des écoles et pourront subvenir à leurs besoins. Et si lui, Napoléon, touche dès octobre 1785 une solde, s'il est officier dans un régiment, il pourra dans les faits être ce chef de famille dont il a l'âme depuis plusieurs mois déjà.

Il rédige deux lettres, à la fin du mois de mars. L'une à l'oncle de son père, l'archidiacre d'Ajaccio, Lucien, dont on dit dans la famille Bonaparte qu'il entasse son argent dans une bourse placée sous son oreiller, l'autre à sa mère.

Ces lettres, il doit les soumettre, selon la règle, aux officiers de l'école chargés de lire toutes les correspondances et, si besoin est, de les corriger. Il masque donc autant qu'il le peut ses sentiments.

Celle du 23 mars, adressée à l'oncle archidiacre, laisse cependant trembler, sous le style maîtrisé, la douleur du fils :

« Mon cher oncle,

« Il serait inutile de vous exprimer combien j'ai été sensible au malheur qui vient de nous arriver. Nous avons perdu en lui un père, et Dieu sait quel était ce père, sa tendresse, son attachement pour nous ! Hélas ! Tout nous désignait en lui le soutien de notre jeunesse ! Vous avez perdu en lui un neveu obéissant, reconnaissant... La patrie, j'ose même le dire, a perdu par sa mort un citoyen éclairé et désintéressé... Et cependant le ciel le fait mourir, en quel endroit ? À cent lieues de son pays, dans une contrée étrangère, indifférente à son existence, éloigné de tout ce qu'il avait de plus précieux. Un fils, il est vrai, l'a assisté dans ce moment terrible, ce doit être pour lui une consolation bien grande, mais certainement pas comparable à la triple joie qu'il aurait éprouvée s'il avait terminé sa carrière dans sa maison, près de son épouse et de toute sa famille. Mais l'Être Suprême ne l'a pas ainsi permis. Sa volonté est immuable. Lui seul peut nous consoler. Hélas ! Du moins, s'il nous a privés de ce que nous avions de plus cher, il nous a encore laissé des personnes qui seules peuvent le remplacer. Daignez donc nous tenir lieu du père que nous avons perdu. Notre attachement, notre reconnaissance sera proportionnelle à un service si grand.

« Je finis en vous souhaitant une santé semblable à la mienne.

« Napoleone di Buonaparte. »

Il relit. Le choix du tuteur est bon. L'archidiacre est un notable fortuné. Il acceptera cette charge que cet adolescent qui n'a pas seize ans lui demande d'assumer avec une autorité grave, où l'émotion s'allie à la raison.

Cinq jours plus tard, le 28 mars 1785, Bonaparte écrit la deuxième lettre, celle destinée à sa mère.

« Ma chère mère,

« C'est aujourd'hui que le temps a un peu calmé les premiers transports de ma douleur, que je m'empresse de vous témoigner la reconnaissance que m'inspirent les bontés que vous avez eues pour nous.

« Consolez-vous, ma chère mère, les circonstances l'exigent. Nous redoublerons de soins et de reconnaissance, et heureux si nous pouvons par notre obéissance vous dédommager un peu de l'inestimable perte de cet époux chéri.

« Je termine, ma chère mère, ma douleur me l'ordonne, en vous priant de calmer la vôtre. Ma santé est parfaite, et je prie tous les jours que le ciel vous gratifie d'une semblable.

« Présentez mes respects à Zia Gertrude, Minana Saveria, Minana Fesch, etc.

« P.-S. : La reine de France est accouchée d'un prince,

nommé le duc de Normandie, le 27 mars, à sept heures du soir.

« Votre très affectionné fils,

« Napoleone di Buonaparte. »

Maintenant, l'encre à peine séchée, la plaie encore ouverte, il faut se remettre au travail. Point d'hésitation : « Ma douleur me l'ordonne. »

Quand, au début du mois de septembre 1785, l'académicien Laplace pénètre dans la salle de l'École militaire préparée pour l'examen des cadets-gentilshommes qui se destinent à l'artillerie, Napoléon est prêt.

Il entre à son tour.

Laplace est là, vêtu de noir, les yeux à demi cachés par un lorgnon. Il a l'aspect sévère, les gestes graves, mais sa voix est douce, son ton bienveillant. Il est, avec les candidats qui s'avancent paralysés par l'anxiété, puisque toute leur carrière dépendra de leurs réponses, d'une politesse extrême.

Napoléon ne perd pas ses moyens.

Il regarde l'estrade sur laquelle on a disposé deux tableaux d'ardoise réservés aux figures et aux démonstrations. Des rideaux de toile anglaise sont pendus aux fenêtres. Des tables sont alignées pour porter les dessins. Des bancs étagés, couverts de damas d'Abbeville, accueillent les officiers d'artillerie qui se trouvent à Paris, les deux représentants du Premier inspecteur des Écoles, le colonel d'Angenoust, et son chef de bureau, le commissaire des Guerres Roland de Bellebrune. Car le concours est public.

Napoléon s'avance.

Il trace d'un mouvement nerveux les figures. Il répond d'un ton sec et précis aux questions. Il écrit les équations sur les tableaux. Il connaît dans le détail les quatre volumes du *Traité de mathématiques* de Bézout. Il ne commet que de légères erreurs.

Le 28 septembre 1785, son nom est le quarante-deuxième de la liste des cinquante-huit jeunes gens admis comme lieutenants en second dans l'arme de l'artillerie. Parmi eux, il dénombre quatre cadets-gentilshommes de l'École militaire de Paris.

Devant lui, Picot de Peccaduc, 39e, et Phelippeaux, 41e. Des Mazis, son ami, n'est que 56e.

Il exulte.

Il marche à grands pas dans la cour de récréation, puis sur le terrain de la promenade.

Il a atteint son but. En dix mois de travail, il a arraché son premier grade dans l'armée, sans être contraint de devenir élève dans une école d'artillerie. Les cadets-gentilshommes reçus comme lui sous-lieutenants sont plus âgés que lui, Picot de Peccaduc et Phelippeaux, de deux années, Des Mazis, d'un an.

Sa poitrine enfle. Il se redresse. C'est peut-être cela, le bonheur. Il s'assombrit pourtant un instant. Il pense à son père, puis l'orgueil efface la tristesse.

Ceux qui le devancent avaient préparé l'examen durant plusieurs années. Il est le premier Corse à être sorti de l'École militaire. Et dans l'arme savante de l'artillerie, on ne compte qu'un seul autre officier insulaire, M. de Massoni.

Il est un être à part.

Sa nomination au grade de lieutenant en second est antidatée du 1er septembre 1785. Il a seize ans et quinze jours.

Il ne s'enivre pas de son succès. Il demande à être affecté au régiment de La Fère, qui tient garnison à Valence. Là doit aller aussi son ami Des Mazis, dont le frère aîné est capitaine de ce régiment.

Pour Bonaparte, le choix n'est pas dicté par l'amitié, mais par le souci de se rapprocher de sa famille, de la Corse. Car le régiment de La Fère fournit les deux compagnies d'artillerie qui séjournent dans l'île. Et Bonaparte rêve d'y être nommé. Voilà plus de six ans qu'il n'a pas revu Ajaccio.

Durant ces jours de l'automne 1785, Bonaparte, peut-être pour la première fois depuis ce 15 décembre 1778, jour où il quitta la Corse, est heureux.

Il remplit sa malle des « effets et des nippes » que l'École militaire fournit aux sous-lieutenants : douze chemises, douze cols, douze paires de chaussons, douze mouchoirs, deux bonnets de coton, quatre paires de bas, une paire de boucles de souliers et une paire de jarretières. Et il tient longtemps entre ses mains l'épée, le ceinturon et la boucle de col en argent que seuls les cadets-gentilshommes de l'École militaire de Paris reçoivent.

Puis, accompagné d'un « capitaine des portes » chargé de surveiller les jeunes officiers et de payer leurs dépenses, il sort.

Paris, qu'il a si peu vu, s'offre à lui ce 28 octobre 1785.

Bonaparte marche lentement, comme pour un défilé triomphant.

Il rend visite à l'archevêque d'Autun, Mgr de Marbeuf, qui demeure au rez-de-chaussée du palais abbatial de Saint-Germain-des-Prés.

On le félicite.

Il n'est plus l'étranger. Il a acquis droit de cité dans ce monde où, enfant, on l'avait plongé brutalement. Il ne s'y est pas noyé. Il a pris ce qui lui était utile sans abandonner ce à quoi il tenait.

Il porte l'uniforme mais il n'a changé ni de peau ni d'âme. Il s'est aguerri. Il s'est battu. Il n'a jamais baissé la tête. Il a gardé la nuque raide.

Il a appris la langue de ceux qui ont vaincu la Corse, mais avec ces mots nouveaux il a forgé son style personnel. Il a plié les phrases françaises au rythme nerveux de son caractère.

Il a arraché ce qui lui était nécessaire sans se laisser avaler.

Le 29 octobre 1785, le concierge, Lemoyne, Garde-Meuble de l'École militaire, remet cent cinquante-sept livres, seize sols aux cadets-gentilshommes Bonaparte, Des Mazis et Delmas – ce dernier, reçu comme élève d'artillerie – pour couvrir les frais de leur voyage jusqu'à Valence.

Le lendemain 30 octobre, Napoleone di Buonaparte prenait, en compagnie de ses deux camarades, la voiture qui les conduisait vers le Midi.

DEUXIÈME PARTIE

Toujours seul au milieu des hommes

Novembre 1785 – Septembre 1789

4

Bonaparte s'impatiente.

À peine a-t-on quitté Paris depuis quelques heures que déjà la diligence fait halte à Fontainebleau pour le dîner. On traîne. Il marche dans la cour de l'auberge qui sert de relais pour les chevaux. Ce soir, on couchera à Sens. Son camarade Des Mazis l'assure que cette diligence de Lyon est la plus renommée de France pour son exactitude et la promptitude de ses relais.

Bonaparte s'éloigne. Quand donc viendra le temps où il pourra galoper seul, comme il l'a fait quelquefois en Corse lorsqu'il était enfant, avancer à sa guise et n'être entravé par rien ?

Ce Sud vers lequel il se dirige lui semble encore si loin, comme un mirage qui se dérobe. Il a tant attendu ce moment : se rapprocher de la Corse et des siens. Les retrouver au cours du premier congé, après une année de service.

Le lendemain matin, à Sens, il est le premier levé. Il tourne autour des cochers. Il s'exaspère à l'idée des étapes à venir, Joigny, Auxerre, Vermenton, Saulieu, Autun.

Il se souvient de ce 1er janvier 1779, quand son père l'a laissé dans le collège de cette ville avec Joseph. Il se calme. La route qu'il suit conduit à la mer.

À Chalon-sur-Saône, les voyageurs prennent la diligence d'eau et descendent la Saône paisible jusqu'à Lyon. Puis c'est le Rhône. Bonaparte se tient à la proue. Ses cheveux sont soulevés par le vent qui porte des parfums nouveaux. Le ciel est différent, lavé, profond, les paysages tourmentés.

Entre les défilés taillés dans une pierre blanche, le fleuve tourbillonne. Les mariniers sont rudes. Dans leur langue, des sonorités rappellent à Bonaparte l'accent des paysans qui descendaient de l'arrière-pays à Ajaccio. Il découvre tout à coup cette végétation de buissons, d'arbres noueux, les oliviers, comme dans la propriété des Bonaparte à Milelli.

Enfin voici Valence, la ville aux toits de tuiles. Ce n'est pas encore « la » patrie, mais Bonaparte est sur le seuil, ému de ces retrouvailles, après plus de six années, avec le Sud.

Les trois camarades se rendent aux casernes du régiment de La Fère, situées en bordure de la route qui va de Lyon en Provence.

Le vent souffle. De l'autre côté de la chaussée s'étend le polygone de tir. Des soldats manœuvrent malgré la pluie qui commence à tomber.

Le lieutenant-colonel présente le régiment de La Fère, où les hommes ont, dit-il, de la carrure, de la jambe et de la figure. Les lieutenants en second devront servir trois mois en qualité de soldats et de « bas-officiers » pour connaître la vie quotidienne de la troupe qu'ils auront à commander.

La Fère artillerie, ajoute le lieutenant-colonel, est un régiment laborieux et infatigable. Matinal. Les manœuvres succèdent aux exercices de tir. Les jours de marché, trois fois par semaine, on rassemble les hommes pour l'école de théorie afin que le canon n'incommode pas les paysans et les bourgeois.

– Bon mathématicien ? demande-t-il, tourné vers Bonaparte.

Il relit le nom de ce lieutenant petit, imberbe, pâle, d'une maigreur excessive. Il ne paie pas de mine, ce cadet qui a été reçu d'emblée lieutenant en second. Les joues sont creuses, les lèvres serrées. Cependant le lieutenant-colonel est impressionné par Bonaparte. Ce visage exprime la fermeté et l'obstination. Il est revêche et désagréable, mais il a du caractère.

Le lieutenant-colonel prononce avec difficulté ce nom, orthographié sur les états du régiment *Napolionne de Buonaparte.*

Bonaparte ne paraît pas remarquer son hésitation.

Une fois de plus, c'est comme si son identité était imprécise, incertaine pour ces Français qui l'ont admis malgré tout parmi eux, distingué et promu.

Il se renfrogne un peu plus.

Lui sait qui il est : un Corse, officier de l'armée du roi de France et rêvant de rejoindre sa patrie.

Quelques mois plus tard, dans la chambre de la maison Bou, où il loge, sur un grand cahier de trente-trois pages, de sa plume qui accroche le papier, court, vite, accroche le papier parce que la pensée est trop rapide pour la main, Bonaparte écrira : « Les Corses ont pu, en suivant toutes les lois de la justice, secouer le joug des Génois, et peuvent en faire autant de celui de la France. Amen ! »

Le soir de son arrivée, Bonaparte frappe à la maison Bou. Une femme d'une cinquantaine d'années lui ouvre la porte. C'est Marie-Claude Bou, la fille du « père Bou ». Elle est vive, serviable. La chambre qu'elle montre à Bonaparte est monacale mais bien plus vaste que celles où il a vécu à Autun, à Brienne, à Paris. Une table. Il y dépose des livres, son grand cahier.

De l'autre côté de la rue, au rez-de-chaussée de la Maison des Têtes, M. Aurel tient boutique de libraire. Le lieutenant Buonaparte peut y prendre un abonnement de lecture, lui explique Marie-Claude Bou. Ici, ajoute-t-elle, il aura le linge lavé et repassé.

Premières nuits.

Le vent s'engouffre dans les ruelles.

Après la tension de ces dix mois passés à l'École militaire avec le défi de réussir, c'est brusquement, pour l'adolescent Bonaparte qui n'a pas encore dix-sept ans, une manière nouvelle de vivre qui commence, la nécessité d'assumer des charges, de commander à des hommes après leur avoir obéi. Le temps, malgré les gardes, les tirs au polygone, les banquets des officiers, s'écoule à un autre rythme.

Chaque matin, Bonaparte entre chez le père Couriol, à l'angle des rues Vernoux et Briffaud. Il tire lui-même d'un tiroir en tôle, au-dessus de l'âtre du four, deux petits pâtés chauds. Il boit un verre d'eau et jette deux sous au pâtissier.

Le soir, avec les autres lieutenants du régiment de La Fère, il dîne à l'auberge des *Trois Pigeons,* rue Pérollerie. On commente les exercices militaires de la journée. Bonaparte s'exprime avec autorité : depuis le mois de janvier 1786, il est lieutenant en titre, ayant achevé sa période dans le rang.

Un matin de la mi-janvier, il a revêtu l'uniforme d'officier : culotte de tricot bleu, veste de drap bleu aux poches ouvertes, habit bleu roi aux collet et revers bleus, aux parements rouges, aux pattes de poches lisérées de rouge, aux boutons jaunes et portant le numéro 64, puisque il appartient au 64e régiment, épaulettes, enfin, ornées d'une frange de filets d'or et de soie.

L'émotion, au moment où Bonaparte se voit, la taille et les épaules prises dans cette tenue qui exprime son succès, est si forte qu'il baisse les yeux. Éprouvera-t-il jamais une joie aussi grande ? Portera-t-il jamais un uniforme aussi beau !

Il se dirige vers les casernes. Il prend la garde comme officier au poste de la place Clerc, au centre de la ville. Il participe aux manœuvres avec sa compagnie. Il suit la construction des batteries. Il écoute les leçons de géométrie et de calcul différentiel et intégral, de trigonométrie, que le professeur Dupuy de Bordes donne aux officiers du régiment pour compléter leurs connaissances. Certains jours, il reçoit des cours de dessin pour apprendre à tracer des plans, des profils et des cartes. Et, à la salle de conférences, les officiers exposent les leçons tirées de leurs expériences sur la façon de pointer et de charger les bouches à feu, de disposer les batteries et les mines.

Il est attentif, avide de connaissances. Il lit les traités de Guibert et Gribeauval, les théoriciens de la guerre « moderne ».

Il répond, quand on l'interroge sur ces matières, avec une précision qui étonne chez un jeune lieutenant en second de dix-sept ans à peine. Sa voix est creuse, son timbre sourd, sa parole brève et sèche. On devine sa passion. Il aime le métier des armes. Il apprend avec la même détermination que celle qu'il avait mise à posséder le *Traité de mathématiques* de Bézout. Il se sent à l'aise parmi ces officiers, parce qu'ils sont comme lui passionnés par la spécialité savante qu'ils ont choisie, l'artillerie.

Ce savoir exigeant qu'ils doivent posséder crée entre eux une amitié chaleureuse que Napoléon Bonaparte apprécie. Malgré son patriotisme corse qui demeure et même se renforce, il se sent à l'aise avec ses camarades.

« L'artillerie, dira-t-il, est le meilleur corps et le mieux composé de l'Europe. Le service est tout de famille, les chefs sont entièrement paternels, et les plus braves, les plus dignes gens du monde, purs comme l'or, trop vieux parce que la paix a été longue. Les jeunes officiers rient d'eux parce que le sarcasme et l'ironie sont la mode du temps, mais ils les adorent et ne font que leur rendre justice. »

Mais si, à Valence, la vie de Bonaparte est la plus douce qu'il ait jamais connue depuis qu'enfant il est arrivé en France, c'est qu'il est dans une ville qui appartient déjà à ce Sud, et que les gens de cette région sont des Méridionaux accueillants.

Corse ? lui demande-t-on.

Il est sur ses gardes. Il répond d'une inclination de tête.

Mais on le félicite pour son origine, on trouve que son accent encore teinté de sonorités italiennes rend la conversation plus attachante. On l'introduit dans la bonne société de la ville.

Il fait effort pour plaire, prenant des cours de danse et de maintien. Il reste maladroit et gauche. Cependant, il regarde ces nobles Français dont l'élégance et la désinvolture, le brillant des manières et de la conversation paraissent innés.

Son uniforme est souvent froissé, plissé par les mouvements brusques de son corps. Son cou est enveloppé par une cravate tortillée. Ses tempes sont dissimulées par de longs cheveux plats tombant jusqu'aux épaules.

Il y a quelque chose de rustre et d'anguleux en lui. Pas de rondeur et de grâce, mais un mélange de timidité, de sauvagerie et de brusquerie dans le propos et dans l'allure.

Pourtant on le reçoit chez Jacques Tardivon, ancien prieur de la Platière et abbé général de l'ordre de Saint-Ruf, à qui l'évêque d'Autun, Mgr de Marbeuf, l'a recommandé, présentant Bonaparte comme un jeune officier de grand avenir et l'un de ses protégés.

M. de Tardivon l'accueille en son salon de l'hôtel de Saint-Ruf qui réunit la noblesse valentinoise.

Bonaparte, en uniforme, en impose, malgré son allure. Son silence intrigue. Son regard attire. Quand le beau-frère de M. de Tardivon, M. de Josselin, familier de l'hôtel de Saint-Ruf et ancien lieutenant-colonel du régiment d'infanterie d'Artois, l'interroge, Bonaparte répond brièvement, mais cette économie de mots retient l'attention.

Ce jeune lieutenant est singulier.

On le recommande aux dames de Valence, Mme Lauberie de Saint-Germain, Mme de Laurencin et Mme Grégoire du Colombier, qui tiennent salon chez elles.

Bonaparte se présente dans ces maisons où soufflent les idées nouvelles. Il est à la fois timide, ce qui séduit, et audacieux, provocateur même par franchise, ce qui émeut ces bienveillantes quinquagénaires. Il est si jeune !

Il s'habitue ainsi peu à peu à une vie sociale, se rendant souvent à la maison de campagne de Mme du Colombier, à Basseaux, à trois lieues de Valence.

Il marche d'un pas alerte, dans ce paysage déjà provençal qui lui rappelle les parfums et la végétation de la Corse. Il a la tête pleine de ses lectures.

En ce moment, il lit et relit les œuvres de Rousseau. Il connaît par cœur des passages des *Rêveries du promeneur solitaire*, des *Confessions*, de *la Nouvelle Héloïse*. Il est en sympathie avec celui qu'il appelle Jean-Jacques.

Cette Mme du Colombier, ce pourrait être Mme de Warens, l'initiatrice de Rousseau. Bonaparte, qui n'a pas encore connu l'amour, est sensible à la compagnie de cette femme instruite, spirituelle, distinguée, qui fait effort pour le charmer.

Bonaparte lui confie, assis près d'elle, qu'il pense à écrire une *Histoire de la Corse*. Elle s'enthousiasme. A-t-il lu les œuvres de l'abbé Raynal ? M. de Tardivon connaît cet auteur à la mode. Lorsque l'abbé descend de Paris à Marseille, il fait étape à l'hôtel de Saint-Ruf. Mme du Colombier conseille à Bonaparte d'écrire à l'abbé, de commander des livres à un libraire de Genève, Paul Borde.

Et aussitôt, Bonaparte prend la plume, demande que le libraire lui envoie des ouvrages qui puissent « servir de suite aux *Confessions* de Jean-Jacques Rousseau ». « Je vous prierai également, continue Bonaparte, de m'envoyer les deux volumes de l'*Histoire de la Corse* de l'abbé Germanes. Je vous serais obligé de me donner note des ouvrages que vous avez sur l'île de Corse ou que vous pourriez me procurer promptement. J'attends votre réponse pour vous envoyer l'argent à quoi cela montera. »

Il s'abonne comme le lui a conseillé Marie-Claude Bou au cabinet de lecture du libraire de Valence, M. Aurel, et les livres s'entassent sur la petite table de la chambre de la maison Bou.

Il lit. Il vit ses lectures. Jean-Jacques, c'est le double, celui qui exprime ce qu'éprouve ce jeune homme encore indécis sur son avenir. Bonaparte ne s'est-il pas senti différent ? N'a-t-il pas été incompris, moqué comme Rousseau ? Quand Bonaparte se rend à Basseaux, n'est-il pas le frère du promeneur solitaire ?

Quand Bonaparte escalade la montagne de Roche-Colombe avec un camarade du régiment de La Fère et qu'il s'exalte devant la beauté de la nature en ce mois de juin 1786, n'est-il pas semblable à Rousseau ?

Bonaparte marche, méditatif et ému. Il découvre un vaste panorama. Et il se sent grandi par l'étendue qu'il contemple. Il est en correspondance avec Jean-Jacques : « J'aime, dit-il, m'élever au-dessus de l'horizon. »

Il redescend avec le crépuscule. Il s'interroge. Que sera-t-il ? Un écrivain ? Un « philosophe » ? Un législateur, comme Rousseau a voulu l'être ? Un auteur qui définira, comme lui, un contrat social ?

Bonaparte passe de l'enthousiasme à l'abattement, de l'audace à la timidité. Il a moins de dix-sept ans. Que sera cette vie qui commence ?

Quelques mots échangés avec Mlle de Lauberie de Saint-Germain suffisent à l'émouvoir. Il admire sa beauté, sa « vertu ». Il ne va pas au-delà. Il n'a jamais fait l'amour.

Quand Mme du Colombier lui présente sa fille Caroline, il s'éprend aussitôt d'elle, mais il ne conçoit que des relations platoniques.

Caroline rougit. Il pâlit. Il confie à son camarade Des Mazis, amoureux passionné d'une jeune Valentinoise, qu'il veut pour sa part « éviter les fréquentes visites qui font parler un public méchant et qu'une mère alarmée trouve mauvaises ».

Mais il suffit qu'un matin il cueille avec Caroline des cerises dans le jardin de la maison de Basseaux pour qu'il soit longtemps troublé. Et le soir, de retour dans sa chambre, il relit le passage des *Confessions* dans lequel Jean-Jacques raconte comment, dans un verger, il lançait des bouquets de cerises à deux jeunes filles qui, en riant, lui renvoyaient les noyaux !

Il ne peut s'endormir. Il revoit la scène. Il s'identifie à l'écrivain. Il est un jeune homme qui se cogne contre une réalité qu'il ne connaît pas encore. Il s'assied à sa table. La lecture et l'écriture sont des manières de comprendre ce qu'il est, ce qu'il éprouve.

Il lit et relit les lettres que son frère Joseph lui adresse de Corse. La nostalgie de la famille et de son île, des parfums des myrtes et des orangers, s'avive douloureusement. Il rêve à ce congé auquel il a droit et qui peut commencer, s'il l'obtient, dès le 1er septembre 1786.

« Je suis, écrit-il le 3 mai 1786, absent depuis six à sept ans de ma patrie. Quels plaisirs ne goûterai-je pas à revoir dans quatre mois mes compatriotes et mes parents ! Des tendres sensations que me fait éprouver le souvenir des plaisirs de mon enfance, ne puis-je pas conclure que mon bonheur sera complet ? »

La Corse est ainsi le point fixe, la certitude, presque l'obsession de Bonaparte.

Elle est la terre qui subit l'injustice d'une occupation, l'île dont Rousseau a chanté les vertus, et le récif de nostalgie de l'enfance et de la famille qu'il porte en lui.

En juin, lorsqu'il apprend qu'un compatriote, un artiste du nom de Pontornini, habite Tournon, à quatre lieues de Valence, Bonaparte s'y rend aussitôt, pour parler de la patrie absente, entendre le nom de sa langue.

L'homme l'accueille avec enthousiasme. Leur conversation ne cesse qu'à la nuit, et pendant qu'elle se déroule, Pontornini trace un portrait de Bonaparte, le premier qu'on lui ait jamais fait.

Bonaparte découvre son profil régulier, le nez légèrement busqué et fort, la bouche fine, les cheveux longs couvrant la moitié du front et tombant en mèches raides jusqu'aux épaules. L'expression est celle d'un jeune homme grave et sérieux au regard pensif.

En bas et à droite du portrait, Pontornini écrit : « *Mi caro amico Buonaparte, Pontornini, del 1785, Tournone.* »

Cette rencontre accuse son désir de retrouver sa patrie et, dans l'attente impatiente de ce jour où enfin il reprendra pied dans son île, il écrit avec la spontanéité d'un jeune homme et la force d'une pensée qui invente son style.

Cette langue française qu'il dompte est la preuve de l'empreinte que, presque malgré lui, ce pays qui est devenu le sien a creusée en lui, profonde, fructueuse.

Mais cette langue, il l'utilise pour exprimer la déchirure qui le fait souffrir.

Il est officier français, et fier de l'être devenu. Il ressent, comme il dira, le fait « d'être simple lieutenant en second d'artillerie, comme un honneur ».

Mais en même temps, il est un patriote corse !

Il rêve de retrouver son pays, et dans sa chambre il s'apitoie et se révolte contre le sort qui fut fait aux Corses. « Montagnards, qui a troublé votre bonheur ? écrit-il. Hommes paisibles et vertueux qui couliez des jours heureux au sein de votre patrie, quel tyran barbare a détruit vos habitations ? »

Il dénonce ainsi Gênes.

Mais il s'inquiète de la situation créée par la victoire française : « Quel spectacle verrai-je dans mon pays ? Mes compatriotes chargés de chaînes et qui baisent en tremblant la main qui les opprime. Ce ne sont plus ces braves Corses qu'un héros animait de ses vertus, ennemis des tyrans, du luxe, mais des vils courtisans ! »

Comment ne songerait-il pas à son père, qui fut le compagnon de Pascal Paoli mais qui devint, la victoire française acquise, le solliciteur de M. de Marbeuf, et qui envoya ses fils dans les écoles françaises ?

« Que les hommes sont éloignés de la nature ! écrit Bonaparte. Qu'ils sont lâches, vils, rampants ! »

Sa colère se tourne contre ceux qui ont réduit ainsi son peuple. « Français, non contents de nous avoir ravi tout ce que nous chérissions, vous avez encore corrompu nos mœurs, écrit-il de sa plume indignée. Le tableau actuel de ma patrie et l'impuissance de la changer est donc une nouvelle raison de fuir une terre où je suis obligé par devoir de louer les hommes que je dois haïr par vertu. »

Il se lève. Il marche dans sa chambre. Il répète cette phrase : « Obligé par devoir de louer les hommes que je dois haïr par vertu. » Il la martèle, comme s'il voulait souffrir davantage encore de cet écartèlement qu'il ne peut faire cesser et qui, avec l'excès d'une sensibilité romantique d'un jeune homme de dix-sept ans, le désespère.

Il sort. Il parcourt les rues de Valence, pénètre dans l'auberge des *Trois Pigeons,* dîne avec ses camarades officiers, sombre, puis il retourne à la maison Bou, reprend la plume. « Toujours seul au milieu des hommes, écrit-il, je rentre pour rêver avec moi-même et me livrer à toute la vivacité de ma mélancolie. De quel côté est-elle tournée aujourd'hui ? Du côté de la mort... Quelle fureur me porte donc à vouloir ma destruction ? Sans doute que faire dans ce monde ? Puisque je dois mourir, ne vaut-il pas autant se tuer ? »

Faiblesse d'un moment ? Pause complaisante d'un jeune homme ? Bonaparte est déchiré, parce qu'il ne sait pas, qu'il ne peut pas encore maîtriser les tensions qu'il porte en lui.

Il a soif d'absolu, d'une cause qui l'emporte, l'oblige à relever des défis.

Durant toutes les années passées, il avait devant lui un objectif : atteindre cette position d'officier. Il l'a conquise. Où aller, alors qu'il est sur le seuil de la vie ?

En Corse !

Et se donner la mission de rendre à sa patrie la liberté, d'en être le vengeur.

Mais, au fond de lui, il doute déjà. Il a vécu autant en France que dans son île. C'est ici qu'il a quitté l'enfance, formé sa pensée.

C'est ici qu'il exerce ce métier des armes qu'il aime.

Dans les casernes de Valence, on rassemble les soldats du régiment de La Fère.

Une émeute a éclaté à Lyon, parmi les ouvriers de la soie. Il faut aller rétablir l'ordre.

Le second bataillon de La Fère, auquel appartient la compagnie de Bonaparte, s'ébranle, prend ses quartiers dans le faubourg lyonnais de Vaise, proche du quartier ouvrier de Bourgneuf. La troupe va disperser les émeutiers, qui réclamaient une augmentation de salaire de deux sous. On pendra trois d'entre eux.

Bonaparte a tenu sa place, impatient de voir l'ordre se rétablir. Car son départ en congé pour la Corse est confirmé pour le 1er septembre 1786.

Il ne sera pas retardé. Il peut quitter Valence, où le bataillon est rentré à la date prévue.

Bonaparte descend la vallée du Rhône. À chaque pas qu'il fait vers la mer, son imagination l'emporte. Les monuments romains qu'il aperçoit, la nature qui resplendit sous le soleil d'automne l'enchantent.

« Des montagnes dans l'éloignement d'un nuage noir couronnent la plaine immense de Tarascon où cent mille Cimbres restèrent ensevelis, écrit-il. Le Rhône coule à l'extrémité, plus rapide que le trait, un chemin est sur la gauche, la petite ville à quelque distance, un troupeau dans la prairie. »

Et au bout, la mer, le port, le navire qui le conduira jusqu'à l'île de son enfance.

5

D'abord, debout à l'avant du navire, Bonaparte reconnaît les parfums de son île.

Il est, ce 15 septembre 1786, au terme du voyage commencé il y a plus de quinze jours à Valence. Mais il rêve de ce retour depuis sept ans et neuf mois, calcule-t-il, au moment où dans l'aube se dessinent les cimes violettes des montagnes de l'île et qu'apparaissent les murailles de la forteresse d'Ajaccio.

Il a dix-sept ans et un mois.

Il respire à pleins poumons cette brise odorante, presque tiède, chargée des senteurs du myrte et de l'oranger, dont lui parlait Joseph dans ses lettres.

Et quand les marins jettent les amarres, le premier homme que Bonaparte aperçoit, courant vers la passerelle, c'est son frère aîné.

Il faut retenir ses larmes. Napoléon descend lentement, regarde une à une la mère et les grands-mères, *minanna* Saveria et *minanna* Francesca, les tantes, *zia* Gertrude, et la nourrice Camilla Ilari, qui sanglote bruyamment.

Elles entourent leur *Rabulione,* puis s'écartent, elles veulent admirer l'uniforme bleu à parements rouges. Officier, Rabulione ?

Letizia Buonaparte prend le bras de son fils. Joseph marche de l'autre côté. Les frères et sœurs cadets, Louis, Pauline, Caroline suivent, et le plus jeune, Jérôme, qui n'a que deux ans, s'accroche à sa nourrice. Ils sont tous venus. On charge la grosse malle, si lourde que deux hommes la soulèvent avec peine. Joseph demande ce qu'elle contient, mais il n'a pas besoin d'attendre la réponse de son frère pour deviner que les livres s'y entassent. Ils sont le bien le plus précieux de ce frère qui réprime son émotion et s'enquiert déjà de la situation de la famille.

Comment se porte l'archidiacre Lucien, le riche grand-oncle qui a accepté de prendre en main les affaires du clan depuis la mort de Charles Bonaparte ?

Couché, se lamente-t-on, malade, la tête lourde, les genoux et les chevilles gonflés par l'arthrite, incapable de se mouvoir, bon appétit, langue bien pendue, pensée claire, calculant toujours juste, mais impotent, souffrant mille douleurs dès qu'il veut poser un pied par terre.

Et Letizia, déjà, fait part à son fils de ses soucis d'argent, de ses préoccupations pour l'avenir de ses quatre derniers enfants, mais aussi de celui de Lucien, qui est toujours élève au petit séminaire d'Aix. Elle se penche, elle baisse la voix. Et que deviendra son aîné, Joseph ? Il compte partir pour Pise étudier le droit, afin peut-être d'occuper, quand il sera docteur, le poste tenu par son père aux États de la Corse.

Dès les premiers pas sur le sol de son île, Bonaparte sait qu'il est le chef de famille, celui qui a une « position », qu'on admire, mais auquel on demande aide, conseil, protection.

Or, à peine Bonaparte est-il là depuis cinq jours qu'on apporte à la maison Bonaparte la nouvelle de la mort, à Bastia, ce 20 septembre 1786, de M. de Marbeuf.

Letizia Bonaparte a le regard voilé par la tristesse. Qui peut les aider, désormais, les soutenir dans leurs démarches, obtenir des subventions pour la pépinière de mûriers, des bourses pour les enfants ?

Bonaparte rassure sa mère, qu'on lui laisse le temps. Il a un congé de six mois. Il va prendre en charge la maison, les intérêts de la famille.

Sa mère le serre contre elle. Il est le fils en qui elle a confiance. Elle s'en remet à lui.

Et le jeune homme de dix-sept ans se redresse avec fierté sous la charge. Il relèvera aussi ce défi-là. C'est son devoir.

Chaque matin à l'aube, il part, à pied ou à cheval.

Il se rend à la propriété de Milelli. Là, il a joué enfant. Pas un pouce de terrain qui ne soit chargé d'un souvenir.

Il marche dans l'épais bois d'oliviers. Il entre dans la grotte dont la voûte est soutenue par deux énormes rochers de granit.

Il lit sous un grand chêne vert qui, enfant, lui servait de repère, lui permettant de retrouver son chemin dans les oliveraies.

Il emporte l'un des volumes de la malle. Un jour, il relit Plutarque, un autre, Cicéron ou Tite-Live, Tacite ou Montaigne, Montesquieu ou l'abbé Raynal. Parfois, avec Joseph, il déclame du Corneille, du Voltaire, ou des pages de Rousseau.

– Sais-tu, confie Bonaparte à son frère, que nous sommes ainsi les habitants du monde idéal ?

Mais ces lectures ne sont pas des fuites comme au temps de sa solitude sur le continent.

La Corse, loin de décevoir Napoléon, le comble. Il descend les sentiers jusqu'à la mer. Il attend que le soleil se « précipite dans le sein de l'infini ». Il est saisi par la mélancolie du crépuscule, et Joseph le surprend debout au sommet d'un rocher, le coude sur le genou ployé, méditant, le visage grave, cependant que la nuit obscurcit le ciel.

Il sursaute. Il est « touché, dit-il à Joseph, par l'électricité de la nature ». Le soir, à la table familiale, il vante l'île « ornée de tous les dons ». Et c'est Letizia qui l'interrompt.

– Rien, plus rien ne se joue ici, dit-elle.

Il le sait. Que serait-il s'il n'avait effectué ses études à Brienne et à Paris ? Il est devenu officier de l'armée française. C'est dans le royaume que se font les carrières.

Bonaparte écoute, respectueux. Il monte dans sa chambre, écrit. Il n'a pas renoncé à rédiger une *Histoire de la Corse*, mais, les premiers jours, il a découvert avec surprise et désarroi que des pans entiers de la langue corse avaient disparu de sa mémoire.

Lorsque les paysans ou les bergers l'interpellent, il ne les comprend pas parfaitement et il a du mal à leur parler. Qu'est-il devenu malgré lui ? Un Français ? C'est la langue des livres, qu'il lit avec émotion et enthousiasme. C'est en français qu'il écrit.

Mais lorsque, égaré dans la montagne corse, un berger lui offre une peau de mouton pour se réchauffer pendant la nuit, et une part de fromage et de jambon, il est fier d'appartenir à ce peuple hospitalier. Il observe ces hommes rudes, énergiques mais généreux, qui l'accueillent avec confiance, ne se souciant pas de savoir d'abord qui il est.

Leurs visages et leurs voix font renaître ses impressions d'enfance.

Après quelques jours, la langue lui revient. Il s'efforce même de retrouver la maîtrise de l'italien, qu'il avait perdue.

Dans la cabane du berger, au pied du feu, il suscite les récits. Il s'enivre à cet art de la parole fait de longs silences et d'anecdotes qui prennent la force de symboles.

Lorsqu'il retrouve ses lectures et qu'il s'assied « abrité par l'arbre de la paix et l'oranger », il se sent plus déterminé dans son projet de lier son destin à celui de cette île, « théâtre de ses premiers jeux ».

Sa mère s'approche. Il se lève.

Ils vont s'asseoir côte à côte. Elle se tient le dos droit. C'est une belle femme d'à peine trente-sept ans, au corps déformé par ses douze grossesses. Mais le visage reste altier, creusé par les rides de la souffrance, les deuils de ses enfants mort-nés, de celui de son mari. Elle a le regard et le port volontaires.

– Tu es l'âme de la maison, dit-elle à Napoléon.

Il faut qu'il agisse. L'archidiacre va mal. C'est lui qui prend les décisions. Que fait-on pour la pépinière de mûriers ?

En 1782, Charles Bonaparte avait obtenu cette concession de l'intendant du royaume. On lui avait promis huit mille cinq cents livres à titre d'avance, charge à lui de distribuer, cinq ans après, en 1787, les mûriers. Mais il n'avait touché que cinq mille huit cents livres et, en mai 1786, le contrat avait été résilié, le ministère abandonnant ce projet. Or, Letizia Bonaparte a déjà réalisé la plantation.

Napoléon écoute, calcule, le visage grave.

L'État doit trois mille cinquante livres à sa famille. Il rassure sa mère. Il se battra pour les obtenir, dût-il pour cela demander un nouveau congé à son régiment afin de mener les démarches en Corse.

D'ailleurs, il doit se préoccuper de la santé de l'archidiacre, discuter avec lui du sort de la propriété de Milelli.

Il sait ainsi passer de la mélancolie rêveuse à l'organisation précise, glisser du projet d'écrire une *Histoire de la Corse* à une âpre discussion avec l'archidiacre.

Il lui rend visite plusieurs fois. À la manière dont l'homme est entouré, Bonaparte mesure son influence. Un archidiacre en Corse, cela vaut un évêque en France, pense-t-il.

L'archidiacre est couché. Il maugrée, se plaint. Il conteste les projets de Napoléon, qui veut exploiter le domaine de Milelli alors que, selon lui, on y perdra de l'argent inutilement.

Le jeune homme et le vieil archidiacre de soixante-huit ans disputent sur le sort qu'on doit réserver aux chèvres de l'île.

– Il faut les chasser, dit Bonaparte. Elles gâtent les arbres.

L'archidiacre, qui possède de grands troupeaux d'ovins, s'indigne :

– Voilà bien vos idées philosophiques, chasser les chèvres de Corse !

Mais la conversation s'interrompt. La douleur fait hurler l'archidiacre. Il montre ses genoux, ses chevilles.

Le 1er avril 1787, après l'une de ces rencontres, Bonaparte décide d'écrire au docteur Tissot, un médecin célèbre, « membre de la Société royale de Londres, de l'Académie médico-physique de Bâle et de la Société économique de Berne ».

Celui-ci est particulièrement admiré en Corse pour avoir déclaré que Pascal Paoli est l'égal de César et de Mahomet.

« Vous avez passé vos jours, lui écrit Bonaparte, à instruire l'humanité, et votre réputation a percé jusque dans les montagnes de Corse où l'on se sert peu de médecins.

« Il est vrai que l'éloge court mais glorieux que vous avez fait de leur aimé général est un titre bien suffisant pour les pénétrer d'une reconnaissance que je suis charmé de me trouver par la circonstance, dans le cas de vous témoigner, au nom de tous mes compatriotes...

« J'ose vous importuner et vous demander vos conseils pour un de mes oncles qui a la goutte... Mon oncle a les pieds et les mains extrêmement petits et la tête grosse... Je crois qu'ayant du penchant pour l'égoïsme il s'est trouvé dans une situation heureuse qui ne l'a pas mis dans le cas d'en développer toute la force... Sa goutte lui prit en effet à l'âge de trente-deux ans... des douleurs cruelles s'ensuivirent dans les genoux et les pieds, la tête s'en ressentit... Il mange bien, digère bien, lit, dort et ses jours se coulent, mais sans mouvement, mais sans pouvoir jouir des douceurs du soleil. Il implore le secours de votre science...

« Moi-même depuis un mois je suis tourmenté d'une fièvre tierce, ce qui fait que je doute que vous puissiez lire ce griffonnage. »

L'écriture de Bonaparte est en effet plus cursive encore qu'à l'habitude, plus tremblée aussi.

D'ailleurs, quelques jours plus tard, le 30 avril 1787, il adressera à son colonel un certificat de maladie signé par un médecin-chirurgien d'Ajaccio, afin de solliciter un congé de cinq mois et demi à compter du 16 mai 1787. « Vu mon peu de fortune et une cure coûteuse, précisait-il, je demande que le congé me soit accordé avec appointements. »

La réponse du ministère est favorable. Le congé se prolongera jusqu'au 1er novembre 1787.

Bonaparte sait que, s'il veut mener à bien les démarches pour arracher aux bureaux de Paris les trois mille cinquante livres qu'il estime dues à sa famille, il lui faut se rendre dans la capitale.

Sa mère l'y incite, et se réjouit lorsque Napoléon obtient son congé.

Bonaparte, pourtant, hésite quelques semaines à partir, semaines durant lesquelles il parle peu, comme si toute son énergie était employée à répondre aux questions qu'il se pose, à tenter de résoudre ce dilemme qui le partage : France *ou* Corse, France *et* Corse. Comment opposer l'une à l'autre alors qu'il dépend de l'une et qu'il est attaché à l'autre ?

Sa mère l'interroge. Elle s'inquiète de sa fièvre. Mais celle-ci, peut-être un accès de paludisme, a disparu.

– Ira-t-il à Paris ? lui demande-t-elle.

Il se dérobe, s'enfonce dans le maquis, passe des nuits avec les bergers, observe le ciel, y perd son regard, médite dans le silence, mélancolique à nouveau.

Puis, au début septembre 1787, il annonce à sa mère qu'il se rend à Paris.

Il embarque le 16 du même mois pour Toulon.

Le vent est fort, plus âpre que parfumé par les senteurs de l'île.

Il a dix-huit ans et un mois.

6

Bonaparte regarde les femmes. Depuis qu'il est arrivé à Paris, il ne voit plus qu'elles. Il lui semble qu'elles le frôlent dans la petite rue du Four-Saint-Honoré, cette voie du quartier des Halles située entre la rue Coquillière et la rue du Faubourg-Saint-Honoré où il est installé. Il loge à l'hôtel de Cherbourg.

Il regarde les femmes avec tant d'insistance qu'elles se détournent, mais certaines le provoquent, et plusieurs fois déjà il a eu la tentation de les aborder. Mais il s'est repris au dernier moment. Il a fui d'un pas rapide, est rentré à l'hôtel, a monté les deux étages en courant, poussé la porte de la chambre, s'y est appuyé pour reprendre son souffle. Puis il s'assied à sa table.

Il commence à écrire avec frénésie, presque avec rage.

Il rédige un mémoire détaillé pour le contrôleur général, reprenant tout le dossier de la pépinière des mûriers, argumentant. Il assure que son père a entrepris cette plantation par patriotisme et souci de l'intérêt de la chose publique.

Mais sa pensée s'évade, quelque chose bat en lui qui le force à ressortir.

La ville est là, offerte à sa jeune liberté.

Il parcourt les boulevards, va rôder au Palais-Royal où, dans la pénombre des galeries, les femmes se pressent, aguichantes, inconvenantes, avec des airs de « grenadiers », vulgaires et provocantes.

Il a dix-huit ans. Des femmes l'interpellent. Avec son uniforme froissé, ses cheveux raides, son regard avide et timide, sa jeunesse, ces promeneuses devinent ce qu'il cherche.

Viendra-t-il ?

Il hésite. Il s'éloigne. Il aborde l'une d'elles, avec froideur. Il veut savoir pourquoi elles ont choisi ce métier. Elles le rabrouent, grossières. Que veut-il, ce maigrelet, ce petit lieutenant ? Parler ? Elles ricanent. Ce sont des « bûches », pense-t-il. Stupides.

Il rentre. Mais son sang brûle. C'est la première fois de sa vie qu'il est libre, qu'il peut se laisser conduire par sa curiosité et son désir.

Il n'est pas, comme dans sa garnison de Valence, le jeune officier que les mères épiaient et qu'un geste osé avec leurs filles eût condamné à ne plus être reçu dans les salons.

Il n'est plus le fils respectueux qu'une mère, des tantes, une nourrice, des grands-mères, toute une société corse, familles liguées, contraignaient au respect scrupuleux des bienséances et des coutumes.

Il est seul dans une ville où les femmes, toutes ces femmes, semblent à conquérir, à louer.

Et lui qui n'a jamais connu le plaisir du sexe est obsédé par leurs silhouettes offertes.

Il s'astreint pourtant à combattre, à refréner son désir autant qu'il le peut.

Il a pris dès son arrivée à Paris l'une de ces « voitures de cour » qui, pour un prix modique, vont jusqu'à Versailles où sont logés les bureaux du Contrôle général. Le coche est confortable, mais lent. Il faut plus de cinq heures pour atteindre, depuis Paris, la ville de la Cour et des ministères.

Bonaparte fait antichambre, est enfin reçu, harcèle les employés du bureau des Finances, se fait ouvrir les dossiers, constate qu'il n'existe aucune pièce relative à la pépinière, s'en étonne, s'obstine. Pourquoi ces documents ont-ils disparu ? C'est le sort d'une famille qui est en question.

À force d'insistance, de lettres, de visites à Versailles, il obtient une audience du Premier ministre, Mgr de Brienne, archevêque de Sens.

Il se fait pressant, étonne le ministre par sa fermeté qui transparaît malgré le ton respectueux.

Rentré à Paris, il lui écrit, reprend tous les arguments, puis laisse percer son indignation, sa susceptibilité. Après tout, dit-il, « il ne s'agit que d'une somme d'argent qui ne compense jamais de l'espèce d'avilissement qu'éprouve un homme de reconnaître à chaque moment sa sujétion ». Et il conclut que, si le dédommagement dû est accordé, Mgr de Brienne y gagnera la gratitude des Bonaparte, et surtout « ce contentement intérieur, paradis de l'homme juste ».

Il attend une réponse. Il traîne dans Paris, va au théâtre, se grise de lumière, de ce parfum d'une ville aux mœurs libres où il se sent anonyme avec pour seul frein sa morale, le sens du devoir qui l'habite, les préoccupations hautes qu'il retrouve lorsqu'il est seul dans sa chambre et qu'il reprend la plume et la laisse courir sur le papier.

Il disserte, compare Sparte et Rome, l'amour de la gloire qui est le propre des monarchies, et celui de la patrie, qui est la vertu des républiques. Il rend hommage aux Anglais qui ont accueilli non seulement Pascal Paoli, mais le baron de Neuhof qui, en 1753, avait réussi à libérer la Corse de l'occupant génois.

Il écrit, et ce ne sont pas des phrases sèches qu'il trace, mais des mots de passion, comme un écrivain qui laisse agir son imagination, qui invente une lettre du baron de Neuhof à l'homme d'État anglais Horace Walpole.

La Corse, son destin font battre ces phrases.

« La vénalité de l'âge viril ne salira pas ma plume, écrit-il à onze heures du soir dans sa chambre de l'hôtel de Cherbourg en ce mois de novembre 1787. Je ne respire que la vérité, je me sens la force de la dire. Chers compatriotes, nous avons toujours été malheureux. Aujourd'hui membres d'une puissante monarchie, nous ne ressentons de son gouvernement que les vices de sa constitution et aussi malheureux, peut-être, nous ne voyons de soulagement à nos maux que dans la suite des siècles. »

Il se lève, étourdi par les phrases qu'il déclame. Il tourne dans sa chambre et, malgré l'heure avancée de la nuit, il est incapable de dormir.

Il a demandé un nouveau congé de six mois pour, a-t-il écrit, « aller assister aux délibérations des états de la Corse, sa patrie, pour y discuter des droits essentiels à sa modeste fortune et pour lesquels il est obligé de sacrifier les frais du voyage et du retour, ce qu'il ne se déterminerait pas à faire sans une nécessité absolue ».

Il a obtenu cette prolongation du 1er décembre 1787 au 1er juin 1788. Il va donc quitter Paris, retrouver la Corse et sa famille. C'est son devoir. Sa mère est seule avec ses plus jeunes enfants. Le fils aîné Joseph est à Pise, où il commence ses études de droit. Letizia Bonaparte a besoin de Bonaparte. Il doit, sur place, tenter de faire aboutir les démarches qu'il vient d'entreprendre à Paris. Il lui faut donc abandonner cette ville où il peut y regarder les femmes, les aborder. Et c'est ce désir qu'il sent croître dans son corps d'homme de dix-huit ans.

Il ressort.

Le jeudi 22 novembre, il se rend au théâtre des Italiens. Le spectacle terminé, il se promène à grands pas dans les allées du Palais-Royal d'abord, puis, parce que le froid est vif, dans les galeries. La foule est dense, va-et-vient lentement, hommes seuls en quête d'une femme, femmes seules à la recherche d'un client.

Bonaparte s'arrête à la hauteur des grilles. Il aperçoit une jeune femme au teint pâle. Il ne doute pas qu'elle soit une de ces filles avec lesquelles il a déjà tenté de parler, se donnant pour prétexte de comprendre ce qu'il appelle « l'odieux de leur état ». Mais elles se sont toujours montrées arrogantes et l'ont repoussé.

Celle-ci est différente. Sa timidité encourage Bonaparte. Ils échangent quelques mots.

– Vous aurez bien froid, dit-il. Comment pouvez-vous vous résoudre à passer dans les allées ?

– Il faut terminer sa soirée, il faut vivre, répond-elle.

Elle est de Nantes.

Avec brutalité, il l'interroge :

– Il faut, mademoiselle, que vous me fassiez le plaisir de me raconter la perte de votre pucelage.

Elle répond d'une voix douce :

– C'est un officier qui me l'a pris.

Elle le déteste. Elle a dû fuir sa famille indignée. Un second puis un troisième homme sont venus. Tout à coup elle prend le bras de Bonaparte.

– Allons chez vous, dit-elle.

– Mais qu'y ferons-nous ?

– Allons, nous nous chaufferons et vous assouvirez votre désir.

C'est ce qu'il veut.

Plus tard, dans la nuit, quand il se trouve à nouveau seul, il marche de long en large dans sa chambre de l'hôtel de Cherbourg. Puis, pour se calmer, il commence à écrire : « Je sortais des Italiens et me promenais à grands pas dans les allées du Palais-Royal... »

Il raconte ce qu'il vient de vivre.

« Je l'avais agacée pour qu'elle ne se sauvât point... en contrefaisant une honnêteté que je voulais lui prouver ne pas avoir... »

Beaucoup de mots pour s'avouer qu'il n'avait pas osé lui dire qu'il n'avait jamais connu de femme !

Mais il a obtenu ce qu'il voulait.

Il est un homme, maintenant.

Il peut repartir pour Ajaccio.

7

C'est le 1er janvier 1788.

Bonaparte s'assoit en face de sa mère dans la grande pièce au rez-de-chaussée de la maison familiale.

Il a débarqué à Ajaccio il y a moins de deux heures, et durant tout le trajet entre le port et la maison, sa mère a parlé d'une voix grave sans se lamenter, plutôt de la colère dans le ton, une sorte d'indignation sourde.

Maintenant, après avoir éloigné les frères et les sœurs de Napoléon, Louis, Pauline, Caroline, Jérôme, ces enfants dont le plus vieux, Louis, a à peine dix ans, et le plus jeune va seulement atteindre ses quatre années, elle reprend. Elle trace le tableau de sa vie depuis le départ de Napoléon à Paris.

Il l'écoute, le visage grave.

Il mesure, sans qu'un seul de ses traits bouge, l'écart qui sépare son premier retour en Corse, de celui-ci.

La traversée elle-même a été différente. Entre Marseille et Ajaccio, le vent fort et froid n'a pas cessé de soulever des vagues hautes et courtes qui ont heurté le navire à intervalles si rapprochés qu'on eût dit le roulement d'un tambour donnant l'alarme.

Napoléon est resté sur le pont, comme à son habitude. Et, dès l'entrée dans le port, il a aperçu sa mère, droite et noire.

Quand la passerelle a été jetée, il n'y a pas eu de cris de joie. Les frères et les sœurs se sont précipités vers le grand frère enfin revenu, mais Letizia Bonaparte les a rappelés.

Point de ces exclamations d'enthousiasme devant l'uniforme d'officier, mais des questions anxieuses. Que vous a-t-on promis, mon fils, dans les bureaux du Contrôle général ?

Il explique. Il dit son espoir de voir régler la question de la pépinière de mûriers. Mais il est vrai, doit-il reconnaître, qu'il n'a pas reçu de réponse à son mémoire détaillé. Il va donc rendre visite ici à l'intendant du royaume, M. de la Guillaumye, qui réside à Bastia.

Sa mère, tout en marchant, puis dans la grande pièce de la maison, lui expose ses difficultés. Elle vient d'ailleurs d'écrire à Joseph, le fils aîné, étudiant à Pise.

« Nous sommes sans servante », dit-elle. Elle a demandé à Joseph d'en trouver une, de revenir avec elle en Corse pour qu'elle « fasse notre petite cuisine, et qu'elle sache coudre et repasser, et qu'elle soit dévouée ».

Elle lève la main, la montre à Napoléon. « Depuis mon mal au doigt je ne suis plus en état de faire un point. »

Napoléon se tait. Il écoute. L'écart est si grand entre ce qu'on voudrait et ce qui est. Est-ce cela, la vie ?

Il se souvient de cette fille de Nantes possédée quelques minutes dans l'étreinte trop brève de la chambre d'hôtel de Cherbourg. Elle l'a laissé insatisfait, amer, mécontent et honteux de lui-même. Il s'est toujours senti « souillé par un seul regard » d'une de ces femmes dont il juge l'état « odieux ». Et cependant il a serré cette fille contre son corps, c'est avec elle qu'il a découvert ce qu'est le plaisir du sexe.

Plaisir ? Amour ? Est-ce donc cela ? Toujours un univers entre ce que l'on rêve et ce que l'on atteint ? Et la situation de la famille est-elle vouée à n'être que celle que sa mère décrit ?

Il l'écoute énumérer les dépenses. Les enfants sont en bas âge. Pauline n'a que huit ans, Caroline six. Il faut payer la pension de Lucien au petit séminaire d'Aix. Il faut subvenir aux besoins de Joseph, dont le séjour et les études à Pise coûtent cher. Les vingt-cinq louis de dettes qu'avait contractées Charles Bonaparte auprès du lieutenant-général du Rosel de Beaumanoir demeurent.

– Votre voyage à Paris..., continue-t-elle. Mais elle s'interrompt, ajoute seulement : « Vous savez l'état de la famille. » Elle a dit à Joseph, précise-t-elle, de « dépenser le moins possible ».

Voilà la réalité.

Elle est loin, cette ville, Paris, ce « centre des plaisirs ». L'expression vient à Bonaparte et il la murmure pour lui seul, comme un rêve et un reproche, cependant que sa mère lui indique les démarches qu'il devra accomplir auprès de M. de la Guillaumye, l'intendant. Il faut solliciter en faveur de Louis une place d'élève boursier du roi, dans l'une des écoles militaires. Il faut demander le paiement de quatre mille mûriers que Letizia Bonaparte a livrés, se conformant aux ordonnances de l'intendant. Il faut, il faut...

Est-ce cela, la vie ?

Mais, même si elle est ainsi, on ne s'y dérobe pas.

Napoléon écrit à M. l'intendant du royaume.

Il va lui rendre visite plusieurs fois en sa résidence de Bastia.

Ces voyages au nord de l'île, ces longues chevauchées sont les moments heureux de son séjour.

Parfois, quand le chemin s'y prête, il lance son cheval au galop, mais le plus souvent il avance au pas, à flanc de montagne, découvrant de nouveaux panoramas, laissant son esprit errer, revenir à Paris, aux galeries du Palais-Royal, à cette rencontre avec, comme il l'a écrit – et il lui arrive souvent de relire ce passage rédigé dans les minutes qui ont suivi le départ de la fille –, « une personne du sexe ».

Il s'arrête.

Il s'efforce de chasser ces pensées qui l'humilient et le gênent. Alors il s'élance, imprudemment. Le cheval se cabre, refuse d'avancer.

Voici un berger ou un paysan. Napoléon descend, leur parle. Il aime ces rencontres. Il s'attarde. Il questionne. On lui fait confiance. On le conduit auprès d'un vieux soldat de Pascal Paoli, auquel il fait raconter ses combats. Il les notera à son retour à Ajaccio. Souvent, ces hommes ont écrit leurs souvenirs, conservé des documents imprimés clandestinement du temps de l'occupation génoise. Bonaparte les recueille, les lit, les classe. Il constitue ainsi les premières sources de cette *Histoire de la Corse* à laquelle il pense toujours. Mais lorsqu'il arrive à Bastia, qu'il fait antichambre en attendant que M. de la Guillaumye le reçoive, la réalité le heurte à nouveau. Malgré l'attention et l'honnêteté, l'amabilité de l'intendant, Bonaparte se sent dépendant.

Mais il lui faut accepter ce qu'il est aussi, un officier français dont la famille a besoin d'aide. Un jeune lieutenant qui aime son métier et ne peut ni ne veut rompre avec lui.

À chacun de ses voyages à Bastia, il rend visite aux officiers d'artillerie en garnison dans la ville. Il est de tradition qu'on invite un officier de passage. Il dîne avec plusieurs d'entre eux.

Ils sont plus âgés que lui, mais lorsque la discussion aborde, à son initiative, la question des « gouvernements, anciens et modernes », il constate l'ignorance des lieutenants et des capitaines.

Certains se lèvent, montrant leur ennui alors qu'il poursuit, incapable de contenir sa passion. On murmure, et il l'entend, qu'il est sentencieux, doctoral, arrogant, pédant, cuistre.

Bonaparte se laisse emporter, défend le droit des nations. On le pousse dans ses retranchements. Et la Corse ? C'est une nation, répond-il. On s'étonne. Comment un officier peut-il parler ainsi ?

– On ne connaît pas les Corses ! s'exclame Bonaparte, il s'en prend au gouverneur, dont on dit qu'il veut empêcher les Corses de réunir leurs États. Les officiers expriment leur stupeur devant cette liberté de ton, ce patriotisme corse.

– Est-ce que vous useriez de votre épée contre le représentant du roi ? demande l'un d'eux.

Bonaparte se tait, pâle.

Il rentrera le soir même à Ajaccio, malmenant son cheval, s'égarant, nerveux, rageur même.

Est-ce cela, vivre ?

Faudra-t-il toujours soumettre sa pensée, son désir, ses ambitions, à la médiocre réalité ?

Faudra-t-il se bâillonner pour ne pas crier ce que l'on ressent ?

Faudra-t-il s'entraver pour ne pas sortir du chemin ?

Il pique les flancs de son cheval, pour qu'il prenne le trot.

Tant pis, s'il y a le risque de l'abîme.

Il va.

Le 1er juin 1788, après avoir revu Joseph, qui rentre de Pise, Bonaparte, son congé achevé, rejoint son régiment de La Fère en garnison à Auxonne, depuis le mois de décembre 1787.

Il va avoir dix-neuf ans.

8

Ce que Napoléon voit d'abord en arrivant à Auxonne, ce 15 juin 1788, c'est la brume au-dessus de la Saône.

Les remparts et la ville s'élèvent sur la rive gauche d'un vaste méandre. Au loin, au nord-est, au-dessus de cette vapeur, on distingue des hauteurs boisées, et le cocher explique à Napoléon qu'il s'agit de la montagne de la Seurre. Tendant le bras plus vers l'est, il ajoute que, par beau temps, on aperçoit, au-delà de Dole, les monts du

Jura, et même, l'hiver, vers le sud, les grandes Alpes. Mais quand la chaleur et la pluie prennent le pays, la Saône et les étangs transpirent une sale sueur, qui colle à la peau, moite. On a les fièvres, dit l'homme en arrêtant la voiture devant les casernes du régiment de La Fère.

Napoléon n'a guère prêté attention à ces propos.

Cela fait vingt et un mois qu'il n'a pas vu son régiment. Personne ne lui en fera reproche. C'est l'habitude, dans le corps royal de l'artillerie, d'accorder aux officiers des semestres de vacances, sans compter les congés particuliers.

Napoléon est impatient de renouer avec ses camarades de Valence, et quand il aperçoit Alexandre Des Mazis, il se précipite vers lui.

Les retrouvailles sont chaleureuses. L'atmosphère du régiment sous le commandement du maréchal du camp, le baron Jean-Pierre Du Teil, qui dirige aussi l'école d'artillerie d'Auxonne, est excellente.

Du Teil est un homme intègre, compétent, amoureux de son arme, à laquelle, depuis des générations, sa famille est attachée.

Des Mazis montre le polygone de tir, la prairie voisine où souvent les artilleurs essaient leurs canons et leurs mortiers, puis il conduit Napoléon au Pavillon de la ville, qui flanque les casernes et dans lequel la cité Auxonne loge gratuitement les officiers du régiment de La Fère.

La chambre de Bonaparte porte le numéro 16. Exposée au sud, elle est tout en longueur, mais elle dispose d'un fauteuil, d'une table, de six chaises de paille et d'une chaise en bois.

Napoléon est joyeux. Il s'approche de l'unique fenêtre, contemple les environs d'Auxonne, ces collines, ces bosquets, et la plaine.

Il fait chaud, humide déjà.

Il y a quelques années, raconte Des Mazis, Du Teil a dû combattre une épidémie de fièvre qui a touché la plupart des élèves de l'école d'artillerie.

Napoléon ouvre sa malle, dispose sur la table ses cahiers et ses livres.

Des Mazis les feuillette, les reconnaît. Les *Confessions* de Rousseau, l'*Histoire philosophique et politique des établissements du commerce des Européens dans les deux Indes* de Raynal, les œuvres de Corneille et de Racine, une *Histoire des Arabes* de Marigny, les *Considérations sur l'histoire de France* de Mably, *la République* de Platon, les *Mémoires* du baron de Tott sur les Turcs et les Tartares, une *Histoire d'Angleterre*, un ouvrage sur Frédéric II, une étude sur le gouvernement de Venise.

Des Mazis secoue la tête. Bonaparte, décidément, est un être à part.

« À quoi aboutit cette science indigeste ? demande-t-il. Qu'ai-je à faire de ce qui s'est passé il y a mille ans ? Que m'importe le minutieux détail des discussions puériles des hommes ? »

Il fait quelques pas. Il parle des femmes, de l'amour.

– Ne sentez-vous pas, au milieu de votre cabinet, reprend-il, le vide de votre cœur ?

Napoléon hausse les épaules.

– Même quand je n'ai rien à faire, dit-il, je crois que je n'ai pas de temps à perdre.

Puis, d'une voix forte, martelant chaque mot, il récite des vers de Pope :

Plus notre esprit est fort, plus il faut qu'il agisse
Il meurt dans le repos, il vit dans l'exercice.

« Napoléon Bonaparte, on ne vous changera pas », conclut Des Mazis.

Mais les jours suivants, il l'entraîne.

Ils n'ont pas vingt ans. Bonaparte participe aux espiègleries, aux facéties, aux plaisanteries auxquelles se livrent les jeunes lieutenants. Et dont parfois il est victime. À la veille d'une parade sur le polygone, il s'aperçoit ainsi qu'on a encloué ses canons. Pas de colère. Il a l'œil vif et ne se laisse pas surprendre.

Parfois, pourtant, il s'emporte. Dans une chambre à l'étage supérieur, un de ses camarades, Bussy, joue du cor, chaque soir, l'empêchant de travailler. Lui-même prend des leçons de musique, mais ces sons prolongés, répétés, éclatants, lui sont vite intolérables.

Il aborde l'officier dans l'escalier.

– Votre cor doit bien vous fatiguer, dit-il.

– Non, pas du tout, répond le lieutenant Bussy.

– Eh bien vous fatiguez beaucoup les autres. Vous feriez mieux d'aller plus loin pour sonner du cor tout à votre aise.

– Je suis maître dans ma chambre.

– On pourrait vous donner quelques doutes là-dessus.

– Je ne pense pas que personne fût assez osé, menace Bussy.

– Moi, répond Napoléon.

Il est prêt à se battre mais les officiers du régiment empêchent qu'on aille jusqu'au duel. Le lieutenant Bussy ira jouer ailleurs.

Bonaparte sait se faire respecter. On le sait singulier.

Il marche seul dans la campagne, un livre à la main. Il s'arrête pour écrire quelques mots. Il trace du bout de sa chaussure ou de la pointe de son fourreau des figures de géométrie. Chaque jour, il arrive en retard à la pension Dumont où il prend son repas avec les autres officiers.

On se moque, mais sans agressivité, de sa mise peu soignée. Il se défend. Il n'est pas riche, et il s'insurge comme bien d'autres lieutenants contre ces règlements qui fréquemment modifient l'uniforme. On remplace la culotte bleue par une noire. On impose une redingote anglaise à la place du manteau. Qui paie ? Les officiers !

Il préfère garder son argent pour acheter des livres, qui s'entassent dans sa chambre.

Car il travaille comme un forcené, avec une détermination étonnante et une sorte d'impatience et presque de ferveur, de certitude aussi, que ce qu'il fait là chaque jour lui sera utile.

D'abord, apprendre le métier d'artilleur.

Il a commencé à Valence, mais il se rend compte qu'il ne sait que les rudiments de cette science de la mise en batterie, du tir, du siège.

Il se rend à l'école de théorie. Il devient l'un des élèves les plus assidus, un ami presque, du professeur de mathématiques, Lombard, qui enseigne depuis plus de quarante ans à l'école d'artillerie d'Auxonne. Lombard a traduit de l'anglais, en 1783, *Les Principes d'artillerie*, et en 1787 *Les Tables du tir* des canons et des obusiers, deux œuvres de Robbins. Napoléon les étudie, les résume.

Il veut acquérir toutes les connaissances nécessaires.

Sa soif d'apprendre est telle que Du Teil le convoque, lui conseille même de se distraire, de prendre du repos car, durant toute la fin de l'année 1788, Napoléon est malade.

Une fièvre intermittente le frappe, sans doute provoquée par les vapeurs qui montent de l'eau des marais et des fossés entourant les remparts de la ville. Il maigrit. Il pâlit. Il mange peu, s'impose même un régime à base de laitages.

En janvier 1789, il va mieux et peut enfin écrire à sa mère.

« Ce pays-là est très malsain, commente-t-il, à cause des marais qui l'entourent et des fréquents débordements de la rivière qui remplissent tous les fossés d'eau exhalant des vapeurs empestées. J'ai eu une fièvre continue pendant certains intervalles de temps et qui me laissait ensuite quatre jours de repos et venait m'assiéger de nouveau... Cela m'a affaibli, m'a donné de longs délires et m'a fait souffrir une longue convalescence. Aujourd'hui que le temps s'est rétabli... je me remets à vue d'œil. »

Du Teil le convoque, le désigne comme membre d'une commission chargée d'étudier le tir des bombes avec des pièces de siège.

Napoléon dirige toutes les manœuvres, rédige des mémoires, propose de nouvelles expériences « suivies, raisonnées, méthodiques ».

Du Teil lit ces rapports, félicite Bonaparte, lui prédit qu'il sera l'un des officiers les plus brillants du corps de l'artillerie royale.

Bonaparte, le soir même, dans sa chambre, écrit à son oncle Fesch :

« Vous saurez, mon cher oncle, que le général d'ici m'a pris en grande considération, au point de me charger de construire au polygone plusieurs ouvrages qui exigeaient de grands calculs, et pendant dix jours, matin et soir, à la tête de deux cents hommes, j'ai été occupé. Cette marque inouïe de faveur a un peu irrité contre moi les capitaines... Mes camarades aussi montrent un peu de jalousie, mais tout cela se dissipe. Ce qui m'inquiète le plus, c'est ma santé qui ne me paraît pas trop bonne. »

Parfois, dans cette austérité du travail, et malgré les satisfactions qu'il recueille, l'envie lui prend d'autre chose. Il songe à ce « centre des plaisirs », Paris.

Il rêve à un séjour dans la capitale. Il a de bons prétextes. Il pourrait à nouveau se rendre à Versailles, faire pression sur les commis du Contrôle général, car à Ajaccio l'affaire de la pépinière de mûriers n'est pas réglée. Mais l'argent lui manque pour le voyage. Il se fait pressant auprès de l'archidiacre d'Ajaccio, son grand-oncle Lucien.

« Envoyez-moi cent francs, écrit-il, cette somme me suffira à aller à Paris, là au moins on peut se produire, faire des connaissances, surmonter des obstacles. Tout me dit que j'y réussirai. Voulez-vous m'en empêcher faute de cent écus ? »

L'archidiacre fait la sourde oreille.

Bonaparte se tourne alors vers son oncle Fesch. Mais celui-ci se dérobe aussi.

« Vous vous êtes abusé en espérant que je pourrais trouver ici de l'argent à emprunter, lui répond Napoléon. Auxonne est une très petite ville, et j'y suis d'ailleurs depuis trop peu de temps pour y avoir des connaissances sérieuses. » Et en quelques mots il exprime ses regrets. « Je n'y pense plus et il faut abandonner cette idée du voyage à Paris. »

Adieu, le rêve des promenades nocturnes sous les galeries du Palais-Royal ! Ce sera pour plus tard. Cela viendra aussi. Pour l'heure, confie-t-il, « je n'ai pas d'autre ressource ici que de travailler. Je ne m'habille que tous les huit jours. Je ne dors que très peu depuis ma maladie, cela est incroyable, je me couche à dix heures et me lève à quatre heures. Je ne fais qu'un repas par jour ».

Dans cet état fébrile qui est le sien, il se projette vers l'avenir puisque le présent, même s'il est agréable, ne lui offre pas ce qu'il attend de plaisir et d'exaltation intenses.

Ce sont les livres et l'écriture qui lui apportent ce surcroît de vie dont il a besoin.

Il travaille comme s'il préparait un concours d'officier général, ou d'histoire universelle.

Il lit et relit l'*Essai général de tactique* de Guibert, qu'il avait déjà étudié à Valence. Il découvre l'*Usage de l'artillerie nouvelle*, du chevalier Du Teil, le propre frère du maréchal de camp qui commande à Auxonne.

Il s'imprègne ainsi des idées novatrices que les théoriciens de l'art militaire français mettent au point après la sévère défaite subie par le royaume durant la guerre de Sept Ans, et notamment à la bataille de Rossbach (1757).

Mais surtout, Napoléon lit, plume à la main, ces livres d'histoire des Arabes, de Venise, d'Angleterre et de France, remplissant de notes des cahiers entiers.

Des Mazis s'étonne une nouvelle fois. À quoi tout cela sert-il ?

Bonaparte ne répond plus. Peut-être se dit-il que si Pascal Paoli, qui n'était qu'un simple enseigne des gardes corses au service du roi de Naples, a pu devenir ce héros, il pourra lui aussi jouer un rôle un jour au service de la Corse. Il sait qu'il est le seul insulaire à avoir reçu cette formation d'officier dans les écoles militaires du roi de France. Mais il veut aller au-delà de la technique des armes. Il songe que la Corse a besoin aussi d'un homme qui connaisse les rouages de l'Histoire, qui soit législateur et politique.

Un jour, il est mis pour vingt-quatre heures aux arrêts de rigueur.

On l'enferme dans une chambre poussiéreuse qui pour tout mobilier comporte un vieux lit, une chaise et une armoire. Sur le dessus de celle-ci, Napoléon découvre un in-folio jaune, abandonné là. Il s'agit des *Institutes,* de Justinien, de ses codes et de toutes les décisions des légistes romains.

Napoléon s'assied. Il n'a ni crayon ni papier, mais il commence à lire, apprenant par cœur ces textes arides et dévorant toute la nuit à la lueur d'une seule bougie le volume défraîchi.

Quand la garde se présente au matin, il sursaute. Il n'a pas vu passer les heures. Il connaît désormais la législation romaine.

Utile ? Il en est persuadé, même s'il ignore tout des circonstances et du moment où il pourra mettre en œuvre ce savoir.

Les lieutenants du régiment de La Fère connaissent ses qualités. Et quand il s'agit de rédiger le règlement de l'association – la Calotte – qu'ils ont constituée, c'est à Bonaparte qu'on s'adresse.

Il se lance aussitôt dans ce travail, avec un sérieux puéril, comme s'il s'agissait de rédiger la constitution d'un État. « Il est, écrit-il, des Lois constitutives auxquelles il n'est pas permis de déroger. Elles doivent dériver de la nature du Pacte Primitif. »

À Des Mazis qui tempère sa passion, il répond que cette association qui a pour but d'assurer l'égalité entre les lieutenants quelle que soit leur place dans la noblesse, de maintenir un code d'honneur, de châtier si nécessaire ceux qui l'auraient violé et de défendre les lieutenants contre les officiers supérieurs susceptibles de commettre des injustices, obéit à des principes qui sont les siens, républicains pour tout dire.

Et il étonne et inquiète Des Mazis quand il ajoute que les « rois jouissent d'une autorité usurpée dans les douze royaumes de l'Europe... qu'il y a fort peu de rois qui n'eussent pas mérité d'être détrônés ».

D'ailleurs, pourquoi des rois ?

Bonaparte prend son cahier, lit à Des Mazis une dissertation qu'il a commencé d'écrire.

Les hommes, dit-il, sentiront bientôt qu'ils sont hommes. « Fiers tyrans de la terre, prenez bien garde que ce sentiment ne pénètre jamais dans le cœur de vos sujets. Préjugés, habitudes, religion, faibles barrières ! Votre trône s'écroule si vos peuples se disent jamais en se regardant : " Et nous aussi nous sommes hommes ". »

Des Mazis ne cherche pas à contredire Napoléon.

Celui-ci lui tend les feuilles sur lesquelles il a rédigé le règlement complet de la Calotte. Elles sont attachées entre elles par un ruban rose. Des Mazis le feuillette. Le ton est grave. Il y est question de lois, de grand maître des cérémonies. Des Mazis craint que ses camarades lieutenants ne se moquent de ce ton pompeux et de cette démesure.

Il ne dira pas à Napoléon qu'en effet des rires ont fusé quand il a lu ce texte, puisque à la fin les lieutenants du régiment de La Fère l'ont adopté.

À Des Mazis Bonaparte se confie, mais il se souvient aussi de la dispute qui l'a opposé aux officiers de la garnison de Bastia. Il s'était découvert imprudemment en exaltant la nation corse.

Aussi, quand il est reçu chez le maréchal du camp ou chez le commissaire des Guerres, ou chez Lombard, le professeur de mathématiques, il parle de *Cinna*, la pièce de Corneille qu'il préfère, et non des idées audacieuses qui germent en lui.

Il s'étonne lui-même qu'elles surgissent sous sa plume. Et parfois, il s'effraie du chemin qu'il a parcouru. Il ne fréquente plus l'église. Il se signe encore machinalement, mais il ne croit plus.

Dans les textes qu'il écrit, il se range du côté du pouvoir, de l'État, de César, et non du côté de l'Église.

Il lit et relit Raynal, qui parle de l'insurrection des peuples comme d'un « mouvement salutaire ».

Mais en même temps, d'instinct, Bonaparte méprise ceux qui se soumettent.

Il déclame cette exhortation de Raynal : « Peuples lâches, peuples stupides, puisque la continuité de l'oppression ne vous rend aucune énergie, puisque vous vous en tenez à d'inutiles gémissements lorsque vous pourriez rugir, puisque vous êtes des millions et que vous souffrez qu'une douzaine d'enfants armés de petits bâtons vous mènent à leur gré, obéissez ! Marchez sans nous importuner de vos plaintes, et sachez du moins être malheureux, si vous ne savez pas être libres. »

Napoléon marche seul autour d'Auxonne avec ces mots en tête.

Lui sera de ceux qui rugissent. Lui ne se laissera pas conduire. Lui n'obéira pas. Il accélère le pas. Il sent en lui une énergie immense.

Il est comme une gueule de canon qu'on bourre de poudre. Sa charge, ce sont ces livres qu'il lit, ces notes qu'il prend, ces contes qu'il écrit, ces réflexions sur la monarchie qu'il rédige dans la fièvre.

Il ne sait pas à quel moment on approchera la mèche. Mais dans un effort de chaque jour, comme si le temps allait lui manquer, comme si la bataille approchait, il bourre la gueule du canon, sa tête, de connaissances, d'idées, dans un effort prodigieux.

Il est sûr que cette énergie qu'il accumule, un jour, explosera.

Un soir, relisant l'*Essai général de tactique* de Guibert, il retrouve cette phrase lue à Valence déjà, et que de temps à autre il se remémore : « Alors un homme s'élèvera, écrit Guibert, peut-être resté jusque-là dans la foule et l'obscurité, un homme qui ne se sera fait un nom, ni par ses paroles ni par ses écrits, un homme qui aura médité dans le silence... Cet homme s'emparera des opinions, des circonstances, de la fortune... »

Napoléon est aussi troublé que lorsqu'il s'est approché de cette fille qui se tenait près des grilles du Palais-Royal. C'est le même désir, plus puissant que la timidité. C'est la même force qui le pousse en avant.

Mais combien de soirs a-t-il fallu qu'il rôde avant de rencontrer cette fille-là ?

Combien de temps lui faudra-t-il attendre pour que l'événement vienne, comme une étincelle, libérer son énergie ?

Tout à coup, le 1er avril 1789, le tambour bat.

Napoléon Bonaparte court vers la caserne, mal réveillé après une nuit passée à écrire. Les bombardiers du régiment de La Fère sont déjà rassemblés sous les armes.

Le maréchal du camp, Du Teil, marche à grands pas dans la cour et s'indigne. Il a reçu l'ordre du commandant en chef du duché de Bourgogne, le marquis de Gouvernet, d'envoyer sur-le-champ à Seurre, dans la montagne, à quelques lieues d'Auxonne, trois compagnies. Les villageois de Seurre ont en effet massacré deux marchands de blé accusés d'être des accapareurs. Mais où sont les capitaines, les premiers lieutenants ? peste Du Teil. En congé.

Il faut donc laisser le commandement à des lieutenants en second et en troisième, des jeunes gens qui n'ont pas vingt ans et ne se sont jamais trouvés dans de telles situations. Mais le marquis a tenu à cette disposition de bataille : trois compagnies ! Va pour des compagnies, donc. Bonaparte prendra le commandement de l'une d'elles.

Il fait plein jour lorsque la troupe atteint le village. Le calme semble revenu, bien que des paysans restent attroupés au coin des ruelles.

On prend les cantonnements. Bonaparte s'installe rue Dulac. Les notables accourent, entourent les officiers de prévenances. Les femmes sont encore en émoi. « Des bêtes sauvages ! » crient-elles en désignant les paysans. La femme du receveur du grenier à sel est l'une des plus troublées. Elle explique longuement à Bonaparte que le grenier a été assiégé. Bonaparte se montre prévenant, sensible à cette détresse un peu appuyée et où la volonté de séduire n'est pas absente. Il dispose ses hommes, établit des tours de garde, des rondes de patrouilles.

La situation est si tendue qu'on s'installe à Seurre pour plusieurs jours.

Bonaparte sort ses cahiers et ses livres. Le temps passe semaine après semaine. Voilà plus d'un mois déjà que le détachement est à Seurre. Bonaparte a été reçu par les notables. Il a dansé, séduit. Il s'est mêlé aux conversations.

On parle des états généraux que le roi doit réunir à Versailles le 5 mai. Certains des hôtes de Bonaparte sont des délégués du tiers état. On évoque la situation des finances du royaume, les privilèges fiscaux de la noblesse qu'il faudrait abolir.

Bonaparte écoute, intervient peu.

Il observe comme il pourrait le faire d'une situation qui ne le concernerait qu'en partie. C'est comme s'il feuilletait les pages d'un livre, prenant des notes. D'autres l'ont écrit, car il ne se sent pas de ce pays. Il y est officier, mais sa patrie est ailleurs.

Lorsqu'il entend les arguments échangés, lorsqu'il constate avec quelle passion les notables débattent, il mesure son indifférence. Il est spectateur.

Ce qui lui importe, c'est son destin, qui est lié à celui de la Corse. Mais, pense-t-il, ce qui se passe ici, dans ce royaume qu'il sert, pèsera sur l'avenir de sa patrie insulaire.

À la fin du mois d'avril, dans les ruelles de Seurre, les villageois et des paysans venus d'alentour se rassemblent à nouveau. Ils brandissent des fourches, ils hurlent, ils menacent.

Bonaparte se place en avant des soldats de sa compagnie. D'une voix claire, il ordonne aux soldats de faire charger les fusils, puis il marche vers le rassemblement hostile. « Habitants de Seurre ! s'écrie-t-il. Que les honnêtes gens se retirent et rentrent chez eux. Je n'ai ordre de tirer que sur la canaille ! »

La foule hésite. Bonaparte, l'épée levée, répète : « Que les honnêtes gens rentrent chez eux. »

La voix ne tremble pas. Les manifestants se dispersent. Bonaparte met l'épée au fourreau.

Le soir, chez l'un des notables qui donne un bal en l'honneur des officiers, on entoure Bonaparte, on le félicite.

Il a fait son devoir, dit-il. Il n'a pas eu d'hésitation.

Il ne se sent rien de commun avec cette canaille débraillée, ces paysans, ces pauvres, ce peuple.

Il est corse, d'un autre peuple, donc, presque d'une autre race. Un peuple de bergers et de montagnards qui parle une autre langue. Un peuple si différent de celui qui s'est rassemblé dans les ruelles, a massacré ces marchands de blé.

Il est corse, mais il est aussi noble. Il a l'orgueil d'appartenir à cette lignée qui, depuis des générations, s'est séparée de la multitude et exerce sur elle son autorité.

Il est partisan de l'égalité entre les nobles, et même entre les hommes, à condition qu'ils aient montré par leurs actes qu'ils en sont dignes.

Il est corse, noble, mais aussi officier.

Il a, depuis l'enfance, appris ce qu'est l'ordre militaire et une stricte hiérarchie.

Il est fier d'être membre de cet ordre, de porter l'uniforme d'officier, même si c'est celui d'une armée étrangère.

Il n'a vraiment rien de commun avec la canaille.

S'il s'est interrogé sur le rôle des rois, c'est parce que la plupart d'entre eux, à ses yeux, n'ont pas mérité de régner. Mais il faut une hiérarchie. La discipline est nécessaire. Même si, au sein de cet ordre, l'égalité entre les hommes qui la méritent peut exister.

– Je suis officier, répète-t-il à ceux qui soulignent sa détermination et son courage.

En juin, il est rentré à Auxonne avec les trois compagnies de bombardiers. Mais il lui est difficile de rester à nouveau enfermé dans sa chambre à lire et à écrire.

Il parcourt la campagne. Il dit à Des Mazis, qui devine sa nervosité, que les événements sont comme des faits de nature. Ils naissent des choses et des circonstances. Aux hommes de savoir entendre le grand remuement qui secoue les sociétés.

Il se rend souvent chez le libraire d'Auxonne, sur la place de l'église. Il consulte les journaux. Le royaume bouge. Les états généraux se sont réunis à Versailles. Dans les rues de

Paris, des scènes de pillage ont eu lieu. Des voitures chargées de grain ont été arrêtées, dévalisées. La troupe a tiré. Bonaparte sait que quelque chose commence.

Il rentre dans sa chambre. Il a entrepris la rédaction de *Lettres sur la Corse*.

Il veut envoyer son étude à Loménie de Brienne, mais l'archevêque de Sens a été remplacé par Necker. Il la communiquera donc à Necker.

Auparavant, il expédie son texte à l'un de ses anciens professeurs de l'école de Brienne, le père Dupuy, afin que celui-ci corrige les fautes éventuelles, revoie certains passages.

Mais, précise-t-il à Dupuy, il ne sollicite pas Necker. Il n'en attend rien. Il veut seulement exposer, à celui qui dirige le royaume sous l'autorité du roi, les idées d'un patriote corse.

Seul compte aux yeux de Bonaparte l'avis de Pascal Paoli. Il sent que le sol commence à trembler, qu'il faut agir vite, et le 12 juin 1789, il écrit à son héros une lettre d'un seul jet.

« Général,

« Je naquis quand la patrie périssait. Trente mille Français vomis sur nos côtes, noyant le trône de la liberté dans les flots de sang, tel fut le spectacle odieux qui vint le premier frapper mes regards.

« Les cris du mourant, les gémissements de l'opprimé, les larmes du désespoir environnèrent mon berceau, dès ma naissance.

« Vous quittâtes notre île et avec vous disparut l'espérance du bonheur : l'esclavage fut le prix de notre soumission : accablés sous la triple chaîne du soldat, du légiste et du percepteur d'impôts, nos compatriotes vivent méprisés. »

Au fur et à mesure que la plume court, le ton s'amplifie. Peu importe la réalité des faits. C'est ainsi que Bonaparte, ce jeune officier de vingt ans, voit en cette année 1789 l'histoire de sa patrie.

Il en appelle à Paoli. Il lui explique qu'il a écrit ses *Lettres sur la Corse* parce qu'il est « obligé de servir ». Il n'habite pas dans la capitale, où il eût trouvé d'autres moyens d'agir. Il doit donc se contenter de « publicité ».

« Si vous daignez encourager les efforts d'un jeune homme que vous vîtes naître, dit-il, et dont les parents furent toujours attachés au bon parti, j'oserai augurer favorablement du succès... Mais quel que soit le succès de mon ouvrage, je sens qu'il soulèvera contre moi la nombreuse cohorte d'employés français qui gouvernent notre île et que j'attaque : mais qu'importe s'il y va de l'intérêt de la Patrie.

« Permettez-moi, Général, de vous offrir les hommages de ma famille. Et, pourquoi ne le dirais-je pas, de mes compatriotes. Ils soupirent au souvenir d'un temps où ils espérèrent la liberté.

« Ma mère, Madame Letizia, m'a chargé de vous renouveler le souvenir des années écoulées à Corte. »

Bonaparte relit sa lettre sans y changer un mot. Ce qu'il écrit, il le porte en lui depuis des années.

Il est pareil à un sauteur qui, après avoir pris ses marques, bondit enfin.

Il offre clairement ses services à Pascal Paoli, et assume les conséquences de ses propos sur la Corse.

« J'entendrai gronder le méchant, dit-il, et si ce tonnerre tombe, je descendrai dans ma conscience, je me souviendrai de la légitimité de mes motifs, et, dès ce moment, je le braverai. »

Quand, quelques jours plus tard, il reçoit une lettre du père Dupuy – envoyée de Laon, le 15 juillet 1789 – dans laquelle son ancien professeur lui explique qu'il faut atténuer les termes de ses *Lettres sur la Corse* afin de ne pas heurter le ministre Necker, Bonaparte s'insurge. Ses *Lettres* ne sont pas une supplique, mais un acte de combat. Qu'on sache clairement ce que pensent les patriotes corses, et qu'il en soit, lui, le porte-drapeau. Voilà l'objet de ses *Lettres*.

Pas une hésitation, en effet. Il est corse, avec une si grande violence de conviction que sa plume en tremble.

Il doit souvent s'interrompre, tant son impatience est grande, et il est ainsi à l'unisson des événements.

Il ouvre la fenêtre, entend battre le rappel.

Des cris montent des berges. Le tocsin sonne. Bientôt, des fumées s'élèvent. Bonaparte descend dans le centre d'Auxonne.

On est le 19 juillet 1789. Des bateliers et des portefaix se sont attroupés, ils maltraitent le syndic de la ville, envahissent l'appartement du receveur, brûlent des meubles et des registres, mettent à sac les postes d'octroi et le bureau des traites.

C'est l'émeute.

Bonaparte rejoint les casernes. Les officiers et les soldats se répètent la nouvelle : le 14 juillet, la Bastille, la forteresse prison du roi, a été prise par des émeutiers, son gouverneur a eu la tête tranchée. Les gardes françaises ont rejoint la foule, tiré au canon sur la Bastille. Bonaparte ne s'attarde pas. Il prend la tête de sa compagnie. Trois bandes parcourent la ville, se dispersent en voyant les soldats. On passe la nuit en patrouille. On craint l'arrivée de ceux que les notables d'Auxonne appellent les *Brigands*.

Au matin du 20 juillet, ils sont là. Ce sont des paysans venus de toute la campagne environnante. Les octrois sont brûlés. Le grenier à sel est pillé. Les paysans ne se dispersent qu'une fois l'ordre donné par les officiers de charger les fusils. Le calme est rétabli. Les compagnies entrent dans les casernes. Bonaparte rejoint sa chambre. Aussitôt il prend la plume, encore imprégné par l'atmosphère de ces affrontements. Il veut raconter à son frère Joseph ce qu'il a vécu :

« Au milieu du bruit des tambours, des armes, du sang, je t'écris cette lettre. La populace de cette ville, renforcée d'un tas de brigands étrangers qui sont venus pour piller, se sont mis dimanche au soir à renverser les corps de bâtiments où logent les commis de ferme, ont pillé la douane et plusieurs maisons. Le général a soixante et quinze ans. Il s'est trouvé fatigué. Il a appelé le chef de la bourgeoisie et lui a ordonné de prendre l'ordre de moi. Après bien des manœuvres nous en avons arrêté trente-trois et nous les avons mis au cachot. L'on va, je crois, en pendre deux ou trois prévôtalement. »

Pas d'interrogation. L'ordre doit régner, même si Bonaparte ajoute, condamnant les privilégiés : « Par toute la France le sang a coulé mais presque partout cela a été le sang impur des ennemis de la Liberté, de la Nation et qui depuis longtemps s'engraissent à ses dépens. »

Même si les mots qu'il utilise sont ceux des « patriotes français », il réagit d'abord en officier qui déteste la « populace ». Et surtout, il pense à la Corse. De ce qu'elle deviendra dépend son destin personnel.

Le 9 août, il demande officiellement un nouveau congé pour se rendre en Corse. Mais il lui faut attendre, et il tourne dans sa chambre, il marche dans la campagne comme s'il était enfermé dans ce pays.

Écrire ne le calme pas. Mais c'est la seule activité qui lui donne l'impression d'agir.

Il écrit à M. Giubega, qui, greffier en chef des états de Corse, est aussi son parrain.

Les privilèges viennent d'être abolis dans un grand élan unanime au cours de la nuit du 4 août.

« Cette année s'annonce par des commencements bien flatteurs pour les gens de bien, écrit Bonaparte, et après tant de siècles de barbarie féodale et d'esclavage politique, l'on est toujours surpris de voir le mot Liberté enflammer les cœurs que le luxe, la mollesse et les arts semblaient voir désorganisés. »

C'est vrai, la France l'étonne. Il songe, dans cette journée orageuse d'août, à Paris, à ce centre des plaisirs qui paraît être devenu un volcan. Mais ce moment historique ne vaut pour Bonaparte que si la Corse en tire parti.

Il est si nerveux à l'idée qu'il pourrait être absent de l'île qu'il se rend une nouvelle fois auprès du maréchal du camp Du Teil, qui enfin lui annonce que son congé est en bonne voie. Mais il faut encore attendre. Il reprend la lettre à son parrain Giubega.

« Tandis que la France renaît, dit-il, que deviendrons-nous, nous autres infortunés Corses ? Toujours vils, continuerons-nous à baiser la main insolente qui nous opprime ? Continuerons-nous à voir tous les emplois que le droit naturel nous destinait occupés par des étrangers aussi méprisables par leurs mœurs et leur conduite que leur naissance est abjecte ? »

Il est bien d'une autre race. À cet instant, il méprise ce peuple français.

Il a vu, le 16 août, le régiment de La Fère se mutiner. Les soldats se sont rendus en colonne serrée à la maison du colonel, exigeant qu'on leur donne la *masse noire* contenue dans la caisse du régiment. Devant leur détermination et leur nombre, leurs cris et leurs menaces, le colonel a cédé.

Les soldats se sont partagé l'argent puis ils se sont enivrés, forçant les officiers à boire, à chanter et à danser avec eux.

Bonaparte assiste de loin à ces scènes. Il voit l'un de ses camarades, le lieutenant Bourbers, entouré de furieux qui l'accusent d'avoir frappé l'un d'eux. On veut l'égorger. Deux sergents-majors se précipitent, l'enlèvent. Mais le lieutenant est contraint le soir même de quitter Auxonne déguisé en femme ! Il aurait fallu, dit Bonaparte à Des Mazis, faire tirer au canon sur les mutins, cette canaille abjecte qui bafoue tous les principes de la discipline.

Ce désordre le révolte, même si la nouvelle politique lui paraît être « un pas vers le Bien ». Mais là n'est pas l'essentiel. C'est à la Corse que Bonaparte pense obsessionnellement.

Il voudrait que son parrain Giubega agisse.

« Jusqu'ici la prudence a indiqué de se taire, lui écrit-il encore. La vérité a peu d'appâts à une cour corrompue : mais aujourd'hui la scène a changé, il faut aussi changer de conduite. Si nous perdons cette occasion, nous sommes esclaves à jamais... »

Il veut rejoindre la Corse. Le 21 août, enfin, il reçoit officiellement notification de son congé, qui devrait se prolonger jusqu'au 1er juin 1790.

Les derniers jours à Auxonne lui paraissent interminables.

Il va de la caserne à sa chambre. Il se rend chez le libraire. Il entend sonner plusieurs fois par jour le tocsin. Des gens affolés courent dans les rues. On annonce l'arrivée de bandes de brigands, puis cette grande peur, qui dure depuis un mois comme une fièvre intermittente, retombe.

Quand à la mi-septembre Bonaparte quitte enfin Auxonne, le calme semble revenu.

En route vers Marseille, où il compte rencontrer l'abbé Raynal avant de s'embarquer pour la Corse, Napoléon Bonaparte fait halte à Valence.

On le reçoit avec joie, on se souvient du jeune lieutenant en second. Dans le salon de M. de Tardivon, on parle avec passion de cette Révolution qui bouleverse le pays, on s'inquiète des brigands qui ont mis le feu aux châteaux de la région. On espère en une monarchie rénovée qui doit naître de ces événements.

M. de Tardivon, abbé de Saint-Ruf, prend le bras de Bonaparte. Il parle lentement, au même rythme que ses petits pas.

« Du train que prennent les choses, dit-il, chacun peut devenir roi à son tour. Si vous devenez roi, monsieur de

Bonaparte, accommodez-vous de la religion chrétienne, vous vous en trouverez bien. »

Le lendemain, Bonaparte, à la proue du bateau qui descend le Rhône, se laisse griser par l'air qui vient de la mer.

TROISIÈME PARTIE

La cervelle pleine des grandes choses publiques

Septembre 1789 – 11 juin 1793

9

Napoléon, ce 25 septembre 1789, est le premier des passagers à quitter le navire, à bondir sur le quai du port d'Ajaccio.

La chaleur est encore estivale. La ville, en ce début d'après-midi, somnole, troublée seulement par les voix des marins et des portefaix.

Tout est si calme, si paisible en apparence, si différent de ce que Napoléon a imaginé, qu'il hésite un moment.

Sa tête bouillonne de projets pour la Corse. Sa mémoire est pleine de rumeurs d'émeutes et d'images de violence.

Il se souvient de tout ce qu'il a vécu, à Seurre, à Auxonne, des propos qu'on lui a tenus à Valence et sur le bateau qui descendait le Rhône.

À l'un des relais, sur le fleuve, des patriotes ont voulu arrêter une jeune femme, Mme de Saint-Estève, avec qui Napoléon s'était lié le temps du voyage. On s'est étonné de la présence d'un officier à son côté. On a trouvé que la jeune femme ressemblait à la comtesse d'Artois, dont on savait qu'elle avait quitté Paris afin d'émigrer. Napoléon, heureusement, a réussi à convaincre les patriotes de leur erreur.

À Marseille, les rues étaient envahies de patriotes arborant la cocarde tricolore. Des orateurs, debout sur des bornes ou des charrettes, appelaient à la vigilance, mettant en garde contre les brigands.

Bonaparte, avant d'embarquer, a rencontré l'abbé Raynal, qui l'a encouragé à écrire l'*Histoire de la Corse*.

Tout au long de la traversée, Napoléon a arpenté le pont, impatient d'atteindre son but, rêvant au rôle qu'il va jouer, peut-être, auprès de Pascal Paoli si celui-ci rentre d'Angleterre ou bien au lieu et place du *Babbo*, s'il ne peut rejoindre l'île.

Et puis voici la torpeur ajaccienne, la cité assoupie, qui semble hors de l'Histoire.

Un instant, Napoléon est saisi par le doute. Et s'il avait quitté le grand théâtre pour une arrière-cour, où rien ne se joue ?

Il voit Joseph s'avancer à sa rencontre.

Que se passe-t-il en France ? demande Joseph. Qu'en est-il de cette révolution ? Joseph a bien reçu les lettres de son frère, mais les journaux n'arrivent pas ou seulement plus d'un mois après leur parution. Les députés corses élus aux états généraux, ceux du tiers état, Saliceti, l'avocat au Conseil supérieur – « Je suis avocat, précise Joseph avec fierté, membre, moi aussi, du Conseil supérieur » – et le comte Colonna de Cesari Rocca, le neveu de Paoli, ainsi que ceux de la noblesse et du clergé, le comte de Buttafoco et l'abbé Peretti, ne donnent guère de nouvelles des débats de l'Assemblée constituante.

Rien n'a changé ici, ajoute Joseph. Le gouverneur, le vicomte de Barrin, ne publie aucun des décrets votés par l'Assemblée. C'est comme s'il n'y avait pas eu d'états généraux, de prise de la Bastille. L'île est toujours sous l'autorité militaire.

Joseph, tout à coup, montre des soldats qui portent à leur chapeau la cocarde blanche.

Napoléon s'indigne. Ignore-t-on, en Corse, qu'une révolution a eu lieu ? Qu'on a aboli les privilèges ? Est-il possible que le grand vent qui a balayé le royaume de France, imposé à tous la cocarde tricolore, n'ait pas atteint la Corse ?

Il est si révolté que, sur le chemin de la maison familiale, il change de sujet et questionne son frère sur la situation de la famille.

Letizia Bonaparte attend Napoléon, dit Joseph. Ses enfants sont autour d'elle. Ils ont hâte, eux aussi, de revoir leur frère. Élisa, qui termine son éducation à la maison de Saint-Cyr, est la seule absente.

Joseph hésite, comme s'il craignait d'irriter Napoléon. Leur avenir est incertain, dit-il, comme celui de tous les Corses.

« Je n'ai plaidé qu'une seule cause », explique Joseph.

Il pérore un peu, devant Napoléon. Il a obtenu l'acquittement du meurtrier qu'il défendait, et dont on a reconnu qu'il agissait en état de légitime défense.

Lucien ? demande Napoléon.

Il est rentré d'Aix, après avoir quitté le petit séminaire. Il n'a pas obtenu de bourse. C'est aussi le cas de Louis, qui sollicite en vain une aide financière pour suivre l'enseignement d'une école militaire, à l'exemple de Napoléon. Jérôme est un enfant de cinq ans, Caroline va avoir huit ans, Pauline dix.

Bonaparte se tait longuement, puis, au moment où il entre dans la rue Saint-Charles, où il aperçoit la maison familiale, il dit d'un ton sévère qu'il va mettre tout ce monde au travail.

Il faut de l'ordre, de la discipline, un strict emploi du temps. Cette maison, ajoute-t-il, doit être pour ces enfants un collège. Il n'est pas question qu'on y fainéante. Les Bonaparte doivent être un exemple pour la Corse.

À peine Napoléon a-t-il eu le temps d'embrasser les siens, d'écouter Letizia Bonaparte se plaindre des difficultés de la vie, à peine a-t-il pu sermonner Lucien, l'inciter à plus de rigueur et moins de palabres, que des proches pénètrent dans la maison.

Toujours la même question revient : Que se passe-t-il en France ?

Napoléon répond avec fougue. Le nombre des présents le rassure sur l'état de l'opinion, on veut le changement. Chaque jour, lui explique-t-on, on attend l'arrivée des bateaux. Tout le monde veut savoir. Le peuple guette un signe de France pour agir.

À Ajaccio, le 15 août, les habitants ont manifesté contre l'évêque Doria, et l'ont contraint à verser quatre mille livres. On a réclamé la suppression des droits de l'amirauté. Le commandant de la garnison, La Férandière, et ses officiers, n'ont rien pu empêcher. Ce n'est que lorsqu'ils ont menacé les manifestants du canon que ceux-ci se sont dispersés. Un comité de trente-six citoyens a été constitué.

À Bastia, à Corte, à Sartène et dans les campagnes, partout des mouvements ont eu lieu. Des exilés commencent à rentrer dans le nord de l'île. Ils ont constitué des bandes d'une trentaine d'hommes. Le gouverneur Barrin a renoncé à les poursuivre. Mais il tient les villes. Le peuple craint la répression, mais si on fait appel à lui, il se lèvera.

Napoléon a écouté, puis il s'est lancé dans une harangue vibrante. Il condamne les « lâches et les efféminés qui languissent dans un doux esclavage ». Il est de ceux qui veulent agir. On l'écoute. On parle sans fin.

Ce n'est qu'au milieu de la nuit que Napoléon se retrouve seul avec son frère. Il entraîne Joseph dans le jardin, malgré la fraîcheur de la nuit. À eux deux, dit-il, ils peuvent changer la Corse, préparer le retour de Pascal Paoli, ou bien... Napoléon se tait quelques instants, puis ajoute : continuer son action, prendre sa suite.

Il s'éloigne seul, marche à grands pas.

Dans les jours qui suivent, Napoléon parcourt les rues d'Ajaccio et les chemins de la campagne voisine.

Il rassemble, il parle, frémissant. Ce qu'il a écrit dans les *Lettres sur la Corse*, ce qu'il porte en lui depuis des années, il le dit.

Joseph agit de son côté, et, le soir, les deux frères confrontent les résultats de leur action.

La nuit, dans sa chambre de la maison de la rue Saint-Charles, ou bien dans son cabinet de travail de la maison de campagne de Milelli, Napoléon écrit. Il recommence l'introduction des *Lettres sur la Corse*, exalte avec encore plus de force la personnalité de Pascal Paoli.

Le matin, il confie ce qu'il a écrit à son frère Lucien, afin qu'il le recopie.

La maison Bonaparte, commence-t-on à dire à Ajaccio, ressemble à un couvent ou un collège.

Napoléon n'a pas vingt et un ans, mais chaque jour qui passe lui donne plus de confiance en lui-même.

Souvent, il s'isole. Il marche dans la campagne. Il aime cette végétation touffue, puis, plus loin, le paysage nu de ces salines. Et parfois, quand il rentre, il tremble. La fièvre l'a à nouveau saisi. Certaines zones où il aime à se promener sont insalubres. Mais il n'interrompt ni ces réunions, ni ces randonnées, ni ce travail d'écriture qu'il poursuit presque chaque nuit.

Il découvre pour la première fois de sa vie l'action sur les hommes. Il est, de réunion en réunion, plus habile, plus convaincant. Certains Ajacciens veulent tenter un coup de force. Napoléon les calme. Le gouverneur dispose des troupes et des canons, dit-il. Il faut agir avec prudence, s'appuyer sur ce qui se passe à Paris, pour contraindre les autorités de Corse à céder.

Le 31 octobre 1789, il réunit dans l'église Saint-François ceux qui se veulent patriotes. On s'étonne de cette convocation. C'est le premier acte de ce jeune homme dont on a commencé à prononcer le nom avec respect. Napoléon va et vient dans les travées. Il tient un livre à la main. C'est une adresse qu'il commence à lire. « Lorsque des magistrats usurpent une autorité contraire à la loi, dit-il, lorsque des députés sans mission prennent le nom du peuple pour parler contre son vœu, il est permis à des particuliers de s'unir. »

Il demande qu'on délivre la Corse « d'une administration qui nous mange, nous avilit et nous discrédite ».

Il en appelle aux députés du tiers état, Saliceti et le comte Colonna de Cesari Rocca. Ceux de la noblesse et du clergé, Buttafoco et Peretti, ne sont même pas mentionnés.

« Nous sommes des patriotes », conclut Napoléon.

Il a fait installer une table dans l'église.

Il y dépose le texte, prend la plume, se tourne vers les hommes rassemblés, déclare qu'il faut signer cette adresse et qu'il la paraphera le premier.

Il se penche et, d'un mouvement rapide de la main, il trace : *Buonaparte, officier d'artillerie,* puis il se redresse.

Cette nuit-là, il ne dort pas. Il vient d'accomplir son premier acte politique.

Il se lève. Il descend dans le jardin de la maison de Milelli où il s'est installé cette nuit-là. Cette signature est à la fois l'aboutissement de toutes ses pensées, et un point de départ, le début d'une route dont il ne voit ni le tracé ni le terme, mais qu'il doit suivre.

Agir, agir, telle est la loi à laquelle il doit se soumettre.

Le lendemain, il chevauche vers Bastia. C'est la capitale. Là siège le gouverneur Barrin. C'est ici que tout se joue.

Napoléon s'installe. Il réunit des patriotes, parle avec autorité. Il attend, dit-il, la livraison de deux caisses en provenance de Livourne.

Lorsqu'elles arrivent, c'est lui qui les ouvre. Il plonge ses mains au milieu de cet amoncellement de cocardes tricolores qu'il fait distribuer aux Bastiais et aux soldats de la garnison.

Dès le 3 novembre, la ville s'est couverte de bleu-blanc-rouge. Mais les officiers tiennent leurs hommes, emprisonnent ceux qui s'obstinent à arborer les nouvelles couleurs.

Il faut aller plus loin. Agir à nouveau, franchir une marche, car agir, c'est monter.

Que les Bastiais sortent leurs armes, les préparent ostensiblement, qu'ils affûtent leurs couteaux, montrent leurs fusils, dit Napoléon. Qu'ils se rendent pacifiquement, le 5 novembre 1789, à l'église Saint-Jean où se fera leur enregistrement officiel dans la milice ainsi créée.

La tension est vive. Napoléon parcourt la ville.

Des compagnies de grenadiers et de chasseurs du régiment du Maine avancent vers l'église. Les canons de la citadelle sont braqués sur la ville. Des officiers insultent les Bastiais : « Ces gueux d'Italiens veulent nous narguer ? Ils auront affaire à nous ! »

Le seul Corse qui soit officier d'artillerie comme Bonaparte, Massoni, rejoint ostensiblement la citadelle.

Dans les rues proches de l'église Saint-Jean, c'est tout à coup l'affrontement entre les soldats et les Bastiais. On tire. Deux soldats sont tués, des Corses blessés à coups de baïonnette.

Peu après, Barrin fait une concession. Il distribue des armes aux nouveaux miliciens. Quant au colonel qui commandait les troupes, il ne lui reste qu'à quitter Bastia. Lorsque son navire s'éloigne, les Corses l'accompagnent de leurs cris, du hululement de leurs cornets.

« Nos frères de Bastia ont brisé leurs chaînes en mille morceaux », dit Napoléon.

Il rentre à Ajaccio. Il connaît ces chemins qu'il a parcourus tant de fois déjà. Mais jamais comme en ce début du mois de novembre 1789, il n'a eu le sentiment d'avoir fait naître des événements, créé l'histoire. C'est une griserie qu'il n'a jamais encore éprouvée.

Lorsque quelques semaines plus tard il apprend que, à la nouvelle des événements de Bastia, le député Saliceti demande que la Corse ne soit plus soumise au régime militaire comme une région conquise, mais intégrée au royaume et régie par la même Constitution que les autres parties de l'empire, il exulte.

L'Assemblée nationale, le 30 novembre 1789, a non seulement accepté cette demande mais, sur la proposition de Mirabeau, a déclaré que tous les exilés qui avaient combattu pour la liberté de l'île pourraient rentrer en Corse et exercer le droit de citoyens français.

La nouvelle est connue à la fin décembre.

Aussitôt, Napoléon fait confectionner une banderole qu'il fait accrocher sur la façade de sa maison de la rue Saint-Charles. Elle porte ces mots : « Vive la Nation, Vive Paoli, Vive Mirabeau. »

Dans toute la ville on danse, on chante. On allume un feu de joie sur la place de l'Olmo. On crie : « *Evviva la Francia ! Evviva il rèe !* »

Napoléon se mêle à la foule.

Dans les églises, des *Te deum* sont chantés.

À écouter ces voix, ces acclamations, Napoléon éprouve la joie née de l'orgueil d'être à l'origine de ces choses. Ces hommes et ces femmes qui dansent, ce peuple en liesse lui doivent leur bonheur.

Il est bien l'un de ces hommes à part, ceux que Plutarque appelle des héros qui font l'Histoire.

Il a à peine vingt ans et cinq mois.

Il écrit. Il se sent, peut-être pour la première fois depuis l'enfance, uni en lui-même, comme si les deux parties séparées de son être s'étaient enfin rejointes.

Le patriote corse accepte l'officier français.

La France nouvelle, cette nation puissante, éclairée, qui lui avait semblé frivole, corrompue par les femmes galantes, les mœurs dépravées et l'oisiveté, vient de renaître. Elle rayonne. Elle reconnaît la Corse comme partie d'elle-même.

Napoléon s'enthousiasme : « La France nous a ouvert son sein, dit-il. Désormais, nous avons les mêmes intérêts, les mêmes sollicitudes : il n'est plus de mer qui nous sépare ! »

Il renonce donc à publier les *Lettres sur la Corse*. À quoi bon, maintenant ?

« Parmi les bizarreries de la Révolution française, dit-il, celle-ci n'est pas la moindre : ceux qui nous donnaient la mort comme à des rebelles sont aujourd'hui nos protecteurs, ils sont animés par nos sentiments. »

Lorsque, durant ces premiers mois de l'année 1790, Napoléon sort dans les rues d'Ajaccio, seul ou en compagnie de Joseph, il éprouve ce plaisir d'être salué, entouré de cette curiosité affectueuse et reconnaissante qui accompagne ceux en lesquels le peuple reconnaît ses chefs ou ses représentants.

On veut échanger quelques mots avec lui. On félicite Joseph d'avoir été nommé officier municipal.

Un clan Bonaparte se constitue peu à peu, et Napoléon tient à montrer à ses partisans qu'il est à la fois un inspirateur et un patriote modeste.

Il se fait inscrire sur les rôles de la garde nationale comme simple soldat, et il prend son tour de faction devant la porte de Marius-Joseph Peraldi, qui a été nommé colonel de cette garde.

Qui s'y trompe ?

Napoléon, par des indiscrétions, apprend que La Férandière, le commandant de la garnison d'Ajaccio, a écrit au ministre pour le dénoncer. « Ce jeune officier a été élevé à l'École militaire, écrit La Férandière, sa sœur, à Saint-Cyr, et sa mère a été comblée de bienfaits du gouvernement. Il serait bien mieux à son corps, car il fermente sans cesse. »

Aussitôt Napoléon prend les devants, et écrit, dès le 16 avril 1790, à son colonel, afin de solliciter un nouveau congé.

« Ma santé délabrée, dit-il, ne me permet point de joindre le régiment avant la seconde saison des eaux minérales d'Orezza, c'est-à-dire le 15 octobre. »

Il joint à sa lettre un certificat médical attestant de la véracité de ses dires. Et il est vrai que de temps à autre, peut-être à la suite de ses promenades dans les salines, il se sent fiévreux.

Le 29 mai, un congé de quatre mois lui sera accordé à compter du 15 juin 1790.

Il est libéré. Il a de plus en plus le sentiment que sa volonté et son désir peuvent forcer toutes les portes. Qu'il lui suffit de vouloir pour pouvoir. Dès lors qu'il a choisi un but à atteindre, il importe seulement de rassembler méthodiquement les moyens de se mettre en mouvement, et si la volonté demeure, pas un obstacle ne résistera.

Il veut rester en Corse afin de continuer d'y « fermenter » l'île, de pousser Joseph à faire partie de la délégation qui devait aller à la rencontre de Pascal Paoli en route vers la Corse.

Il faut qu'il soit présent en Corse pour ce retour du *Babbo*. Il ne peut abandonner l'île au moment où le peuple en mouvement va rencontrer son héros, celui auquel Napoléon a adressé ses offres de service.

Le 24 juin 1790, Joseph s'est embarqué pour Marseille. Pascal Paoli a quitté Paris après avoir été acclamé à l'Assemblée nationale et accueilli par Robespierre au club des Jacobins, et la délégation dont Joseph fait partie doit le rencontrer à Lyon.

Napoléon, le lendemain 25 juin, est à sa table de travail.

Tout à coup, il entend la rumeur d'une foule en marche et des cris.

Depuis quelques jours, un conflit oppose la municipalité d'Ajaccio et les citoyens de la ville aux autorités de la garnison. La municipalité réclame des armes, l'accès à la forteresse. La Férandière et le major Lajaille refusent.

Napoléon saisit son fusil et, sans avoir pris le temps de passer sa veste, d'enfiler ses bottes et de coiffer son chapeau, il descend dans la rue.

Les manifestants le reconnaissent, l'acclament comme leur chef. Il hésite, puis, parce qu'il a déjà eu en face de lui des émeutiers, il sait jusqu'à quelles extrémités peut aller une foule, il prend leur commandement, jouant avec leur volonté, acceptant l'arrestation de Français mais les protégeant de violences plus graves.

C'est ainsi que le major Lajaille est arrêté, retenu par la municipalité. Mais à cet instant Napoléon se tient en retrait comme il l'avait fait à Bastia le 5 novembre 1789. Il ne se décide à intervenir à nouveau dans le premier rôle qu'au moment où la municipalité, après avoir relâché le major Lajaille, veut rédiger un mémoire pour justifier cette « journée du 25 juin ». Il accuse La Férandière d'avoir fomenté « d'infâmes complots contre la loi » et tenté une « coupable rébellion ». Il dénonce ceux des Corses qui se sont mis au service de la France de l'Ancien Régime, « qui vivent au milieu de nous, qui ont prospéré dans l'avilissement universel et qui aujourd'hui détestent une constitution qui nous rend à nous la liberté ! ».

Comment, écrivant cela, ne penserait-il pas à son père, Charles Bonaparte, qui fut de ces Corses-là ?

Un dimanche de juillet 1790, alors que Napoléon se promène avec son frère Joseph place de l'Olmo, un groupe de Corses ayant à leur tête un abbé Recco, neveu de leur ancien professeur de mathématiques à Ajaccio, se précipite. Ils accusent Napoléon d'avoir fomenté l'émeute du 25 juin, d'avoir persécuté des Français et les Corses dignes de ce nom. Lui, un Bonaparte, dont le père, jadis partisan de Paoli puis courtisan de M. de Marbeuf, lui, un Bonaparte d'origine toscane.

Des amis de Napoléon s'interposent, menacent de mort quiconque oserait le toucher. Napoléon a conservé son sang-froid. « Nous ne serions pas français ? s'écrie-t-il. *Orrenda bestemmia,* horrible blasphème ! J'attaquerai en justice les scélérats qui le profèrent ! »

On échange encore quelques injures, puis chaque groupe se retire.

Napoléon rentre avec Joseph à la maison de la rue Saint-Charles. Il est silencieux et pensif.

Il vient de mesurer les haines qui divisent les Corses. Ceux qui furent partisans de Paoli et lui restèrent fidèles, et ceux qui acceptèrent, comme Charles Bonaparte, de collaborer avec les autorités françaises. Ceux qui ont choisi de rallier la cause de la France révolutionnaire, et donc de se sentir citoyens de cette nation, et ceux qui ne renoncent pas à la cocarde blanche ; ceux, enfin, qui rêvent d'indépendance.

Au mois de septembre 1790, Napoléon marche à la rencontre de Pascal Paoli, qui a débarqué à Bastia. Depuis, le *Babbo* règne en maître sur l'île, faisant arrêter ses ennemis, les Français, allant de village en village entouré d'une foule d'admirateurs et de courtisans. Paoli est accueilli partout comme le Sauveur, le Dictateur.

Napoléon se mêle avec son frère aux jeunes gens qui forment autour de Pascal Paoli une cohorte qui cavalcade et se dispute le privilège de faire partie de son escorte d'honneur.

Napoléon observe ce cortège dont il fait partie. À l'entrée des villages, on a dressé des arcs de triomphe. Les habitants lancent des vivats, tirent avec leurs mousquets.

Napoléon chevauche à côté de Paoli. Il regarde cet homme vieilli qui a vécu vingt ans en Angleterre, recevant deux mille livres sterling de pension du gouvernement anglais. Il mesure que, dans l'entourage de Paoli, il n'est qu'un parmi d'autres. Peut-être même est-il suspect à cause de l'uniforme d'officier français qu'il porte, à cause de l'attitude qu'a eue son père. Et puis, il y a la vieille opposition entre gens de Bastia et gens d'Ajaccio, ceux *di qua* et ceux *di là*, d'en deçà et d'au-delà des monts. Paoli se méfie d'Ajaccio. Les Bonaparte sont ajacciens.

La troupe arrive à Ponte-Novo.

Là, en 1769, Paoli a été battu par les Français. Il caracole, descend de cheval, explique avec complaisance à Napoléon les positions des deux camps, celles qu'il avait fait occuper et défendre par ses partisans. On écoute avec respect son récit du combat. Napoléon conclut d'une voix sèche, en officier qui connaît le métier des armes : « Le résultat de ces dispositions a été ce qu'il devait être. »

Le silence s'abat sur le groupe. Pascal Paoli regarde Napoléon, qui ne semble pas s'être rendu compte de son insolence, qui félicite son aîné pour son courage de héros, sa fidélité à la Corse. L'incident paraît clos. Joseph Bonaparte est élu au Congrès que Paoli réunit à Orezza, puis il sera encore choisi pour être président du directoire du district d'Ajaccio.

Napoléon est satisfait.

On est à la fin de l'année 1790. Son congé expire. Il veut, il doit rentrer en France, pour toucher sa solde, parce qu'il se sent désormais lié à ce royaume dont il est le citoyen et l'officier. Il veut aussi conduire son frère Louis sur le continent afin de lui faire suivre les cours d'une école militaire et, si besoin est, de l'instruire lui-même, de surveiller ses études.

Presque chaque jour durant l'hiver 1790, Napoléon se rend sur le port. Mais les vents sont contraires. Aucun navire n'appareille pour la France.

Napoléon écrit, fait travailler ses frères et sœurs.

À la fin de décembre, il peut enfin embarquer avec Louis, mais le navire est rejeté sur la côte de Corse à deux reprises.

Il faut attendre.

Le 6 janvier 1791, à Ajaccio, il inaugure le club patriotique de la ville, *Il Globo Patriottico.* Il assiste à chaque séance, intervenant avec fougue.

L'homme qui a vingt et un ans et demi sait désormais agir avec habileté sur les hommes. Il avait appris le métier des armes en France. En Corse, inspirateur des événements, mêlé aux luttes qui opposent les factions et les clans, reconnu comme l'un des chefs du mouvement, il a appris la politique. Il a joué des uns et des autres, poussé son frère Joseph à occuper le devant de la scène en accédant à des postes officiels. Il est encore trop jeune pour être le premier.

Lorsque le 23 janvier 1791, dans son cabinet de la maison de campagne de Milelli, il écrit, au nom du club patriotique d'Ajaccio, une lettre à Buttafoco, le député de la noblesse, et que le club en décide l'impression, il l'envoie à Paoli.

Le texte est long, emphatique. Napoléon, en attaquant le député de la noblesse, en critiquant la carrière de Buttafoco, l'homme qui incita Choiseul à conquérir la Corse, retrace toutes les étapes de l'histoire de l'île. Il dénonce ce Buttafoco « tout dégoûtant du sang de ses frères ». Il s'adresse aux députés de la Constituante : « Ô Lameth, Ô Robespierre, Ô Pétion, Ô Volney, Ô Mirabeau, Ô Barnave, Ô Bailly, Ô La Fayette, voilà l'homme qui a osé s'asseoir à côté de vous ! »

Mais Paoli, d'un ton sec, répond à Napoléon qu'il faut « dire moins et montrer moins de partialité ».

Napoléon serre les dents. Il y a longtemps qu'on ne lui fait plus la leçon. D'ailleurs, a-t-il jamais accepté qu'on le morigène ?

Mais il doit poursuivre sa lecture.

« Ne vous donnez pas la peine de démentir les impostures de Buttafoco, continue Paoli... Laissez-le au mépris et à l'indifférence du public. »

C'est comme si Napoléon recevait un soufflet.

Mais il a choisi d'être l'homme de Pascal Paoli. Alors, il subit en silence le camouflet.

Heureusement, dans les derniers jours du mois de janvier 1791, les vents tournent.

Napoléon, accompagné jusqu'à la passerelle par sa mère, ses frères et ses sœurs, ainsi que par ses amis du *Globo Patriottico,* peut embarquer avec son frère Louis pour la France.

Sur le pont, à la poupe, tenant par l'épaule son jeune frère, il doute.

Son destin est dans l'île. Il le veut ainsi, il le croit. Et cependant, lorsque le navire prend le large et que les sommets de la Corse s'effacent sur la ligne d'horizon, Napoléon, pour la première fois, ne ressent aucun arrachement.

Quelque chose, en lui, a changé.

10

Il est trois heures et demie de l'après-midi, ce 8 février 1791. Napoléon marche d'un bon pas sur la route de Lyon.

Au loin, sous un ciel bas qui annonce la neige, il distingue le clocher de Saint-Vallier-du-Rhône. À quelques centaines de mètres seulement, il aperçoit les premières maisons, des cabanes plutôt, d'un petit village.

Il fait froid mais, comme souvent avant la chute des flocons, une douceur humide imprègne l'atmosphère.

De temps à autre, Napoléon se retourne. Son jeune frère Louis s'est laissé distancer à dessein. Il n'a que treize ans. Il eût aimé rester à Valence, attendre le départ de la diligence.

« Nous allons marcher jusqu'au village de Serve », a dit Napoléon après avoir consulté le cocher. La diligence s'arrêtera lorsqu'elle passera.

Voici Serve. L'obscurité tombe tout à coup. Un paysan lui ouvre sa porte. Il salue l'officier et le jeune garçon, les accueille. Ils attendront là la diligence qui traversera le village au début de la nuit, avant d'atteindre Saint-Vallier-du-Rhône et d'y faire étape.

Napoléon s'installe, offre une pièce. Sa pensée a besoin de s'exprimer. Il dialogue longuement avec le paysan. Louis somnole. Puis on lui apporte la chandelle. Il sort de sa sacoche le nécessaire d'écriture. Il commence une lettre à son oncle Fesch.

« Je suis dans la cabane d'un pauvre d'où je me plais à t'écrire. Il est quatre heures du soir, le temps est frais quoique doux. Je me suis amusé à marcher... J'ai trouvé partout des paysans très fermes sur leurs étriers, surtout en Dauphiné. Ils sont tous disposés à périr pour le maintien de la Constitution.

« J'ai vu à Valence un peuple résolu, des soldats patriotes et des officiers aristocrates... Les femmes sont partout royalistes. Ce n'est pas étonnant. La liberté est une femme plus jolie qui les éclipse. »

Il s'interrompt. Louis s'est endormi. Il pense à la situation en Corse. Les hommes qu'il a rencontrés à Valence lui ont paru moins compétents que ceux d'Ajaccio.

« Il ne faut pas tant plaindre notre département », écrit-il. Mais pour attirer l'attention sur l'île « il faudrait que la société patriotique d'Ajaccio fît présent d'un habillement corse complet à Mirabeau, c'est-à-dire d'une barrette, veste, culotte et caleçon, cartouchière, stylet, pistolet et fusil, cela ferait un bon effet ».

Napoléon suspend son écriture. Ce bruit de roues et de sabots qui s'amplifie, c'est la diligence. Il réveille Louis, trace une dernière phrase. « Je vous embrasse, mon cher Fesch, la voiture passe. Je vais la joindre. Nous coucherons à Saint-Vallier. »

Dans la diligence, il retrouve les voyageurs quittés à Valence.

Les conversations reprennent. Napoléon défend la Constituante. Il dénonce les partisans de l'Ancien Régime, « qui ne reviendra pas », martèle-t-il.

« La bonne société est aux trois quarts aristocrate, ajoute-t-il, c'est-à-dire qu'ils se couvrent du masque des partisans de la Constitution anglaise. »

Il convient que lui-même n'est en rien un soutien du modérantisme.

À l'auberge de Saint-Vallier, la conversation se poursuit sur l'état de la nation. Napoléon répète ce mot. D'autres parlent du *royaume*. Depuis la prise de la Bastille et la réunion de l'Assemblée, argumente-t-il, c'est par *Nation* qu'il faut nommer la France.

Dans la chambre, plus tard, alors que Louis dort, Napoléon écrit encore. Les préoccupations politiques se sont effacées. Il se lève, ouvre la fenêtre, revient à sa table. « Le lierre s'embrasse au premier arbre qu'il rencontre, écrit-il, c'est en peu de mots l'histoire de l'amour. »

Il neige. Il veut avoir froid pour éteindre ces sentiments et ces désirs qui le troublent. Il aura bientôt vingt-deux ans.

« Qu'est-ce donc que l'amour ? écrit-il encore. Observez ce jeune homme à l'âge de treize ans : il aime son ami comme son amante à vingt. L'égoïsme naît après. À quarante ans, l'homme aime sa fortune, à soixante, lui seul. Qu'est-ce donc que l'amour ? Le sentiment de sa faiblesse dont l'homme solitaire ou isolé ne tarde pas à se pénétrer... »

Quelques pas encore à nouveau, Napoléon ouvre et ferme la fenêtre. Le silence de la neige couvre la ville et la campagne.

Napoléon écrit une dernière phrase.

« Si tu as du sentiment, tu sentiras la terre s'entrouvrir. »

Deux jours plus tard, il est à Auxonne. Il montre à Louis les casernes du régiment de La Fère, où il doit se présenter au colonel M. de Lance, et le Pavillon de la ville, où ils habiteront. Il installera son frère dans un cabinet de domestique attenant à la chambre où lui-même logera.

Sur la place de l'église, alors qu'il indique à Louis la boutique du libraire, des officiers les entourent. Ils saluent Napoléon avec froideur. Durant ses dix-sept mois de congé, le royaume et l'armée du roi ont été soumis à rude épreuve. On dit que Buonaparte, en Corse, a pris parti contre la garnison royale et MM. de Barrin et La Férandière. Pourquoi Buonaparte n'a-t-il pas agi comme M. Massoni, qui a choisi le camp du roi ?

Napoléon se défend, mais la tension monte au cours de ce premier affrontement avec des officiers « aristocrates ».

Lorsqu'il présente au colonel les certificats établis par le district d'Ajaccio, Napoléon est nerveux. Ces documents n'attestent pas seulement qu'il a voulu rejoindre son régiment dès le mois d'octobre, mais aussi qu'il a été « animé du patriotisme le plus pur par les preuves indubitables qu'il a données de son attachement à la Constitution depuis le principe de la Révolution ».

Le colonel se montre compréhensif, et soutient la demande de Napoléon d'un rappel de solde du 15 octobre au 1er février. Napoléon est rassuré, mais il attend avec impatience la décision ministérielle confirmant le versement de la somme. Il a besoin de ces deux cent trente-trois livres, six sols et huit deniers.

Ils sont deux désormais à vivre sur sa solde. Napoléon achète lui-même la viande et le lait, le pain, discute âprement le prix des denrées, des travaux de couture. Il brosse son uniforme. Il ne se plaint jamais auprès de ses camarades. Plus tard, il confiera pourtant : « Je me suis privé, pour l'éducation de mon frère, de tout et même du nécessaire. »

Mais il fréquente toujours la boutique du libraire. Il achète cahiers, livres et journaux.

Ces derniers sont attendus à Auxonne avec la même impatience qu'en Corse, et Napoléon fait la lecture publique des articles qui relatent les événements de Paris aux sous-officiers et aux soldats acquis aux idées révolutionnaires.

Mais la nuit, quand Louis dort, Napoléon continue de travailler avec une passion que les troubles politiques qu'il suit, commente, et auxquels il a été mêlé en France et en Corse, n'entament pas.

Il lit Machiavel, une histoire de la Sorbonne et une autre de la noblesse. Parfois, le lendemain, il montre à Louis les listes de mots qu'il a dressées pour compléter son vocabulaire. Il recopie les tournures de phrases, des expressions. Il veut posséder cette langue française qu'il écrit avec fièvre.

« Le sang méridional qui coule dans mes veines, note-t-il au bas d'une lettre à son ami Naudin, commissaire des Guerres à Auxonne, va avec la rapidité du Rhône. Pardonnez donc si vous prenez de la peine à lire mon griffonnage. »

Il relit les œuvres de Rousseau. Il note en marge de certains passages : « Je ne crois pas cela. » Parfois il raye d'un geste nerveux des mots qu'il a tracés. Il n'est plus un simple élève qui prend des notes. Il forge ses idées en toute liberté, mais la passion est toujours présente. « Les seigneurs sont le fléau du peuple », écrit-il. Et encore : « Le pape n'est que le chef ministériel de l'Église. L'infaillibilité appartient à l'Église légitimement assemblée et non au pape. »

Il lui arrive de travailler quinze à seize heures par jour. Et, sa tâche personnelle accomplie, il se tourne vers Louis.

« Je le fais étudier à force », dit-il.

La colère souvent le saisit. Il gifle son frère. Des voisins s'indignent. « Vilain marabout », lui crie-t-on. Mais quand Louis réussit un exercice de mathématiques ou de français, Napoléon se détend. Il sourit. Il flatte son jeune frère.

« Ce sera le meilleur d'entre nous », dit-il à Joseph. « Toutes les femmes de ce pays-ci en sont amoureuses », précise-t-il.

Il écoute avec ravissement le garçon de treize ans s'exprimer. Il le regarde s'avancer dans les salons, désinvolte et élégant. « Il a pris un petit ton français propre, leste, écrit-il encore à Joseph. Il entre dans une société, salue avec grâce, fait les questions d'usage avec un sérieux et une dignité de trente ans. »

Napoléon a pour son cadet une attention de tous les instants. Il se sent responsable, il lui enseigne tout ce qu'il sait. Et, satisfait, ajoute : « Aucun de nous n'aura eu une si jolie éducation. »

« Allons », dit Napoléon. C'est ainsi qu'on forme un jeune frère.

Il est trois heures trente du matin. Louis claque des dents. Il s'habille en hâte. Un morceau de pain, et en avant, par les chemins de campagne, dans la nuit glaciale, et parfois il vente.

Napoléon prend la direction de Dole. Là, au 17 de la rue de Besançon, habite l'imprimeur Joly. L'artisan a accepté d'imprimer la *Lettre à Buttafoco*. Cela vaut bien quatre lieues de marche aller, et autant au retour [1]. Et il faut parcourir ce trajet plusieurs jours de suite.

Un matin, Napoléon a revêtu l'habit sans-culotte, carmagnole et pantalon de toile blanche rayée. À l'imprimeur qui s'étonne, Napoléon répond de sa voix brève et saccadée

1. Une lieue : environ 4 kilomètres.

qu'il est aux côtés de ceux qui défendent la liberté, que c'est là la seule cause.

Il ne s'attarde jamais à Dole. Il invite Louis à se remettre en route. Il faut être à Auxonne avant midi.

Le soleil s'est levé, Napoléon profite de cette marche pour faire à Louis une leçon de géographie et lui répéter que jamais on ne doit laisser le temps s'écouler, vide.

Alors qu'ils arrivent au bord de la Saône, non loin des casernes d'Auxonne, deux officiers du régiment de La Fère l'abordent.

Voilà donc ce lieutenant Bonaparte !

La discussion est vive. Les officiers lui reprochent d'avoir lu aux soldats des articles de journaux favorables aux décrets de l'Assemblée. Il a même déclamé l'adresse que le club patriotique d'Ajaccio a envoyée aux Constituants, précisant qu'elle avait été écrite par son frère aîné Joseph.

Le ton monte. Les deux officiers prétendent que tout noble est tenu d'émigrer, que c'est là la seule manière de rester fidèle au roi.

« Vive la nation ! » répond Napoléon. La patrie est au-dessus du roi.

Les deux officiers le bousculent, menacent de le précipiter dans la Saône. Il se défend. Et bientôt des soldats sortent des casernes. La discussion cesse.

Si Napoléon ne peut faire triompher les idées révolutionnaires dans le corps des officiers, les soldats et les sergents les approuvent. Et le maréchal du camp, le baron Du Teil, nommé inspecteur général de l'artillerie en 1791, écrit que, si la troupe continue de faire bonne figure sous les armes, « les soldats et les sous-officiers ont contracté un air de scélératesse, un air d'insubordination qui se laisse percevoir dans tous les points ». Ils tournent la tête pour ne pas avoir à saluer les officiers, mais ils fraternisent avec les citoyens de la garde nationale et présentent les armes aux officiers de la milice.

Un soir, alors que Napoléon s'est rendu à une invitation à dîner, à Nuits, afin de saluer l'un de ses camarades, officier du régiment, qui vient de se marier, il devine dès qu'il entre dans le salon qu'il est tombé dans un piège. Toute la « gentilhommerie » des environs a été conviée au repas.

On ricane. C'est donc là ce lieutenant à la langue alerte qui défend les idées des brigands, favorise l'indiscipline des soldats ? On l'entoure. On l'interpelle. Que pense-t-il des actes d'insubordination ? Est-ce là un état d'esprit qui peut satisfaire un officier ?

Napoléon se défend. Il n'est pas « antimilitaire », dit-il. Il croit à la nécessité de la discipline et de l'ordre. Mais ceux-ci ne peuvent être respectés que si les officiers suivent eux-mêmes la loi, acceptent les principes nouveaux.

Le maire de Nuits survient, en habit cramoisi. Napoléon croit trouver un allié. Mais l'homme défend avec encore plus de vigueur le comportement des officiers qui songent à émigrer. Que peut-on attendre d'un régime, dit-il, qui ne sait pas maintenir l'ordre dans l'armée ?

L'algarade est si vive que la maîtresse de maison s'interpose, fait cesser la discussion.

Mais dès le lendemain, à Auxonne puis à Valence, où Napoléon est nommé lieutenant en premier et où il arrive en compagnie de son frère, le 16 juin 1791, les affrontements sont quotidiens.

Son nouveau régiment – le 4e d'artillerie, régiment de Grenoble – est aussi divisé que le régiment de La Fère, que Napoléon vient de quitter. La troupe est favorable aux idées nouvelles. Une partie des officiers songe à émigrer ou à démissionner par fidélité au roi.

Ne partez jamais, conseille à Napoléon, qui n'en a jamais eu l'intention, Mlle Bou. L'exil est toujours un malheur.

Car il a retrouvé sa logeuse et la chambre de la maison Bou.

Louis est l'objet de tous les soins de Mlle Bou. Elle le gâte, maternelle, elle le défend contre les colères de son frère, Napoléon l'exigeant.

Mais, à Valence, celui-ci a moins de temps à consacrer à Louis. Il se contente, chaque jour, de fixer le programme à étudier, puis il sort, se rend aux casernes, au cabinet de lecture de M. Aurel.

Partout on discute avec passion.

Au début du mois de juillet 1791, une nouvelle extraordinaire met en émoi toute la ville : Louis XVI et sa famille ont tenté, le 20 juin, de quitter la France, et ils ont été arrêtés à Varennes. L'armée du marquis de Bouillé les a attendus en vain pour les conduire à l'étranger.

« Le roi, s'écrie un camarade de Napoléon, est aux trois quarts mort. »

Les officiers qui l'entourent protestent. Napoléon l'approuve. Il est prêt à signer le nouveau serment de fidélité à la Constitution qu'on exige des officiers. Quelle Constitution ? interroge quelqu'un. Faut-il accorder un droit de veto au roi, et quel veto ? Suspensif ou absolu ? Et pourquoi ne pas juger le roi ?

Sur la place aux Clercs, Napoléon débat à n'en plus finir avec certains de ses camarades officiers. La plupart sont monarchistes. Napoléon le clame avec force, s'arrêtant de marcher, le menton levé : il est républicain décidé, partisan du salut public et non du bon plaisir d'un maitre.

Il a lu les discours de tous les orateurs monarchistes. « Ils s'essoufflent en de vaines analyses, s'écrie-t-il. Ils divaguent dans des assertions qu'ils ne prouvent pas... Ils font de grands efforts pour soutenir une mauvaise cause... Une nation de vingt-cinq millions d'habitants peut parfaitement être une république... Penser le contraire est un " adage impolitique ". »

Napoléon exaspère.

Il parle avec vigueur. Il a réponse à tout.

Les passions sont si exacerbées que certains officiers se détournent quand ils le croisent.

À l'auberge des *Trois Pigeons* où Napoléon a repris ses habitudes, on refuse de s'asseoir près de cet « enragé démagogue » qui tient des propos « indignes d'un officier français élevé gratuitement à l'École militaire et comblé des bienfaits du roi ».

Napoléon entend. Il ne cherche pas l'incident. Il ne réagit même pas quand un officier, le lieutenant Du Prat, lance à la servante qui a placé son couvert près de celui de Napoléon : « Une fois pour toutes, ne me donnez jamais cet homme pour voisin. »

Mais, à quelques jours de là, Napoléon tient sa revanche.

Du Prat s'est avancé jusqu'à la fenêtre alors que des patriotes défilent. Il se met à chanter sur un ton provocant l'air des aristocrates, *Ô Richard, ô mon roi*.

Le cortège s'arrête, on se précipite pour écharper l'officier royaliste, et c'est Napoléon qui s'interpose, le protège et le sauve.

On connaît Napoléon. Il est membre de la Société des amis de la constitution en compagnie de quelques officiers, de soldats et de personnalités.

Napoléon a retrouvé, au sein du club révolutionnaire, le libraire Aurel. On se donne l'accolade. Napoléon monte à la tribune pour dénoncer la fuite du roi, l'attitude du marquis de Bouillé, « l'infamie » de cet officier. Il parle avec une éloquence nerveuse faite de courtes phrases scandées. On l'acclame. On le charge de la fonction de secrétaire. On le nomme bibliothécaire de la Société.

Le 3 juillet, on se réunit pour condamner le roi.

« Il faut qu'il soit jugé », déclare Napoléon. En quittant Paris, Louis XVI a trahi. Un soldat s'avance et crie au nom de ses camarades : « Nous avons des canons, des bras, des cœurs, nous les devons à la Constitution ! »

Le 14 juillet, toute la population de Valence, les troupes, les corps constitués, la garde nationale, l'évêque et son clergé se rassemblent au champ de l'Union.

Napoléon est en avant des soldats du 4e régiment. Son frère Louis est dans la foule en compagnie de Mlle Bou.

On chante le *Ça ira*. On prête serment, on crie : « Je le jure. » Puis l'évêque célèbre un *Te deum*. Et tout le monde en cortège rentre à Valence.

Les plus ardents patriotes se réunissent dans la salle de la Société des amis de la constitution, où une table a été dressée pour un banquet.

Napoléon, à la fin du repas, se lève. On l'acclame. Il est l'un des officiers patriotes les plus connus de la ville. On lui fait confiance. Il a prêté le nouveau serment exigé des militaires. Il se dit républicain. Il pense qu'il faut juger le roi.

Il porte un toast, lève son verre à ses anciens camarades d'Auxonne et à ceux qui, dans la cité bourguignonne, défendent les droits du peuple.

« Vive la Nation ! » crie-t-il.

Le soir, il est si exalté qu'il ne peut s'endormir. Ce bouillonnement de toute une population, de tout un pays entraîné dans le tourbillon révolutionnaire, chaque jour apportant un fait nouveau, l'oblige à tout instant à faire un nouveau choix. Comment trouver le repos ?

Il écrit à son frère, à Naudin, son ami resté à Auxonne. L'écriture, comme il le dit en s'excusant, est un « griffonnage ».

« S'endormir la cervelle pleine des grandes choses publiques et le cœur ému par des personnes que l'on estime et que l'on a un regret sincère d'avoir quittées, c'est une volupté que les grands épicuriens seuls connaissent. »

Il ne peut cesser de questionner l'avenir.

« Aura-t-on la guerre ? » se demande-t-il en ce mois de juillet 1791. Il en doute. Les souverains d'Europe, par crainte de la contagion révolutionnaire, préféreront attendre que la France soit déchirée par la guerre civile.

Mais les rois se trompent. « Ce pays est plein de zèle et de feu », conclut Napoléon. Même le régiment est très sûr : « Les soldats, sergents et la moitié des officiers » sont favorables aux nouveaux principes.

S'endormir, une fois le papier plié, l'adresse écrite ? Impossible.

Napoléon reprend ses cahiers.

Il a entrepris sa première œuvre véritable.

L'Académie de Lyon offre un prix de douze cents livres à l'auteur du meilleur discours sur le sujet suivant : *Quelles vérités et quels sentiments il importe le plus d'inculquer aux hommes pour leur bonheur.* Napoléon a décidé aussitôt de concourir. Rousseau, jadis, n'a-t-il pas obtenu le même prix pour son *Discours sur l'origine de l'inégalité* ?

Dans la nuit de Valence, Napoléon écrit donc.

L'homme est né pour le bonheur, dit-il. Mais « là où les rois sont souverains, il n'est point d'homme, il n'y a que l'esclave oppresseur plus vil que l'esclave opprimé ». Il faut donc résister à l'oppression. « Les Français l'ont fait. » Ils ont conquis la liberté « après vingt mois de lutte et de chocs les plus violents... Après des siècles, les Français, abrutis par les rois et leurs ministres, les nobles et leurs préjugés, les prêtres et leurs impostures, se sont tout à coup réveillés et ont tracé les droits de l'homme ».

Napoléon écrit comme pour une harangue révolutionnaire. Il prône la liberté et l'égalité.

Souvent, deux mots reviennent sous sa plume : *force* et *énergie*. « Sans force, sans énergie il n'est ni vertu ni bonheur », dit-il.

Il écrit comme on ordonne. Pas de sympathie pour les tyrans, mais pas de pitié pour ceux qui acceptent la tyrannie, pour les faibles.

« Tous les tyrans seront aux enfers, sans doute, mais leurs esclaves y seront aussi car, après le crime d'opprimer une nation, celui de le souffrir est le plus énorme. »

Sa main tremble à force d'écrire si rapidement.

Ce discours de Lyon – que l'Académie jugera « trop mal ordonné, trop disparate, trop décousu et trop mal écrit pour fixer l'attention » – est un miroir pour Napoléon. Il s'y regarde chaque nuit. Lorsqu'il exalte les « âmes ardentes comme le foyer de l'Etna », c'est de lui qu'il parle.

Et voici qu'il peint une silhouette « au teint pâle, aux yeux égarés, à la démarche précipitée, aux mouvements irréguliers, au rire sardonique ». Il la voit s'avancer. Il la désigne. Il la dénonce. C'est « l'ambition », une folie.

Il a vingt-deux ans.

Il aperçoit une seconde silhouette, tout aussi inquiétante. C'est « l'homme de génie. L'infortuné ! Je le plains. Il sera l'admiration et l'envie de ses semblables et le plus misérables de tous. L'équilibre est rompu : il vivra malheureux ».

Napoléon veut le bonheur. Et puis, n'est-ce pas le sujet du concours ?

Mais il conclut : « Les hommes de génie sont des météores destinés à brûler pour éclairer leurs siècles. »

C'est là le travail de la nuit.

Au matin, dans l'éclatante lumière qui incendie Valence, Napoléon sort de son rêve, organise son avenir.

Il écoute les officiers patriotes de son régiment. La plupart songent à se faire élire à la tête des bataillons de volontaires, un lieutenant peut devenir ainsi colonel.

Pourquoi pas moi ?

Mais Napoléon ne le pourrait qu'en Corse, dans sa patrie, en comptant sur l'appui du *Globo Patriottico*, le club d'Ajaccio. Joseph pourrait être un soutien précieux. Il est l'un des représentants de la ville, et il aspire à être élu député à l'Assemblée législative qui va succéder à la Constituante.

Il y a certes la froideur de Pascal Paoli.

Napoléon reprend la lettre que son héros lui a adressée. Napoléon avait sollicité de Paoli qu'il lui communiquât des documents pour écrire une *Histoire de la Corse*.

La réponse de Paoli a été aussi sèche que l'avis qu'il a donné sur la *Lettre à Buttafoco* que lui avait envoyée Napoléon.

« Je ne puis à présent ouvrir mes caisses et chercher mes écrits, répond-il à Napoléon. D'autre part, l'Histoire ne s'écrit pas dans les années de jeunesse. Permettez que je vous recommande de former le plan sous l'idée que vous a donnée l'abbé Raynal, et entre-temps vous pourrez vous appliquer à recueillir des anecdotes et les faits les plus saillants. »

Napoléon serre les dents. Il faut se convaincre que Paoli reste le héros qu'on doit suivre. On est si jeune encore, vingt-deux ans ! Il faut donc accepter ce ton méprisant, cette fin de non-recevoir. Et rentrer en Corse, puisqu'on est corse et que c'est là-bas qu'on a déjà acquis un peu de cette notoriété et de cette influence sur les hommes sans laquelle rien n'est possible.

Et pourtant, par tant de côtés désormais, on se sent citoyen de cette nation française qui s'est libérée de ses chaînes, on ne hait plus ce peuple. On admire au contraire avec étonnement les « paysans fermes sur leurs étriers » et tout ce pays « plein de zèle et de feu ».

Mais il faut rentrer, retrouver la Corse, la famille qui a besoin de soutien. Il faut suivre Paoli.

Décision de raison plus que d'enthousiasme.

Napoléon écrit donc une nouvelle demande de congé d'un semestre.

Elle est refusée par le colonel Campagnol, qui commande le 4e régiment d'artillerie. La situation ne permet pas au lieutenant en premier Napoléon Buonaparte d'obtenir un troisième congé, alors que le premier a duré vingt et un mois et le deuxième dix-sept !

Napoléon ne s'avoue pas vaincu.

Un jour d'août, il prend la route pour se rendre au château de Pommier, dans l'Isère, la demeure familiale du maréchal de camp, le baron Du Teil, inspecteur général de l'artillerie.

L'officier n'est pas attaché aux idées nouvelles, mais il n'envisage pas d'émigrer. Et cependant on l'a déjà menacé comme « aristocrate ».

Quand, vers dix heures du soir, Napoléon frappe à sa porte, les domestiques tardent à ouvrir. Napoléon crie son nom plusieurs fois. On l'introduit enfin, et il se félicite aussitôt d'avoir fait le voyage.

Du Teil est heureux de le revoir. Il se souvient parfaitement de ce lieutenant en second qui l'avait étonné à Valence par son obstination au travail, ses qualités.

On parle métier. On déploie des cartes.

Durant plusieurs jours, Napoléon est l'hôte de Du Teil, qui ne résiste pas à la demande de Napoléon. Il accorde une permission de trois mois, avec appointements.

Au moment où il la signe, il regarde Napoléon avec bienveillance. « Vous avez de grands moyens, dit-il. Vous ferez parler de vous. »

Mais tout dépend des circonstances. C'est cela, la guerre.

Le 29 août, Napoléon est de retour à Valence, frémissant d'impatience.

Que Louis se prépare. Lui doit courir aux casernes, se faire payer par le quartier-maître trésorier, régler ses dettes, ses quotes-parts pour les banquets offerts par le régiment.

Le quartier-maître lui verse cent six livres, trois sols et deux deniers.

Rentré à la maison Bou, Napoléon houspille Louis. Mlle Bou s'interpose. Où est l'urgence ? Ils peuvent quitter Valence demain.

Demain ?

Qui sait de quoi sera fait demain ?

11

Napoléon, ce 15 septembre 1791, parcourt seul les rues d'Ajaccio. Il dévisage les passants qu'il croise. Son regard les oblige à le saluer ou à détourner la tête. Napoléon veut savoir : sur combien de Corses les Bonaparte peuvent-ils compter ?

Depuis qu'il a débarqué avec Louis, il y a quelques heures à peine, c'est la seule question que Napoléon se pose. Il a écouté d'une oreille distraite les propos de ses frères et sœurs.

Où est Joseph ? a-t-il demandé plusieurs fois.

C'est Lucien, puis Letizia Bonaparte qui ont expliqué que le fils aîné est à Corte, où sont rassemblés les trois cent quarante-six électeurs qui doivent désigner les députés à l'Assemblée législative. Joseph est candidat, comme prévu. Mais tout dépend de Pascal Paoli. Il contrôle le Congrès. Pas une décision ne se prendra contre lui. Les six députés à élire le seront parce qu'il l'aura voulu. À Ajaccio, Joseph a pour rivaux Pozzo di Borgo et Peraldi.

– Il les préférera à Joseph, murmure Letizia Bonaparte.

Napoléon se tait.

Il se souvient des camouflets que déjà Paoli lui a infligés.

– Mes fils sont trop français, ajoute Letizia.

Napoléon s'emporte, quitte la pièce, traverse le jardin à grandes enjambées puis marche lentement dans la rue Saint-Charles.

En cette fin d'après-midi, le soleil est encore chaud, mais l'ombre a déjà gagné les sommets, et la brise de mer glisse dans les ruelles, douce et légère.

Napoléon se dirige vers la place de l'Olmo. Il connaît chaque maison, chaque pavé. Il peut mettre un nom sur presque chaque visage. Il est chez lui. Cette intimité avec les lieux, les gens, les parfums, la couleur de ce crépuscule lui donnent un sentiment de force. Mais il est saisi aussi d'une inquiétude.

Il n'est à Ajaccio que depuis quelques heures, et il lui semble errer dans un labyrinthe. Rien ne lui est étranger. Il a parcouru tous les chemins. Il connaît tous les détours, tous les pièges, et pourtant il craint de ne pouvoir trouver l'issue, comme si la familiarité même de son pays l'y rendait impuissant.

Il se cabre. Ce n'est pas possible. C'est ici qu'il doit appliquer son énergie. C'est ici qu'est la première scène. Ici qu'il doit jouer son rôle.

Il ira à Corte.

Lorsque, quelques jours plus tard, il aperçoit la ville de Corte bâtie sur son piton, dominée par un rocher au sommet duquel s'élève une citadelle, lorsqu'il marche dans les ruelles pavées et que les sabots de son cheval résonnent, lorsqu'il doit se frayer un passage parmi les foules de délégués au Congrès, ce sentiment d'impuissance le frappe à nouveau.

Il ressent cette indifférence des délégués et surtout leur hostilité que certains lui manifestent avec morgue. On l'appelle « le Français », « l'officier ». On murmure que son père, Charles Bonaparte, s'est rallié à M. de Marbeuf et a trahi Paoli. Cette atmosphère le fouette. Il serre les dents. Il est plus pâle encore qu'à l'habitude. Il semble plus maigre même. Quelqu'un dit, assez fort pour qu'il entende, que ce *ragazzetto* qui joue au soldat semble ne même pas avoir quinze ans.

Ils vont voir qui est Napoléon Bonaparte !

Il rejoint Joseph, qui hésite entre l'accablement et la satisfaction. Des amis les rejoignent. Paoli et ses proches dominent le Congrès. Paoli choisit qui il veut. Il se défie des

Bonaparte. Mais il ne les rejette pas. Il les trouve jeunes. Il veut les observer, juger de leur fidélité. Il est prêt à faire élire Joseph membre du directoire du département, à permettre même qu'il fasse partie de la commission exécutive. Pour un jeune homme de vingt-quatre ans, n'est-ce pas un poste inespéré ?

Napoléon se tient sur la réserve. Peut-on rompre avec Pascal Paoli ? Il le saluera avec respect, renouvelant ses offres de service. Lorsque, après l'élection des députés, Napoléon rencontre Peraldi et Pozzo di Borgo, qui représenteront Ajaccio à l'Assemblée législative, il les félicite.

Mais, de retour dans la maison familiale, il tourne sans fin dans sa chambre. Cette double élection est une défaite pour les Bonaparte. Leur influence à Ajaccio s'en trouve réduite au bénéfice de leurs rivaux. Et Joseph doit demeurer à Corte pour assurer ses fonctions à l'administration du département. Paoli a habilement joué.

Napoléon se sent seul face à une situation hostile, mais c'est comme si l'énergie qui l'habitait s'en trouvait décuplée.

Il donne des ordres à tous, à ses frères et à ses sœurs, sur un ton cassant et autoritaire.

« On ne discute pas avec lui », se plaint Lucien à leur mère.

Lucien est le seul à tenter de résister. Mais Napoléon s'emporte aussitôt, il ne tolère aucune réplique, aucune observation. Il est comme un félin aux aguets, tendu, donnant un coup de patte impitoyable à celui qui passe à sa portée.

Son désir d'action, sa volonté de trouver une issue à une situation qu'il juge transitoire, son ambition, son désir de donner enfin sa mesure se traduisent par une nervosité, une hargne et une impatience que chaque geste traduit.

Le 15 octobre 1791, il est le premier des Bonaparte à pénétrer dans la chambre où son grand-oncle, l'archidiacre Lucien, est en train d'agoniser lentement, sereinement.

Napoléon se tient debout, au pied du lit, bientôt rejoint par ses frères et ses sœurs, sa mère. Joseph est arrivé de Corte. Quand l'oncle Fesch, le prêtre de la famille, se présente avec son surplis et son étole, l'archidiacre Lucien l'écarte. Il n'a pas besoin du secours de cette religion qu'en principe il a servie toute sa vie !

Napoléon, figé, observe, écoute ce mourant qui fait face.

L'archidiacre prend la main de Letizia Bonaparte. Elle sanglote. L'homme qui s'en va est celui qui, depuis la mort de son mari, gère les biens de la famille. L'archidiacre murmure : « Letizia, cesse tes pleurs, je meurs content puisque je te vois entourée de tous tes enfants. »

Il respire difficilement.

« Ma vie ne leur est plus nécessaire, ajoute-t-il plus bas. Joseph est à la tête de l'administration du pays. Il peut donc diriger vos affaires. »

L'archidiacre se tourne vers Napoléon.

– *Tu poi, Napoleone, sarai un omone.* (Et toi, Napoléon, tu seras un grand homme.)

Il répète ce dernier mot, *omone.*

Tous les regards se tournent vers Napoléon, qui ne baisse pas les yeux. Ce n'est pas la première fois qu'on le charge ainsi d'un avenir glorieux et singulier. C'est comme si tous ceux qui lui avaient dessiné un destin lui avaient fait obligation de l'accomplir.

C'est son devoir de devenir ce qu'on espère qu'il sera.

Lorsqu'il rentre dans la maison de la rue Saint-Charles après les obsèques de l'archidiacre, Napoléon est encore plus impatient d'agir.

D'abord, il compte.

Letizia Bonaparte est l'héritière de la petite fortune de l'archidiacre, mais elle la met à la disposition de ses fils.

Joseph est retourné à Corte. C'est donc Napoléon qui va gérer la somme qu'on a découverte dans une bourse de cuir glissée sous l'oreiller du mort.

Quand il élève sur la table de la grande pièce du rez-de-chaussée ces colonnes de pièces d'or, Napoléon reste impassible. Son œil ne brille pas et ses doigts ne tremblent pas. L'argent n'est d'abord qu'un moyen de prendre des assurances pour l'avenir.

Il faut pour cela arrondir son bien. L'oncle Fesch est un conseiller précieux. Il connaît les biens d'Église qui sont mis en vente comme biens nationaux.

Napoléon, au début décembre 1791, visite avec lui les terres de Saint-Antoine et de Vignale, dans la banlieue d'Ajaccio, et la belle maison Trabocchina, située en pleine ville. Ces biens proviennent du chapitre d'Ajaccio : le 13 décembre, ils deviennent propriété commune à parts égales de Napoléon et de Fesch.

Napoléon, à plusieurs reprises, en cette fin d'année 1791, s'en va arpenter ses terres. Il s'immobilise parfois devant la maison Trabocchina. Cela est à lui. Mais, au lieu de l'apaiser, ces acquisitions le portent davantage à agir. Ce n'est pas posséder de la terre et des pierres qui le comblera. Au contraire, ces garanties qu'il se donne l'incitent à avancer.

Et l'argent est un moyen d'action sur les hommes.

Pozzo di Borgo et Peraldi sont influents parce qu'ils sont riches. Ils « achètent » des clients et gratifient des amis. Avec les pièces d'or qui restent, Napoléon pense qu'il peut renforcer le parti des Bonaparte.

Il commence à recevoir et à régaler dans la maison de la rue Saint-Charles. Il entretient son réseau d'amitiés. Mais l'impatience monte.

L'occasion ne tarde pas à se présenter.

Il parcourt la Corse, en ce début d'année 1792, en compagnie de M. de Volney, un « philosophe », un ancien Constituant qui rêve de s'établir en Corse. L'homme pèse à Paris, sa notoriété est importante. Napoléon ne le quitte pas, le conforte dans l'idée qu'en Corse « le peuple est simple, le sol fécond, le printemps perpétuel ». Volney n'est pas qu'un voyageur désintéressé. Tout en dialoguant avec Napoléon, en lui racontant d'une voix enflammée le voyage qu'il a effectué en Égypte, la beauté de ce pays, l'attente dans laquelle il se trouve d'une révolution, Volney cherche des terres à acheter. Il sait que d'immenses propriétés appartenant à la monarchie et concédées gratuitement à certaines familles sont en vente. Napoléon conseille Volney, lui indique que le domaine de Confina, une propriété de six cents hectares, va être adjugé. Bonnes terres et bon prix! Napoléon exige-t-il, comme un intermédiaire, qu'une partie de ce domaine lui soit réservée par Volney? Ou bien est-ce une association qui est conclue entre le philosophe et le jeune officier qui n'a pas encore vingt-trois ans?

Aux questions que lui pose sa mère, Napoléon, de retour à Ajaccio, ne répond pas, il paraît encore plus déterminé et plus impatient.

Ce long dialogue avec l'un des personnages illustres, l'un de ceux dont il a lu les œuvres, l'a conforté dans l'idée que tout lui est possible. Volney l'a fait rêver de l'Orient, de l'Égypte, de voyages lointains. De Paris, aussi. Napoléon pense cependant : un philosophe, un écrivain, un voyageur, un député à la Constituante, ce n'est que cela! Napoléon admire et respecte Volney, et en même temps il est déniaisé. Il se sent maintenant l'égal d'un Volney, un homme qui, après tout, veut aussi faire une bonne opération foncière, comme n'importe qui. Mieux encore. Napoléon a la certitude qu'il possède en lui une énergie et une force – ces deux mots de son discours de Lyon lui reviennent – que Volney n'a jamais eues.

Et qui d'autre que lui dispose en soi d'une telle réserve de puissance?

En ce début d'année 1792, Napoléon commence à croire qu'il est le seul, parmi les hommes qu'il côtoie et qu'il affronte, à pouvoir compter sur un tel ressort intérieur.

Il se souvient de tous les défis qu'il a relevés, lui, « Paille-au-Nez » du collège de Brienne.

Quand il veut, il peut.

Il veut avancer, jouer un rôle, obtenir un grade supérieur à celui de lieutenant, dans l'un des bataillons de volontaires qui sont en voie de constitution.

Les adjudants-majors de ces troupes peuvent être des officiers de l'armée régulière. Cela équivaut à un grade de capitaine. Voilà un but : devenir adjudant-major. Il voit le maréchal de camp Antoine Rossi, qui commande, de fait, les troupes de Corse. C'est un cousin éloigné des Bonaparte. Il a besoin d'officiers compétents pour encadrer les paysans qui composent les bataillons de volontaires. Il accueille la requête de Napoléon avec empressement. Il va nommer le lieutenant Bonaparte adjudant-major du bataillon de volontaires d'Ajaccio et de Tallone.

Victoire acquise pour Napoléon, et cependant Letizia Bonaparte remarque que son fils est inquiet. Il écrit de nombreuses lettres en France. Il interroge l'un de ses amis, Sucy, commissaire des Guerres en poste à Valence. Il a en effet appris que les officiers absents de leur corps au moment de la revue de janvier 1792 seront rayés des registres, perdront leur qualité d'officier s'ils ne sont pas en congé ou n'avancent pas des raisons exceptionnelles d'absence. Napoléon ne veut pas être destitué. Il tient à son grade. Il tient à la France.

« Des circonstances impérieuses m'ont forcé, monsieur et cher Sucy, écrit-il, à rester en Corse plus longtemps que ne l'auraient voulu les devoirs de mon emploi. Je le sens et n'ai cependant rien à me reprocher : des devoirs sacrés et plus chers m'en justifient. »

Quelques jours plus tard, cherchant à nouveau à expliquer son absence, il écrira encore :

« Dans ces circonstances difficiles, le poste d'honneur d'un bon Corse est de se trouver dans son pays. C'est dans cette idée que les miens ont exigé que je m'établisse parmi eux. »

– Tu ne veux pas perdre ce que tu as gagné en France, murmure Letizia.

Elle approuve son fils.

Ni perdre la France ni renoncer à la Corse. Garder ouvertes toutes les portes, voilà le choix de Napoléon, ce tacticien qui n'a pas vingt-trois ans.

Quand, au mois de février 1792, Rossi lui apprend qu'il ne pourra finalement pas le nommer adjudant-major, car la loi oblige les officiers qui ont choisi ce grade de retourner dans leur corps le 1er avril, Napoléon se croit contraint de rentrer aussitôt en France ou de démissionner de l'armée. Ce qu'il ne veut pas.

C'est alors qu'il découvre que la loi excepte de ces dispositions les lieutenants-colonels en premier et en second des bataillons de volontaires. Ces officiers-là pourront rester à leur poste et conserver leur rang dans l'armée régulière.

Mais à ces grades-là, on n'est pas nommé, mais élu !

Napoléon prend aussitôt sa décision : il sera le lieutenant-colonel du 2e bataillon des volontaires corses, le bataillon dit « d'Ajaccio et de Tallano ».

Élu, puisqu'il le faut. Mais lieutenant-colonel à n'importe quel prix.

C'est sa première grande bataille. Il le sait. Il doit vaincre.

Il s'enferme dans sa chambre. Il lit les journaux qui arrivent de France. Il prend des notes. Il descend dans la grande salle de la maison, taciturne, pensif, le visage fermé de celui qui médite.

Mais dès qu'il s'éloigne de la rue Saint-Charles, il change de physionomie. Il marche d'un pas décidé, le menton haut, en uniforme. Il parle net à ceux qui l'abordent puis qui s'éloignent, subjugués ou étonnés par l'audace de ce lieutenant de vingt-trois ans d'allure adolescente et qui sait tout de ce qui se passe à Paris.

Il a cinq concurrents, tous issus de familles influentes à Ajaccio. Il s'allie à l'un d'eux, Quenza, acceptant d'être son lieutenant en second à condition que les partisans de l'un votent pour l'autre. Accord conclu.

Mais ses adversaires, les Pozzo di Borgo et les Peraldi, ne désarment pas. « Je n'ai pas peur si l'on m'attaque de front, dit Napoléon à ceux qui le mettent en garde. Autant vaut ne rien faire que de faire les choses à demi. »

On lui rapporte les menaces et les insultes que Pozzo et Peraldi profèrent contre lui. Il se maîtrise. On le raille pour son ambition démesurée, sa petite taille, sa petite fortune, sa *petulanza*.

Un jour de mars, il ne peut plus se contrôler, provoque Peraldi en duel, l'attend tout un jour devant la chapelle des Grecs. Peraldi se dérobe, mais réussit à mettre les rieurs de son côté.

Napoléon serre les poings. Il rassemble les siens chez lui, les harangue, les loge, les nourrit. Les volontaires des quatre compagnies du district de Tallano couchent dans les couloirs, les escaliers et les chambres de la maison familiale. Napoléon dépense sans compter, tient table ouverte.

Parfois, la nuit, enjambant les corps, il se souvient des heures passées dans les chambres d'Auxonne ou de Valence, lorsqu'il annotait les œuvres de Rousseau ou de Montesquieu. Le combat politique obéit décidément à d'autres règles. Il faut constamment être sur ses gardes. Cela excite comme une femme. C'est un alcool dont Napoléon découvre qu'il grise. Il aime cette tension. C'est un duel où le coup d'œil, la rapidité de jugement, le corps autant que l'esprit sont mobilisés. Et la décision est une libération, comme une jouissance.

Le 30 mars 1792, Napoléon apprend que les trois commissaires du département qui vont contrôler le scrutin qui doit avoir lieu le lendemain 1er avril sont arrivés à Ajaccio. Deux d'entre eux se sont installés dans des maisons de la famille Bonaparte. Ils sont donc acquis à Napoléon. Le troisième, Murati, a choisi d'être hébergé par Peraldi.

Toute la journée du 30 mars, Napoléon reste enfermé dans sa chambre. Il se jette sur une chaise, soucieux, puis il marche, perplexe. Sans l'appui de ce troisième commissaire, le scrutin est incertain.

Napoléon veut obtenir ce poste de lieutenant-colonel. Il ne peut se permettre un échec, un doute. Il ouvre la porte de sa chambre, appelle l'un de ses partisans et donne ses ordres : qu'on pénètre en force chez Peraldi, arme au poing, qu'on enlève le commissaire et qu'on le conduise ici.

L'action se déroule, violente et brève.

Napoléon accueille le commissaire d'une voix calme. « J'ai voulu que vous fussiez libre, lui dit-il, vous ne l'étiez pas chez Peraldi, ici, vous êtes chez vous. »

Le lendemain, dans l'église Saint-François, malgré les protestations des amis de Pozzo di Borgo et de Peraldi, Quenza est élu lieutenant-colonel en premier, et Bonaparte lieutenant-colonel en second.

Le soir, dans la maison de la rue Saint-Charles pleine de gens, on festoie, on chante. La musique du régiment joue.

Napoléon se tient à l'écart, silencieux, le regard fixe.

Ce qui compte, c'est la victoire.

Telle est la loi qu'il vient de découvrir.

Peu importent les moyens. Tout est dans le projet et dans le but.

Mais vaincre, c'est être haï.

Lorsque Napoléon se rend auprès des volontaires qui sont logés dans le séminaire, il sent peser sur lui des regards de haine. Les partisans des Peraldi et des Pozzo murmurent sur son passage. Lors du vote, les amis de Napoléon ont bousculé Mathieu Pozzo qui protestait. Ils l'ont jeté bas de la tribune élevée dans l'église Saint-François. Sans l'intervention de Napoléon, Pozzo aurait été tué. Mais Napoléon, pour les Pozzo, reste le chef de ces brigands. « Auprès des hommes de bon sens, les Bonaparte n'auront qu'une réputation d'excellence dans le crime », répètent ses ennemis.

Or, Peraldi et Pozzo di Borgo sont députés à l'Assemblée législative, et derrière eux il y a celui qui les a fait élire : Pascal Paoli. Et Napoléon comprend que cette haine le poursuivra.

Mais c'est ainsi. Il faut vivre avec elle. Ce qui compte, c'est de l'avoir emporté et de découvrir une joie nouvelle et grisante : commander à des hommes.

Il a déjà eu des soldats sous ses ordres, mais il était lui-même tenu à l'obéissance aux consignes reçues de ses supérieurs.

Lorsqu'il se rend au séminaire, et qu'il rassemble les volontaires nationaux, il est le seul chef : le lieutenant-colonel en premier Quenza n'a pas d'expérience et peu de volonté. C'est Napoléon qui rédige dans les moindres détails le règlement du bataillon, qu'on n'appelle plus désormais « bataillon d'Ajaccio-Tallano », mais « bataillon Quenza-Bonaparte ».

Chacun sait, dans la troupe et dans la ville, que c'est Napoléon qui commande.

En quelques jours, il prend la mesure de son pouvoir. Il inspecte, il discourt, il ordonne. Plus il agit et plus il sent le besoin d'agir. Il voulait être lieutenant-colonel ? Il l'est. Mais à quoi cela sert-il, s'il n'utilise pas ce poste pour aller plus loin ? La victoire obtenue lui donne un nouvel élan.

Il faudrait, pour contrôler la ville, prendre pied dans la citadelle où cantonnent, sous les ordres du colonel Maillard, les soldats du régiment du Limousin.

Napoléon regarde la citadelle, s'en approche. Là sont les canons. En prendre le contrôle, c'est peut-être aussi convaincre Pascal Paoli qu'on sait agir, entreprendre. Il y a des risques. Agir, c'est entrer en rébellion contre l'autorité légale. Il faut donc prendre des précautions, se présenter comme agissant pour sauvegarder la loi, défendre les nouveaux principes contre les partisans du despotisme.

Napoléon, durant ces premiers jours d'avril 1792, est constamment en mouvement, parcourant la ville, inspectant les volontaires. Son corps suit le rythme de sa pensée qui, constamment aux aguets, cherche l'occasion propice, la meilleure stratégie.

Le 2 avril 1792, le colonel Maillard a passé en revue sur la place d'armes le bataillon Quenza-Bonaparte. L'unité a une allure martiale. Napoléon caracole sur le devant des volontaires, mais, quand Maillard demande à ce que le bataillon quitte la ville, Quenza, inspiré par Napoléon, refuse et réclame sous différents prétextes un délai.

La population d'Ajaccio s'inquiète. Que font ces « paysans » en ville ?

On peste contre Napoléon. On dénonce les conditions de son élection. Certaines familles, les plus riches, plient bagage et partent pour l'Italie. Ici et là des rixes éclatent entre gardes nationaux et matelots du port.

Le 8 avril, les prêtres qui ont refusé de prêter le serment à la Constitution civile du clergé célèbrent une messe au couvent Saint-François et annoncent une procession pour le lendemain.

– Ils déclarent le schisme ! s'écrie Napoléon. Ce peuple est prêt à toutes les folies !

Dans la soirée, après une nouvelle rixe, devant la cathédrale, on tire sur Napoléon et le groupe d'officiers qui l'entourent. Le lieutenant Rocca Serra est tué. Bientôt, de toutes parts, des cris retentissent. « *Adosso alle spalette !* » « Sus aux épaulettes ! »

Il faut fuir devant cette chasse aux volontaires nationaux.

Napoléon se réfugie au séminaire avec ses soldats.

Du 8 au 13 avril, c'est l'émeute. Napoléon est partout. Il résiste, bloque les entrées de la ville, essaie de soulever les soldats de la citadelle, trompe le colonel Maillard, négocie, harangue, commande. « Nous allons dénouer la trame avec l'épée », dit-il, tout en poursuivant habilement les négociations avec les autorités, car il ne veut pas apparaître comme le responsable des troubles, le rebelle.

Il va à cheval d'un poste à l'autre, réconforte ses partisans. À plusieurs reprises, il a fait ouvrir le feu sur des maisons. Et ses soldats ont mis certains quartiers de la ville au pillage. On le sent emporté par cette tourmente qu'il déchaîne et contient, qu'il dirige, freine, exacerbe, arrête.

Puis, une fois un accord intervenu, il rédige en hâte un mémoire pour se justifier.

Les mots sonnent, déforment la réalité, mais peu importe. Il s'agit de convaincre. « La population d'Ajaccio est composée d'anthropophages, écrit Napoléon. Elle a maltraité, assassiné des volontaires.

« Dans la crise terrible où l'on se trouvait, continue-t-il, il fallait de l'énergie et de l'audace. Il fallait un homme qui, si on lui demandait après sa mission de jurer n'avoir transgressé aucune loi, fût dans le cas de répondre comme Cicéron ou Mirabeau : " Je jure que j'ai sauvé la République " ! »

Il signe sans une hésitation. Il a découvert qu'il y a des vérités successives. Écrire, raconter sont aussi des actes qu'il faut savoir plier aux nécessités du moment, adapter aux circonstances. Mais combien sont-ils, ceux qui peuvent comprendre ce mouvement-là de l'esprit ? « Les âmes sont trop étroites pour s'élever au niveau des grandes affaires », écrit Napoléon.

Il se rend à Corte afin de rencontrer Paoli, d'obtenir de lui un nouveau commandement. Mais une fois de plus Paoli l'écarte. Napoléon sait que Paoli l'accuse d'avoir utilisé son nom pendant l'émeute.

De retour à Ajaccio, Napoléon prend la mesure des haines qu'il rencontre désormais.

Dans la rue, on s'écarte. On a peur des volontaires. Napoléon est accusé d'avoir mis la ville en péril. Les députés corses à la Législative, Peraldi et Pozzo di Borgo, multiplient les libelles contre lui. Il est pour eux « le tigre sanguinaire » qu'il ne faut pas laisser « jouir de sa barbarie ».

Il ricane. On ne hait que ceux qui se distinguent de la foule. Et qu'on l'accuse d'avoir fomenté une « nouvelle Saint-Barthélemy » ne le gêne pas. Il rassure sa mère qui s'inquiète.

Il va quitter l'île à la mi-mai, pour se rendre à Paris, se défendre contre les propos de Pozzo di Borgo et de Peraldi à la Législative et obtenir de conserver son grade dans l'armée, car il a dû être rayé des cadres « pour permission expirée ».

Ces événements d'Ajaccio l'ont révélé à lui-même. Tout a bougé en lui. Tout bouge en France. Depuis le 20 avril 1792, la guerre est déclarée.

Il se sent accordé à ce monde en mouvement.

Il est sûr que rien ne l'arrêtera.

12

Le 28 mai 1792, à la fin de l'après-midi, Napoléon marche lentement dans les rues étroites du quartier des Tuileries.

Il cherche l'*hôtel des Patriotes hollandais,* situé rue Royale-Saint-Roch. Il sait que là se sont rassemblés les députés corses à l'Assemblée législative et il a décidé de s'installer parmi eux.

Joseph, quand il a appris le choix de son frère, s'est étonné.

Pozzo di Borgo et Peraldi sont des adversaires des Bonaparte. Pourquoi les côtoyer ? Napoléon a répondu d'un ton méprisant. Il ne faut jamais fuir, mais aller au-devant de l'ennemi.

Il est passé déjà à deux reprises devant l'hôtel, mais chaque fois le spectacle de ces rues proches de l'Assemblée l'a retenu sur le trottoir.

Non loin de là, au Palais-Royal, des femmes racolent toujours, mais la foule est plus mêlée, plus bruyante, plus libre qu'autrefois lorsque, jeune homme timide de dix-huit ans, il se glissait sous les galeries.

Il s'arrête.

Un orateur debout sur un banc crie : « On nous égorgera tous. M. Veto et son Autrichienne vont livrer Paris aux troupes de Brunswick. Que font les officiers, les généraux ? Ils trahissent ! Ils émigrent !

– À mort ! lance une voix.

Napoléon s'éloigne. Il croise de nombreux gardes nationaux qui portent sur les revers blancs de leur veste des cocardes tricolores. On ne le remarque pas. Il se regarde dans une vitre, petit officier maigre en uniforme sombre, au teint bilieux mais au port altier. Il s'éloigne seul, les yeux pleins de défis. Cette indifférence des gens qui l'entourent le stimule. Il sortira de l'ombre.

Plus il avance dans ces rues et plus la foule bigarrée, le plus souvent dépenaillée et bruyante, l'irrite. Est-ce cela le peuple d'une capitale ? Qui imposera à cette populace l'ordre nécessaire ?

Rue Saint-Honoré, il s'immobilise devant les façades du couvent des Feuillants et de l'église des Capucins. L'Assemblée législative occupe ces bâtiments et celui du manège des Tuileries, situé au bout des jardins. Là délibèrent les députés.

Napoléon pénètre dans la cour des Feuillants. C'est donc cela, ce n'est que cela le centre du pouvoir ? La foule se presse en désordre dans la cour. Elle interpelle les députés qui passent. Elle se précipite pour entrer dans la salle des séances. Des hommes aux voix fortes et aux gestes menaçants dénoncent l'incapacité du gouvernement.

– Qu'on juge les traîtres, qu'on juge M. Veto.

Napoléon est fasciné. Comment un pouvoir peut-il tolérer cette anarchie, cette rébellion, cette critique de la rue, alors qu'existe une Constitution qui devrait être acceptée par tous les honnêtes gens ?

Il s'éloigne, médite une phrase qu'il écrira ce soir : « Les peuples sont des vagues agitées par le vent. Sous une impulsion mauvaise, toutes leurs passions se déchaînent. »

Il se résout à gagner son hôtel.

Dans l'entrée, il croise Pozzo di Borgo, qui sursaute en le voyant.

Napoléon hésite, puis salue le député. C'est un homme qui compte, on le dit au mieux avec le ministre de la Guerre.

Installé dans sa chambre, Napoléon commence immédiatement une lettre à Joseph. Il a besoin de partager ses impressions. « Je suis trop chèrement installé, écrit-il, je changerai demain. Paris est dans les grandes convulsions... »

Il s'interrompt. Il ressort, à la recherche de l'hôtel où il pourra vivre à un moindre coût.

La nuit n'a pas vidé les rues. Des bataillons de la garde nationale se dirigent vers le palais des Tuileries, où le roi et sa famille sont installés. Les badauds acclament les soldats, réclament la dispersion des Suisses et des gardes du roi qui assurent la protection du souverain.

– Ils tiennent leurs pistolets braqués sur le cœur de Paris, crie quelqu'un.

Napoléon s'éloigne.

Dans la petite rue étroite du Mail, Napoléon distingue la façade grise de l'*hôtel de Metz* où loge Bourrienne, son ancien camarade de l'école militaire de Brienne. Les prix des chambres sont modérés parce que les députés préfèrent habiter à proximité immédiate de l'Assemblée.

Le soir, après souper, aux *Trois Bornes,* un petit traiteur de la rue de Valois, Napoléon interroge Bourrienne, qui vit depuis quelques mois à Paris.

Bourrienne parle longuement, Napoléon ne l'interrompt que pour poser de courtes questions. Bourrienne est bien informé de la vie de la capitale. Son frère aîné, Fauvelet de Bourrienne, possède un magasin de meubles installé dans l'*hôtel Longueville.* Il y vend le mobilier abandonné par les émigrés. Certains ont tout perdu, et d'autres bons citoyens spéculent, font de fabuleuses fortunes.

Pourquoi pas nous ? interroge Bourrienne. Il manque d'argent. Napoléon frappe les poches de son uniforme. Ils rient comme deux jeunes gens de vingt-trois ans qui imaginent, en allant et venant dans les rues, les moyens de s'enrichir. Louer des appartements, pourquoi pas ?

Tout à coup passent des hommes en armes. Leurs piques brillent dans l'éclat des lampes. On laisse les rues éclairées, explique Bourrienne, pour rassurer les citoyens, éviter qu'on ne s'entre-tue à chaque pas.

– Anarchie, dit Napoléon.

Il ne rit plus.

Le lendemain, il est installé dans la chambre 14, au troisième étage de l'*hôtel de Metz.*

La nuit passée, après avoir quitté Bourrienne, il a rôdé au Palais-Royal, dans le parfum entêtant des femmes.

Le 29 mai, tôt le matin, il commence ses démarches dans les bureaux du ministère de la Guerre afin d'obtenir sa réintégration dans l'armée.

Il exhibe les certificats de Rossi, qui commandait en Corse. Il présente les attestations des directoires d'Ajaccio et du département.

Il s'explique sur les raisons de son absence à la revue du mois de janvier 92. Il exerçait les fonctions de lieutenant-colonel en second bataillon de gardes nationaux. Les troubles qui se sont produits à Ajaccio l'ont contraint à rester en Corse.

Il devine qu'on l'écoute avec bienveillance. Plus des deux tiers des officiers d'artillerie ont déserté. Le corps manque donc de cadres.

On l'interroge. Connaissait-il les lieutenants Picot de Peccaduc, Phélippeaux, Des Mazis ? Tous émigrés. On lui montre les listes des anciens élèves de l'École militaire de Paris, durant l'année 1784-1785 ; il y retrouve les noms de Laugier de Bellecourt, de Castres de Vaux, de tant d'autres : émigrés aussi.

Au fil de ses démarches, jour après jour, Napoléon se convainc qu'on le réintégrera. Mais les commis du ministère et les officiers chargés d'examiner son cas lui confient qu'il a un ennemi tenace.

Qui ? Un député corse, qui multiplie les lettres au ministère pour dénoncer le lieutenant Napoléon Bonaparte et le rôle qu'il a joué dans l'émeute d'Ajaccio. C'est Peraldi.

– Cet homme est imbécile et plus fou que jamais, s'écrie Napoléon. Il m'a déclaré la guerre ! Plus de quartier ! Il est fort heureux qu'il soit inviolable. Je lui aurais appris à traiter !

On le rassure. Le rapport de la commission au ministre sera favorable. Mais Napoléon, s'il n'est pas trop inquiet, ne veut rien laisser au hasard. Il se rend aux séances de l'Assemblée législative, rencontre les autres députés corses, noue avec eux des relations courtoises ou amicales.

Car Napoléon n'a pas renoncé à jouer un rôle important dans l'île. La France est si déchirée qu'il est impossible de prévoir son avenir. Il faut garder en main la carte corse.

« Ce pays-ci est tiraillé dans tous les sens par les partis les plus acharnés, écrit Napoléon à Joseph. Il est difficile de saisir le fil de tant de projets différents. Je ne sais comment cela tournera, mais cela prend une tournure bien révolutionnaire. »

Le 20 juin 1792, Napoléon attend Bourrienne pour dîner chez un restaurateur de la rue Saint-Honoré, près du Palais-Royal. Napoléon suit des yeux ces corps souples de femmes qui vont et viennent sous les galeries. Le temps est doux.

Peu après que Bourrienne s'est assis, Napoléon aperçoit une troupe de cinq à six mille hommes qui débouchent du côté des Halles et marchent vers les Tuileries.

Napoléon prend le bras de Bourrienne, l'entraîne. Il veut suivre cette troupe. Ils s'approchent.

Ces hommes et ces femmes portent des piques, des haches, des épées et des fusils, des broches et des bâtons pointus.

Lorsque cette foule atteint les grilles du jardin des Tuileries, elle hésite, puis les force, entre dans les appartements du roi.

De loin, Napoléon assiste à la scène. Il voit le roi, la reine et le prince royal coiffer le bonnet rouge. Le roi, après une hésitation, boit et trinque avec les émeutiers.

Napoléon s'éloigne. Il dit à Bourrienne : « Le roi s'est avili, et en politique, qui s'avilit ne se relève pas. »

Puis il s'indigne. « Cette foule sans ordre, ses vêtements, ses propos, c'est ce que la populace a de plus abject. »

Tout en marchant, il maugrée. Il est officier, homme de discipline et d'ordre. La liberté, l'égalité, oui, mais sans l'anarchie, dans le respect des hiérarchies et de l'autorité. Il faut des chefs. Il a réfléchi, explique-t-il, à ce qu'il a vécu à Ajaccio durant l'émeute. L'efficacité suppose qu'il y ait un homme, le chef, qui prend la décision, l'impose et dirige l'exécution.

Il s'exclame : « Les Jacobins sont des fous qui n'ont pas le sens commun. » Il fait l'éloge de La Fayette, que les Jacobins, précisément, peignent comme un assassin, un gueux, un misérable. L'attitude et les propos des Jacobins sont dangereux, inconstitutionnels, dit-il.

Plus tard, dans la chambre de l'*hôtel de Metz,* il écrit à Joseph. « Il est bien difficile de deviner ce que deviendra l'Empire dans une circonstance aussi orageuse », note-t-il.

Raison de plus pour que l'on se rapproche de Paoli. Lucien, le jeune frère, pourrait être son secrétaire. Quant à Joseph, qu'il tâche cette fois d'être élu député à la Convention. « Sans cela, tu joueras toujours un sot rôle en Corse. » Il répète : « Ne te laisse pas attraper : il faut que tu sois de la législature prochaine, ou tu n'es qu'un sot ! »

Il hésite. Puis, ployant sa plume nerveusement, il ajoute : « Va à Ajaccio, va à Ajaccio pour être électeur ! » Et il souligne.

Il se lève. Il faut choisir, c'est la loi même de la politique et de la vie, et cependant l'avenir est incertain.

L'un des députés corses à la Législative a confié à Napoléon que le directeur des fortifications, La Varenne, dans un rapport au comité militaire de l'Assemblée, a déclaré que conserver la Corse dans l'empire français est impossible et sans utilité réelle.

Napoléon reprend la plume et, sur ce ton de commandement qu'il emploie avec son frère aîné, il écrit : « Tiens-toi fort avec le général Paoli, il peut tout et est tout, il sera tout dans l'avenir. Il est plus probable que tout ceci finira par notre indépendance. »

Il faut donc s'occuper des affaires corses.

Napoléon voit de plus en plus souvent les députés de l'île. Il les courtise. Il se soucie aussi des affaires familiales, s'impatiente parce qu'il ne reçoit pas les papiers nécessaires à l'affaire de la pépinière. Puis il se préoccupe de sa sœur Élisa, pensionnaire à la maison Saint-Cyr. Mais cette institution va disparaître. Que faire de cette jeune fille de quinze ans ? La reconduire en Corse, dans la famille, ce qui obligera Napoléon à faire le voyage ? Mais comment s'en dispenser ?

Il rend visite à Élisa à Versailles, croise des bataillons de fédérés marseillais qui clament à tue-tête ce nouveau chant de marche de l'armée du Rhin, dont ils répètent le refrain vengeur : *Aux armes, citoyens, formez vos bataillons !*

« Tout annonce des moments violents, écrit Napoléon, beaucoup de monde abandonne Paris. »

Il n'y songe pas, sinon pour raccompagner Élisa à Ajaccio. Il conserve son calme, observe, aux aguets, comme un savant regardant « un moment de combustion ».

Bourrienne, parfois, entrant dans la chambre de l'*hôtel de Metz,* le surprend en train de faire des calculs, de tracer des trajectoires.

Il s'étonne. Napoléon lui montre la course des astres qu'il a dessinée. « L'astronomie est un beau divertissement et une superbe science, dit-il. Avec mes connaissances mathématiques, il ne faut qu'un peu d'étude pour la posséder. C'est un grand acquis de plus. »

Il sourit à la surprise de son camarade.

Il aime observer, comprendre, ajoute-t-il. L'astronomie, les mathématiques, n'est-ce pas finalement plus passionnant que les actions humaines ? « Ceux qui sont à la tête sont de pauvres hommes, continue-t-il. Il faut avouer, lorsqu'on voit tout cela de près, que les peuples valent peu la peine que l'on se donne tant de souci pour mériter leur faveur. »

Il reprend ces termes dans une lettre à son frère Lucien, qui, à dix-sept ans, s'enflamme pour les affaires politiques et juge sévèrement Napoléon. Ne vient-il pas d'écrire à l'aîné, Joseph, que « Napoléon est un homme dangereux... Il me semble bien penché à être un tyran et je crois qu'il le serait bien s'il fût roi et que son nom serait pour la postérité et pour le patriote sensible un nom d'horreur... Je le crois capable de volter casaque » ?

Napoléon, lorsque Joseph lui a fait part à mots couverts de ce jugement, ne s'est pas emporté : Lucien est jeune.

Dix-sept ans ! Il faut le modérer. « Tu connais l'affaire d'Ajaccio ? lui écrit-il. Celle de Paris est exactement la même. Peut-être les hommes y sont-ils plus petits, plus méchants, plus calomniateurs et plus censeurs... Chacun cherche son intérêt et veut parvenir à force d'horreur, de calomnie. L'on intrigue aujourd'hui aussi bassement que jamais. Tout cela détruit l'ambition. L'on plaint ceux qui ont le malheur de jouer un rôle, surtout lorsqu'ils peuvent s'en passer : vivre tranquille, vivre des affections de la famille et de soi-même, voilà, mon cher, lorsqu'on jouit de quatre à cinq mille livres de rentes, le parti que l'on doit prendre et que l'on a de vingt-cinq à quarante ans, c'est-à-dire lorsque l'imagination calmée ne vous tourmente plus. »

Propos d'aîné à cadet qu'on veut protéger.

Mais souvent, en cette période de juin à août 1792, quand Napoléon voit la violence se déchaîner dans les rues, le désordre régner, le flux et le reflux de la foule que rien ne semble pouvoir contenir, il éprouve ce sentiment où se mêlent le dégoût de l'anarchie et l'inquiétude de ne pouvoir maîtriser cette tempête où la « populace » semble seule régner.

Le 12 juillet 1792, Napoléon trouve à son hôtel une lettre datée du 10, qui lui donne avis que le ministre de la Guerre a décidé de le réintégrer « dans son emploi au 4e régiment d'artillerie... pour y remplir ses fonctions de capitaine ».

La réintégration à ce grade prend effet à compter du 6 février 1792 avec rappel de solde.

Napoléon écrit aussitôt aux siens. Il veut partager avec eux sa joie. Joseph lui répond avec enthousiasme. À vingt-trois ans, capitaine d'artillerie au traitement annuel de seize cents livres ! Quel succès ! Letizia Bonaparte est radieuse, elle félicite son *omone*. Qu'il rejoigne son régiment et reste en France.

Napoléon hésite encore, en effet. Maintenant qu'il est à nouveau inscrit dans les registres de l'armée régulière, pourquoi ne tenterait-il pas à nouveau d'agir en Corse ? Après tout, il est toujours lieutenant-colonel d'un bataillon de volontaires à Ajaccio !

« Si je n'eusse consulté que l'intérêt de la maison et son inclination, écrit-il le mardi 7 août à Joseph, je serais venu en Corse, mais vous êtes tous d'accord à penser que je dois aller à mon régiment. Ainsi j'irai. »

Dans les jours qui suivent, il se prépare au départ. Son régiment est engagé aux frontières, mais Napoléon ne peut encore le rejoindre car il n'a pas reçu son brevet de capitaine.

Il se promène dans les rues où, à chaque instant, un groupe de badauds se forme pour commenter les nouvelles. On dénonce la Cour, on l'accuse de complot avec le maréchal Brunswick, dont les troupes austro-prussiennes avancent. On rugit quand un orateur lit le manifeste adressé par Brunswick aux Parisiens. Le maréchal promet à Paris une « exécution militaire et une subversion totale, les révoltés seront mis aux supplices si les Parisiens ne se soumettent pas immédiatement et sans condition à leur roi ».

Folie, pense Napoléon.

La « combustion » de la ville devient intense. Des bagarres éclatent entre fédérés marseillais qui chantent *La Marseillaise* et gardes nationaux parisiens.

Dans la nuit de 9 au 10 août, Napoléon est réveillé en sursaut.

Toutes les cloches de Paris sonnent le tocsin.

Il s'habille en hâte, se précipite dans la rue pour se rendre chez Fauvelet de Bourrienne dont le magasin est situé au Carrousel, un poste d'observation idéal.

Rue des Petits-Champs, il voit venir vers lui une troupe d'hommes portant une tête au bout d'une pique. On l'entoure. On le bouscule. Il est habillé comme un monsieur.

On exige qu'il crie « Vive la nation ». Il s'exécute, le visage contracté.

Chez Fauvelet de Bourrienne, depuis la fenêtre, il assiste aux événements. Les insurgés débouchent place du Carrousel, et se dirigent vers les Tuileries.

Napoléon n'est qu'un spectateur fasciné, hostile à « ces groupes d'hommes hideux », à cette populace.

Il sait qu'il risque sa vie, mais au début de l'après-midi, alors que le palais des Tuileries a été conquis et saccagé par les émeutiers, le roi s'étant réfugié à l'Assemblée, Napoléon pénètre dans le jardin et le palais. Plus de mille morts gisent dans ce petit espace, encombrant les escaliers et les pièces.

Napoléon éprouve un sentiment de dégoût et d'horreur. C'est le premier champ de bataille qu'il parcourt. Les gardes suisses se sont battus jusqu'au bout, puis ils ont été massacrés.

À quelques pas de Napoléon, un Marseillais s'apprête à tuer l'un de ces Suisses.

Napoléon s'avance.

– Homme du Midi, dit-il, sauvons ce malheureux.

– Es-tu du Midi ? demande le fédéré.

– Oui.

– Eh bien, sauvons-le.

Napoléon continue de parcourir les jardins, les pièces du château. Il veut comprendre.

– J'ai vu des femmes bien mises se porter aux dernières indécences sur les cadavres des Suisses, raconte-t-il à Bourrienne quelques heures plus tard.

– Les femmes mutilaient les soldats morts, puis brandissaient ces sexes sanglants. Vile canaille, murmure Napoléon.

Il entre dans les cafés des alentours. Partout on chante, on braille, on trinque, on se congratule.

Napoléon sent les regards hostiles. Il est trop calme et sa réserve est suspecte.

Il s'éloigne. Partout la violence, « la rage se montrait sur toutes les figures », dit-il. La colère le saisit. « Si Louis XVI se fût montré à cheval, lance-t-il à Bourrienne, la victoire lui fût restée. »

Il méprise ce souverain *coglione* qui a capitulé dès le 20 juin au lieu de faire mettre des canons en batterie.

Ce roi n'était pas un soldat. Il ne s'est pas donné les moyens de régner. Et le désordre, l'anarchie l'ont emporté.

Il juge les journées révolutionnaires du 20 juin et surtout du 10 août en homme d'ordre, en officier.

Quels que soient les principes auxquels il croit, il estime que le pouvoir ne doit pas rester à la rue, à la foule, à la populace. Il faut imposer la loi. Il faut donc un chef qui sache décider. Il faut un homme d'énergie, de force et d'audace. Il sera peut-être cet homme-là.

Le soir du 10 août, il prend sa décision. Il rentrera en Corse, au lieu de rejoindre son régiment. C'est dans l'île qu'il peut se distinguer. Ici, que ferait-il dans cette « combustion » ? Il n'est rien. Là-bas, il est un Bonaparte, lieutenant-colonel.

La Législative vient de suspendre le roi et décider que des élections à la Convention nationale auront lieu le 2 septembre. Il faut courir en Corse, pousser Joseph pour qu'enfin il soit élu.

« Les événements se précipitent, écrit-il à la fin août à son oncle Peravicini. Laissez clabauder nos ennemis, vos neveux vous aiment et ils sauront se faire une place. »

D'abord, il doit retirer sa sœur Élisa de Saint-Cyr. Il se démène toute la journée du 1er septembre, alors que des bandes commencent à parcourir les rues de Paris, criant au complot des aristocrates, demandant que soient châtiés les « comploteurs » qui s'entassent dans les prisons et espèrent l'arrivée des troupes de Brunswick pour se venger et égorger les patriotes.

Napoléon, à la fin de la journée, peut enfin faire monter sa sœur dans une mauvaise voiture de louage.

Puis il faut se terrer à Paris, alors que le tocsin sonne, qu'on apprend que Verdun a capitulé devant les Austro-Prussiens, que l'ennemi va entrer dans Paris, soumettre la ville à la « subversion totale ».

Des bandes se rassemblent devant les prisons, se font ouvrir les portes, jugent sommairement les prisonniers et les massacrent. La populace semble avoir échappé à toute autorité. On murmure que Danton laisse faire les « justiciers ». Robespierre ne se montre pas. Les prisons, la rue sont aux mains des « massacreurs » qu'excitent les articles et les affiches de Marat.

Le 5, la tuerie s'arrête. Et, le 9 septembre, Napoléon peut enfin quitter Paris avec sa sœur.

Dans la diligence puis sur le bateau qui descend le Rhône, Napoléon devine la peur des voyageurs, dont certains fuient Paris, et l'avouent à mots couverts.

À Valence, il rend visite à Mlle Bou, qui lui raconte qu'on a aussi massacré dans les villes de la vallée.

Quelques heures plus tard, Napoléon et Élisa repartent, chargés d'un panier de raisins que Mlle Bou leur a fait porter.

C'est la fin du mois de septembre 1792 lorsqu'ils arrivent à Marseille. Au moment où ils entrent dans leur auberge, des hommes et des femmes les interpellent puis les encerclent. Avec son chapeau à plumes, Élisa a l'allure d'une jeune fille de la noblesse.

– Mort aux aristocrates, crie-t-on.

Tout peut arriver.

Napoléon arrache le chapeau de sa sœur, l'envoie à la foule.

– Pas plus aristocrate que vous, lance-t-il.

On l'applaudit.

Le soir même, il s'enquiert d'un bateau en partance pour Ajaccio.

Mais il devra attendre le 10 octobre pour appareiller de Toulon.

Il sait déjà que son frère n'a pas été élu à la Convention. Joseph n'a rassemblé que soixante-quatre voix pour trois cent quatre-vingt-dix-huit électeurs, et aucun suffrage ne s'est porté sur son nom au second tour ! Mauvaise nouvelle. Il apprend aussi que la monarchie a été abolie, la République proclamée le 21 septembre 1792 par la Convention, et que la veille cette armée française dont Napoléon est officier a remporté sous le commandement de Kellermann et de Dumouriez la victoire de Valmy.

Et, le 14 octobre, les Prussiens ont évacué Verdun. Il n'a participé à rien de cela qui, selon Goethe, « commence une ère nouvelle dans l'histoire du monde ».

Le 15 octobre 1792, il débarque à Ajaccio avec Élisa.

En voyant les siens rassemblés sur le quai, sa mère entourée de tous ses enfants, Napoléon est heureux.

Mais c'est loin, là-bas, au nord, sur la frontière, à Valmy, que la gloire a frôlé les soldats de son aile.

Ici, dans cette île, que peut-il ?

13

Napoléon, dans la grande pièce de la maison familiale, regarde sa mère. Il lui semble qu'elle s'est alourdie, mais elle est toujours vive et, dans cette soirée de la fin du mois d'octobre 1792, elle est radieuse. Elle va de l'un à l'autre de ses enfants. Elle s'arrête souvent devant Élisa, qu'elle continue d'appeler comme autrefois Maria-Anna. Elle l'embrasse, puis elle s'approche de Napoléon et, du bout des doigts, effleure sa joue.

C'est la première fois depuis si longtemps, dit-elle, que tous ses enfants sont rassemblés à la maison. Il faut savourer ce moment de paix et de bonheur.

Napoléon se lève, s'éloigne du groupe.

Voilà plusieurs jours qu'il attend un signe de Paoli. Le *Babbo* va-t-il le laisser inactif ? Pourtant, dès le 18 octobre, Napoléon a écrit, déclaré qu'il allait reprendre son poste de lieutenant-colonel en second à la tête du bataillon de volontaires. Mais aucune réponse de Corte, où réside Paoli. Avec sa cour, ajoute Lucien, amer.

Paoli n'a pas voulu de ce *giovanotto* comme secrétaire. Il ne nous aime pas, répète Lucien à ses frères aînés. Napoléon est revenu de France avec un galon de plus. Trop français pour Paoli, suspect, continue Lucien. Il nous craint.

Napoléon s'est obstiné. Il a annoncé aux compagnies de son bataillon qui sont en garnison à Corte et Bonifacio qu'il se rendra auprès d'elles : « Dorénavant je serai là et toute chose marchera comme il faut. » Il va « mettre de l'ordre à tout ».

On ne lui a pas répondu. Il attend. Il ne peut pas rompre avec Paoli, qui détient tous les pouvoirs en Corse et dispose du soutien de la population paysanne, la plus nombreuse.

Alors, dans la maison d'Ajaccio, malgré le bonheur des siens, la joie de sa mère et la reconnaissance qu'elle lui manifeste, il s'impatiente.

Ce soir-là, le 29 octobre, alors qu'il pleut à verse, il ouvre la porte, s'éloigne dans le jardin et revient au bout de plusieurs minutes, les cheveux collés au visage, l'uniforme trempé. Sa mère s'approche, mais il l'écarte et commence à parler.

Il y a les Indes, dit-il. Là-bas, on a besoin d'officiers d'artillerie. On les paie cher. Il pourrait se mettre au service des Anglais au Bengale, ou bien il organiserait l'artillerie des Hindous qui leur résistent. Peu importe le camp. Que fait-il ici, sinon perdre sa vie ? Ses camarades sont entrés à Mayence, à Francfort. Il ne peut accepter ce destin médiocre, cette inaction, alors que le monde bouge, que la France est victorieuse et qu'il aurait pu, lui aussi, faire partie de l'armée de la victoire sur la Sambre et la Meuse.

Mais il n'a pas rejoint son régiment. Il est ici, en Corse, où l'on refuse de l'employer.

Il partira aux Indes. « Les officiers d'artillerie sont rares partout, dit-il. Et si je prends jamais ce parti-là, j'espère que vous entendrez parler de moi. »

Il serre sa mère contre lui. Ce geste de tendresse ostentatoire ne lui est pas habituel. Le plus souvent il reste sur la réserve, et Letizia Bonaparte s'étonne de ce mouvement, de cette sensibilité qui tout à coup s'exprime.

– Je reviendrai des Indes dans quelques années, murmure Napoléon, je serai riche comme un nabab et vous apporterai de bonnes dots pour mes trois sœurs.

Lucien se récrie. Il serait bien exigeant, s'il n'était pas content d'avoir été fait capitaine à vingt-deux ans.

– Ah, que vous êtes bon, interrompt Napoléon en haussant les épaules, si vous croyez que cet avancement-là, rapide j'en conviens, soit du mérite que j'ai ou que je n'ai pas... Je suis capitaine, vous le savez aussi bien que moi, parce que tous les officiers supérieurs du régiment de La Fère sont à Koblenz, émigrés. À présent, vous verrez combien de temps on me laissera capitaine... J'ai vu les choses d'assez près là-bas, à Paris, pour savoir que sans protection on n'y parvient à rien. Les femmes, surtout, voilà les véritables et efficaces machines de protection. Et moi, vous le savez, je ne suis pas leur fait. On ne leur plaît pas quand on ne sait pas faire sa cour, et c'est ce que je n'ai jamais su et ne saurai jamais probablement.

– Il ne partira pas, commente simplement Letizia.

Napoléon dit tout à coup, d'un ton brutal :

– Je vais à Corte.

Il part le lendemain à cheval, parcourant la vallée du Gravone.

Lorsqu'il arrive à Bocognano, les paysans et les bergers lui font fête. Ce sont des hommes fidèles.

Ce respect et les marques d'affection et de dévouement dont on l'entoure l'apaisent et le confortent dans sa résolution. Il arrachera à Paoli ce commandement auquel il a droit. Il ne se laissera pas rejeter.

Des bergers de Bocognano l'accompagnent jusqu'à ce qu'apparaissent les murailles de Corte. Ils lui répètent qu'ils sont prêts à mourir pour lui, un Bonaparte. Il a besoin d'eux, dit-il. Il se souviendra de leur amitié toujours.

C'est cela, être un chef, constituer autour de soi un clan, savoir rassembler les hommes, les lier à sa personne et les gratifier.

Il apprend cela.

À Corte, c'est Paoli qui règne. Pozzo di Borgo est son conseiller intime. Paoli a désigné son cousin Colonna Cesari comme commandant des troupes. Napoléon insiste pour être reçu par celui qu'il appelle « le général » Paoli.

Mais Paoli le fait attendre.

Napoléon, chaque jour, rend visite aux compagnies de volontaires qui sont cantonnées dans les environs de Corte. Ces hommes l'accueillent avec joie, mais l'entourage de Paoli lui fait comprendre qu'on n'a pas besoin ici d'un lieutenant-colonel supplémentaire. Il y a Quenza, lieutenant-colonel en premier. À quoi servirait Bonaparte ?

Napoléon écoute. Il se promène seul, longuement, dans les ruelles de Corte. Il se souvient de toutes les vexations, les rebuffades qu'il a acceptées de Pascal Paoli. En ce mois de novembre 1792, alors que la Convention vient de solennellement déclarer « qu'elle accordera fraternité et secours à tous les peuples qui voudront recouvrer leur liberté » au moment où les troupes de Dumouriez viennent de remporter sur les Autrichiens la grande victoire de Jemmapes et occupent la Belgique, faut-il encore rester dans l'ombre de Paoli ?

Il y a d'autres Corses, les conventionnels Saliceti, Chiappe, Casabianca, qui ont choisi sans réticence d'être du côté de la France et de la République. Avec eux, avec Saliceti surtout, Napoléon et tout le clan Bonaparte ont depuis toujours des relations amicales. Alors pourquoi continuer derrière Paoli ?

– Paoli et Pozzo di Borgo, c'est une faction, confie Napoléon à son frère Joseph.

Et, devant les réticences et les prudences de son frère aîné, il ajoute :

– Une faction antinationale.

Dans les cantonnements de son bataillon, lorsque les volontaires se rassemblent autour de lui, Napoléon les harangue, exalte les armées de la République :

– Les nôtres ne s'endorment pas, dit-il, la Savoie et le comté de Nice sont pris.

Il fixe l'un après l'autre chaque volontaire, répète : « Les nôtres. » C'est-à-dire les Français. Puis, ménageant son effet, reculant d'un pas, il ajoute :

– La Sardaigne sera bientôt attaquée.

Les volontaires lèvent leurs armes.

– Les soldats de la liberté triompheront toujours des esclaves stipendiés de quelques tyrans, conclut-il.

Les mots sont venus naturellement dans sa bouche, bousculant les prudences, mots surgis après de longs mois d'hésitation et de maturation. Et, ce choix fait, Napoléon se sent comme libéré. Il bouscule l'entourage de Paoli, parvient enfin à se trouver face à celui qu'il juge maintenant comme un vieil homme avec qui il n'y a plus de précautions à prendre, parce qu'il est un obstacle qu'on peut encore utiliser comme un bouclier mais renverser aussi. Il suffit simplement de choisir le moment.

Napoléon s'adresse à lui avec vigueur. Le ton est si vif que certains proches de Paoli murmurent.

Napoléon exige. Il veut son commandement, il y a droit. Les Corses doivent intervenir dans la guerre de la République. Si on lui refuse ce qu'il demande, conclut-il, il partira, et d'Ajaccio il écrira à Paris pour dénoncer les lenteurs, les tracasseries, pour ne pas dire les trahisons, d'une faction antinationale.

Paoli écoute, les yeux mi-clos, puis, d'une voix calme et ferme, dit simplement :

– Vous pouvez partir, si vous le voulez.

C'est Paoli qui tient la Corse. Cette pensée, tout le long du retour vers Ajaccio, puis durant les semaines qui suivent, ne quitte pas Napoléon.

Il faut renverser son pouvoir et, pour cela, devenir plus encore français.

Dans la maison de la rue Saint-Charles, Napoléon reçoit l'amiral Truguet, un jeune et brillant officier qui commande la flottille rassemblée pour une attaque contre la Sardaigne. On danse. L'amiral courtise Élisa, entraîne Pauline et Caroline.

Puis c'est Huguet de Sémonville, un diplomate en route pour Constantinople, qui, lors de son passage à Ajaccio, se joint aux fêtes données par les Bonaparte.

Il prononce des discours au club patriotique de la ville, et Lucien, avec autorité, malgré ses dix-huit ans, lui sert d'interprète et bientôt de secrétaire. Napoléon propose même de loger Sémonville et sa famille dans une de leurs maisons de campagne à Ucciani.

Il fait visiter Ajaccio à ses hôtes, mais il sent l'hostilité de la population. Le clan Bonaparte devient le clan français.

Lorsque au mois de décembre les marins de la flotte de Truguet, puis des volontaires marseillais arrivés à Ajaccio, provoquent des rixes avec les volontaires corses, tuent certains d'entre eux, Napoléon les dénonce : « Ces Marseillais sont des anarchistes, qui portent partout la terreur, cherchent les aristocrates ou les prêtres et ont soif de sang et de crimes. »

Mais, quoi qu'il dise, il sait qu'il est désormais aux yeux des Corses celui qui a choisi la France.

Dès lors, il doit aller jusqu'au bout.

Il correspond avec Saliceti, qui vient de voter, à la Convention, la mort du roi. Et pourtant il mesure, à la fin du mois de janvier 1793, la rupture que l'exécution de Louis XVI achève de consommer entre une majorité de Corses et la France.

On lui rapporte les propos de Paoli, qui a condamné l'exécution de Louis XVI. « Nous ne voulons pas être les bourreaux des rois », a dit le *Babbo*. Près de lui, Pozzo di Borgo est l'avocat talentueux d'une alliance avec l'Angleterre.

– Le roi d'Angleterre a payé Paoli durant des années, répète Lucien à Napoléon. Il continue d'être à sa solde.

Napoléon se veut plus mesuré, mais le 1er février la Convention a déclaré la guerre à l'Angleterre, et Paoli, l'ancien exilé à Londres, n'en devient que plus suspect.

Un soir de février 1793, Napoléon se confie à voix basse à Huguet de Sémonville :

– J'ai bien réfléchi sur notre situation, dit-il, la Convention a sans doute commis un grand crime en exécutant le roi et je le déplore plus que personne, mais, quoi qu'il arrive, la Corse doit toujours être unie à la France. Elle ne peut avoir d'existence qu'à cette condition. Moi et les miens nous défendrons, je vous en avertis, la cause de l'union.

Trois jours plus tard, Napoléon est à Bonifacio. Les volontaires de son bataillon y sont regroupés pour partir à l'assaut des îles de la Madeleine, qui appartiennent aux Sardes et commandent le passage des bouches de Bonifacio entre la Corse et la Sardaigne. La flottille de l'amiral Truguet vogue avec à son bord les fédérés marseillais. Elle se dirige vers Cagliari, la capitale sarde. L'assaut contre les îles de la Madeleine servira de diversion.

Napoléon est à la fois calme et fébrile. Il va enfin se battre. Plusieurs fois par jour, il se rend à l'extrémité du promontoire de Bonifacio. De là, il aperçoit les côtes grisâtres de la Sardaigne. Puis, rentré dans la maison qu'il occupe rue Piazzalonga, il convoque un ancien greffier du tribunal. Il lui dicte ses instructions. La phrase est brève, le ton tranchant. Il se fait communiquer les rapports, les examine en détail. Il veut, dit-il, de la discipline, de la régularité, de l'exactitude. Il veut tout contrôler lui-même.

Très tôt le matin, il se lave avec une éponge imbibée d'eau fraîche, se frotte vigoureusement puis s'habille avec soin, veillant toujours à la propreté et à la perfection de son uniforme, mais autour de lui et malgré ses ordres le négligé de la tenue est général.

– On ne se bat bien qu'avec des hommes et des uniformes propres, dit-il.

Il s'interroge en observant ses hommes : combien d'entre eux veulent vraiment se battre ?

Lorsqu'il débarque de la *Fauvette* sur le petit îlot de Santo Stefano, il fait aussitôt mettre en batterie ses deux pièces de quatre et le mortier. Il commence à bombarder la ville de la Madeleine. Mais ses soldats sont inexpérimentés, apeurés. Le commandant de l'expédition, Colonna Cesari, l'homme de Paoli, a reçu du *Babbo* l'ordre de ne pas s'en prendre « aux frères sardes ». Les marins de la *Fauvette* se mutinent et veulent retourner à Bonifacio. Au Sud, à Cagliari, les volontaires marseillais se sont enfuis aux premiers coups de feu.

Mordant ses lèvres de rage, Napoléon est contraint d'évacuer sa position, de couler ses canons que les matelots refusent de rembarquer.

Sur le pont de la *Fauvette*, il se tient à l'écart, méprisant. Il a l'impression que chaque jour il perd l'une de ses illusions. Sur la Corse, sur les hommes, sur Paoli.

– Tant de perfidie entre donc dans le cœur humain. Et cette fatale ambition égare un vieillard de soixante-dix-huit ans, dit-il de l'homme qu'il a tant admiré.

Peu après avoir débarqué à Bonifacio, et alors qu'il se promène sur la place Doria, des marins de la *Fauvette* se précipitent sur lui en criant : « L'aristocrate à la lanterne ! » avec l'intention de le tuer. Il se défend, des volontaires de Bocognano se précipitent, rossent et chassent les marins.

Voilà ce que sont les hommes, même ceux qui se proclament patriotes et révolutionnaires.

Il y a si peu à attendre de la plupart !

Mais d'être ainsi allégé de ses naïvetés donne à Napoléon un sentiment de liberté et de force. Il ne peut compter que sur lui. Il ne doit agir que pour lui. Les hommes ne valent qu'autant qu'ils sont ses partisans, ses alliés. Les autres sont des ennemis qu'il faut ou gagner à sa cause, retourner, ou réduire.

Dès qu'il est rentré à Ajaccio, Napoléon se met à écrire, rédigeant une protestation contre la manière dont Colonna Cesari a conduit l'expédition de la Madeleine. C'est une façon d'attaquer Pascal Paoli, dont Colonna Cesari est l'homme lige.

Puis, tout à coup, Napoléon apprend d'abord que la Convention a désigné pour se rendre en Corse, avec des pouvoirs illimités, trois commissaires, parmi lesquels Saliceti, et puis qu'ils sont arrivés le 5 avril à Bastia. Napoléon prépare son départ pour les rejoindre, car leur venue est un acte de défiance contre Paoli.

Mais la rupture n'est pas encore consommée.

Napoléon met Saliceti en garde : « Paoli a sur la physionomie la bonté et la douceur, et la haine et la vengeance dans le cœur. Il a l'onction du sentiment dans les yeux, et le fiel dans l'âme. »

Cependant on négocie. Napoléon conseille la prudence, et Saliceti l'approuve. Paoli est toujours le maître de l'île. Les Corses lui restent fidèles. Il faut manœuvrer habilement.

Napoléon observe, écoute Saliceti. Il apprend la ruse, la manœuvre politique auxquelles il s'était déjà essayé à Ajaccio, l'année précédente. Saliceti est un maître qui se rend à Corte, noue des conversations avec Paoli. Et Napoléon admire ce professeur involontaire. Mais le 18 avril, alors que les négociations se poursuivent, une nouvelle se répand, de villes en villages corses.

Napoléon est dans la maison familiale, rue Saint-Charles.

Un de ses partisans dépose devant lui deux textes. Le premier est la copie d'une décision de la Convention nationale qui ordonne l'arrestation de Pascal Paoli et de Pozzo di Borgo. Le décret est daté du 2 avril 1793. La veille, Dumouriez était passé à l'ennemi. La Convention, avec Paoli, prend les devants.

Le second texte est la copie d'une lettre que les hommes de Pozzo di Borgo distribuent dans toute la Corse.

Napoléon la relit plusieurs fois. La lettre est signée Lucien Bonaparte, qui réside depuis quelques semaines à Toulon, où il a suivi Huguet de Sémonville. Elle est adressée à Joseph et à Napoléon. Elle a donc été interceptée par les hommes de Paoli afin de détruire définitivement la réputation des Bonaparte.

« À la suite d'une adresse de la ville de Toulon, proposée et rédigée par moi dans le comité du club, écrit

Lucien Bonaparte, la Convention a décrété l'arrestation de Paoli et de Pozzo di Borgo. C'est ainsi que j'ai porté un coup décisif à nos ennemis. Les journaux vous auront déjà appris cette nouvelle. Vous ne vous y attendiez pas. Je suis impatient de savoir ce que vont devenir Paoli et Pozzo di Borgo. »

Napoléon ferme les yeux. Cette lettre, cette condamnation de la Convention, c'est la guerre ouverte avec Paoli et donc entre la Corse et la République, et pour les Bonaparte l'exil et la ruine. Et tout cela sans que Napoléon ait pu préparer son avenir. Ce jeune frère de dix-huit ans a voulu jouer sa partie avec l'insolence et la prétention d'un *bricconcelle,* d'un vaurien.

Napoléon appelle sa mère, lui lit les deux textes.

– Si l'archidiacre Lucien vivait encore, dit-il, son cœur saignerait à l'idée du péril de ses moutons, de ses chèvres, de ses bœufs, et sa prudence essaierait de conjurer l'orage.

Il va, explique-t-il, lui aussi chercher à retarder la vengeance de Paoli. Il se rend au club d'Ajaccio, rédige pour la Convention un texte dans lequel il demande à l'Assemblée de revenir sur son décret.

Mais il sait que c'est trop tard.

À Corte, les délégués de Corse rassemblés autour de Paoli dénoncent les Bonaparte, « nés dans la fange du despotisme, nourris et élevés sous les yeux et aux frais d'un pacha luxurieux qui commandait dans l'île... Que les Bonaparte soient abandonnés à leurs remords intimes et à l'opinion publique qui d'ores et déjà les a condamnés à une perpétuelle exécration et infamie ».

Napoléon ne s'imagine pas un seul instant que ses adversaires se contenteront de ce mépris.

Il dit à sa mère : « *Preparatevi, questo paese non è per noi.* » Préparez-vous à partir, ce pays n'est pas pour nous.

Mais il faut tout tenter d'abord. Essayer de s'emparer de la citadelle d'Ajaccio, puis, avec Saliceti, prendre la ville, soulever les partisans des Français.

En vain, personne ne bouge. Napoléon, qui se trouve dans la tour de Capiteu, à l'extrémité du golfe d'Ajaccio, où il s'est réfugié avec quelques hommes, regarde la ville de sa naissance.

Il sait que c'est la fin d'une partie de sa vie. Il va avoir vingt-quatre ans, et son destin désormais ne peut plus être lié qu'à la France : les siens n'ont pas d'autre ressource que sa solde de capitaine. Joseph et Lucien ne peuvent trouver un emploi qu'en France, grâce à Saliceti peut-être.

C'est bien la fin de l'illusion corse.

– Tout a plié ici, ma présence n'est bonne à rien, murmure-t-il à Saliceti. Il me faut quitter ce pays.

Pendant tout le mois de mai et le début de juin 1793, il va cependant résister et réussir à échapper à ceux qui le pourchassent. Et les hommes de Paoli, parce qu'ils ne parviennent pas à l'atteindre, s'en prennent à Letizia Bonaparte et à ses jeunes enfants.

Napoléon, lorsqu'il apprend que sa mère a dû se cacher pour fuir les bandes paolistes qui ont saccagé, pillé et brûlé la maison familiale, ne fait aucun geste, ne prononce aucune parole, semble pétrifié par la colère. Paoli, dira-t-il plus tard, est un traître, et les Corses des rebelles, des contre-révolutionnaires, à l'égal de ces Vendéens qui depuis le mois de mars se sont dressés contre la République.

Cette maison familiale qui brûle, c'est son passé corse qui tombe en cendres. Il est français. Il ne peut plus être que cela.

Des Corses l'arrêtent, l'enferment dans une maison de Bocognano, s'apprêtent à le conduire à Corte pour y être jugé et condamné. Des bergers fidèles le font fuir par une fenêtre.

Il n'avait pas encore vécu cela. Il se glisse sur les chemins dans la nuit, échappe à ses poursuivants. Il se cache dans une grotte, puis dans une maison d'Ajaccio que les gendarmes perquisitionnent.

Il est impassible. Il ne perd jamais son sang-froid. La politique, la guerre, c'est cela, des hommes qu'on flatte ou qu'on combat, qu'on achète ou qu'on tue. Il rassure d'un mot les bergers de Bocognano qui l'escortent, le protègent. Il n'oubliera jamais, dit-il, en se dirigeant vers la côte afin de gagner le navire français qui transporte les envoyés de Paris.

Le 31 mai, alors que le navire des commissaires de la Convention, avec Napoléon et Joseph à son bord, entre dans le golfe d'Ajaccio, des fugitifs font des signes depuis le rivage.

Napoléon s'avance jusqu'à la proue. Il bondit dans une chaloupe, entraîne Joseph. Ils abordent sur la plage et s'élancent vers Letizia Bonaparte et ses enfants, qui ont marché toute la nuit à travers le maquis pour fuir les partisans de Pascal Paoli.

Napoléon les fait passer un à un dans la chaloupe. Sa mère n'a pas un mot pour se plaindre.

Le navire les conduit jusqu'à Calvi, où Napoléon décide de demander l'hospitalité à son parrain Giubega.

Il repart dès que sa famille est à l'abri, rembarque et rejoint Bastia avec les commissaires.

Mais il est tourmenté, anxieux. Les Français ne contrôlent plus que trois places en Corse – Calvi, Bastia, Saint-Florent. Peut-il laisser sa mère, et ses frères et ses sœurs dans l'île à la merci de leurs ennemis ?

Le 10 juin, il quitte Bastia seul, à cheval, pour les rejoindre et organiser leur embarquement pour Toulon.

Il chevauche plusieurs jours une monture efflanquée, essoufflée, mais qui connaît d'instinct les dangers de ces sentiers qui serpentent à flanc de montagne, à peine tracés dans la végétation dense du maquis.

Il respire les parfums de la campagne corse, dont il a eu si souvent la nostalgie, et qu'il a retrouvés avec tant de joie et d'élan à chacun de ses retours dans l'île.

Cela est fini aussi, il le sait.

Son destin est ailleurs, en France, sa patrie, sa nation.

Il est revenu au choix qu'avait fait pour lui son père. Aucun autre ne lui a été offert.

Pour être, il faut rompre.

Il rompt avec la Corse.

Le 11 juin 1793, Napoléon et sa famille s'embarquent sur un chebek pour Toulon.

QUATRIÈME PARTIE

Mieux vaut être mangeur que mangé

Juin 1793 – Mai 1795

14

Au loin, en mer, au large de Toulon, le canon tonne.

Napoléon se penche à la portière de la voiture qui roule lentement au milieu des oliviers.

Cette matinée du 20 juin 1793 a l'éclat lumineux d'une journée d'été, mais l'air est plus léger, plus vif.

Napoléon distingue, entre les massifs sombres qui surplombent la rade de Toulon, des silhouettes de navires que parfois couronne la fumée blanche d'un départ de boulet. On tire sur les forts de Toulon.

– Ce sont des Espagnols, dit un voyageur.

Il raconte que, depuis que les Marseillais se sont insurgés contre la Convention, des bateaux espagnols se tiennent au large, prêts à débarquer des troupes pour venir en aide aux rebelles. Toute la vallée du Rhône est en guerre contre Paris. Avignon, Nîmes, mais aussi Marvejols et Mende sont aux mains des fédéralistes et des royalistes. Depuis que, le 2 juin, la Convention a décidé d'arrêter les députés girondins, Vergniaud, Brissot, Roland, ceux qui représentaient la province, partout c'est la révolte. Pas seulement en Provence, mais à Bordeaux, en Normandie, en Vendée bien sûr où les révoltés élisent pour chef de « l'armée catholique et royale » un ancien colporteur, Cathelineau. Les Montagnards, les Jacobins vont avoir bien de la peine à reprendre le contrôle du pays.

Napoléon a fermé les yeux.

Il pense à sa mère et à ses sœurs et frères qu'il a laissés dans une petite maison du village de La Valette, situé aux portes de Toulon. Mais cette ville, lui a-t-on dit, est un nid de royalistes et d'aristocrates, et la flotte anglaise croise à quelques encablures de la côte, n'attendant qu'un signal pour pénétrer dans la rade. Peut-être faudra-t-il fuir à nouveau, plus loin.

Napoléon a voulu, avant de partir pour Nice, où il rejoint les cinq compagnies du 4e régiment d'artillerie qui y tiennent garnison, rassurer sa mère.

Elle a à peine levé la tête de ses fourneaux. Jérôme et Louis coupaient le bois. Élisa et Pauline se rendaient à la fontaine pour faire provision d'eau, laver le linge. Dans la semaine qu'il avait passée près des siens, Napoléon avait obtenu des autorités de Brignoles et de Saint-Maximin des secours, des rations de pain de munition. Les Bonaparte, a-t-il répété, sont des réfugiés patriotes, exilés de leur île pour ne pas vivre sous le joug des traîtres, des complices des Anglais.

Il a expliqué à sa mère qu'elle n'aurait pas longtemps à vivre dans ces conditions misérables. Joseph et Lucien allaient s'adresser à Saliceti, représentant en mission en Provence auprès de l'armée révolutionnaire chargée de combattre les fédéralistes girondins et les aristocrates. Quant à lui, il toucherait à Nice un arriéré de solde, près de trois mille livres. Il devait recevoir son brevet de capitaine commandant, chargé d'une compagnie d'artillerie.

Il a quitté La Valette, inquiet cependant. Si Toulon tombe aux mains des royalistes, si les Anglais pénètrent dans la rade, si les armées de la République ne reprennent pas la Provence et tout le pays en main, quel sort sera réservé à sa famille ? Et lui, quel destin ?

Il faut que la Convention l'emporte, que la République soit victorieuse.

Après quelques jours passés à Nice, Napoléon est encore plus déterminé à s'engager totalement aux côtés de la Convention.

Il le dit au général d'artillerie de l'armée d'Italie, Jean Du Teil, le propre frère du maréchal de camp que Napoléon a connu à Auxonne et Valence.

– Officier au service de la nation, dit seulement Du Teil.

Napoléon est enthousiaste quand Du Teil lui confie la tâche de commander les batteries de la côte.

Il visite d'un pas nerveux chaque position. Le 3 juillet 1793, il écrit au ministre de la Guerre pour réclamer un modèle de four à réverbère, afin de chauffer les boulets, « en sorte que nous soyons dans le cas d'en faire construire sur notre côte et de brûler les navires des despotes ».

Il signe : Bonaparte.

Il n'a plus le souvenir d'une hésitation, comme si toutes les pensées, tous les projets qui l'avaient tourné vers la Corse n'avaient jamais existé. Ce capitaine commandant de vingt-quatre ans est français, républicain, montagnard, partisan de la Convention contre ceux qui mettent en péril l'unité de la République. Il admet que les têtes roulent, que la « machine du docteur Guillotin » fasse chaque jour son office. Le roi a été décapité le 21 janvier 1793. La Convention montagnarde gouverne. La « Terreur » s'installe. Bonaparte l'accepte. Il a fait ce choix. Le seul qui lui permet d'imaginer son avenir ouvert, à conquérir.

Quelques jours plus tard, il traverse à nouveau la campagne provençale.

Il marche seul, sous le soleil déjà brûlant de juillet. Il aime cette chaleur sèche, ces couleurs, là des genêts, ici des lavandes, et l'ocre des villages perchés. Il se rend en Avignon pour, selon les ordres du général Du Teil, y organiser des convois de poudre et de matériel à destination de l'armée d'Italie.

Mais à plusieurs reprises son cheval se cabre. On tire dans la campagne, et c'est bientôt le roulement du canon, quelques pièces seulement. Avignon est aux mains des fédéralistes marseillais et résiste à l'armée révolutionnaire du général Carteaux.

Napoléon traverse les cantonnements de l'armée, qui compte plus de quatre mille hommes. Il reconnaît un régiment de la Côte-d'Or, les dragons des Allobroges, un bataillon du Mont-Blanc, puis, tout à coup, c'est le visage d'un officier qui lui est familier.

Ce capitaine Dommartin qui commande une compagnie d'artillerie a été reçu en 1785 dans la même promotion que Napoléon au grade de lieutenant en second, avec le rang de 36ᵉ, Napoléon n'étant que 42ᵉ. Ils se donnent l'accolade.

À écouter Dommartin, Napoléon est pris d'un accès de découragement. Il voudrait combattre comme Dommartin. Et il n'est qu'un convoyeur de barils de poudre ! Belle tâche !

Il maugrée. Il est impatient d'agir.

Quand, après l'entrée des troupes de Carteaux en Avignon, l'armée se met en mouvement, et qu'il regarde passer Dommartin « dans le plus joli équipage de guerre qu'on pût voir », il s'insurge contre lui-même. Il ne peut accepter cette situation. Il ne le doit pas.

Il est resté en Avignon pour organiser son convoi. Maudit convoi !

Parfois, il se rend à Beaucaire. Il écoute les conversations des marchands qui, attablés au bord du champ de foire, parlent de la situation dans la région.

Il est à l'affût d'une idée ! Comment sortir de cette passe dans laquelle il se sent enfermé ?

Lorsqu'il apprend que la garnison française de Mayence a dû capituler devant l'ennemi, il prend aussitôt la plume et adresse au citoyen ministre une demande d'affectation à l'armée du Rhin, en qualité de lieutenant-colonel. Il faut aller là où il y a des risques. Il faut en ce moment, pour bâtir son destin, jouer fort et clair. Le ministre pensera qu'il s'agit là de la « proposition d'un patriote ».

Et il faut être patriote. Clamer sa fidélité à un camp, puisqu'on s'y trouve. Et tout faire pour que ce camp l'emporte. « S'il faut être d'un parti, autant être de celui qui triomphe, mieux vaut être mangeur que mangé. »

Mais la réponse du ministre tarde, et Napoléon se morfond en Avignon, attendant qu'on livre les pièces et les munitions qu'il doit conduire à Nice.

Comment forcer les portes, faire savoir qu'on existe, qu'on est un partisan déterminé du pouvoir et qu'on peut être distingué et promu ?

Écrire ? Ce peut être le moyen de sortir de l'ombre.

Napoléon s'installe à sa table. Il écrit dans la nuit chaude de cette fin du mois de juillet avignonnaise.

La plume court plus vite encore qu'à l'habitude, la phrase est brève et nerveuse.

D'abord le titre, trouvé d'emblée : *Souper de Beaucaire, ou dialogue entre un militaire de l'armée de Carteaux, un Marseillais, un Nîmois et un fabricant de Montpellier, sur les événements qui sont arrivés dans le ci-devant Comtat à l'arrivée des Marseillais.*

Une vingtaine de pages en faveur de la Convention, contre l'insurrection fédéraliste. Il invente cette conversation qui lui permet de mettre dans la bouche du Marseillais partisan de la révolte les arguments que le « militaire » réfutera.

« Ne sentez-vous pas que c'est un combat à mort que celui des patriotes et des despotes ? » dit-il.

Il raisonne, sans passion. La phrase parfois s'enflamme, mais elle reste au service de l'analyse. Point par point, Napoléon démontre que les forces révolutionnaires vont écraser les rebelles. Que les intentions de ces derniers, bonnes ou mauvaises, ne comptent pas.

« Ce n'est plus aux paroles qu'il faut s'en tenir, il faut analyser les actions. » Et il ne suffit pas de brandir le drapeau tricolore. Paoli ne l'a-t-il pas agité en Corse alors qu'il

« entraînait ses compatriotes dans ses projets ambitieux et criminels » ? Et Napoléon trace la conclusion d'une plume ferme : « Le centre d'unité est la Convention, c'est le vrai souverain, surtout lorsque le peuple se trouve partagé. »

Il relit puis, sans même avoir dormi, dès le matin, il apporte les feuillets chez l'imprimeur Sabin Tournal, qui édite *Le Courrier d'Avignon*. Il les pose sur la table de l'imprimeur. Sabin Tournal les prend, les parcourt. C'est un patriote. Il imprimera le texte dans les mêmes caractères et sur le même papier que ceux du journal.

– Qui paiera ? demande-t-il.

Napoléon sort des pièces :

– Moi.

Tournal indiquera donc sur la copie : « Aux frais de l'auteur. »

Napoléon approuve. Il faut savoir miser. Il veut les épreuves dès la fin de l'après-midi de ce 29 juillet 1793. Il les expédiera lui-même aux représentants en mission auprès de l'armée de Carteaux, Saliceti et Gasparin.

Quelques jours plus tard, on frappe à la porte de l'hôtel où loge Napoléon.

Il ouvre. Un soldat lui tend un paquet contenant une dizaine de brochures intitulées simplement *Le Souper de Beaucaire,* éditées par l'imprimeur de l'armée Marc Aurel.

Le soldat précise que les troupes distribuent cette brochure au cours de leur marche.

Napoléon sait qu'il a remporté une victoire. Il n'est plus ce simple capitaine d'artillerie chargé de convoyer des barils de poudre et du matériel jusqu'à Nice.

Il a joué sur le terrain politique, puisque la politique, il l'a découvert en Corse, est le grand ressort qui décide en ce moment du destin des hommes.

Et qui veut avancer doit prendre parti.

Il a choisi contre les factions, pour « le centre d'unité qu'est la Convention ».

Ce n'est pas une question d'idées, mais le fruit d'une conviction, forgée aussi bien au spectacle tragique du 10 août 1792 à Paris que de l'expérience acquise à Ajaccio. Le pouvoir doit être *un*. La Convention est ce pouvoir. C'est elle qui conduit la guerre.

Je suis avec ce pouvoir.

Au début du mois de septembre 1793, Napoléon a enfin rassemblé les munitions et le matériel. Il multiplie les démarches auprès des administrateurs du Vaucluse pour obtenir les cinq voitures nécessaires au transport. L'armée d'Italie, dit-il, a besoin de poudre pour combattre « le tyran de Turin ».

On le fait encore attendre. L'armée de Carteaux, qui a libéré Marseille le 25 août, vit des réquisitions, car Toulon, où se sont réfugiés les royalistes et les fédéralistes marseillais, a livré sa rade aux navires anglais et espagnols.

Napoléon s'impatiente. Son frère Joseph a été nommé par Saliceti commissaire aux Guerres auprès de l'armée de Carteaux. Lucien a obtenu un poste de garde-magasin des armées à Saint-Maximin. Ils peuvent l'aider à trouver les véhicules qui lui font défaut.

Le 16 septembre, il se rend au quartier général de l'armée Carteaux, installé au Beausset.

Les officiers ont occupé plusieurs des maisons du bourg. Napoléon va de l'une à l'autre. On l'appelle. C'est Saliceti, accompagné de Gasparin, comme lui représentant en mission.

– *Le Souper de Beaucaire...*, commence Saliceti.

Puis il s'interrompt, prend Gasparin à part. Ils échangent quelques phrases. Saliceti se tourne vers Napoléon.

– Le capitaine Dommartin, qui commandait l'une des

compagnies d'artillerie, a été blessé à l'épaule et évacué à Marseille. Nous avons besoin d'un officier instruit.

Gasparin intervient. Il faut à tout prix chasser les Anglais de Toulon, explique-t-il.

– Autrefois, dit Napoléon, quand j'attendais le bateau de la Corse, j'ai étudié les fortifications de la ville. Je n'ai rien oublié.

Sur un coin de table, Saliceti rédige l'ordre de mission qui rattache le capitaine d'artillerie Napoléon Bonaparte à l'armée Carteaux, au siège de Toulon.

Puis il inscrit la date, 16 septembre 1793.

Enfin je vais montrer, pour la première fois sur ce sol de France, qui je suis.

15

La nuit tombe. Napoléon se tient les bras croisés sur le seuil de la maison qui va lui servir de cantonnement. Il regarde autour de lui ces soldats qui, nonchalants, vaquent à leurs occupations. Certains, sans armes, reviennent des vergers voisins. Ils portent des paniers de fruits. Ils se tiennent par l'épaule. Ils ont les lèvres couvertes du suc des figues et du jus du raisin noir. D'autres, plus loin, font des feux de bivouac, jetant dans les flammes les portes et les fenêtres des bastides qu'ils ont pillées. Un groupe d'hommes dépenaillés, eux aussi sans armes, s'installe pour la nuit, enfonçant de la paille dans des tonneaux avant de s'y glisser.

Ça, une armée !

Napoléon voudrait prendre chacun de ces soldats par les revers de leur veste, les secouer, leur crier que ce n'est pas ainsi qu'on fait la guerre ! Il a la certitude de savoir comment il faut la conduire. Cela ne fait que quelques heures que

Saliceti et Gasparin l'ont désigné au commandement de l'artillerie, mais peu importe, il sait. En lui, il n'y a pas un seul doute. Il sait. Et il faut qu'il sache, car c'est ici qu'il doit réussir.

Dans la maison qui se trouve en face, il entend des rires. Il distingue derrière les vitres les grands chandeliers posés sur la table. C'est là que loge le général Carteaux en compagnie de sa femme. Le général reçoit ses officiers à dîner.

Napoléon l'a vu dans la journée.

« Je suis un général sans-culotte », a dit Carteaux en regardant autour de lui avec assurance. Il a caressé sa large moustache noire, rejeté sa tête en arrière. Il a fière allure, avec sa redingote bleue, dorée sur toutes les coutures. En toisant Napoléon avec un mépris mêlé de suspicion, il a évoqué le capitaine Dommartin. « C'est une grande perte pour moi, a-t-il dit, que d'être privé de ses talents. »

Puis il a ajouté qu'il emportera tous les forts de Toulon tenus par ces Anglais, ces Espagnols, ces Napolitains, ces Siciliens, ces aristocrates, à l'arme blanche.

Napoléon l'a écouté en silence. Ce général est un ignorant. Et il a décliné son invitation à dîner.

Il a autre chose à faire : la guerre. Sa guerre.

Il ne va ni dîner ni dormir.

Jusqu'à ce que Toulon soit tombé, rien d'autre ne compte que la guerre, rien.

Il interpelle un soldat qui ne sait pas où se trouve le parc d'artillerie. Napoléon découvre enfin les six canons qui le composent. Le sergent qui en est responsable ne dispose ni de munitions ni d'outils.

Ça, une artillerie !

Napoléon s'éloigne. Il faudra donc jouer avec ces cartes-là, une armée indisciplinée, une artillerie inexistante, un général incapable et soupçonneux, fier seulement d'avoir, le 10 août 1792, entraîné ses camarades gendarmes à rejoindre le peuple. La populace, murmure Napoléon.

Un général qui, depuis des années, se contente de peindre de petits tableaux !

Et c'est dans cette partie-là qu'on joue sa vie !

Mais c'est ainsi.

Il tombe une pluie fine que pousse un vent froid. Napoléon gravit le chemin qui conduit à l'un des sommets d'où l'on peut apercevoir la rade et les forts de Toulon. Il attend l'aube. Cette première nuit est celle de ses résolutions.

Quand le soleil se lève enfin, déchirant les derniers nuages bas, Napoléon est trempé jusqu'aux os. Alors il voit tous les forts qui dominent la rade et qu'occupent les Anglais et leurs alliés. Il distingue le fort La Malgue, la grosse tour et les forts de Balaguier et de Mabousquet, d'autres encore.

Et son regard s'arrête sur ce fort qui est planté dans sa mémoire. Ce fort de l'Éguillette commande l'étroit passage reliant la grande rade à la petite.

C'est la clé.

Napoléon est sûr de lui. C'est comme si plus rien n'existait en lui que cette certitude. Il faut conquérir ce fort, tout organiser en fonction de cette conquête. Les navires ennemis, sous le feu des canons de l'Éguillette, seront contraints de quitter les rades, et Toulon tombera.

Dans le soleil devenu chaud, Napoléon descend de la colline.

Le but est fixé, le calme s'est installé en lui. Il suffit maintenant de plier les hommes et les choses à ce but, de renverser tous les obstacles qui s'opposent à ce dessein. Il suffit d'écarter tous ceux qui ne le comprennent pas.

Il rencontre Saliceti et Gasparin, qui viennent à peine de se réveiller. Il marche à grands pas dans la pièce.

Il commence : « Toute opération doit être faite par un système, parce que le hasard ne fait rien réussir. » Puis il ajoute, se tournant vers la fenêtre, désignant d'un mouvement du menton la maison du général Carteaux : « C'est l'artillerie qui prend les places, l'infanterie y prête son aide. » En quelques phrases prononcées d'une voix calme, mais toute l'énergie d'un corps tendu semble porter les mots, il indique son plan.

Un siège de Toulon selon les règles est impossible. La ville attaquée de front, imprenable. Il faut chasser les navires alliés des rades, et pour cela les tenir sous le feu de l'artillerie qui les bombardera avec des boulets brûlants qui incendieront leurs voiles et leurs coques, feront exploser les soutes.

Et pour cela, Napoléon tend le bras, comme si on pouvait apercevoir ce fort, ce verrou de tout le dispositif, et pour cela il faut s'emparer de l'Éguillette.

– Prenez l'Éguillette, et avant huit jours vous entrerez à Toulon, conclut-il.

Sur le seuil, au moment de quitter la pièce, il lance :

– Faites votre métier, citoyens représentants, et laissez-moi faire le mien.

Il ne dort plus. Il mange à peine. Mais l'action nourrit, et la certitude d'avoir raison est une source d'énergie sans fin. La sensation qu'on peut changer les choses et les hommes est un ressort que chaque succès comprime davantage.

Il organise.

Il me faut chaque jour cinq mille sacs pour les remplir de terre. Il me faut un arsenal avec quatre-vingts forgerons. Il me faut des bois et des madriers. Il me faut des bœufs et des bêtes d'attelage.

Que Marseille, Nice, La Ciotat, Montpellier fournissent ce dont j'ai besoin.

Ici il faut élever une batterie, là une autre. Celle-ci sera la batterie de la Convention, et celle-là la batterie sans-culotte.

Napoléon se tient debout sur le parapet de l'une de ces batteries que le feu des canons du général anglais O'Hara a prises pour cibles. Les boulets tombent dru. Napoléon ne cille pas. « Gare, dit-il simplement, voilà une bombe qui arrive. »

Les hommes autour de lui hésitent à fuir, à se protéger. Un boulet siffle.

Je ne bouge pas. Rien ne peut m'atteindre. Je suis poussé en avant. Comment ma trajectoire pourrait-elle s'interrompre ? Si j'avance, je ne peux tomber.

Le souffle le jette à terre. Il se redresse.

– Qui sait écrire ? demande-t-il.

Un sergent se présente.

Cette batterie se nommera, dit Napoléon, « la batterie des Hommes-Sans-Peur ».

Le sergent écrit, puis un boulet s'écrase à quelques mètres, couvrant le papier de terre.

– Voilà qui m'évitera de sécher l'encre, dit le sergent.

– Ton nom ?

– Junot.

Napoléon regarde longuement ce jeune sergent.

Sentir qu'on oblige les hommes à se dépasser. Les convaincre. Les séduire. Les entraîner. Les contraindre.

À chaque instant, Napoléon découvre ce plaisir intense, brûlant. Et pour cela ne pas se baisser quand arrive un boulet, dormir dans son manteau à même le sol au milieu de ses soldats, charger à la tête de la troupe sous la grêle de balles, se relever quand le cheval est abattu sous soi, affirmer quand les hommes s'élancent, braves, emportés, même s'ils ont tort : « Le vin est tiré, il faut le boire », et si un général apeuré ordonne le repli le traiter de « jean-foutre ».

Jamais encore Napoléon n'a éprouvé une telle plénitude. Il observe Saliceti et les autres représentants en mission, Gasparin, Barras, Fréron, Ricord, Augustin Robespierre. Il les jauge. Augustin Robespierre est le frère de l'homme qui donne son impulsion au Comité de salut public. Saliceti est déjà un vieux compagnon.

Ceux-là ont le pouvoir. Ils sont les délégués de la Convention. C'est eux qu'il faut convaincre.

Napoléon entraîne un soir Saliceti sur l'emplacement d'une batterie. Le cheval du représentant est tué. Les balles sifflent. Napoléon se précipite, aide Saliceti à se redresser. Les patrouilles anglaises sont proches. Il faut se dissimuler, marcher en silence, atteindre une autre batterie.

Là, le canonnier vient d'être tué. Napoléon se saisit du refouloir, et comme un simple soldat aide à charger dix à douze coups. Les autres soldats le regardent, quelqu'un entreprend d'expliquer que le canonnier tué... puis s'interrompt, se contente de se gratter les mains, les bras.

Le canonnier avait la gale, personne ne touchait son refouloir par crainte de la contagion. Napoléon hausse les épaules. Est-ce qu'on peut s'arrêter à cela, même si dans les jours qui suivent on commence à sentir les effets de la maladie ?

Pas le temps de se soigner.

Le 29 septembre, les représentants l'ont nommé chef de bataillon. Nouvel élan, nouvelle source d'énergie, nouvelle certitude que l'on peut aller plus loin, plus vite.

Napoléon, chaque jour, rend visite à Saliceti. Il martèle que son plan est le seul qui puisse faire tomber Toulon. Mais les obstacles sont toujours là.

Il répète. Parler, c'est comme un feu de salve. Il le dit à ses canonniers : « Il faut tirer sans se décourager et, après cent coups inutiles, le cent unième porte et fait effet. »

Il sent que Saliceti, Gasparin et plus tard Ricord et Augustin Robespierre, et même Barras et Fréron, ne lui résistent pas.

Cet ascendant qu'on exerce sur les hommes, quelle jouissance ! Quel alcool ! Quelle femme serait capable de donner un tel sentiment d'ivresse et de puissance ?

Il découvre cela.

Saliceti et les représentants obtiennent le remplacement du général Carteaux. « Le capitaine Canon » l'a emporté. Le général Doppet, qui succède à Carteaux, est un ancien médecin, qui ne résiste que quelques semaines.

Napoléon, le visage ensanglanté par une blessure au front, s'avance, au terme d'une attaque, vers Doppet. C'est donc vous « le jean-foutre qui a fait battre la retraite », lui lance-t-il.

Le général s'éloigne, Napoléon regarde les soldats qui l'entourent. Ils injurient le général. « Aurons-nous toujours des peintres et des médecins pour nous commander ? » crient-ils.

Napoléon reste silencieux. Sa foi en lui-même s'enracine : il est celui qui sait commander aux hommes.

Il demande à être reçu par Saliceti, on doit l'écouter, il a fait ses preuves. Voilà plus de deux mois qu'il se bat, qu'il prévoit, qu'il organise.

– Faudra-t-il donc toujours, dit-il, lutter contre l'ignorance et les basses passions qu'elle engendre ? Dogmatiser et capituler avec un tas d'*ignorantacci*, pour détruire leurs préjugés et exécuter ce que la théorie et l'expérience démontrent comme des axiomes à tout officier d'artillerie ?

Saliceti baisse la tête, consent.

Le 16 novembre, le général Dugommier arrive à Ollioules pour remplacer le général Doppet, et deux heures plus tard le général Du Teil le rejoint. À la fin de l'après-midi, Napoléon se rend auprès d'eux. Il connaît Du Teil. Dugommier l'écoute, l'invite à dîner. Au cours du repas, il lui tend un plat de cervelle de mouton. « Tiens, dit-il en riant, tu en as besoin. »

Lorsqu'il entre le 25 novembre dans la petite pièce où se réunit le conseil de guerre, Napoléon sait qu'il a renversé tous les obstacles. Les généraux Dugommier et Du Teil l'approuvent quand, penché sur la carte, il résume son plan :

« Prise du fort de l'Éguillette, expulsion des Anglais des rades, et dans le même temps attaquer le fort du mont Faron. »

Saliceti, Augustin Robespierre et Ricord donnent leur accord.

Au moment de quitter la pièce, Napoléon se tourne vers Dugommier.

Celui-ci sourit, passe sa main sur son cou. Si le plan échoue, c'est la guillotine pour lui.

Ce sont les derniers jours avant d'atteindre le but.

Aucune crainte. Napoléon a même un sentiment d'invulnérabilité, qui ne l'étonne pas.

Le 30 novembre, lors d'une contre-attaque pour chasser les Anglais qui se sont emparés par surprise de la batterie de la Convention, il monte à l'assaut, conduit à la baïonnette.

Le général en chef anglais O'Hara est fait prisonnier. Napoléon s'en approche lentement. O'Hara est assis, les coudes sur les cuisses, morne.

O'Hara se redresse en apercevant Napoléon.

– Que désirez-vous ? demande Napoléon.

– Être seul, ne rien devoir à la pitié.

Napoléon s'éloigne en regardant le général anglais. C'est cela, les hommes de guerre. Ils doivent, dans la défaite, faire preuve de fierté et de réserve.

Napoléon s'arrête un instant.

Il est un homme de guerre. Il a vingt-quatre ans et quatre mois.

Napoléon, tirant son cheval par les rênes, avance au milieu des soldats trempés. Le 16 décembre 1793, la pluie tombe à torrents. On n'y voit pas à trois pas. L'attaque est pour cette nuit. Seuls les longs éclairs de l'orage déchirent l'obscurité, éclairant les colonnes rassemblées. Napoléon retrouve Dugommier et les représentants réunis sous une tente qui fait eau de toutes parts. Tous se tournent vers lui. Il lit sur leurs visages l'hésitation et l'inquiétude.

Il est sûr de lui. Cela dépasse la raison, la confiance dans son « système ».

Il dit simplement que le mauvais temps n'est pas une circonstance défavorable. L'expression des visages change. Ainsi sont les hommes. Une conviction forte les oriente, les plie, les entraîne.

Dugommier donne le signal.

Napoléon monte à cheval, les fantassins s'ébranlent. Puis c'est l'assaut. La deuxième colonne se débande sous l'averse aux cris « sauve qui peut », « trahison ».

D'autres continuent en hurlant : « Victoire, à la baïonnette ! »

Napoléon sent son cheval qui s'effondre, tué. Il se relève, avance, une douleur vive lui traverse la cuisse. Un Anglais vient de le blesser d'un coup de baïonnette. Il court. Près de lui, son ami le capitaine Muiron, plus loin Marmont et le sergent Junot sont au premier rang.

Le fort Mulgrave est emporté, ses pièces retournées, et dans l'élan, enfin, le fort de l'Éguillette est pris. Les Anglais l'ont abandonné, égorgeant avant de partir leurs chevaux et leurs mulets, dont les cadavres encombrent les couloirs.

À cet instant seulement, Napoléon sent sa blessure. On le panse. Les Anglais, dit-il, sont de bons soldats, puis, avec mépris, il ajoute, désignant des prisonniers : « Toute cette canaille, Napolitains, Siciliens, sont bien peu de chose. »

Il se lève, marche en boitant jusqu'au parapet :

– Demain ou au plus tard après-demain, nous souperons dans Toulon.

Il est calme. Il ne montre pas sa joie. Il accomplit les derniers préparatifs nécessaires, le regard déjà ailleurs.

On lui rapporte que « les Anglais dénichent de partout », que les Napolitains désertent les forts. Il ne manifeste aucune surprise. Ce sont les conséquences prévues de son système.

Dans la rade et l'arsenal, des frégates explosent. Les Anglais et les Espagnols font sauter les navires chargés de poudre.

Dans les lueurs d'incendie, il aperçoit des dizaines de barques et de tartanes, chargées de Toulonnais qui essaient de gagner les navires de la flotte anglo-espagnole. Des chaloupes se renversent. Des femmes crient avant de se noyer, entraînées, dira-t-on, par leurs sacs chargés de bijoux. Les batteries ouvrent le feu, crèvent les coques légères des felouques.

C'est la fin.

Le 19 décembre 1793, les troupes républicaines, « les Carmagnoles », entrent dans Toulon.

Maintenant, Napoléon se tient à l'écart. Il passe sans même tourner la tête devant les pelotons d'exécution qui fusillent. Là on pille. Il croise Barras et Fréron, les deux représentants en mission qui doutaient de la victoire, mais qui aujourd'hui font afficher sur les murs des proclamations annonçant qu'ils vont raser la ville et qu'il faut pour cela douze mille maçons.

Il voit des hommes guider les soldats vers les maisons. Ce sont les Montagnards que l'on vient de libérer des cales du *Thémistocle* où ils étaient emprisonnés. Ils cherchent leurs dénonciateurs, leurs bourreaux, leurs geôliers. Ils dénoncent à leur tour. Ils massacrent à leur tour.

Parfois la nausée le prend. Le peuple, quel que soit le drapeau qu'il brandit, reste une bête féroce.

Lui n'a rien à voir avec cela.

Il rentre dans son cantonnement. Des femmes l'attendent. Elles supplient. Il ne prononce pas un mot de pitié, mais il intervient, envoie Junot, Marmont ou Muiron, ces officiers qui sont devenus ses proches, arracher quelque victime à la mort.

Que faire d'autre ?

Les hommes sont ainsi. La politique est ainsi.

Il se sent si froid, si lucide que la joie du but atteint s'évanouit.

Que faire maintenant ?

Le 22 décembre 1793, les représentants en mission le convoquent. Ils sont assis autour d'une table, sur laquelle sont posés des verres et des bouteilles.

– Quel est cet uniforme ? demande Saliceti en voyant entrer Napoléon.

Puis il lit un court arrêté que les représentants viennent de prendre. Ils ont nommé le chef de bataillon Napoléon Bonaparte général de brigade, « à cause du zèle et de l'intelligence dont il a donné les preuves en contribuant à la reddition de la ville rebelle ».

– Il faut changer d'uniforme, reprend Saliceti.

Il rit en donnant l'accolade à Napoléon.

Comme tout est terne, quand la course s'arrête.

16

Napoléon est assis en face de sa mère. La petite table à laquelle ils sont accoudés occupe presque toute la pièce. Les frères et les sœurs se tiennent debout derrière Letizia Bonaparte.

Napoléon se lève, parcourt en quelques pas les trois chambres minuscules qui composent tout l'appartement.

Il a la sensation d'étouffer. Il ouvre la fenêtre mais, malgré le vent froid et humide de ce 4 janvier 1794, l'air lui manque davantage encore.

Il respire mal depuis qu'il a remonté cette ruelle du Pavillon, proche du port de Marseille. Les odeurs de poisson pourri, d'huile et de détritus lui ont donné la nausée. Il s'est arrêté un instant malgré l'averse pour regarder la façade grise, celle du numéro 7 de la ruelle.

C'est là que vivent les siens, au quatrième étage.

Lorsqu'il est entré dans l'appartement, ses frères et ses sœurs se sont précipités vers lui, puis, intimidés, se sont immobilisés. Louis a touché l'uniforme de général.

Letizia Bonaparte s'est approchée lentement. Les quelques mois de misère et d'angoisse l'ont vieillie.

Napoléon a posé sur la table un sac de cuir rempli de lard, de jambon, de pain, d'œufs et de fruits. Puis il a tendu à sa mère une liasse d'assignats et une poignée de pièces. Enfin il a, d'un autre sac, fait jaillir des chemises, des robes, des chaussures.

Il est général de brigade, a-t-il expliqué. Sa solde est de douze mille livres par an. Il a touché une prime d'entrée en campagne de plus de deux mille livres. Il a droit à des rations quotidiennes de général.

Letizia Bonaparte, d'une voix égale, raconte comment ils ont vécu à La Valette, avec la peur des royalistes, puis à Meonnes, dans ce village proche de Brignoles.

Napoléon écoute. Il dit seulement : « C'est fini. »

Il pense à Barras. Ce représentant en mission s'est montré l'un des plus acharnés terroristes, après l'entrée dans Toulon. Hier encore, au moment de quitter la ville, Napoléon a vu des hommes alignés contre un mur. Des soldats les tenaient en joue. Un officier passait, éclairant d'une torche le visage des prisonniers, et dans l'ombre un dénonciateur chuchotait. Barras caracolait non loin.

À l'état-major de Dugommier, on murmure que lors de ses missions à l'armée d'Italie, dans le comté de Nice, Barras s'est constitué un trésor personnel, « au nom de la République », ricane-t-on. Et il en va ainsi de bien des représentants ou des officiers, des soldats même, tous pillards quand ils le peuvent. Les uns chapardent une poignée de figues, les autres des couverts en argent. Les plus habiles et les plus gradés volent les pièces d'or, les œuvres d'art, et achètent à bon prix les propriétés.

Belle morale !

Seuls quelques-uns, comme Augustin Robespierre, restent intègres et clament que le « rasoir national » doit purifier la République et établir le règne de la Vertu !

– C'est fini, répète Napoléon en se levant, en interrompant sa mère.

Il doit gagner cette guerre-là aussi, contre la pauvreté ou simplement contre la médiocrité.

Il ne veut pas être dupe. La vertu, oui, si elle est pour tous. Mais qui imagine que cela est possible ? Alors il faut, il doit être l'égal de ceux qui possèdent le plus, parce qu'il serait injuste, immoral presque, qu'ils vivent comme des pauvres, lui et les siens, que sa mère, comme elle vient d'en faire le récit, soit contrainte à nouveau de nourrir ses enfants d'un morceau de pain de munition et d'un œuf.

Dans la tourmente révolutionnaire, les Bonaparte ont tout perdu. C'est justice qu'ils aient leur part de butin.

L'argent, l'argent ! Ce mot claque comme les talons de Napoléon sur les pavés de la ruelle du Pavillon.

Ne pas être pauvre, parce que ce serait un exil de plus. Et que tous les Barras que compte la République s'enrichissent à belles dents.

Valent-ils mieux que moi ?

L'argent, c'est un autre fort de l'Éguillette. Une clé dont il faut s'emparer pour contrôler ces rades : la vie, son destin.

Je veux cela aussi.

Il rentre à Toulon.

Dans son cantonnement, on s'affaire. Il aime ce mouvement des hommes autour de lui. Il a choisi Junot et Marmont comme aides de camp. Il les observe, dévoués, efficaces, admiratifs.

C'est cela, être un chef, devenir le centre d'un groupe d'hommes qui sont comme les planètes d'un système solaire.

Napoléon se souvient de ces livres d'astronomie dans lesquels il s'était plongé avec fascination à Paris, alors que s'effondrait la monarchie.

Les sociétés, les gouvernements, les armées, les familles sont à l'image des cieux. Il leur faut un centre autour duquel ils s'organisent. C'est ce cœur qui détermine la trajectoire des planètes satellites. Que sa force vienne à manquer, et chaque astre s'échappe. Le système se décompose jusqu'à ce qu'une autre force vienne le fixer autour d'un nouveau centre.

En parcourant les forteresses de Marseille et de Toulon dont on l'a chargé de reconstituer l'artillerie, Napoléon joue avec ses idées.

Le mois de janvier 1794 est glacial. Le mistral souffle, tailladant le visage. La guerre et la terreur s'étendent. En Vendée, les « colonnes infernales » du général Turreau dévastent le pays et massacrent. À Paris, les luttes de factions s'intensifient, Saint-Just et Robespierre frappent les « enragés » – Jacques Roux – et les « indulgents » – Danton.

Souvent Napoléon regarde depuis le sommet d'une forteresse vers le large. Il lui a semblé à deux ou trois reprises, à l'aube, apercevoir la Corse. Pascal Paoli, le 19 janvier, a appelé les Anglais à y débarquer et ils ont commencé à s'installer dans le golfe de Saint-Florent.

Paoli n'est plus un centre. Le système tourne autour de la Convention, du Comité de salut public et de Robespierre, qui en est la force d'impulsion.

Napoléon rencontre souvent Augustin Robespierre, le frère de Maximilien, représentant en mission auprès de l'armée d'Italie. Mais il écoute plus qu'il ne parle. Augustin Robespierre voudrait connaître son jugement sur les événements politiques. Napoléon, le visage figé, murmure entre ses dents qu'il est aux ordres de la Convention.

C'est Augustin Robespierre qui lui apprend que Lucien Bonaparte – « votre frère, citoyen général » – est un Jacobin prononcé. Sur la proposition de Lucien, Saint-Maximin a pris le nom de Marathon. Lui-même a changé son prénom en Brutus ! Voici ce qu'il a écrit à la Convention, dans les premiers jours de janvier 1794, après la prise de Toulon.

Augustin Robespierre tend à Napoléon une feuille. Napoléon lit sans qu'un seul des plis de son visage bouge :

« Citoyens Représentants,

« C'est du champ de gloire, marchant dans le sang des traîtres, que je vous annonce avec joie que vos ordres sont exécutés et que la France est vengée. Ni l'âge ni le sexe ne sont épargnés. Ceux qui n'avaient été que blessés ont été dépêchés par le glaive de la liberté et par la baïonnette de l'égalité.

« Salut et admiration,

« Brutus Bonaparte, citoyen sans-culotte. »

Napoléon rend le feuillet à Augustin Robespierre. Il devine que le frère de Maximilien le scrute et attend un commentaire. Mais Napoléon ne dira rien de ce jeune fou de Lucien qui n'a pas compris que les systèmes changent, et qu'il faut, tant qu'on n'est pas le centre de l'un d'eux, se tenir prudemment sur ses gardes.

Que n'a-t-il vu Louis XVI, le souverain du plus grand des royaumes, coiffer le bonnet rouge, trinquer avec ses anciens sujets, puis, le 10 août 1792, s'enfuir comme un *coglione* ?

Qui peut dire que Robespierre, demain, ne connaîtra pas le même sort ? Si vertueux, énergique et impitoyable soit-il.

Augustin Robespierre plie le feuillet.

Il a l'intention, dit-il, en accord avec les autres représentants en mission, Ricord et Saliceti, de nommer commandant de l'artillerie dans l'armée d'Italie un général qui a fait ses preuves et dont les sentiments jacobins et révolutionnaires sont prouvés.

Napoléon reste impassible.
– Vous, citoyen Bonaparte.

La nomination à l'armée d'Italie est intervenue le 7 février 1794, et il a suffi de quelques jours pour que Napoléon sente les regards jaloux, presque haineux, des envieux. Un général qui n'a pas vingt-cinq ans, à la tête de l'artillerie de toute une armée ! Nomination politique, insinue-t-on. Bonaparte est robespierriste.

À Nice, en pénétrant dans les pièces qu'occupe près du port le général Dumerbion, Napoléon entend et devine ces insinuations.

Le général Dumerbion a le visage las, les traits tirés. Il fait asseoir Napoléon, l'interroge.

– Ce citoyen Robespierre..., commence-t-il.

Napoléon ne répond pas, laisse Dumerbion s'enferrer, expliquer enfin qu'il est malade, souffre d'une hernie qui l'empêche de monter à cheval, et qu'il donne à Napoléon carte blanche. Il s'agit de remettre en état l'artillerie et d'établir des plans de bataille. Il faut repousser les armées sardes qui tiennent les villes du nord-est du comté de Nice, vers Saorge et le col de Tende. Il faudrait aussi les faire reculer sur la côte, au-delà d'Oneglia.

S'organiser. Travailler. Agir. Napoléon, d'une voix sèche, a donné ses ordres à Junot et à Marmont, puis il parcourt la ville.

Sur l'une des places, dont il distingue encore l'ancienne appellation – place Saint-Dominique –, la guillotine est dressée. Il traverse cette place de l'Égalité, escorté par une patrouille de dragons. Il gagne l'est de la ville, au-delà du port, et choisit sa résidence, rue de Villefranche, dans une belle demeure où le ci-devant comte Laurenti l'accueille aimablement.

Napoléon, quand il aperçoit la jeune Émilie Laurenti, s'immobilise.

Elle n'a pas seize ans. Elle est vêtue d'une robe blanche et porte ses cheveux relevés. Il s'approche, salue maladroitement.

Il a tout à coup le sentiment d'être sale et boueux. Et il l'est, car la pluie tombe sur Nice ce 12 février 1794.

Napoléon se laisse guider par Laurenti vers sa chambre. Il se retourne : Émilie Laurenti le suit des yeux.

Voilà des semaines qu'il ne croise pas le regard d'une femme. Parfois, durant le siège de Toulon, à la table du contrôleur Chauvet, Napoléon a dîné avec les filles de cet officier. Mais le canon tonnait. Il fallait aller dormir dans son manteau, à même la terre, derrière les parapets.

Dans cette maison niçoise, Napoléon retrouve la douceur et la grâce, la faiblesse d'une jeune fille.

L'uniforme lui devient lourd. Le tissu est rêche, le cuir des bottes raide.

Dans sa chambre, Napoléon ouvre la fenêtre. Sous le ciel bas, la mer paraît noire. Emprisonné entre deux petits caps, le port n'est qu'une anse naturelle. Sur la grève, on a tiré les tartanes et les barques.

C'est comme une vision d'enfance, un paysage de Corse, peut-être en moins rude, en plus tendre.

Tout à coup, Napoléon ressent le désir de se laisser aller et recouvrir par une vague d'émotion, de sentiments, d'amour. Les phrases lues autrefois, celles de Rousseau, reviennent.

Il avait cru les oublier. Elles sont là, palpitantes.

L'amour, les femmes existent. Elles sont au cœur de la vie, comme la guerre et l'argent.

Il veut cela aussi.

Dans son bureau, à l'état-major, il fait déplier les cartes. Il trace de grands traits noirs qui sont les directions que doivent prendre les bataillons pour gagner Tende, Saorge, Oneglia, et bousculer les troupes sardes. Il rencontre Masséna, qui lui aussi vient d'être nommé général et dont les huit mille hommes, qui se sont distingués lors du siège de Toulon, défilent dans les rues de Nice.

Napoléon assiste à leur parade. Il mesure l'enthousiasme des révolutionnaires niçois et la crainte de la majorité de la population. N'est-ce pas la peur qui gouverne les hommes ?

Puis, en compagnie de Junot et de Marmont, il s'enfonce dans les hautes vallées, emprunte des chemins escarpés. Voici Saorge, ce village dont les maisons se confondent avec les parois de la montagne. Impossible d'approcher de plus près, car les Sardes bombardent, depuis les sommets, la vallée de la Roya. Les jours suivants, Napoléon inspecte les fortifications côtières, dont s'approche parfois la flotte anglaise venue des ports corses qui désormais lui sont acquis.

À Antibes, en sortant du Fort-Carré, lors d'une des rares belles journées de la fin février 1794, Napoléon remarque sur une colline une maison bourgeoise au toit de tuiles décolorées, aux volets fermés peints en vert vif.

Il grimpe jusqu'à elle, entre dans le jardin planté d'orangers, de palmiers, de lauriers et de mimosas.

De la terrasse fleurie, on domine le cap d'Antibes, le golfe Juan et la baie des Anges. On surplombe le Fort-Carré et ses tours d'angle élevées par Vauban.

– Ce sera ici, dit Napoléon à Junot.

Une semaine plus tard, il attend les siens sur le seuil de cette demeure dont il a ordonné la réquisition. On l'appelle, dans le pays d'Antibes, le Château-Salé. Napoléon continue d'avoir sa résidence dans la maison Laurenti, rue Villefranche, à Nice, mais il veut que sa mère, ses frères et ses sœurs soient près de lui, sous sa protection, et puissent bénéficier de son soutien.

Il a besoin de cette famille. C'est dans le regard de sa mère, dans l'admiration et l'envie de ses frères et de ses sœurs qu'il mesure aussi sa marche en avant et ses succès.

Les voici qui arrivent, entourés par les cavaliers de Junot, car les routes entre Marseille et Antibes ne sont pas sûres.

Durant les trois jours qu'a duré le voyage, Junot raconte à Napoléon qu'ils ont été souvent suivis par les bandes des *Enfants du Soleil,* des royalistes qui mènent une guerre d'embuscade dans le Var et sont réfugiés dans les forêts de l'Estérel et des Maures.

Sans ordre, sans paix intérieure, qu'est-ce qu'une nation ?

Napoléon fait visiter à sa mère les pièces, pousse lui-même les volets.

– Voilà, dit-il, c'est votre maison.

Ce n'est pas la maison familiale d'Ajaccio, mais il lui semble qu'il a commencé d'en reconstruire les murs.

Il s'approche de Louis, son ancien élève d'Auxonne et de Valence. Il vient de le faire nommer à son état-major, bien qu'il n'ait que seize ans.

Puis Napoléon s'enquiert de Lucien, dont Letizia Bonaparte lui rapporte qu'il a l'intention de se marier avec la fille de son aubergiste. Joseph, lui, est bien introduit à Marseille, chez les Clary, de riches négociants de la rue des Phocéens. L'aînée des filles, Julie, a cent cinquante mille livres de dot.

Napoléon écoute. Il est le centre de ce « système » Bonaparte.

Il prend ses habitudes au Château-Salé. Il y dîne avec Marmont, Junot, Muiron, Sébastiani. On y voit aussi Masséna. Et parfois l'épouse de Ricord, le représentant en mission, et même la sœur de Maximilien et Augustin Robespierre, Charlotte, se rencontrent chez celui qu'on appelle « l'ardent républicain ».

Le matin, après ses soirées au Château-Salé, Napoléon rentre à Nice, souvent en compagnie de ses aides de camp. Les chevaux courent le long des grèves, leurs sabots soulevant l'écume des vagues. On traverse le Var à gué, et on arrive sur les quais du port de Nice, dans le soleil levant.

Au travail : sur les plans et les cartes. Réunions avec le général Dumerbion. Napoléon est surpris par la rapidité avec laquelle le temps s'écoule. Son imagination, à partir des cartes, s'enflamme. Il anticipe le mouvement des troupes, les réactions de l'adversaire. Tout s'ordonne dans son esprit comme le déroulement d'une démonstration mathématique, d'un système.

Lorsqu'il s'adresse à Augustin Robespierre ou au général Dumerbion, il sent que rien ne résiste à sa pensée.

Un jour d'avril, Augustin Robespierre lui parle longuement, l'entraînant sur le quai du port, lui disant qu'il a écrit à son frère Maximilien pour lui faire l'éloge de ce « citoyen Bonaparte commandant d'artillerie au mérite transcendant ».

L'armée d'Italie a suivi ses plans. Saorge, Oneglia, le col de Tende sont tombés, et Dumerbion, dans un message à la Convention, a reconnu ce qu'il devait « aux savantes combinaisons du général Bonaparte qui ont assuré la victoire ».

– Pourquoi, reprend Augustin Robespierre, ne pas jouer un rôle plus grand encore, à Paris ?

Napoléon s'arrête, fait mine de ne pas comprendre. Il a préparé un plan, dit-il, qu'il veut soumettre à Maximilien Robespierre. Il s'agit d'un projet d'attaque par l'armée d'Italie tout entière, une manière de contraindre les Autrichiens à défendre la Lombardie, le Tessin, et ainsi de permettre à l'armée du Rhin d'avancer face à un adversaire affaibli.

Augustin Robespierre écoute, approuve, mais ce n'est pas de cela qu'il s'agit.

– Attaquer partout serait du reste une faute militaire, reprend Napoléon comme s'il n'avait pas entendu la remarque du représentant. Il ne faut point disséminer ses attaques mais les concentrer. Il en est des systèmes de guerre comme des sièges des places : réunir ses feux contre un seul point, la brèche faite, l'équilibre est rompu, tout le reste devient inutile et la place tombe.

– Soit, dit Augustin Robespierre.

Il transmettra ce plan d'attaque par l'Italie. Mais Bonaparte connaît-il Hanriot, le chef d'état-major de l'armée révolutionnaire, à Paris, la sauvegarde de la Convention et du Comité de salut public ?

Napoléon laisse passer un moment de silence, puis dit :

– Frapper l'Autriche, l'affaiblir par une blessure en Italie, mettre en mouvement l'armée, à partir d'Oneglia et du col de Tende, voilà mon plan.

Le soir, tout au long du trajet vers Antibes qu'il fait en galopant seul, loin devant Junot et Marmont, il analyse la proposition d'Augustin Robespierre : entrer dans le cœur du système robespierriste. Mais faut-il s'exposer prématurément aux coups ?

Hier encore, il a mesuré les jalousies qu'il suscite. On l'a cité à comparaître à la barre de la Convention, pour avoir, à Marseille, remis en état les pièces d'artillerie au bénéfice, dit-on, des aristocrates ! Les représentants en mission l'ont défendu. Mais l'épée d'une condamnation reste suspendue sur sa tête.

Il faut savoir ouvrir le feu au bon moment, sinon le glaive tombe.

Napoléon saute de cheval dans le jardin de Château-Salé. Ses frères Lucien et Joseph viennent à sa rencontre. Il les entraîne dans le fond du jardin. Il fait doux. C'est le mois de mai. Il regarde la mer. Il parle pour lui-même. Il ne dépend que de lui de partir pour Paris, dès le lendemain, dit-il. Il serait alors en position d'établir tous les Bonaparte avantageusement.

Il se retourne.

– Qu'en dites-vous ? demande-t-il.

Il n'attend pas que ses frères lui répondent.

– Il ne s'agit pas de faire l'enthousiaste, reprend-il. Il

n'est pas si facile de sauver sa tête à Paris qu'à Saint-Maximin. Robespierre jeune est honnête, mais son frère ne badine pas. Il faudrait le servir. Moi, soutenir cet homme ? Non, jamais ! Je sais combien je lui serais utile en remplaçant son imbécile de commandant de Paris, mais c'est ce que je ne veux pas être. Il n'est pas temps. Aujourd'hui, il n'y a pas de place honorable pour moi qu'à l'armée : prenez patience, je commanderai Paris plus tard.

Il s'éloigne de quelques pas.

Il avait déjà tranché, mais d'avoir exprimé ce qu'il pensait en venant de Nice et déjà au moment où Augustin Robespierre parlait le convainc qu'il n'y a qu'un seul choix possible, celui qu'il a fait.

Il se retourne, il lance à ses frères : « Qu'irais-je faire dans cette galère ? » Mais il reste longtemps à contempler la mer.

Il en est sûr, et la proposition d'Augustin Robespierre a fait naître cette certitude : un jour, il sera temps de commander à Paris.

L'été, tout à coup, et ces nouvelles qui blessent.

Le 21 juin, au nom d'une consulte, Paoli a proposé à George III, roi d'Angleterre, d'accepter la couronne de Corse, ce que le souverain a fait !

À Paris, les têtes roulent, la terreur devient folle, alors que la victoire de Fleurus, le 26 juin 1794, rend inutile cette répression cruelle.

Souvent, alors que s'écoulent les jours de juin et de juillet 1794, Napoléon s'installe dans le jardin de la maison Laurenti, rue Villefranche.

Il parle peu. Il regarde Émilie. Il s'apaise. Mais il ne peut rester longtemps immobile. L'atmosphère, à l'état-major, est lourde. La caisse de l'armée est vide. Les vêtements manquent. Sur un effectif de quarante mille hommes, seize mille sont déclarés malades !

Le 11 juillet, lorsque Napoléon se rend à la convocation

du représentant en mission Ricord, il a encore dans la tête les mots qu'il vient d'écrire à l'un de ces officiers qui se plaignaient de l'état de l'armée. « Ça finira mal pour ceux qui jettent l'alarme dans le peuple. »

Il se sent lui-même emporté par ce climat de violence et d'inquiétude. Que veut Ricord ?

Le représentant lit deux longues instructions secrètes qu'il a rédigées en compagnie d'Augustin Robespierre.

Le général Bonaparte doit se rendre à Gênes, se renseigner sur l'état des fortifications, y récupérer de la poudre, déjà payée, y juger de l'attitude civique des représentants français et discuter avec le gouvernement de Gênes de la manière dont on peut combattre « les hordes de brigands » auxquelles Gênes laisse libre le passage.

Mission secrète, insiste Ricord, à la fois diplomatique et militaire.

Comment se dérober ?

Ricord et Robespierre ont toujours le pouvoir. Augustin Robespierre doit se rendre à Paris et défendre au Comité de salut public le plan d'attaque contre l'Italie que Napoléon a mis au point.

– Je pars, dit Napoléon.

Il va seul, en civil, sur ces routes en corniche qui s'accrochent aux falaises.

Le pays n'est pas sûr, mais de place en place il y a des postes français ou des cités tenues par des révolutionnaires italiens. À Oneglia, Napoléon dîne avec Buonarroti, qu'il a connu en Corse et qui a été nommé commissaire de la Convention par Ricord et Robespierre.

Évocation du passé, déjà.

Buonarroti publiait en Corse *Il Giornale Patriottico di Corsica,* dans lequel Napoléon avait écrit un article.

Napoléon, sur cette terrasse qui donne sur le port, écoute en silence Buonarroti évoquer l'égalité, qui doit régner et que Robespierre peut peut-être contribuer à établir.

Napoléon, d'abord, ne répond pas. L'égalité ?

Comment Buonarroti, cet homme de plus de trente ans, peut-il garder une telle foi ?

L'égalité des droits, commence Napoléon, celle que la loi peut établir...

Mais Buonarroti l'interrompt avec fougue : l'égalité des fortunes, dit-il, celle des richesses, afin d'établir la vraie égalité des droits.

Il faudrait couper la tête d'un homme sur deux, et cela ne suffirait pas, murmure Napoléon. Qui veut être plus pauvre qu'il n'est ?

Au retour de Gênes, Napoléon ne s'arrête pas à Oneglia, et, lorsqu'il arrive à Nice le 27 juillet 1794, il rend d'abord compte à Ricord de sa mission à Gênes, puis il regagne Château-Salé avec Junot.

La demeure est vide. Letizia Bonaparte et ses enfants ont quitté Antibes pour assister au mariage de Joseph Bonaparte avec Marie-Julie Clary, la fille des négociants marseillais en soie et savon. Joseph Bonaparte a choisi les cent cinquante mille livres de rente !

Napoléon se sent seul. Il rentre aussitôt à Nice, chez Laurenti.

Le 4 août au matin, Junot se présente, nerveux, pâle. Robespierre a été décapité, lance-t-il dès qu'il voit Napoléon. Maximilien a été arrêté le 27 juillet, exécuté le lendemain avec son frère Augustin.

Napoléon baisse la tête.

Laurenti s'approche, se fait répéter la nouvelle. Enfin ! Les emprisonnés seront libérés, on démontera la machine du docteur Guillotin !

Napoléon quitte la maison sans mot dire. Il a vu trop de haine dans les yeux. Il a senti frémir trop de jalousies pour ne pas imaginer des dénonciations contre lui.

– Ils vont se venger, dit-il.

Il pense aux rues de Toulon. Puis il ajoute, fort, pour que les officiers qui l'entourent l'entendent :

– J'ai été un peu affecté de la catastrophe de Robespierre, que j'aimais un peu et que je crois pur, mais fût-il mon frère, je l'aurais moi-même poignardé s'il aspirait à la tyrannie.

Il attend.

Il croise Saliceti, dont le regard se détourne. Il cherche à rencontrer Ricord, mais on le dit en fuite. Il aurait gagné la Suisse.

Le 9 août, lorsque les gendarmes se présentent à la maison Laurenti pour lui signifier qu'il est décrété d'arrestation, de l'ordre des représentants Saliceti et Albitte, qui a remplacé Ricord, Napoléon ne manifeste aucune émotion.

Laurenti s'interpose, propose une caution pour permettre à Napoléon de demeurer aux arrêts dans leur maison.

On apprend à Napoléon qu'on le soupçonne d'être un partisan de Robespierre. Pourquoi s'est-il rendu à Gênes ? Des commissaires de l'armée des Alpes prétendent même qu'en Italie un million a été mis à sa disposition par les émigrés pour le corrompre.

Saliceti ajoute une phrase :

– Il y a sur Bonaparte de forts motifs de suspicion, de trahison et de dilapidation.

Il a été finalement conduit au Fort-Carré d'Antibes sous bonne escorte. De la fenêtre de la pièce où il est enfermé, il aperçoit le Château-Salé.

Il se tient d'abord recroquevillé sur lui-même.

Il pense à Saliceti qui l'a dénoncé, trahi pour se sauver. Lâcheté des hommes. Il pense à ce destin qui l'a mené si haut déjà, en si peu de mois, et maintenant, alors qu'il va avoir vingt-cinq ans, qui le précipite à terre, promis à la guillotine.

Accepter ce destin, ou se relever comme après une chute dans une charge ? Il demande une plume et du papier. Il va écrire aux représentants en mission. Il va se redresser.

« Vous m'avez suspendu de mes fonctions, écrit-il, arrêté et déclaré suspect. Me voilà flétri sans avoir été jugé ou bien jugé sans avoir été entendu. Depuis l'origine de la Révolution, n'ai-je pas toujours été attaché aux principes ? J'ai sacrifié le séjour de mon département, j'ai abandonné nos biens, j'ai tout perdu pour la République. Depuis, j'ai servi sous Toulon avec quelque distinction et mérité à l'armée d'Italie la part de lauriers qu'elle a acquise. L'on ne peut donc me contester le titre de patriote. »

Saliceti, tu me connais ! As-tu rien vu de suspect dans ma conduite de cinq ans qui soit suspect à la Révolution ?

« Entendez-moi, détruisez l'oppression qui m'environne et restituez-moi l'estime des patriotes !

« Une heure après, si les méchants veulent de ma vie, je la leur donnerai volontiers, je l'estime si peu, je l'ai souvent méprisée ! Oui, la seule idée qu'elle peut être encore utile à la patrie me fait en soutenir le fardeau avec courage. »

Il donne la lettre au factionnaire.

Napoléon est debout. Il entend les coups de la mer contre les rochers qui entourent le fort.

Il sera un bloc.

Dans la nuit, un soldat lui glisse un projet d'évasion que Junot, Sébastiani et Marmont ont mis au point.

Il écrit à nouveau :

« Je reconnais bien ton amitié, mon cher Junot... Les hommes peuvent être injustes envers moi, mais il me suffit d'être innocent, ma conscience est le tribunal où j'évoque ma conduite.

« Cette conscience est calme quand je l'interroge. Ne fais donc rien, tu me compromettrais.

« Adieu, mon cher Junot, salut et amitié,

« Bonaparte, en arrestation au Fort-Carré (Antibes). »

Il ne dort pas.

Des hommes trahissent. D'autres demeurent fidèles. On se désespère ou on se réchauffe quand on apprend les actions des uns ou des autres.

Mais il ne faut compter que sur soi. Ne faire confiance qu'à soi.

Il sait qu'à Nice ses aides de camp harcèlent les représentants en mission et le général Dumerbion.

Sur le front, dans les hautes vallées, les Sardes attaquent, profitant du trouble qui a gagné la République et ses armées à la suite de la chute de Robespierre.

On a besoin de Napoléon. Saliceti se rétracte. « Rien de positif » n'a été découvert contre Bonaparte, écrit-il le 20 août au Comité de salut public.

Ce même jour, le factionnaire ouvre la porte de la pièce et sourit en présentant son arme.

– Citoyen général..., commence-t-il.

Napoléon passe d'un pas lent devant lui.

Il est libre.

Il ne faut pas dépendre d'un système. Il faut être son propre système. Il a vingt-cinq ans depuis cinq jours.

17

Napoléon entre dans le bureau du général Dumerbion, qui est assis les jambes allongées, le corps lourd et las. Il semble avoir du mal à lever le bras. Des officiers sont debout autour de la table sur laquelle sont posées des cartes.

Napoléon les dévisage l'un après l'autre. Ils baissent les yeux. Pas un de ces hommes, qu'il côtoie depuis des mois, qui n'ose faire un geste d'amitié ou le féliciter pour sa remise en liberté.

Tous se taisent. Et c'est ainsi depuis que Napoléon a quitté le Fort-Carré et retrouvé ses fonctions à Nice, à l'état-major de l'armée d'Italie.

Le général Dumerbion toussote, soupire.

Il pointe enfin son doigt sur la carte, invite Napoléon à s'approcher. Les officiers s'écartent.

Napoléon a envie de les toucher, de leur lancer en ricanant : « Je suis pestiféré, craignez pour votre liberté et votre vie. » Mais à quoi bon ? Il a découvert depuis son emprisonnement que la lâcheté et la peur étaient largement partagées.

Dumerbion lui a demandé d'établir un nouveau plan d'attaque dans la région de Diego et de Cairo, dans le Piémont, au-delà des cols de Tende et de Cadibona. Mais il se sent entouré par la suspicion. On le surveille. On le guette, et surtout on l'évite. On se méfie des nouveaux représentants en mission. On craint l'épuration ordonnée par la Convention et le Comité de salut public. Il s'agit de traquer les officiers suspects de jacobinisme, et de couper « la queue de Robespierre » dans les armées. Des officiers ont été mutés. D'autres emprisonnés. On a guillotiné plus de cent personnes dans les jours qui ont suivi la chute de celui qu'on appelle maintenant « le tyran ». Dans les prisons s'entassent les maîtres d'hier. Et quelquefois la foule en brise les portes, massacre les prisonniers. Les « Compagnies de Jésus » et les « Compagnies du Soleil » pourchassent les Jacobins, font des milliers de victimes. Elles sont animées par des émigrés royalistes ou les nouveaux représentants en mission.

Napoléon sait que Lucien a été arrêté comme jacobin, jeté dans la prison d'Aix. Et Napoléon a écrit à l'un des administrateurs de la ville : « Assiste mon frère, ce jeune fou, et aie pour lui la sollicitude de l'amitié. »

Mais que peut-on attendre d'un homme quand la peur le tient ? Que peut-on attendre d'un pays, quand le centre du pouvoir bascule ainsi d'une main à l'autre et qu'à la terreur jacobine succède la terreur blanche ?

Pendant que le général Dumerbion parle, Napoléon ne regarde pas la carte.

Il est familier de chaque pli du terrain. Il a rédigé tant de mémoires sur la campagne qu'il faudrait conduire en Italie ! Chaque fois il a proposé les mêmes axes afin de séparer les Autrichiens des Piémontais. Il a expliqué qu'il faut déployer les troupes en tirailleurs. Tout ce qu'il a lu lorsqu'il était en garnison à Auxonne, à Valence, les livres de Guibert et de Gribeauval, les traités de Du Teil, est revenu prendre place naturellement dans ses phrases. Pourquoi dès lors écouter Dumerbion, ce général impotent qui n'imagine rien ?

Si Dumerbion, ces officiers couards savaient la confiance qui est la sienne et s'ils devinaient les idées avec lesquelles il jongle !

Il faudrait, pense-t-il, un pays dont le centre serait un point de ralliement, un axe fixe. Et chaque citoyen serait assuré de la place qu'il occupe dans ce système. Ni terreur rouge ni terreur blanche. Un ordre méthodique, une organisation mathématique.

Il répond à Dumerbion sans l'avoir écouté.

Il est prêt à conduire les bataillons dans la région de Cairo et Diego. Il se mettra en route pour les rejoindre dès aujourd'hui.

Il sait ce que le général Scherer a écrit sur lui : « Cet officier connaît bien son armée, mais il a un peu trop d'ambition. »

Mais qu'est-ce qu'un homme sans ambition ?

Une terre stérile.

Il est sur le terrain. Il pleut dans ces hautes vallées et sur ces collines piémontaises qui s'enfouissent en longues dorsales serrées dans la plaine de Lombardie.

Là-bas, dans la grasse terre alluviale, sur les rives du Pô, somnolent les villes opulentes, Milan, Vérone, Mantoue. Alors que les soldats sardes reculent, que les troupes républicaines mal vêtues, mal nourries, que ces soldats malades de dysenterie et parfois de typhus remportent la victoire de Diego et Cairo, Napoléon observe à la lunette cette Italie opulente, la Lombardie, où il suffirait d'un peu d'audace pour pénétrer et régner.

Mais il ne commande pas en chef. Et que peut-on, quand on doit obéir à des hommes qui vous sont inférieurs ?

Il rôde, maigre, le corps penché en avant, dans la maison de Cairo où est installé l'état-major.

Tout est trop simple, trop lent. Il s'impatiente. Il ne pourra pas vivre ainsi.

Il pousse la porte du bureau qu'occupe le conventionnel Turreau venu en mission à l'armée d'Italie. Il s'immobilise. Une femme est assise. Turreau est absent.

– Je suis la citoyenne Turreau, dit-elle.

Sa longue robe plissée, serrée à la taille, fait ressortir les rondeurs de ses hanches et de sa poitrine.

Elle ne baisse pas les yeux.

Il est attiré par ce corps, ces cheveux blonds, cette attitude alanguie. C'est comme une plaine à conquérir, à prendre dans un assaut court et brutal.

Il se penche. Il prononce quelques mots, elle répond. Le citoyen Turreau, dit-elle, est en inspection, il rentrera demain.

Il l'entraîne.

Au matin, alors qu'avec Junot il chevauche vers Nice, il murmure : « Des cheveux blonds, de l'esprit, du patriotisme, de la philosophie. »

Il retrouve les bureaux de l'état-major à Nice.

Une femme, une nuit, peut-elle apaiser ce besoin d'agir, ce désir d'être ce qu'on sait pouvoir être ?

Félicité Turreau séjourne quelques jours à Nice et elle se laisse à nouveau prendre.

Mais si les nuits sont brèves, les jours s'étirent.

On parle, à l'état-major, d'une expédition en Corse pour y déloger les Anglais. On rassemble des troupes et des navires à Toulon. Il faut qu'il en fasse partie.

Mais il a le sentiment que chaque fois qu'il interroge on se dérobe. Un matin, il apprend que Buonarroti a été destitué de ses fonctions de commissaire de la Convention à Oneglia. L'Italien est passé dans la nuit par Nice, entouré d'une escorte, en route pour les prisons de Paris, suspect de robespierrisme.

Napoléon comprend que l'arrestation de Buonarroti va encore accroître les soupçons contre lui. Il s'emporte et s'indigne : il ne fera pas partie de l'expédition en Corse. Pis, le 29 mars, il est rappelé de l'armée d'Italie.

Il rudoie Junot, Marmont, Muiron, qui tentent de l'apaiser. Rien ne le calme. Il reçoit une lettre de sa mère. « La Corse, écrit-elle, n'est qu'un rocher stérile, un petit coin de terre imperceptible et misérable. La France, au contraire, est grande, riche, bien peuplée. Elle est en feu. Voilà, mon fils, un noble embrasement. Il mérite les risques de s'y griller. »

Mais comment se jeter dans le brasier ?

Brusquement, en ce mois de mars 1795, c'est comme si la corde de l'arc se détendait, parce qu'il n'y a plus de cible à viser et que la flèche retombe.

Il se rend à Marseille.

Lorsqu'il traverse Draguignan, Brignoles, et les petites villes du Var, il sent les regards hostiles qui le suivent. Les royalistes des Compagnies de Jésus ont envahi les campagnes, sévissent tout au long de la vallée du Rhône. On pourchasse les Jacobins. On les massacre dans les prisons de Lyon. Les Muscadins, à Paris, les assomment et font fermer le club des Jacobins.

Que faire sans appui, alors qu'on est un général de vingt-cinq ans soupçonné de jacobinisme, écarté, privé de commandement, dépendant du bon vouloir d'hommes inconnus, hostiles ou indifférents, puissants dans leurs bureaux des Affaires de la Guerre, et qui ne vous ont pas vu charger à la tête des troupes, qui ignorent et peut-être craignent tout ce qu'il y a en vous de force, d'énergie, de désir de vaincre ?

Peut-être est-ce le temps des médiocres qui commence ?

Où est ma place dans ce pays ?

Il entre rue des Phocéens, à Marseille, dans le salon cossu des Clary.

Joseph s'avance, grossi, souriant, tenant le bras potelé de son épouse, Julie Clary, cent cinquante mille livres de dot.

Joseph s'efface, pousse vers Napoléon Désirée Clary, sa belle-sœur, une jeune fille brune au visage rond, au corps svelte. Elle a la timidité à éclipses de ses seize ans.

Elle est mutine, admirative et douce. Elle s'offre sans coquetterie comme une place qui se livre dans un élan au chef de guerre qui s'approche.

Napoléon s'assied près d'elle. Elle parle peu. Elle attend. Il rêve à être comme Joseph, ce chapon tranquille, heureux dans son ménage, mangeant gras et régulièrement, sans ennemis ni désirs, soucieux seulement du bonheur quotidien aux côtés des siens.

La rêverie s'obstine, s'amplifie au fil des jours, en mars et en avril 1795.

C'en serait fini, s'il se mariait avec Désirée Clary, d'être ce chat efflanqué qui rôde, le plus souvent seul.

Il saisit le poignet de Désirée. Sa peau est fraîche. Sa main se laisse prendre et serrer.

Chaque nuit, investir cette place, la posséder définitivement.

Pourquoi pas ?

Elle n'a que seize ans, dit-elle. Et lui seulement vingt-six dans quatre mois. Il la presse. Il met à donner de la réalité à ce rêve autant de force qu'à établir une batterie.

Le 21 avril, sous le regard bienveillant de Joseph, le frère aîné, et de son épouse Julie née Clary, la sœur aînée, Napoléon et Désirée Clary sont déclarés fiancés.

Tout est bien.

Le 7 mai, Junot présente à Napoléon l'un de ces feuillets dont il reconnaît la couleur de l'encre.

Il l'arrache des mains de Junot. Il lit. Il jure. Il est nommé commandant d'une brigade d'infanterie en Vendée.

D'infanterie ! Lui, général de l'arme savante, lui, le « capitaine canon » du siège de Toulon, lui, le commandant de l'artillerie de l'armée d'Italie ! C'est une dégradation, pas une promotion.

En Vendée !

Lui, qui a combattu l'Anglais et le Sarde, lui, contre les Chouans !

Il bouscule Junot, il pousse Joseph, il aperçoit Désirée Clary.

Il la fixe.

Son rêve est assis là, dans ce salon, bien sagement, les deux mains sur les genoux.

Il part pour Paris demain, dit-il.

Croit-on qu'il va se laisser étouffer, reléguer, exiler, humilier ?

Qu'est-ce que le bonheur, sinon agir, se battre ?

CINQUIÈME PARTIE

Mon épée est à mon côté, et avec elle j'irai loin

Mai 1795 – 11 mars 1796

18

« Tu n'es rien ! »

Personne ne lance ces quelques mots au visage de Napoléon depuis qu'il est arrivé à Paris, à la mi-mai 1795, en compagnie de Junot et de Marmont, ses aides de camp, et de son frère Louis. Et cependant, ce jugement méprisant ou indifférent comme un constat, il le devine à chaque instant, dans un regard, une attitude, un propos.

Lorsque Napoléon se plaint que l'appartement meublé qu'il loue à l'*hôtel de la Liberté,* rue des Fossés-Montmartre, est sommairement meublé et que le linge en est douteux, l'hôtelier se contente de répéter : « Soixante-douze livres par mois, soixante-douze livres. » Que demander de plus, en effet, pour ce prix-là ?

Or, l'argent ruisselle partout. Faisant tourner leurs grosses cannes torsadées, les élégants du moment, en perruque poudrée, « incroyables » accompagnés de leurs « merveilleuses », se pavanent sur les boulevards et rossent le Jacobin et le sans-culotte.

Napoléon maugrée : « Et ce sont de pareils êtres qui jouissent de la fortune ! »

Lui n'est rien.

Il réclame le remboursement de ses frais de route, deux mille six cent quarante livres. Il se présente au ministère de la Guerre pour toucher sa solde et ses six rations de vivres quotidiennes. Mais un jour suffit pour que la monnaie perde dix pour cent de sa valeur ! Que sont les liasses d'assignats qu'on lui attribue ? Du papier qui se consume !

Dans les bureaux du ministère, à peine si l'on prête attention à lui. Il attend que le ministre Aubry daigne le recevoir. Aubry ! Un vieux capitaine d'artillerie qui s'est nommé lui-même général, inspecteur de l'artillerie, et qui décide des carrières ! Un officier qui doit son poste aux intrigues et dévisage Napoléon avec un air de supériorité insupportable.

Napoléon plaide : il est artilleur, général de brigade, il ne peut accepter ce commandement d'une unité d'infanterie.

– Vous êtes trop jeune, répète Aubry. Il faut laisser passer les anciens.

– On vieillit vite, sur les champs de bataille, et j'en arrive ! reprend-il.

Une phrase de trop, quand on n'est rien, qu'on ne dispose d'aucun soutien, qu'on ne porte qu'un uniforme râpé sur lequel on distingue à peine le galon de soie du grade.

La rue, les bureaux, les salons sont pleins d'une foule d'élégants et d'élégantes qui ne voient même pas cet officier aux cheveux mal peignés et mal poudrés qui tombent sur les épaules comme d'immenses oreilles de chien. Ses mains sont longues et maigres, la peau jaune. Il se tient voûté, un mauvais chapeau rond enfoncé jusqu'aux yeux. Il avance d'un pas gauche et incertain. Il n'y a que son regard qui parfois surprend, gris, perçant. Et alors, on remarque les traits du visage, la bouche fine, le menton volontaire, l'expression résolue, l'énergie qui se dégage de cette physionomie juvénile et cependant déjà sculptée, presque émaciée.

Mais Napoléon sent bien que le regard qu'on lui porte est sans indulgence. On se détourne après avoir évalué d'un coup d'œil sa tenue, ses bottes éculées et poussiéreuses, son teint maladif.

Les pauvres, en ce printemps 1795, sont suspects. Le 1er avril, ils ont manifesté, et ils recommencent le 20 mai, quelques jours à peine après l'arrivée de Napoléon. Ils ont envahi la Convention, décapité le député Féraud, promené, comme lors des journées révolutionnaires, sa tête au bout d'une pique ! L'armée, sous le commandement du général Menou, a rétabli l'ordre. Mais les cris que les faubourgs ont poussés : « Du pain ! » et « La constitution de 1793 ! » ont donné le frisson. Il faut davantage encore écraser le talon sur la gorge de la populace.

– Un pays gouverné par les propriétaires est dans l'ordre social, celui où les non-propriétaires gouvernent est dans l'état de nature, c'est-à-dire dans la barbarie, déclare le conventionnel Boissy d'Anglas.

Napoléon sait bien que continue de peser sur lui le soupçon de robespierrisme et qu'il n'est pire tache d'infamie ces mois-ci.

Il rôde dans Paris, pour comprendre où sont les puissances qui déterminent l'ordre des choses. Il est sûr que tout se décide ici, dans la capitale. Rien ne sert de faire le brave sur les champs de bataille, si l'on ne conquiert pas d'abord des appuis parmi ceux qui détiennent les pouvoirs. Accepter de se rendre à l'armée de l'Ouest, ce serait non seulement déchoir injustement, mais perdre toute possibilité d'avancer, de parvenir enfin à se faire reconnaître pour ce que l'on est, ce que l'on vaut.

Mais en lui cette tension vers l'avenir est si forte qu'elle l'épuise. Il est constamment aux aguets, en chasse, sans savoir exactement ce qu'il guette, d'où viendra la proie, sur qui il faudra bondir, ni comment.

Parfois, il se sent exténué par cette quête anxieuse.

« Je suis malade, écrit-il à son frère aîné Joseph, ce qui m'oblige à prendre un congé de deux ou trois mois. Quand ma santé sera rétablie, je verrai ce que je verrai. »

Il souffre vraiment, il est fiévreux, hâve, avec des accès de désespoir.

Il prend la plume, écrit lettre sur lettre à Joseph. Souvent il est au bord des larmes.

« Je sens, en traçant ces lignes, écrit-il, une émotion dont j'ai eu peu d'exemples dans ma vie ; je sens bien que nous tarderons à nous voir, et je ne puis plus continuer ma lettre. »

Il est seul malgré la présence à son côté de Junot. Marmont a rejoint l'armée du Rhin, Louis a été accepté à l'école d'artillerie de Châlons-sur-Marne. Il a besoin de sa famille. « Tu le sais, mon ami, écrit-il encore à Joseph, je ne vis que par le plaisir que je fais aux miens. »

La nostalgie le prend d'une vie différente : « La vie est un songe léger qui se dissipe », dit-il. Pourquoi ne pas choisir une « maison tranquille », une vie campagnarde ?

Il écrit à Bourrienne : « Cherche-moi un petit bien dans ta belle vallée de l'Yonne. Je l'achèterai, dès que j'aurai de l'argent. Je veux m'y retirer, mais n'oublie pas que je ne veux pas de bien national. »

Prudent comme un bourgeois qui craint qu'un jour les émigrés ne viennent réclamer leur propriété !

Lorsqu'il songe ainsi à s'enfouir dans le confort paisible d'une vie familiale, il lance tout à coup à Junot : « Qu'il est heureux, ce coquin de Joseph ! » Et sa pensée se tourne vers ces jours passés aux côtés des Clary. Il songe à Désirée, la belle-sœur de Joseph. Il s'enflamme, écrit en quelques nuits un court roman, qu'il intitule *Clisson et Eugénie*. Il se dévoile, mettant en scène un jeune homme de vingt-six ans couvert déjà de lauriers conquis dans les batailles, mais amoureux d'une Eugénie de dix-sept ans. Clisson est homme tout d'une pièce, qui a les qualités que Napoléon se prête : « Clisson ne pouvait s'accoutumer aux petites formalités. Son imagination ardente, son cœur de feu, sa raison sévère, son esprit froid ne pouvaient que s'ennuyer des câlineries des coquettes et de la morale des brocards. Il ne concevait rien des cabales et n'entendait rien aux jeux de mots. »

Pour se vouer à l'amour d'Eugénie, Clisson quitte l'armée, mais rejoint le champ de bataille lorsqu'un ordre urgent du gouvernement l'y appelle. Il remporte victoire sur victoire, mais il découvre qu'Eugénie ne l'aime plus. Alors il renonce à la vie, en lui adressant une dernière lettre : « Que me restait-il pour l'âge futur, que la société et l'ennui !

« J'ai à vingt-six ans épuisé les plaisirs éphémères de la réputation, mais dans ton amour j'ai goûté le sentiment suave de la vie de l'homme. Embrasse mes fils, qu'ils n'aient pas l'âme ardente de leur père, ils seraient comme lui victimes des hommes, de la gloire et de l'amour.

« Clisson plia sa lettre, donna ordre à un aide de camp de la porter à Eugénie sur-le-champ, et tout de suite se mit à la tête d'un escadron, se jeta tête basse dans la mêlée et expira percé de mille coups. »

Napoléon a vingt-six ans et l'âme trop ardente comme Clisson, son héros.

Il est dans sa chambre de l'*hôtel de la Liberté*.

Il n'a pas dormi de toute la nuit. La chaleur de ce début d'août 1795 est accablante. Junot est couché dans la pièce voisine.

Il est si tôt ! Que faire ? Napoléon relit le roman qu'il vient d'achever, le corrige, réécrit trois fois les premières pages. Puis commence une lettre à Joseph : « Je crois que tu as fait exprès de ne pas me parler de Désirée... Si je reste ici, il ne serait pas impossible que la folie de me marier me prît ; je voudrais à cet effet un petit mot de ta part là-dessus. »

Napoléon veut que Joseph évoque cette question avec le frère de Désirée. Il trace les mots de son écriture anguleuse et rapide : « Continue à m'écrire exactement, vois d'arranger mon affaire de manière que mon absence n'empêche pas une chose que je désire. »

Encore quelques lignes, puis, pour conclure la lettre, cette question brutale : « Il faut bien que l'affaire de Désirée se finisse ou se rompe. J'attends ta réponse avec impatience. »

Écrire un roman, s'y regarder comme dans un miroir, tenter de forcer une jeune fille lointaine à l'épouser, ce sont des actions, des manières de lutter contre ce vide qu'est l'incertitude, cette angoisse que fait naître l'immobilité.

Mais ce désir, ces pages, cette demande ne sont qu'un moment parmi beaucoup d'autres durant lesquels Napoléon essaie de pousser toutes les portes.

Il harcèle les bureaux. Il grimpe au sixième étage du pavillon de Flore, au palais des Tuileries. Là s'est installé un membre du Comité de salut public, Doulcet de Pontécoulant, qui est chargé de la direction des Opérations militaires. Napoléon a obtenu du conventionnel Boissy d'Anglas une recommandation. Mieux vaut établir des plans de campagne dans une soupente des bureaux de la Guerre que d'être un général oublié à la tête d'une brigade d'infanterie qui traque les Chouans. Le général Hoche accomplit parfaitement cette tâche, et le représentant en mission Tallien, à Quiberon, vient d'ordonner qu'on fusille sept cent quarante-huit émigrés qui ont débarqué à Quiberon et ont été faits prisonniers.

Que gagner dans cette guerre-là ?

Mieux vaut se presser parmi les solliciteurs. Mais on détaille avec étonnement et mépris sa tenue. On le juge à l'égal d'un égaré. Il devine l'étonnement et la crainte devant sa passion. On le renvoie d'une phrase : « Mettez par écrit tout ce que vous m'avez dit, faites-en un mémoire et apportez-le-moi. »

Napoléon tourne le dos. Il ne rédigera pas ses notes, pense-t-il d'abord. Puis, sur l'insistance de Boissy d'Anglas, il élaborera un plan de campagne pour l'armée d'Italie, et M. de Pontécoulant l'emploiera quelques semaines auprès de lui dans un service topographique.

Il travaille avec une efficacité qui surprend, une originalité et un talent qui frappent. Il s'impose à Pontécoulant et, le rapport d'estime étant ainsi établi, parce que ses qualités sont reconnues, il réclame sa réintégration comme général d'artillerie, et pourquoi pas une mission à Constantinople pour réorganiser l'armée turque ? Pontécoulant appuie ses demandes. Le départ projeté vers l'Orient est une issue peut-être, mais il faut attendre la décision de Letourneur, chargé du personnel, et lui aussi n'est que capitaine d'artillerie, à quarante ans !

Alors, chercher d'autres buts, parce que l'impatience ronge et l'inaction détruit.

D'abord, l'argent. Que faire sans lui ? La solde, soit. Mais ceux qui tiennent le haut du pavé à Paris jonglent avec les millions d'assignats. Ils portent des tenues extravagantes de soie et de brocart, des chapeaux enturbannés, et, quand Napoléon pénètre dans leurs salons, il n'est qu'une silhouette noire serrée dans un uniforme mal taillé.

D'abord l'argent, donc.

Joseph en dispose, puisque Julie Clary lui a apporté cent cinquante mille livres de rente.

« J'ai été hier à la terre de Ragny, écrit à la hâte Napoléon à son frère. Si tu étais homme à faire une bonne affaire, il faudrait venir acheter cette terre moyennant huit millions d'assignats ; tu pourrais y placer soixante mille francs de la dot de ta femme ; c'est mon désir et mon conseil... »

Mais les affaires intéressantes s'arrachent, car on se hâte de convertir en bonnes terres et en pierre les assignats qui se dévaluent.

« Hier a été l'adjudication du bien que j'avais eu l'idée de te procurer, à neuf lieues de Paris ; j'étais décidé à en donner un million cinq cent mille francs, mais, chose incroyable, il est monté à trois millions... » Tel est ce monde ! Celui de l'argent, des intrigues, du luxe, de la luxure, de la puissance et des cabales !

Napoléon le flaire, l'examine. Ce sont les nouveaux riches corrompus qui se retrouvent chez Mme Tallien – « Notre-Dame de Thermidor » – qui permettent d'accéder là où le destin se joue !

Il faut être de ce monde, ou bien ne pas être.

Et cette découverte-là mine aussi la santé de Napoléon.

Il se fait inviter au palais du Luxembourg, où règne Barras, qu'on appelle le roi de la République. Il pénètre dans le salon de la Chaumière du cours la Reine, au coin de l'allée des Veuves, aux Champs-Élysées, où reçoit Mme Tallien, la maîtresse officielle de Barras – qui en compte tant d'autres, plus, dit-on, quelques mignons.

Barras ! Napoléon se souvient de ce représentant en mission qui, avec Fréron et Fouché, a nettoyé Toulon des royalistes. Ceux-là ont fait fortune avec les fournitures de guerre aux armées, la concussion, les pillages ici et là. Monde de débauche, de corruption, de luxe et de luxure qui attire Napoléon, parce qu'il est un loup affamé de gloire, de femmes, de puissance, et qu'il a compris que tout se décide là.

Mais il doute aussi de ses capacités à conquérir ce monde, à s'y faire connaître. Il le faut pourtant, puisque rien d'autre n'existe. Il ne va pas compter sur un retour de la vertu robespierriste alors qu'elle ne fut souvent qu'apparence et illusion, et que tout le monde rejette la terreur qui l'accompagnait. Qui se soucie d'ailleurs encore des pauvres ? Chaque jour quelques-uns d'entre eux se jettent dans la Seine avec leurs enfants, pour échapper par la mort à la faim et à la misère.

Le monde est ainsi. L'égalité n'est qu'une chimère. Malheur aux pauvres et aux vaincus !

« Le luxe, le plaisir et les arts reprennent ici d'une manière étonnante », écrit Napoléon.

Il se rend à l'Opéra, assiste à une représentation de *Phèdre*. Il court la ville, « les voitures, les élégants reparaissent, ou plutôt ils ne se souviennent plus que comme d'un long songe qu'ils aient jamais cessé de briller ».

Il est toujours tenaillé par le désir de savoir. « Les bibliothèques, les cours d'histoire, de chimie, de botanique, d'astronomie se succèdent... », note-t-il. Mais ce qui emporte toute la ville, c'est la volonté d'oublier dans le plaisir les mois de la Révolution. « L'on dirait que chacun a à s'indemniser du temps qu'il a souffert et que l'incertitude de l'avenir porte à ne rien épargner pour les plaisirs du présent », explique Napoléon à Joseph.

C'est cela, l'époque. Fou serait celui qui ne le comprendrait pas, qui voudrait autre chose.

« Cette ville est toujours la même ; tout pour le plaisir, tout aux femmes, aux spectacles, aux bals, aux promenades, aux ateliers des artistes. »

Et n'être rien dans ce monde-là, qui est le seul monde réel ? Autant mourir.

Brusquement, l'amertume et le désespoir submergent Napoléon. Il ne répond plus à Junot. Il s'enferme en lui-même, replié, le corps voûté.

Ce matin, il a fait antichambre chez Barras, chez Boissy d'Anglas, chez Fréron.

Il s'est présenté aux bureaux de la Guerre, qui accordent aux officiers en activité du drap pour l'habit, la redingote, le gilet et la culotte d'uniforme. Napoléon a réclamé, lu le décret du Comité de salut public qui fixe les modalités d'attribution. On l'a renvoyé. Qui est-il ? Même pour un uniforme, il faut un appui.

Voilà à quoi est réduit un homme comme lui !

Il prend la plume. Dans cette nuit du 12 août 1795, il laisse couler sa blessure. Il y a un abîme entre ce qu'il voudrait être et ce qu'il est, entre les batailles qu'il rêvait de conduire et le marécage où il lui faut patauger. Comme il l'a dit de son personnage, Clisson : « Il ne pouvait s'accoutumer aux petites formalités... Il ne concevait rien des cabales et n'entendait rien aux jeux de mots. »

Or, le Paris des thermidoriens n'est que cela ! Et Napoléon se sent désarmé, impuissant, incapable de forcer la porte.

Alors cette nuit il s'abandonne, le temps d'une lettre à Joseph.

« Moi, très peu attaché à la vie, écrit-il, la voyant sans grande sollicitude, me trouvant constamment dans la situation d'âme où l'on se trouve la veille d'une bataille, convaincu par sentiment que, lorsque la mort se trouve au milieu pour tout terminer, s'inquiéter est folie. Tout me fait braver le sort et le destin. Et si cela continue, mon ami, je finirai par ne pas me détourner lorsque passe une voiture. Ma raison en est quelquefois étonnée, mais c'est la pente que le spectacle moral de ce pays et l'habitude des hasards ont produite en moi. »

La lettre cachetée, Napoléon se redresse, appelle Junot. Celui-ci reçoit des sommes d'argent de sa famille, les joue et donne ses gains à son général. Napoléon répartit les pièces et les billets. On s'en va au Palais-Royal.

Il a vingt-six ans, Junot vingt-quatre ans. Ils passent, le regard avide, au milieu des femmes. Leur corps et leur parfum, leurs yeux quand parfois ils croisent ceux de Napoléon font oublier en un instant le désespoir presque suicidaire. Le désir réveille le goût de vivre.

S'imposer à ce monde tel qu'il est, c'est d'abord conquérir, posséder une femme.

« Les femmes sont partout, écrit Napoléon à Joseph : aux spectacles, aux promenades, aux bibliothèques. Dans le cabinet du savant, vous voyez de très jolies personnes. Ici seulement de tous les lieux de la terre elles méritent de tenir le gouvernail ; aussi les hommes en sont-ils fous, ne pensent qu'à elles, et ne vivent-ils que par et pour elles. Une femme a besoin de six mois à Paris pour connaître ce qui lui est dû et quel est son empire. »

Il faut donc aller là où elles sont, ces femmes parées et puissantes, intelligentes, spirituelles et sensuelles.

Si l'on veut obtenir l'appui de Barras, roi de la République, il faut réussir à approcher Notre-Dame de Thermidor, Thérésa Tallien.

La voici dans le salon de sa Chaumière, décoré comme un temple grec. Napoléon est, de tous les invités, le plus pauvrement vêtu. Les muscadins portent des perruques blondes, cheveux de décapités, dit-on. Ils arborent d'extravagantes tenues vertes, jaunes, roses. Leurs vestes ont de longues basques avec lesquelles ils jouent. Pas un qui ne semble apercevoir ce général « noir », ce « chat botté » aux yeux perçants.

Napoléon s'avance, se fraie un passage parmi les officiers chamarrés, les conventionnels aux grandes ceintures tricolores. Il salue Fréron qui, à Marseille, a fait une cour assidue, pressante à Pauline Bonaparte. Barras, ayant à son bras Thérésa Tallien, parcourt les salons comme un souverain, dans sa redingote militaire brodée d'or. Le vicomte Barras de Fox-Amphoux, élu du Var, a quitté jadis l'armée royale et rêve de grades élevés. Le 1er août 1795, il s'est fait nommer général de brigade !

C'est devant cette sorte de général qu'il faut s'incliner. Barras parade, exhibe Thérésa Tallien comme un joyau.

Elle est vêtue d'une simple robe de mousseline, très ample, tombant en longs et larges plis autour d'elle, modèle inspiré d'une tunique de statue grecque, drapée sur la poitrine, les manches retenues aux épaules par des boutons en camées antiques. Elle ne porte pas de gants. On devine ses seins, ses hanches.

Autour d'elle se pressent d'autres femmes tout aussi vêtues-dévêtues, parfumées, provocantes. Une créole lascive au regard insistant dévisage chacun des hommes comme si elle les invitait à oser. C'est la citoyenne Hamelin, et voici la citoyenne Krudener, Livonienne pâle et blonde. Voici Mme Récamier, et cette jeune femme brune qui sourit sans ouvrir les lèvres, c'est Joséphine de Beauharnais, veuve d'un général décapité sous la Terreur.

On dit qu'elle a connu Mme Tallien en prison, qu'elle a été avant celle-ci la maîtresse de Barras, qu'elle l'est encore de temps à autre.

À toutes on prête plusieurs amants, des vies dissolues, de la fortune.

Fasciné, Napoléon s'approche, déférent, de Thérésa Tallien. On semble le remarquer. Barras chuchote quelques mots. Peut-être évoque-t-il le siège de Toulon.

Napoléon s'enhardit. Ces femmes dénudées lui donnent de l'audace. En un instant, l'officier maigre et terne devient flamboyant, conquérant, impérieux. Il sollicite, se moque de lui-même, il n'a plus d'uniforme, regardez ! Mme Tallien ne peut-elle l'aider à obtenir le tissu auquel il a droit ? Peut-elle lui accorder cette grâce, elle la reine de Paris ?

Il a joué. Elle daigne le regarder. Elle est saisie par l'énergie qui émane de lui. La silhouette de l'officier est quelconque, ridicule, mais ses yeux retiennent l'attention.

Elle écoute, répond, magnanime, que l'ordonnateur Lefeuve, son obligé, accordera ce drap d'uniforme.

Barras s'est éloigné, souriant, l'air ennuyé.

La conversation s'engage. Napoléon saisit chaque phrase au bond et se donne l'occasion de briller. Tout à coup il est à l'aise, comme s'il avait appris depuis toujours à faire sa cour, comme si ce monde était le sien. Plein d'assurance, il saisit le poignet de Thérésa Tallien. Il pérore. Il sait lire l'avenir dans les lignes de la main. Un cercle de femmes se referme autour de lui. Il fait rire par les extravagances, par les allusions cachées sous ses prophéties. Il est corse, presque italien, n'est-ce pas ? Une civilisation qui sait prévoir l'avenir. Le général Hoche lui tend la main. Napoléon annonce que le général mourra dans son lit, « comme Alexandre ».

Il échange quelques mots avec Joséphine de Beauharnais, dont le regard cherche à évaluer ce petit homme maigre et nerveux, à l'esprit et à la parole si agiles qu'ils font oublier sa tenue misérable.

Elle est en quête d'homme.

Napoléon quitte la Chaumière de Thérésa Tallien d'un pas nerveux. Paris n'est que cela. Il lui semble que pour la première fois, en ce début septembre 1795, il a enfin réussi à établir des avant-postes sur le terrain qu'il faut conquérir. Il lui faut revoir Thérésa Tallien, approcher par elle Barras et Fréron, qui jusqu'à présent n'ont répondu à ses démarches que par des « billets » courtois et amicaux, des fins de non-recevoir.

Des voitures passent. Dans les encoignures des portes cochères, des corps de pauvres, endormis, sont entassés, leurs enfants emmaillotés dans des chiffons.

La nuit est encore douce.

Dans sa chambre, il se met à écrire à Joseph : « Tu ne dois avoir, quelque chose qui arrive, rien à craindre pour moi ; j'ai pour amis tous les gens de bien de quelque parti et opinion qu'ils soient... J'aurai demain trois chevaux, ce qui me permettra de courir un peu en cabriolet et de pouvoir faire toutes mes affaires. Je ne vois dans l'avenir que des sujets agréables, et en serait-il autrement qu'il faudrait encore vivre du présent : l'avenir est à mépriser pour l'homme qui a du courage. »

Dans les jours qui suivent, Napoléon est comme porté par cette certitude qu'enfin il s'est donné les moyens d'agir. Il écrit à Barras. Il s'assure que Pontécoulant appuie son projet d'obtenir un poste à Constantinople.

L'arrêté de nomination est prêt, assure Pontécoulant. L'indemnité de route est fixée. Napoléon sera le chef d'une véritable mission. Il échappera ainsi aux convulsions parisiennes qu'il pressent. Les royalistes en effet se mobilisent. Ils acceptent mal le projet de nouvelle Constitution, celle de l'an III, avec ses deux assemblées, le Conseil des Anciens et le Conseil des Cinq-Cents. Mais le décret que prend la Convention le 28 août leur paraît un véritable coup d'État.

Les conventionnels ont tout simplement décidé que les deux tiers des membres des futures assemblées seront choisis parmi eux... Manière d'éviter de voir aux élections prévues un triomphe royaliste et modéré. Les Barras et les Tallien, les Fouché et les Fréron ne veulent pas d'un retour de la monarchie.

Napoléon est trop marqué comme jacobin, trop suspect pour espérer quoi que ce soit des monarchistes ou des conventionnels.

Chaque jour il guette donc l'arrêté qui lui permettra de quitter la France avec une solde importante et une fonction prestigieuse.

Or, le 15 septembre 1795, le Comité de salut public prend l'arrêté suivant :

« Le Comité de salut public :

« Arrête que le général de brigade Bonaparte, ci-devant en réquisition près du Comité de salut public, est rayé de la liste des officiers généraux employés, attendu son refus de se rendre au poste qui lui a été assigné.

« La 9e Commission est chargée de l'exécution du présent arrêté.

« Le 29 Fructidor an III de la République

« Cambacérès, Berlier, Merlin, Boissy. »

Napoléon écarté, épuré.

La victoire, le talent, l'obstination, tous ces efforts déployés pour convaincre les conventionnels, les Barras et les Fréron, et les femmes, ont donc été inutiles.

Il n'est qu'un général sans emploi, parmi tant d'autres ; soixante-quatorze suspects sont rayés comme lui des registres de l'armée active.

Il a vingt-six ans.

« Tu n'es rien, Napoléon ! »

19

Il faut donc recommencer.

Napoléon ne ressent aucune lassitude. Au contraire. Ce coup inattendu qu'on vient de lui porter au moment où il croyait toucher le but le stimule.

Ou je m'élance à nouveau, ou je succombe.

Il lève la tête, regarde Junot qui va et vient dans la chambre, vocifère, couvre d'injures Letourneur, chargé du personnel militaire, Cambacérès, Barras et Fréron, tous ces profiteurs, ces officiers de bureau qui décident du sort du général Napoléon Bonaparte !

Pourquoi mêler sa voix à celle de Junot ? À quoi bon les ressentiments ?

Pourquoi perdre ainsi une énergie inutile ?

Il faut se redresser, comme si l'on avait eu le flanc lacéré par un coup d'éperon donné avec fureur.

Allons.

Dehors, il marche d'un pas rapide vers le Palais-Royal. Il ne répond pas aux questions de Junot. La soirée est douce, le crépuscule d'un rouge sang.

Tout à coup des cris, des hommes qui passent en courant, hurlant : « À bas les Deux-Tiers ! » Ils portent des collets aux couleurs du comte d'Artois, leurs cadenettes, ces tresses de cheveux qui partent du milieu du crâne et retombent sur la poitrine, rebondissent sur leurs épaules. Ils envahissent les cafés de la place, le Théâtre-Français, ils contraignent les consommateurs, les spectateurs et les passants à crier à leur tour, à condamner la Constitution, le décret des Deux-Tiers. De temps à autre une voix lance : « Vive le roi ! »

On dit que la section Lepeletier, celle de la Bourse, a envoyé une adresse à toutes les communes pour contester le décret des Deux-Tiers, en demander l'annulation. Elle a fait appel au général Danican pour diriger la garde nationale de Paris afin de se dresser armes à la main, si besoin est, contre la Convention.

L'Assemblée siège. Dans l'entrée du bâtiment, Napoléon rédige sur ses genoux une lettre pour Barras, une autre pour Fréron. De temps à autre il s'interrompt. Il reconnaît cette atmosphère, c'est le vent d'une tempête qui se lève. Il se souvient du 20 juin, puis du 10 août 1792. Il était à quelques pas des émeutiers, non loin d'ici, spectateur, persuadé qu'il aurait été capable de changer le cours des événements. Il saurait mieux encore maintenant. Mais il est hors de la scène. Alors autant s'éloigner du théâtre, puisqu'on ne peut y jouer le premier rôle. Il faut partir à Constantinople, obtenir cette nomination déjà rédigée.

Quelques jours plus tard, il peut écrire à Joseph : « Il est question plus que jamais de mon voyage ; cela serait même décidé s'il n'y avait pas tant de fermentation ici ; mais il y a dans ce moment quelques bouillonnements et des germes très incendiaires, cela finira sous peu de jours. »

Il ne peut rester dans sa chambre. Il va au théâtre. Il a besoin de cette rumeur, de ces rires autour de lui. Elle l'isole tout en excitant sa pensée. Il sent le regard de Junot inquiet, étonné : alors que tous les spectateurs s'esclaffent, Napoléon reste impassible.

Dehors, sous les galeries du Palais-Royal, des groupes vocifèrent. On s'indigne des résultats du référendum approuvant la Constitution par un peu plus d'un million de voix, et à peine cinquante mille hostiles, mais il y a plus de cinq millions d'abstentions. Et ce décret des Deux-Tiers permettant aux conventionnels de se retrouver dans les deux assemblées n'a recueilli que deux cent cinq mille quatre cent quatre-vingt-dix-huit voix contre plus de cent mille ! Farce, hurle-t-on. Puis des coups de feu. On tire sur une patrouille de l'armée. Des jeunes gens en armes passent. Certains portent l'emblème des Vendéens, fait d'un cœur et de la croix.

Mille émigrés ont débarqué, accompagnés de deux mille Anglais, dans l'île d'Yeu. Trente des quarante-huit sections de Paris, conduites par la section Lepeletier, appellent à se dresser contre la Convention, à prendre les armes. Maintenant que les sans-culottes ont été écrasés, que l'armée a été épurée de ses officiers jacobins, les modérés et les royalistes peuvent imaginer qu'ils ont la partie facile. Ils disposent de trente mille gardes nationaux en uniforme, et la Convention ne peut compter que sur huit mille hommes.

Ces voix, ces cris, ces rumeurs, ces coups de feu, ce piétinement des gardes nationaux en armes, et parfois ce galop d'un cheval, Napoléon les écoute, comme un chasseur qui guette l'occasion propice. Mais il n'est rien. Il ne peut qu'observer, attendre. Quoi ? questionne Junot.

On vient d'apprendre que la Convention, inquiète, appelle les généraux et les officiers disgraciés pour leur jacobinisme à la défendre. Elle a même formé avec des membres des sections antiroyalistes trois bataillons de volontaires, « les Patriotes de 89 ».

Protéger Barras, Fréron, Tallien, Cambacérès ! Napoléon ricane. Il prend Junot par le bras. « Ah, murmure-t-il les dents serrées, si les sections me mettaient à leur tête, je répondrais bien, moi, de les mettre dans deux heures aux Tuileries et d'en chasser tous les misérables conventionnels ! »

Mais les sections ont choisi le général Danican, et l'armée de la Convention est dirigée par le général Menou, celui-là même qui, le 20 mai, a brisé l'émeute de la faim des sans-culottes.

Où sont les différences entre Danican et Menou ? Allons au théâtre.

Les tambours dans les rues battent la générale. Des troupes passent, fantassins, artilleurs, cavaliers, se dirigeant vers la rue Vivienne pour aller occuper la section Lepeletier, où siège, sous la direction du royaliste Richer de Sérizy, le comité central militaire de toutes les sections parisiennes qui se sont mises en insurrection contre la Convention.

Il est neuf heures du soir. Napoléon se tient en retrait. Il commence à pleuvoir. Son uniforme prend l'eau. Ses cheveux longs qui tombent sur ses épaules sont trempés. Dans l'obscurité, personne ne le remarque. Des bataillons de gardes nationaux s'avancent, précédés de tambours, prennent position rue du Faubourg-Saint-Honoré. Qu'attend donc le général Menou pour disperser les troupes des sections ?

Il semble au contraire qu'elles investissent peu à peu toute la capitale, cependant que maintenant il pleut à verse.

Napoléon se dirige vers la Convention. On l'interpelle. Sait-il que le général Menou a été mis en état d'arrestation pour avoir parlementé avec les sections, et retiré l'armée, laissant la rue aux mains des insurgés ? Trente mille hommes ! Tous les généraux de l'état-major de Menou ont été destitués en même temps que lui. Barras a été désigné pour prendre le commandement en chef des troupes afin de défendre la Convention.

On vous cherche, général citoyen.

Napoléon ne ressent pas une émotion. Il ne presse pas son pas. Voici Fréron, tout à coup familier, qui parle de Pauline dont il est amoureux, Fréron qui murmure qu'il a suggéré à Barras de choisir Bonaparte comme commandant en second de l'armée. Et Barras a été attentif à la proposition. D'autres noms, en même temps que celui de Bonaparte, ont été cités par Carnot, ceux de Brune, de Verdières, mais Barras a répondu : « Ce ne sont point des généraux de plaine qu'il faut ici, c'est un général d'artillerie. »

Barras approche, fait signe à Fréron de s'écarter. Il est grave. Il ne faut pas que les royalistes renversent le régime. Ce serait ouvrir la porte aux troupes ennemies, aux Anglais, qui ont quarante vaisseaux devant Brest, aux Autrichiens qui rassemblent quarante mille hommes devant Strasbourg. Ce serait renoncer aux annexions, à la Belgique, française depuis le 1er octobre. Barras s'interrompt. Il propose à Napoléon le poste de commandant en second.

Napoléon est impassible, les yeux fixes, le teint encore plus jaune qu'à l'habitude. Le moment de se déclarer est-il venu ? Celui où l'on sort de l'abri du parapet face à la mitraille ? Est-ce l'instant d'ordonner l'ouverture du feu ? Se déclarer, s'exposer, pour défendre quoi ? Barras, Fréron ? La France ? La République ? Quelle est la préoccupation de ces hommes qui font appel à lui ? Leur pouvoir. Leurs trésors amassés. Leur volonté de ne jamais rendre des comptes de ce qu'ils ont fait, régicides, terroristes, corrompus faisant tirer contre les faubourgs, thermidoriens qui ont le désir de digérer en paix, de jouir tout leur soûl !

Faut-il, pour eux, devenir le bouc émissaire de tant de crimes auxquels on fut étranger ?

Pour qui ? Pour quoi ?

Pour moi.

– Je vous donne trois minutes pour réfléchir, dit Barras.

Il faut saisir par la crinière la chance qui passe comme un cheval au galop.

– J'accepte, dit Napoléon d'une voix calme et sèche. Mais je vous préviens...

Il s'interrompt. Comme tout devient simple quand l'action commence.

– Si je tire l'épée, reprend-il, elle ne rentrera dans le fourreau que quand l'ordre sera rétabli, coûte que coûte.

Il est une heure du matin, ce 5 octobre 1795, 13 Vendémiaire. Maintenant il faut dompter ce cheval dont on a saisi la crinière et qui vous emporte.

Quand Napoléon passe parmi les soldats, qu'il interroge les officiers, il devine l'étonnement de ces hommes devant « le désordre de sa toilette, ses longs cheveux pendants et la vétusté de ses hardes ». Il surprend des chuchotements. « Bonaparte commande ? Qui diable est-ce, cela ? »

D'abord comprendre la situation. Le général Menou est assis dans une pièce gardée. Napoléon, en quelques mots bienveillants, obtient de lui les renseignements indispensables.

Puis donner des ordres. Pas de phrases inutiles. Laconisme. Ne pas aventurer les troupes, défendre la Convention. Les insurgés des sections ont la supériorité du nombre, mais ils vont avancer en colonnes séparées, qui seront exposées au tir des canons.

D'un geste, Napoléon convoque un jeune chef d'escadron, Murat, qui va et vient d'un air prétentieux. L'officier s'approche, un peu méprisant. Les phrases s'abattent comme des couperets : « Prenez deux cents chevaux, allez sur-le-champ à la plaine des Sablons. Amenez les quarante pièces de canons et le parc. Qu'elles y soient ! Sabrez s'il faut, mais amenez-les. »

Murat s'apprête à parler.

– Vous m'en répondez, partez, conclut Napoléon.

Dans le martèlement des sabots, Napoléon n'entend pas les conventionnels qui l'entourent et l'accablent de questions. Quand les cavaliers se sont éloignés, il regarde ces hommes dont la peur et l'angoisse déforment souvent les traits : « Qu'on les arme, dit-il, qu'ils forment un bataillon et se tiennent prêts. »

Il est si calme, si sûr de lui. Les décisions s'imbriquent les unes dans les autres comme dans une machinerie parfaite. Le déroulement de la partie qui s'engage, il le prévoit. Les sectionnaires ont aussi dû penser aux canons, mais ils arriveront après Murat. Et les quarante pièces d'artillerie seront l'atout décisif. Celui dont ne s'était pas servi Louis XVI en juin 91 et en août 92. Celui qu'il faut utiliser pour dégager les rues, parce que l'emploi des canons dans la ville va surprendre et renverser l'équilibre des forces qui est en faveur des sections royalistes.

Il saute à cheval, va d'un poste à l'autre, s'arrête seulement quelques minutes. Il aime ce mouvement des lieutenants qui se présentent au rapport. Il sent le regard des soldats. Il ne prononce que quelques mots. Il voit changer les attitudes. On lui fait confiance. Il repart. Il sait que commander c'est aussi être vu de tous. Il faut qu'on sache qu'il est là, présent sous le feu. Il faut qu'on l'entende donner des ordres sans hésitation.

Le bras droit tendu, il faut disposer les canons aux extrémités de toutes les rues qui conduisent à la Convention. Si les bataillons de sections s'avancent, il faudra ouvrir le feu. Les rues sont prises en enfilade. On tirera à la mitraille. Il suffira de quelques minutes pour balayer les troupes adverses.

Barras l'écoute. C'est lui, dit-il, qui donnera l'ordre d'ouvrir le feu. Il commande en chef, Napoléon en second.

Pourquoi contester cette autorité? Le temps n'est pas encore venu. Napoléon n'a pas un mot à dire, c'est à lui que les officiers viennent annoncer vers trois heures de l'après-midi que la Convention est cernée par les colonnes des sections. C'est de lui qu'on attend les ordres. Barras fait un signe, Bonaparte s'avance et commande aux canonniers d'ouvrir le feu.

Dans les rues, c'est la débandade, les corps fauchés par la mitraille. La fumée des départs masque la chaussée et les façades. Des sectionnaires organisent la résistance sur les marches de l'église Saint-Roch, d'autres se rassemblent au Palais-Royal. Napoléon monte à cheval. Il faut être là où l'on se bat. Il s'approche du bâtiment des Feuillants, rue du

Faubourg-Saint-Honoré. Le cheval tombe, tué. Napoléon se relève indemne, cependant que des soldats se précipitent. Il ordonne d'ouvrir le feu contre les sectionnaires rassemblés. Les marches de l'église Saint-Roch sont bientôt couvertes de corps et tachées de sang.

Les rues sont vides. Il n'a fallu que moins de deux heures pour remporter la victoire.

Devant la Convention, Napoléon voit les députés s'approcher pour le féliciter. Il les ignore et se dirige vers le château des Tuileries. Dans les salles, on a rassemblé les blessés. Ils sont couchés sur des matelas ou sur de la paille épaisse et fraîche. Des femmes de députés les soignent. Napoléon se penche, salue les blessés, les femmes l'entourent. Il est le vainqueur et le sauveur.

Il entend Barras qui, dans la salle des séances, fait applaudir son nom.

Il s'éloigne. Il sait qu'il devra payer le prix de sa victoire. Les trois cents morts que ses canons ont couchés sur la chaussée ne sont rien parmi tous ceux qu'a déjà emportés la tourmente révolutionnaire. Mais on ne lui pardonnera pas d'avoir brisé le mouvement royaliste. Il aura désormais des ennemis politiques déterminés. Il est, quoi qu'il fasse, dans un camp, celui où sont aussi Barras, Fréron, Tallien et avec eux tous les régicides, et aussi Robespierre.

C'est ainsi. Mais seul celui qui agit devient.

Il ne dort pas dans la nuit du 5 au 6 octobre, 13 au 14 Vendémiaire. Il donne des ordres pour qu'on organise durant toute la journée du lendemain des patrouilles dans Paris. Il écrit à Joseph, parce qu'il a besoin de raconter. « Enfin tout est terminé, mon premier mouvement est de penser à te donner de mes nouvelles. » Il évoque rapidement les principaux événements des dernières heures, puis il ajoute :

« Comme à mon ordinaire, je ne suis nullement blessé.
« P.-S. : Le bonheur est pour moi ; ma cour à Désirée et à Julie. »

20

Ce 6 octobre 1795, alors que les troupes sillonnent Paris sans rencontrer de résistance, Napoléon, sans qu'il manifeste le moindre étonnement, sait, sent et voit que tout a changé.

On lui apporte l'un de ces uniformes de bonne laine qu'il sollicitait en vain. Il le revêt lentement. Il lui semble que son corps enveloppé dans le tissu épais, que son visage encadré par le haut col décoré de galons d'or ne sont plus tout à fait les mêmes. Ses gestes sont moins saccadés, sa peau que la gale irritait lui paraît lisse, et jusqu'à son teint qui est moins jaune.

Des officiers s'approchent de lui. Il attend, bras croisés, les jambes prises dans des bottes de cuir brillant. On lui tend des plis avec déférence. L'expression du courrier, un lieutenant, est à la fois admirative et craintive. Napoléon le fixe. L'homme baisse aussitôt les yeux, comme s'il avait commis une faute et craignait une réprimande.

Napoléon ne dit rien.

C'est cela le pouvoir, c'est cela la victoire. Junot lui-même n'est plus aussi familier. Il hésite à parler, se tient à quelques pas, respectant le silence de Napoléon.

On apporte des journaux. Junot les parcourt, les présente.

Ce général dont on parle, ce nom qui revient, Bonaparte, Bonaparte, c'est le mien.

Pas un trait du visage de Napoléon qui ne marque la surprise ou la joie. Fréron, à la tribune de la Convention, a fait l'éloge de « ce général d'artillerie, Bonaparte, nommé dans la nuit du 12 au 13 et qui n'a eu que la matinée du 13 pour faire les dispositions savantes dont vous avez vu les effets ».

Barras est intervenu pour faire confirmer la nomination de Napoléon au commandement en second de l'armée de l'Intérieur.

Le 16 octobre, il sera nommé général de division. Et le 26 la Convention, avant de se séparer, le désigne comme commandant en chef de l'armée de l'Intérieur.

Enfin.

Il s'assied dans la grande voiture tirée par quatre chevaux, entourée d'une escorte. La garde le salue lorsqu'il entre dans l'hôtel du quartier général, rue Neuve-Capucine, sa résidence officielle. Il traverse les salons. On se lève à son approche, on claque les talons. Il convoque ses aides de camp Marmont, Junot, son frère Louis, cinq autres officiers qui sont, comme il l'écrit à Joseph, ses « aides de camp capitaines ».

Il lit la liste de ceux qui attendent dans l'antichambre pour être reçus. Ces solliciteurs dont il peut, d'un mot, d'une phrase, changer la vie sont la preuve de ce qu'il est devenu.

Les murs sont chargés de miroirs aux cadres dorés. Napoléon s'y regarde longuement lorsqu'il lève la tête, attendant qu'on fasse entrer le premier de ces quémandeurs.

Il est le même homme qu'il y a un mois. Le même que celui qu'on enfermait au Fort-Carré, qu'on privait de son commandement à l'armée d'Italie, qu'on épurait. Le même auquel on répondait d'un billet hâtif, le même dont les bottes prenaient l'eau.

Mais il est là, identique et autre. Il commande à quarante mille hommes, et ceux qui entrent dans cette pièce, qui n'osent pas s'asseoir, le voient dans la lumière du pouvoir.

Il n'est pas grisé. Il n'est pas surpris. Il se souvient de l'enfant qu'il était et qui souvent, pour atteindre plus vite le sommet d'une colline, quittait le sentier, s'élançait à travers les buissons. Les ronces s'accrochaient à ses vêtements, griffaient ses mains, ses bras et ses jambes. Parfois les branches fouettaient son visage. Il était de toutes parts agrippé, retenu. Il tombait sur les genoux, croyait avoir atteint le sommet et retombait, ou bien un buisson plus dense, un rocher plus haut se dressait devant lui. Mais, au terme de l'effort, il se tenait debout devant l'horizon, libre d'aller sur cette plate-forme dont il ne connaissait pas l'étendue, qui était pleine de nouveaux dangers, mais où il respirait enfin à pleins poumons.

Enfin lui-même.

Il donne des ordres. Point de vengeance, d'exécutions ou même d'arrestations des insurgés d'hier. Clémence pour les sectionnaires.

Il voit Barras, Fréron, Tallien. Il plaide pour l'acquittement du général Menou. On l'écoute. On le questionne. Il répond par des phrases courtes. Il observe. Il mesure les inquiétudes de ces hommes qui, il y a si peu, le tenaient à distance, le traitaient avec de la condescendance et de l'ironie mêlée à un peu de mépris. Ils ne sont donc que ces hommes-là, qui craignent une victoire royaliste aux prochaines élections, qui chuchotent entre eux pour, peut-être, si la nécessité se présentait, casser les élections, fomenter un coup d'État. Et qui, pour l'heure, organisent le Directoire exécutif, dont le vicomte Barras de Fox-Amphoux sera le principal inspirateur, directeur empanaché, roi du Directoire, haï, méprisé, jalousé, craint :

Si la pourpre est le salaire
laire, laire, laire
Des crimes de Vendémiaire
Fox s'Amphoux !

Que Paris le considère
laire, laire, laire
Ainsi que toute la terre
Fox s'Amphoux !

Et Junot répète à Napoléon les deux vers qui s'ajoutent à cette chanson qui court les rues, accrochée aux basques de Barras :

Il n'a pas quarante ans, mais aux âmes damnées
Le crime n'attend pas le nombre d'années.

Cependant ce sont ces hommes-là qui tiennent le pouvoir, ce sont ceux que désormais Napoléon côtoie chaque jour dans leurs demeures ou chez lui.

Il entre dans le salon de Thérésa Tallien. Il n'a plus à se faufiler jusqu'à elle. Elle vient vers lui. Elle lui prend le bras. Il est entouré par toutes ces femmes parfumées, dont les voiles le frôlent, qui laissent leurs mains longuement dans la sienne. Il est l'homme nouveau dans leur petit monde, celui qui les a sauvées, cet homme de guerre nerveux, maigre, si différent des hommes qu'elles rencontrent depuis des années, dont elles connaissent les corps gras, les vices, qu'elles se sont partagés, échangés, qui ne les surprennent plus et qu'elles ne peuvent plus étonner, qu'elles s'efforcent de garder mais qui sont blasés, auxquels il faut des alcools de plus en plus forts.

D'ailleurs ils ne parlent plus, ils jouent, le regard fixe, assis autour des petites tables garnies d'enjeux considérables. On passe ses nuits au whist, au pharaon, au vingt-et-un, à la bouillotte, au creps.

Ce Bonaparte, ce général en chef qui commande à Paris, dont on dit qu'il a de l'avenir, ne joue pas, lui.

Les femmes le questionnent. Il les regarde sans baisser les yeux. L'une d'elles, au teint mat, aux bras nus sous les voiles refermés aux poignets par deux petites agrafes d'or, rejette un peu la tête en arrière. Il voit ses seins et sou cou offerts. Il a l'impression qu'elle l'invite. Ses mouvements sont lents.

LE DOSSIER NAPOLÉON

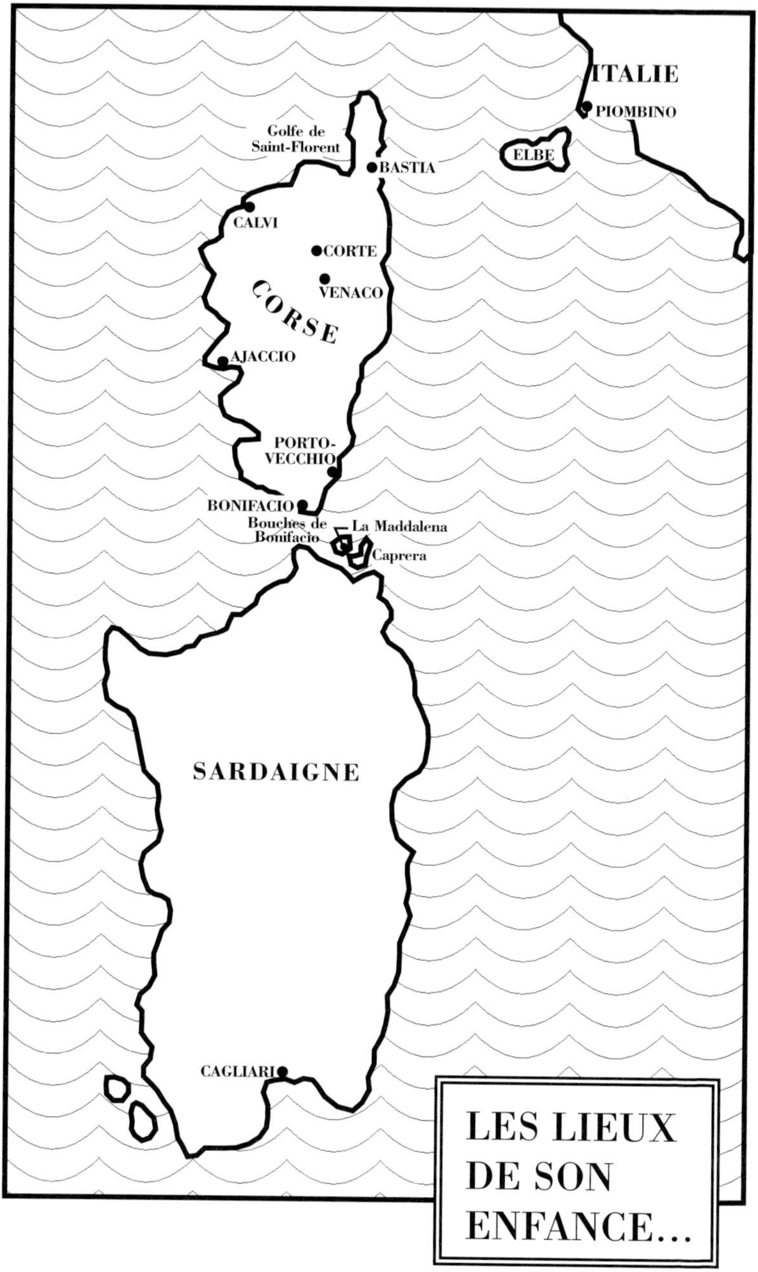

LES LIEUX DE SON ENFANCE...

...ET DE SA JEUNESSE

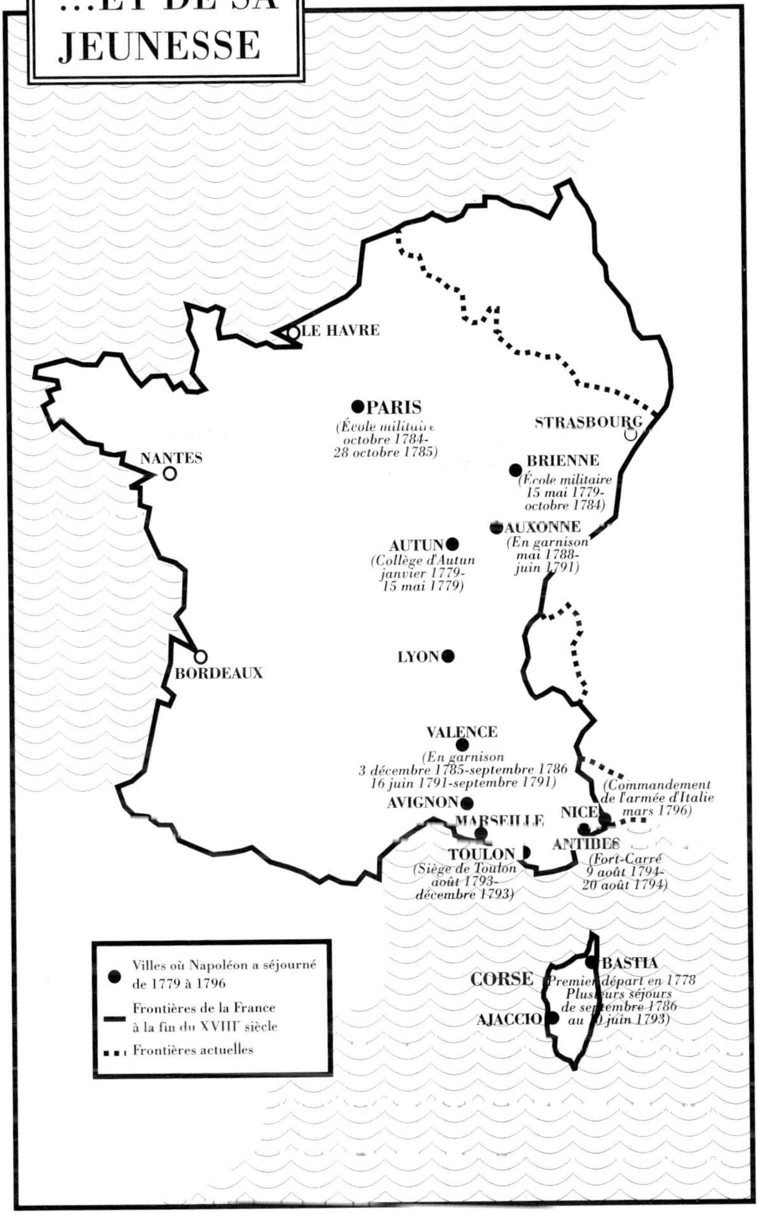

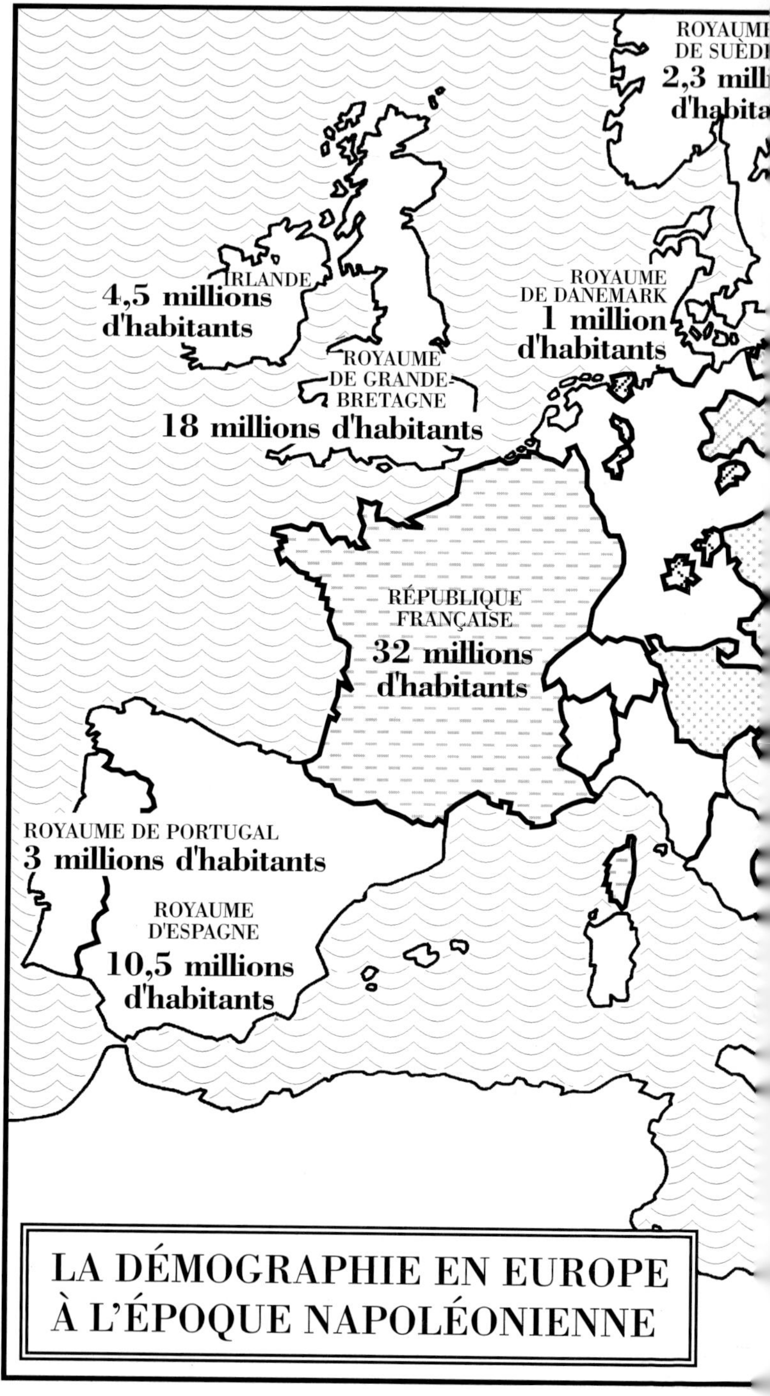

LA DÉMOGRAPHIE EN EUROPE À L'ÉPOQUE NAPOLÉONIENNE

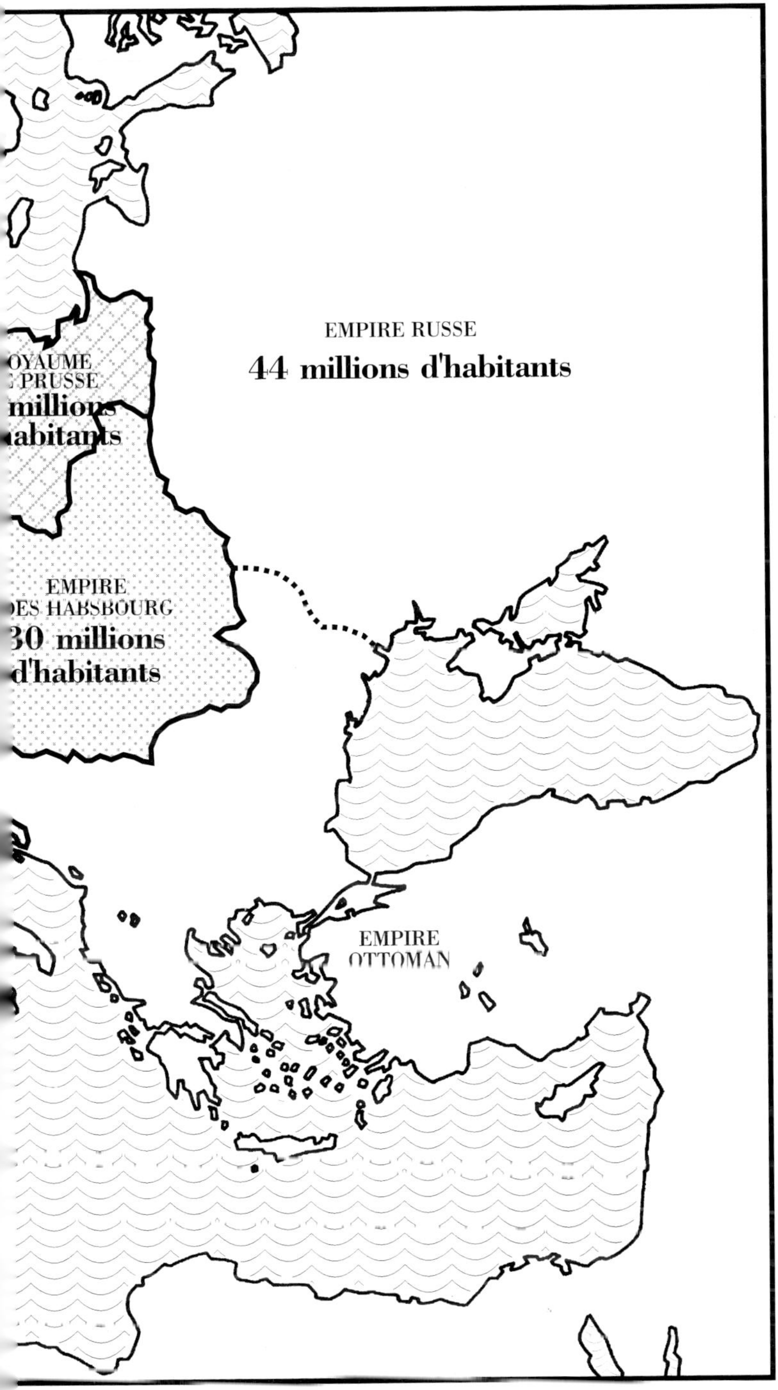
EMPIRE RUSSE
44 millions d'habitants
OYAUME
PRUSSE
millions
abitants
EMPIRE
DES HABSBOURG
30 millions
d'habitants
EMPIRE
OTTOMAN

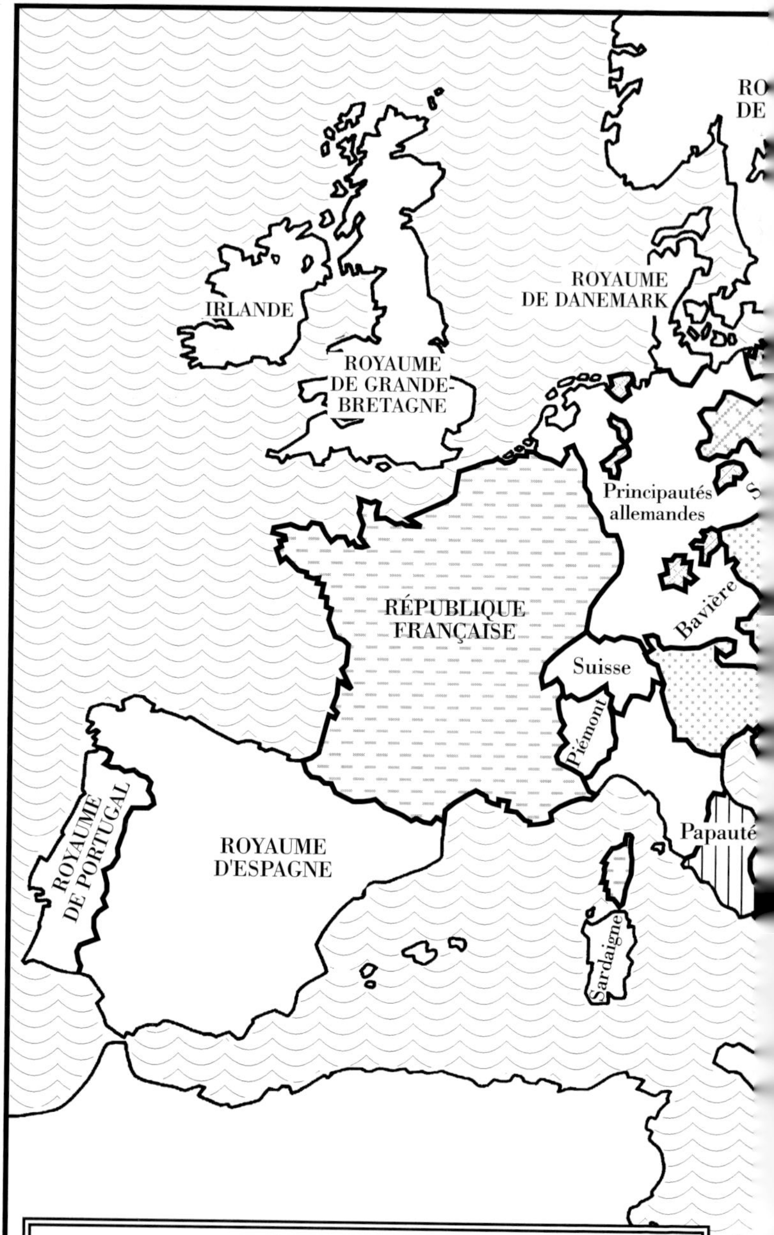

L'EUROPE À LA VEILLE DES CONQUÊTES NAPOLÉONIENNES

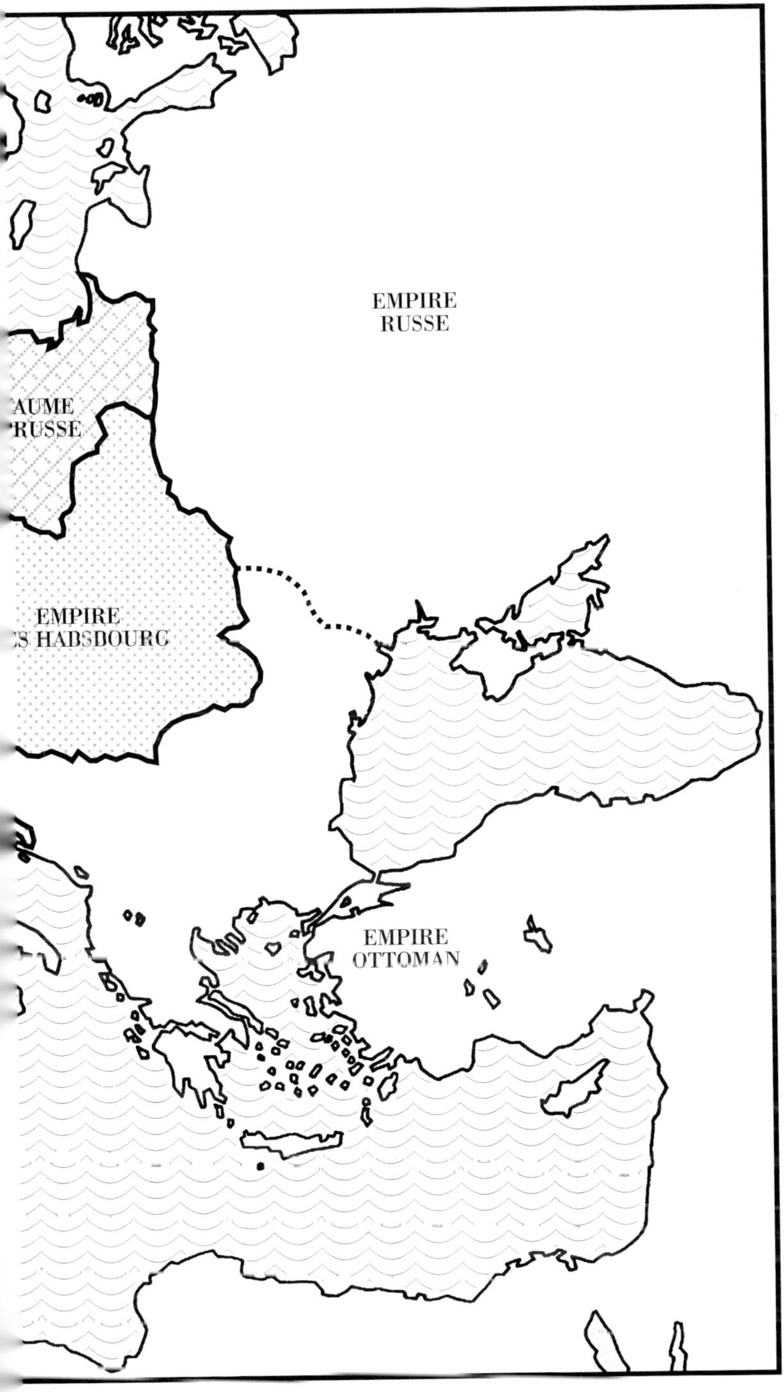
EMPIRE
RUSSE
AUME
RUSSE
EMPIRE
S HABSBOURG
EMPIRE
OTTOMAN

16 septembre 1793 : le capitaine d'artillerie Napoléon Bonaparte est rattaché à l'armée du général Carteaux, au siège de Toulon.

« Il tombe une pluie fine que pousse un vent froid. Napoléon gravit le chemin qui conduit à l'un des sommets d'où l'on peut apercevoir la rade et les forts de Toulon. Il attend l'aube. Cette première nuit est celle de ses résolutions.
Quand le soleil se lève enfin, déchirant les derniers nuages bas, Napoléon est trempé jusqu'aux os. Alors il voit tous les forts qui dominent la rade et qu'occupent les Anglais et leurs alliés. Il distingue le fort La Malgue, la grosse tour et les forts de Balaguier et de Malbousquet, d'autres encore.
Et son regard s'arrête sur ce fort qui est planté dans sa mémoire. Ce fort de l'Éguillette commande l'étroit passage reliant la grande rade à la petite. C'est la clé.
Napoléon est sûr de lui. C'est comme si plus rien n'existait en lui que cette certitude. Il faut conquérir ce fort, tout organiser en fonction de cette conquête. Les navires ennemis, sous le feu des canons de l'Éguillette, seront contraints de quitter les rades, et Toulon tombera. »

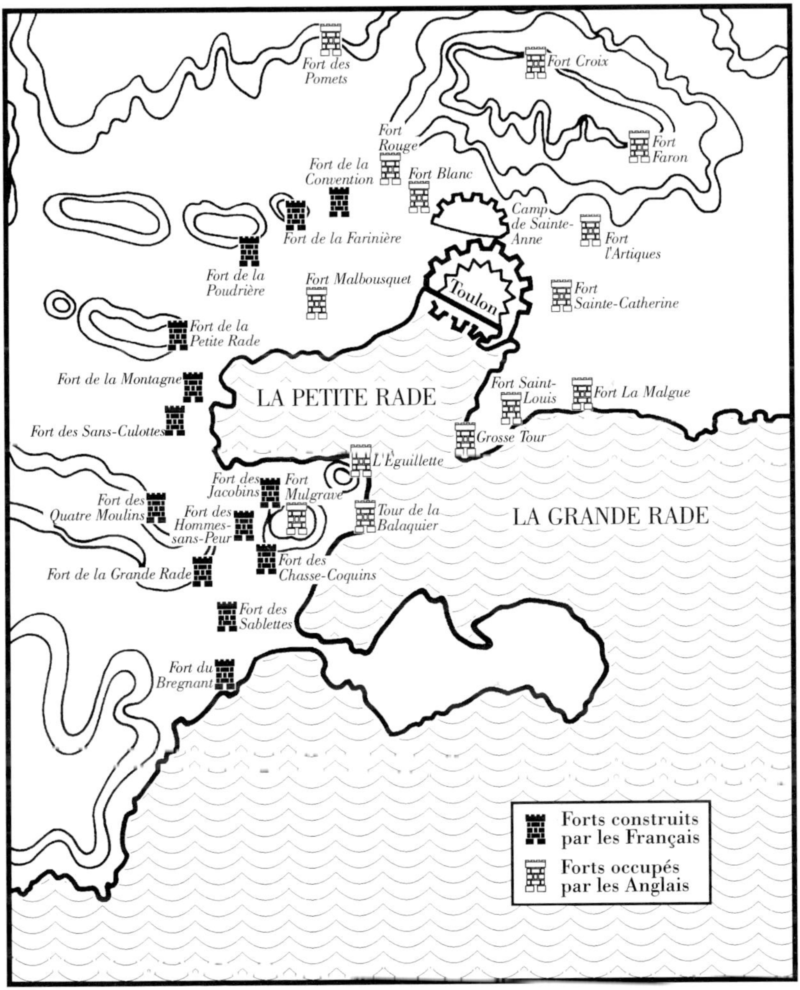

LE SIÈGE DE TOULON

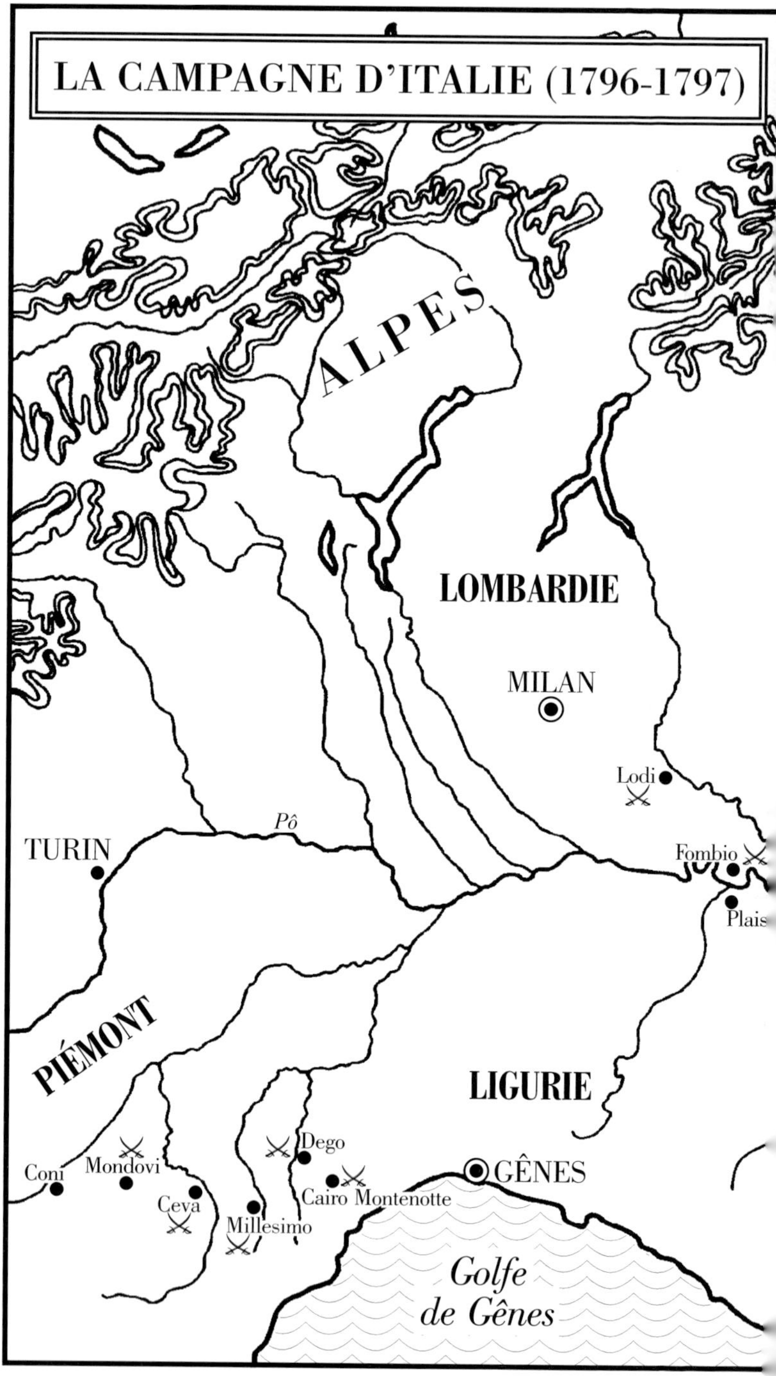
LA CAMPAGNE D'ITALIE (1796-1797)
ALPES
LOMBARDIE
MILAN
Lodi
Pô
TURIN
Fombio
Plais
PIÉMONT
LIGURIE
Dego
Coni
Mondovi
GÊNES
Cairo Montenotte
Ceva
Millesimo
Golfe
de Gênes

Drave
Bolzano
TYROL
FRIOUL
Sacile
Ala
Bassano
Borghetto
La Corona
Rivoli
VÉNÉTIE
Lac de Garde
VENISE
Vérone
Caldiero
stiglione
Percile
Arcole
Borghetto
La Favorite
Adige
MANTOUE
Pô
Golfe de Venise
Parme
Ferrare
ÉMILIE-ROMAGNE
Modène
Bologne
Ravenne
Villes importantes
Villes moyennes
Batailles de Napoléon
TOSCANE

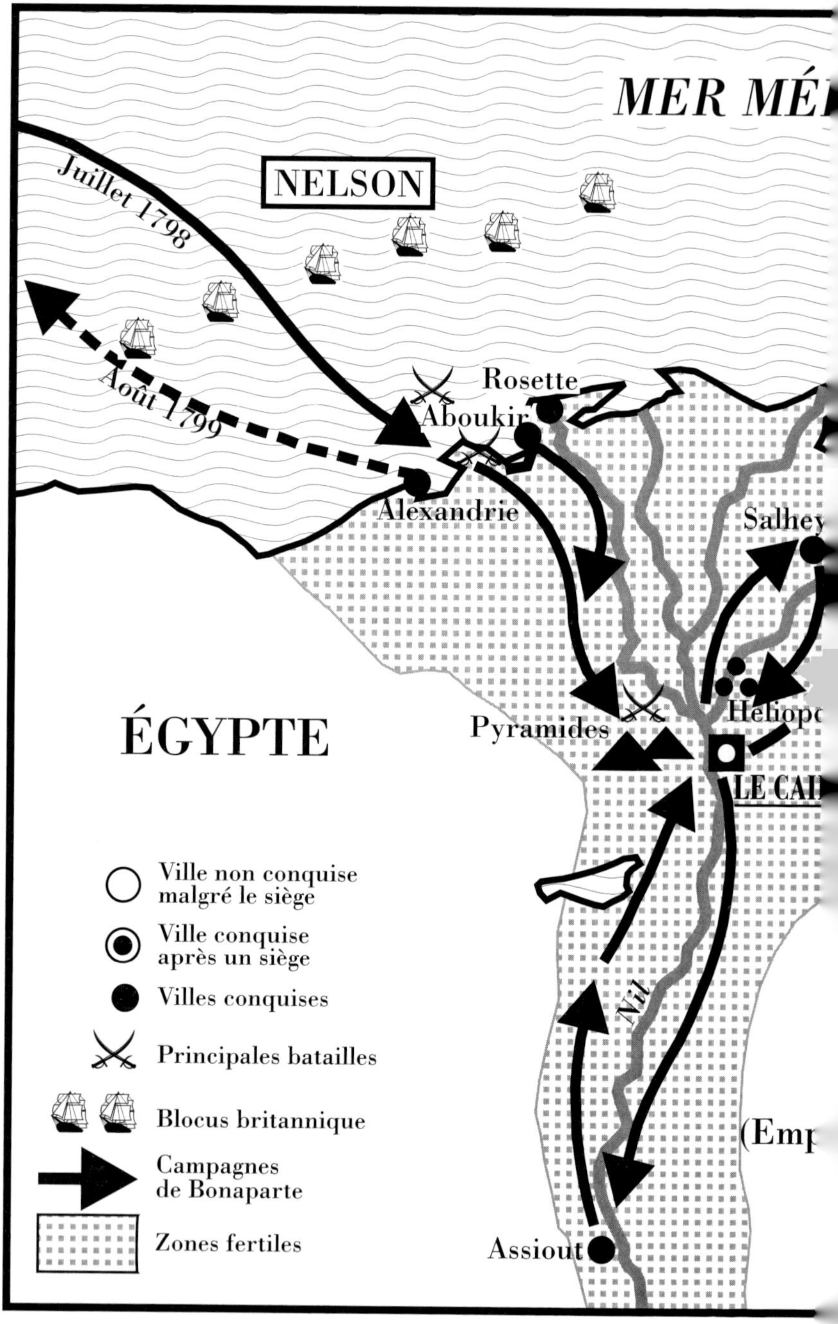
MER MÉ
NELSON
Juillet 1798
Août 1799
Rosette
Aboukir
Alexandrie
Salhey
ÉGYPTE
Pyramides
Heliopo
LE CAI
Nil
(Emp
Assiout
Ville non conquise malgré le siège
Ville conquise après un siège
Villes conquises
Principales batailles
Blocus britannique
Campagnes de Bonaparte
Zones fertiles

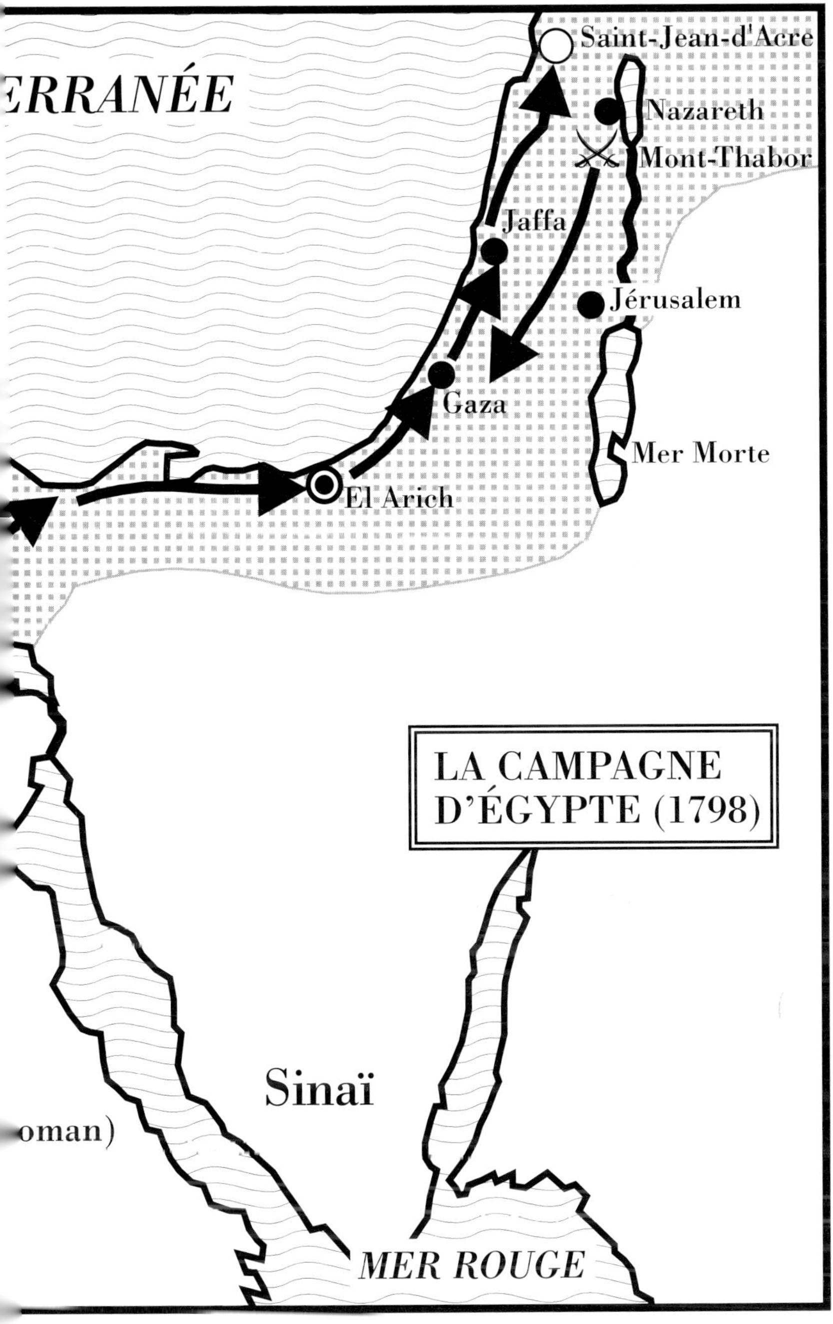
Saint-Jean-d'Acre
ERRANÉE
Nazareth
Mont-Thabor
Jaffa
Jérusalem
Gaza
Mer Morte
El Arich
LA CAMPAGNE
D'ÉGYPTE (1798)
Sinaï
oman)
MER ROUGE

NAPOLÉON...

15 août 1769 : naissance de Napoléon Bonaparte.

15 décembre 1778 : Charles Bonaparte nommé député de la noblesse aux États Généraux de Corse près du roi. Obtient des bourses d'études pour ses deux fils Joseph et Napoléon.

1er janvier 1779 : entrés au collège d'Autun, Joseph et Napoléon y apprennent le français.

15 mai 1779 : Napoléon au collège militaire de Brienne jusqu'en octobre 1784 où il entre à l'École militaire de Paris.

28 octobre 1785 : il quitte l'École militaire de Paris, 42e sur 58 promus.

3 novembre 1785 : en garnison à Valence.

15 septembre 1786 au11 juin 1793 : Bonaparte effectue plusieurs séjours en Corse.

22 novembre 1787 : à Paris, « rencontre » au Palais Royal avec une prostituée.

Juin 1788 : Bonaparte rejoint son régiment à Auxonne.

23 août 1789 : il prête serment de fidélité à la Nation, au Roi et à la Loi.

16 juin 1791 : en garnison à Valence.

10 août 1792 : il assiste à la prise des Tuileries et à la chute de la monarchie.

18 février 1793 : expédition de Sardaigne qui prend fin le 25.

11 juin 1793 : brouillé avec Paoli, Bonaparte doit fuir la Corse avec sa famille et arrive à Toulon.

18 décembre 1793 : les Anglais évacuent Toulon.

22 décembre 1793 : les représentants en mission Saliceti et Gasparin, nomment le chef de bataillon Bonaparte au grade de général de brigade.

27 juillet 1794 : chute de Robespierre.

9 août 1794 : Bonaparte est mis en état d'arrestation. Il sera libéré le 20 août 1794 lavé des accusations de Robespierre.

13 juin 1795 : il est nommé général à l'armée de l'Ouest. Il se fera mettre en congé.

15 septembre 1795 : suspect de jacobinisme, il est rayé de la liste des généraux employés par le comité de Salut public.

5 octobre 1795 : l'insurrection royaliste contre la Convention est brisée par Bonaparte choisi par Barras.

15 octobre 1795 : rencontre avec Joséphine de Beauharnais.

9 mars 1796 : mariage de Napoléon Bonaparte et de Joséphine de Beauharnais.

11 mars 1796 : départ de Bonaparte pour Nice. Il a reçu le commandement en chef de l'armée d'Italie.

Avril 1796 à septembre 1796 : victoires de Montenotte, Mondovi, Lodi, Castiglione, Bassano.

17 novembre 1796 : victoire d'Arcole. Au passage du pont, Muiron, l'aide de camp succombe en protégeant Bonaparte.

14 janvier 1797 : victoire de Rivoli.

2 février 1797 : capitulation de Mantoue.

18 avril 1797 : préliminaires de Leoben. Bonaparte n'a pas consulté Paris.

4 septembre 1797 : coup d'État anti-royaliste. Bonaparte a envoyé à Paris le général Augereau.

17 octobre 1797 : paix de Campo-Formio.

5 décembre 1797 : Bonaparte est de retour à Paris après un bref séjour à Rastadt.

25 décembre 1797 : Bonaparte est élu à l'Institut.

19 mai 1798 : Bonaparte s'embarque pour l'Égypte.

21 juillet 1798 : victoire des Pyramides. « quarante siècles nous contemplent. »

24 juillet 1798 : entrée de Bonaparte au Caire. Il a appris les infidélités de Joséphine.

1er août 1798 : Nelson détruit la flotte française à Aboukir. Bonaparte est prisonnier de sa conquête.

21 octobre 1798 : révolte du Caire contre les Français.

19 décembre 1798 : liaison de Bonaparte avec Pauline Fourès.

7 mars 1799 : prise de Jaffa.

19 mars 1799 : siège de Saint-Jean-d'Acre.

14 juin 1799 : Bonaparte de retour au Caire. Il ne songe plus qu'à quitter l'Égypte.

25 juillet 1799 : victoire de Bonaparte à Aboukir.

23 août 1799 : Bonaparte quitte l'Égypte à bord de la frégate *Muiron*.

9 octobre 1799 : Bonaparte débarque en France. Il arrive à Paris le 16 octobre 1795.

9 novembre 1799-10 novembre-18 et 19 brumaire an VIII : coup d'État. Bonaparte est, avec Sieyès et Roger Ducos, l'un des Trois Consuls. Bientôt, il sera le Premier.

... ET SON TEMPS

1769 : Louis XV sur le trône depuis 1715. La Corse rattachée à la France depuis 1768.

16 mai 1770 : mariage du futur Louis XVI avec Marie-Antoinette d'Autriche.

16 décembre 1770 : naissance de Beethoven.

10 mai 1774 : mort de Louis XV, son petit-fils Louis XVI lui succède.

19 avril 1775 : en Amérique, début de la guerre d'Indépendance des 13 États insurgés, avec George Washington à leur tête.

1778 : mort de Voltaire et de Jean-Jacques Rousseau. Inauguration de la Scala de Milan.

1779 : le capitaine Cook découvre les îles Hawaï et se fait assassiner par les indigènes.

10 avril 1782 : publication des *Liaisons dangereuses* de Chaderlos de Laclos.

3 septembre 1783 : traité de Versailles mettant un terme à la guerre d'Indépendance en Amérique.

1785 : affaire du collier de Reine : le cardinal de Rohan est arrêté.

8 août 1786 : première ascension du Mont-Blanc par Balmat et Paccard.

20 octobre 1787 : première représentation du *Don Giovanni* de Mozart à Prague.

29 novembre 1787 : édit de Tolérance, rendant l'état civil aux protestants français.

1er janvier 1788 : fondation du journal *Times* en Angleterre.

28 avril 1789 : les marins du *Bounty* se mutinent.

30 avril 1789 : George Washington, premier Président des États-Unis.

14 juillet 1789 : prise de la Bastille.

4 août 1789 : abolition des privilèges.

26 août 1789 : déclaration des droits de l'homme et du citoyen.

13 février 1790 : les congrégations religieuses et les ordres monastiques sont interdits.

17 mars 1790 : l'assignat devient papier-monnaie.

31 mai 1791 : la « machine » du docteur Guillotin est adoptée par l'Assemblée constituante.

21 juin 1791 : Louis XVI est arrêté à Varennes

5 décembre 1791 : Mozart meurt à Vienne.

1791 : Toussaint-Louverture à la tête de la révolte des esclaves noirs de Saint-Domingue.

7 février 1792 : première coalition prusso-autrichienne contre la France.

2 avril 1792 : le dollar est adopté comme monnaie aux États-Unis.

26 avril 1792 : Rouget de Lisle compose *La Marseillaise* à Strasbourg.

25 septembre 1792 : déclaration de la République française.

21 janvier 1793 : Louis XVI est guillotiné.

31 janvier 1793 : annexion de Nice.

10 mars 1793 : création du tribunal révolutionnaire.

1793 : début du soulèvement Chouan.

4 février 1794 : l'esclavage est aboli sur tout le territoire de la République française.

5 avril 1794 : exécution de Danton.

Février 1794 : sur la demande de Pascal Paoli, George III d'Angleterre est roi de Corse.

28 juillet 1794 : exécution de Robespierre.

5 avril 1795 : fin de la guerre franco-prussienne par le traité de Bâle.

7 avril 1795 : le système décimal est adopté.

Juin-juillet 1795 : combat naval entre Français et Anglais dans le Morbihan, les émigrés Anglais débarquent à Quiberon avant d'y être rejetés par Hoche.

Octobre 1795 : Pascal Paoli s'exile en Angleterre après avoir été défait par les pro-français de l'île.

7 novembre 1796 : mort de Catherine II de Russie.

1796 : le mathématicien Laplace publie son *Exposition du système du monde.*

19 septembre 1797 : les négociations pour la paix avec les Anglais échouent.

29 avril 1798 : Joseph Haydn présente *La Création* à Vienne.

Été 1798 : coalition anglo-autrichienne contre la France.

9 septembre 1798 : l'empire ottoman déclare la guerre à la France qui occupe l'Égypte.

1798 : abolition de la traite des noirs aux États-Unis.

1798 : le premier submersible, ancêtre du sous-marin, le *Nautilus* est présenté en France par Robert Fulton.

23 octobre 1799 : Lucien Bonaparte est élu à la présidence du conseil des Cinq-Cents.

1799 : nouvelle coalition européenne contre la France.

Les voici tels qu'ils furent, les acteurs de la légende qu'est devenue la vie de Napoléon Bonaparte. Et voici les lieux où se joua l'Histoire qui décida de leurs destins. Car il faut ouvrir les mots connus, répétés, comme on le fait d'un fruit, pour en retrouver la saveur. On croit ainsi savoir qui est Joseph Bonaparte, le frère aîné de Napoléon. Et puis voici son visage, son début de calvitie, la mollesse de ses traits, son regard éteint. C'est comme le décalque raté, affadi, de Napoléon. Et à scruter les portraits de la famille Bonaparte, de ce clan – quatre frères, trois sœurs, plus les conjoints –, qui entoura Napoléon, on ne découvre le plus souvent que des attitudes satisfaites de personnages empanachés. La vivacité du regard de Lucien, la beauté provocante de Pauline, la fierté raide de la mère, font exception. On voit. On regarde. On comprend mieux ce que Napoléon a vécu avec les siens. Un attachement irrité, fait de fidélité et de déception. Il a dû, à chaque fois qu'il *voyait* Louis, Joseph ou Jérôme, s'emporter : « Ceux-là, mes frères ! Ces hommes-là que j'ai fait rois ! » Car *voir*, c'est souvent *savoir*. Voilà pourquoi il faut s'attarder sur ces portraits, sur ces scènes – les Tuileries le 10 août 1792, Arcole en 1796 ou Saint-Cloud le 19 brumaire. Certes les personnages ont pris la pose, tenté de présenter à l'artiste leur meilleur profil. Sans doute aussi le peintre a-t-il composé son tableau en interprétant la réalité. Mais, en dépit de ces artifices, les corps sont là. Celui de Joséphine ou ceux des morts d'une bataille. L'histoire, à être ainsi *vue*, redevient ce qu'elle est : chair et sang. Et les noms célèbres descendent de leurs socles, les statues s'animent. La vie frémit. Le cœur bat. Le canon tonne. Franchissons le pont du temps ! Nous sommes avec Bonaparte, il y a deux cents ans.

Le père de Napoléon, Charles Bonaparte, rallié à la France, court après les postes, les prébendes, les bourses pour ses fils. Il est le « père absent » qui meurt à trente-neuf ans, laissant sa famille dans le dénuement.

La mère, Letizia Ramolino, est l'âme de fer de la famille. Âpre au gain, c'est une « tête d'homme sur un corps de femme », selon Napoléon. Elle sera ferme dans les malheurs. Elle vivra jusqu'en 1836.

Joseph, le frère aîné de Napoléon, roi de Naples puis roi d'Espagne, n'en finit pas de jalouser son cadet. Incapable de conduire une armée ou de gouverner un royaume, il finira ses jours tranquillement à Florence en 1844.

Lucien, aux immenses ambitions politiques, est le troisième fils Bonaparte. Le 18 brumaire, il est l'un des organisateurs du coup d'État et son sang-froid sauve Napoléon. Mais lui aussi se pose en rival de son frère. Il meurt en 1840.

Julie Clary, épouse Joseph en 1794. Napoléon fait la cour à sa sœur cadette Désirée, qui deviendra Madame la Générale Bernadotte, reine de Suède. Julie, fille de négociant marseillais, sera reine de Naples puis d'Espagne !

Félix Bacciocchi, un petit sous-lieutenant corse, qui plaît à Élisa Bonaparte, l'épouse en 1797 malgré les réticences de Napoléon. Mais la famille est la famille et Bacciocchi devient Prince de Lucques et de Piombino.

Charles Leclerc s'est lié à Napoléon au siège de Toulon. Il le suit en Italie. Napoléon le marie à sa sœur Pauline et lui confie le commandement de l'expédition contre les insurgés de Saint-Domingue, où il meurt en 1802.

Élisa, l'aînée des trois sœurs de Napoléon, a du caractère et de l'intelligence. Son mari, Bacciocchi, doit accepter les infidélités de cette femme qui aime jouer la tragédie et protéger les artistes...

Louis, le troisième frère de Napoléon, a été élevé par lui. Mais l'homme déçoit l'Empereur. Roi de Hollande, il veut être indépendant. Marié à Hortense de Beauharnais, il vit séparé d'elle, fantasque, malade.

Hortense, fille de Joséphine que Napoléon considérait comme son enfant. Il la marie à Louis, songe à adopter leur premier fils, qui mourra. Le dernier des fils d'Hortense, Charles-Louis Napoléon, deviendra Napoléon III.

Pauline, « aussi belle qu'il est possible d'être » selon Metternich, veuve vite consolée de Leclerc, épouse le Prince Borghèse, pose pour les peintres et les sculpteurs dévêtue, scandaleuse et fidèle à son frère.

Jérôme Bonaparte, le dernier frère de Napoléon, ambitieux et vaniteux, fut marin, épousa d'abord une Américaine, puis, contraint au divorce par l'Empereur, devint roi de Westphalie et mourut en 1860, président du Sénat de Napoléon III.

Murat, cavalier téméraire, disait à Napoléon dont il avait épousé la sœur Caroline : « Ne doutez jamais de mon cœur, il vaut mieux que ma tête. » Roi de Naples, il trahit l'Empereur en vain et mourut fusillé par les Napolitains.

Caroline Bonaparte se jette dans les bras de Murat à dix huit ans en 1800, et ne rêve plus dès lors que de faire de son mari l'égal et peut-être le successeur de Napoléon. L'ambition dévore la Reine de Naples, jusqu'à la trahison.

À l'École Militaire, Napoléon Bonaparte surprend ses examinateurs par ses qualités de mathématicien. Il étonne Laplace. Cette discipline – comme l'astronomie – l'attire. Jeune officier d'artillerie, il étonnera ses chefs par son agilité à calculer vite.

C'est en 1785, alors qu'il était en garnison à Valence, qu'un certain Pontornini brosse, à Tournon, ce premier portrait de Napoléon Bonaparte. « Les yeux vifs et scrutateurs, méditatif, concentré » : il a seize ans.

« Taciturne et pensif, s'enfermant le jour où arrivait le courrier de France », tel est Napoléon en 1792, en Corse, lorsqu'il porte cet uniforme de lieutenant-colonel du 2e bataillon des Volontaires Corses.

« Désirée a été ma première inclination », dira Napoléon en se souvenant de Désirée Clary, la jeune Marseillaise de seize ans, sœur de Julie, l'épouse de Joseph. « Elle se maria à Bernadotte et devint Reine de Suède ! »

Le 10 août 1792, Napoléon Bonaparte assiste à la prise des Tuileries de la fenêtre d'un immeuble voisin, puis il se risque dans le jardin, est témoin du massacre des Gardes Suisses, sauve l'un d'eux. Le spectacle le marque à jamais. Il craindra toujours « la vile canaille ». Il dira : « Si Louis XVI se fut montré à cheval, la victoire lui fut restée. »

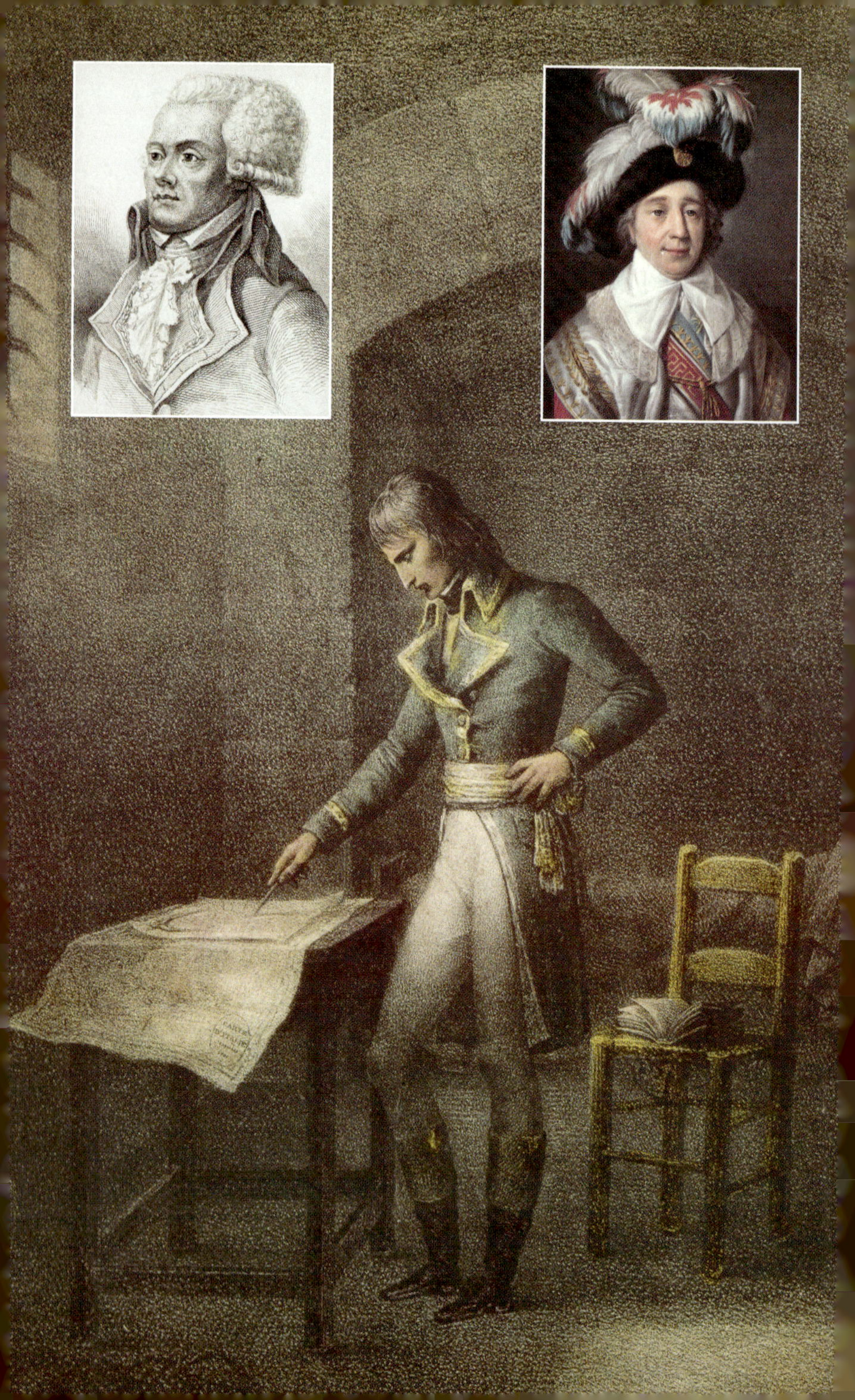

Augustin Robespierre et Paul Barras furent tous deux Représentants en Mission de la Convention. Napoléon, à l'armée d'Italie, fut distingué par le frère de Maximilien, si bien qu'à la chute de l'Incorruptible, en 1794, il fut emprisonné quelques jours à Antibes, comme Robespierriste. Puis Barras, maître du Directoire et prince des corrompus, le distingua.

Sur ce pont d'Arcole, le lundi 15 novembre 1796, le destin de Napoléon eût pu s'arrêter. Il s'élance à la tête de ses soldats. Le pont est balayé par le tir autrichien. Son aide de camp, Muiron, le couvre de son corps et meurt.

Le corps de Joséphine est généreux. Elle le montre. Elle l'offre. Mais sa bouche cache une dentition imparfaite. Et les commissures des lèvres disent la résolution et l'égoïsme.

Dès la campagne d'Italie, en 1796, Napoléon a compris l'importance de la « propagande ». Il faut que ses victoires militaires donnent naissance à une Légende. *Journal de l'Armée d'Italie*, chansons, estampes, portraits servent à cela.

Sur son visage qui devient impérieux se lit la transformation de l'homme. Il a pris goût au pouvoir. Une cour s'organise autour de lui, à Milan. Le peuple l'acclame. C'est « une époque de bonheur imprévu et d'ivresse » (Stendhal).

La région d'Arcole où l'armée d'Italie affronte les Autrichiens dans ce nord de la péninsule, entre Mantoue et Vérone, est marécageuse. Il faut lancer des ponts de bateaux sur les bras multiples des rivières. Les combats s'engagent le 15 novembre 1796 et la victoire ne sera remportée par Bonaparte que le 17.

En Italie, en 1796
et 1797, Napoléon Bonaparte
découvre le pouvoir politique :
il crée des Républiques
– Cispadane, Cisalpine –,
il réforme les administrations.
Il gouverne en maître. Comment
après cela rentrer dans le rang ?

C'est le 21 juillet 1798. Au loin
les Pyramides de Gizeh. Six mille
Mamelouks sont rangés en ordre
de bataille. Ce sera le premier
véritable affrontement. Napoléon
harangue les troupes, les fait
ranger en carrés. Le 22 juillet,
Le Caire tombe.

Sieyès, ancien abbé, auteur de *Qu'est-ce que le Tiers État ?* (1789), Directeur, choisit Napoléon Bonaparte en 1799 comme « sabre » pour réformer le Directoire. Il a sous-estimé ce général de trente ans, qui le berne, se taille une constitution à sa mesure et cantonne Sieyès dans une opposition sans influence. Doté, titré, il sera écarté de la vie politique.

Cambacérès, ancien de la Convention, membre des Cinq-Cents pendant le Directoire, se range aux côtés de Napoléon en Brumaire. Consul, Archichancelier, duc de Parme, cet amoureux des jeunes gens s'exilera après 1815.

Il est seize heures trente le 19 brumaire (10 novembre 1799). Au château de Saint-Cloud, dans la salle de l'Orangerie où siègent les Cinq-Cents, ceux-ci accueillent Napoléon aux cris de « Hors-la-Loi ». « Est-ce donc pour cela que tu as vaincu ? » Il est hésitant, nerveux. On le menace du poing, on veut le frapper à coups de poignard. Son frère Lucien qui préside ne peut rétablir le calme. Tout peut être perdu.

Parfois elle touche du bout de ses doigts ses cheveux retenus par une plaque d'or, mais dont de nombreuses boucles forment autour de son front une sorte de diadème. Elle s'exprime en souriant, le visage mobile, les yeux brillants.

« Racontez-moi », semble-t-elle répéter.

Il parle. Peu à peu, les autres femmes s'éloignent, comme si celle-là, Joséphine de Beauharnais, avait acquis un droit sur ce général qui n'a pas vingt-sept ans.

Elle le convie à passer chez elle, rue Chantereine, numéro 6.

Il sait qui elle est.

Le soir, dans une vaste chambre qu'il occupe rue Neuve-Capucine, il ne trouve pas le sommeil. Il marche comme à son habitude. Il passe dans son bureau. Écrire est le seul moyen de se calmer. Il commence une lettre à Joseph. « Je suis excessivement occupé, écrit-il, ma santé est bonne. Je suis ici, heureux et content. » Il s'interrompt.

Il sait qui elle est.

Veuve du général de Beauharnais, deux enfants, Eugène et Hortense. Maîtresse de Barras. Noblesse des îles, Tascher de La Pagerie. Elle tient à l'Ancien Régime et au nouveau. Une femme. Si différente de cette Désirée Clary. Peut-être même est-elle riche.

Une vie déjà derrière elle. Sans doute plus de trente ans. Mais ce corps, cette peau, cette manière de se mouvoir, comme si elle dansait, une plante grimpante fleurie qui entoure le tronc d'un arbre.

Elle est l'amie de tous. Elle est la femme placée au centre du monde dans lequel je suis entré.

Il sait qui elle est. C'est pour cela qu'elle l'attire.

Il se rend à ses invitations. Le petit hôtel qu'elle occupe est entouré d'un parc, dans le quartier encore champêtre de la chaussée d'Antin. Pour le trouver, il faut passer entre des jardins. On découvre alors un pavillon demi-circulaire, en style néo-classique. Quatre hautes fenêtres surmontées d'un attique éclairent le rez-de-chaussée. Joséphine est assise sur une bergère. Elle semble à peine vêtue. Les voiles suggèrent les formes lascives de son corps. Dans ce salon aux boiseries blanches, une frise évoque le style romain. Les fauteuils et les bergères sont nombreux. Une harpe, devant l'une des fenêtres, complète ce décor de théâtre. L'hôtel a été loué par Joséphine à Julie Carreau, la femme du grand acteur Talma.

D'un mouvement lent, Joséphine invite Napoléon à la rejoindre, à s'asseoir près d'elle.

Il sait qui elle est.

Elle est le signe de sa victoire.

Il hésite. Il pourrait, il en est sûr, il en a le désir, l'enlacer, la renverser, la conquérir. Il s'assied sur la bergère, mais se tient éloigné d'elle encore.

Le 28 octobre, alors qu'il est entouré de ses aides de camp, un soldat lui tend un pli. Les officiers s'écartent cependant qu'il décachette l'enveloppe.

Il ne reconnaît pas cette écriture aux jambages gras et ronds qui semblent tracés avec hésitation et application. La lettre est signée : « Veuve Beauharnais. »

« Vous ne venez plus voir une amie qui vous aime, écrit Joséphine. Vous l'avez tout à fait délaissée ; vous avez bien tort, car elle est tendrement attachée.

« Venez demain déjeuner avec moi ; j'ai besoin de vous voir et de causer avec vous sur vos intérêts.

« Bonsoir, mon ami, je vous embrasse.

« Veuve Beauharnais.

« Ce 6 Brumaire. »

Napoléon replie la lettre, congédie ses aides de camp.

Une femme, enfin.

Cette femme-là qui s'offre.

À moi. Si je veux.

Mais lorsque Junot rentre, pour faire état des rapports de police où l'on signale que les « honnêtes gens » trouvent

Bonaparte « jacobin à l'excès » et le surnomment « général Vendémiaire », Napoléon est debout, immobile, visage fermé. « Je tiens au titre de général Vendémiaire, dit-il, ce sera dans l'avenir mon premier titre de gloire. »

Puis il prend la liasse des rapports, commence à les lire. Si les royalistes le critiquent, s'en prennent au Directoire, complotent, les jacobins se réorganisent. Ils ont fondé le club du Panthéon. Napoléon sursaute : auprès des noms qui lui sont inconnus – Babeuf, Darthé, tout à coup celui-ci, familier, Buonarroti, fidèle donc à ses idées d'égalité, soutenant maintenant *le Tribun du peuple*, ce journal qui publie clandestinement Babeuf.

Qu'espèrent-ils, ces hommes-là ? On ne peut partager entre tous. La vie désigne ceux qui sont capables de prendre et qui possèdent, et ceux qui acceptent la domination des autres. C'est ainsi. Et à chaque instant il faut défendre ce qu'on a conquis, l'agrandir, s'appuyer sur les siens, ceux de sa famille, de son clan. Napoléon s'assied, écrit à Joseph.

Être au pouvoir, c'est cela aussi, prendre, donner aux gens.

« J'ai fait nommer, commence-t-il, je ferai placer... Ramolino est nommé inspecteur des Charrois, Lucien est commissaire des Guerres à l'armée du Rhin, Louis est avec moi... Je ne puis faire plus que je ne fais pour tous... La famille ne manque de rien ; je lui ai fait passer argent, assignats... Je n'ai reçu que depuis peu de jours quatre cent mille francs pour toi, Fesch à qui je les ai remis t'en rendra compte... Tu ne dois avoir aucune inquiétude pour la famille, elle est abondamment pourvue de tout. Jérôme est arrivé hier, je vais le placer dans un collège où il sera bien... J'ai ici logement, table et voiture à ta disposition... Viens ici, tu choisiras la place qui pourra te convenir... »

Encore une dernière lettre à Joseph, un dernier mot, pour répéter que « la famille ne manque de rien. Je lui ai envoyé tout ce qui est nécessaire... cinquante à soixante mille francs, argent, assignats, chiffons ; n'aie donc aucune inquiétude ».

Donner aux siens, partager avec eux. Que peut-on faire d'autre en ce monde tel qu'il est ?

Napoléon parcourt les rues entouré de son état-major. Il doit voir. Le maintien de l'ordre relève de ses responsabilités. Des grèves éclatent. Le prix du pain s'envole. La disette frappe. Il fait froid et l'on manque de bois de chauffage.

Il voit, il sait cela. Il fait organiser des distributions de pain et de bois. Mais des attroupements se forment devant les boulangeries. Une femme l'interpelle. Elle est difforme, elle hurle d'une voix criarde. « Tout ce tas d'épauletiers se moquent de nous, lance-t-elle en montrant Napoléon et son état-major. Pourvu qu'ils mangent et qu'ils s'engraissent bien, il leur est fort égal que le pauvre peuple meure de faim ! »

La foule murmure. Napoléon se dresse sur ses étriers. « La bonne, regarde-moi bien, quel est le plus gras d'entre nous deux ? »

La foule rit. Napoléon lance son cheval, suivi par son état-major.

Du haut de sa monture comme du haut du pouvoir, on conduit les hommes.

Mais tout en écartant du poitrail de son cheval la foule qui tarde à s'écarter, Napoléon se sent pour la première fois depuis vendémiaire à nouveau entravé. Ce commandement de l'armée de l'Intérieur, qu'est-ce, sinon une besogne de police au service des détenteurs du pouvoir politique ultime, les cinq directeurs, Barras, et maintenant aussi Carnot ?

Ce sont eux qui ordonnent, et Napoléon se tient sur le devant des troupes qui pénètrent dans le club du Panthéon, parce que le Directoire en a décidé la fermeture. Trop de succès public : près de deux mille personnes à chaque réunion pour acclamer Buonarroti et lire *le Tribun du peuple*.

On ne laisse pas une mèche brûler quand les citoyens ont froid et faim.

Napoléon tire ferme sur les rênes de son cheval qui piaffe sur les pavés. Il n'est pas un gendarme. Il est un soldat. Il a remis le 19 janvier 1796, pour la dixième fois peut-être, des plans de bataille pour une campagne victorieuse en Italie. Scherer, le général qui commande l'armée d'Italie, les rejette. Le commissaire du gouvernement auprès de l'armée, Ritter, s'indigne de ce projet. Il écrit au Directoire, et d'abord à Carnot, qui est en charge des affaires de la Guerre. Quel est ce plan qu'on lui transmet ? Qui l'a dressé ? « L'un de ces forcenés qui croient que l'on peut prendre la lune avec ses dents ? Un de ces individus rongés par l'ambition et avides de places supérieures à leurs forces ? »

Alors que les soldats entraînent les jacobins arrêtés, Napoléon rêve à un vrai et grand commandement.

Carnot lui fait part des réactions sceptiques ou hostiles des généraux Scherer et Ritter qui condamnent son plan pour l'Italie. Mais en même temps Carnot laisse entendre qu'on pourrait lui accorder le commandement de cette armée d'Italie.

Napoléon se reproche encore d'avoir révélé ses certitudes, ses ambitions. « Si j'étais là, s'est-il écrié, les Autrichiens seraient culbutés ! » Carnot a murmuré : « Vous irez. »

Mais, depuis, rien, sinon des rumeurs et des rumeurs et des ragots colportés par les envieux. Napoléon écoute Louis les rapporter. Son frère les recueille dans les antichambres, auprès des aides de camp fidèles qui s'indignent.

On dit que Bonaparte bénéficie de la protection de Barras. Celui-ci voudrait se débarrasser de son ancienne maitresse Joséphine en la gratifiant d'un mari doté. Pourquoi pas Bonaparte, auquel on concéderait le commandement de l'armée d'Italie ?

Napoléon enrage.

– Croient-ils, s'exclame-t-il, que j'ai besoin de protection pour parvenir ? Ils seront tous trop heureux que je veuille leur accorder la mienne. Mon épée est à mon côté, et avec elle j'irai loin.

– Cette femme, murmure Louis, ce projet de mariage.

Napoléon fixe son frère, qui recule et sort.

Que peuvent-ils comprendre, les autres, à ce que je ressens ?

Il a pris Joséphine contre lui et elle s'est pliée, si souple, offrant ses hanches, son sexe, puis, ainsi cambrée, il l'a portée jusqu'au lit.

Elle est à lui, cette femme aux mains expertes, aux doigts longs, cette femme qui est soie et douceur et qu'il serre avec une si grande fougue, un désir si intense qu'elle semble défaillir, qu'elle tente de le repousser avant de se laisser aller, abandonnée, puis si tendre. Et cependant il a le sentiment qu'elle glisse entre ses bras et qu'au moment où il croit la prendre, où il la prend, elle est absente, ailleurs.

Que savent-ils, les autres, de ces nuits où il la retrouve, où il écarte ses voiles, sans même retirer son uniforme et ses bottes ? Elle est la femme du moment de sa vie où enfin il est lui-même. Elle est sa victoire faite chair et plaisir. Une victoire vivante, qui ne s'épuise pas dès lors qu'on l'a acquise, mais qui au contraire avive la passion.

Il lui écrit :

« Je me réveille plein de toi. Ton portrait et l'enivrante soirée d'hier n'ont point laissé de repos à mes sens : douce et incomparable Joséphine, quel effet bizarre faites-vous sur mon cœur ! Vous fâchez-vous, vous vois-je triste, êtes-vous inquiète, mon âme est brisée de douleur et il n'est point de repos pour votre ami. Mais en est-il donc davantage pour moi lorsque, me livrant au sentiment profond qui me maîtrise, je puise sur vos lèvres, sur votre cœur une flamme qui me brûle ? Ah ! C'est cette nuit que je me suis aperçu que votre portrait n'est pas vous. Tu pars à midi, je te verrai dans trois heures. En attendant, *mio dolce amore,* un million de baisers, mais ne m'en donne pas, car ils brûlent mon sang ! »

Il pense sans cesse à ce corps, à cette femme. Il veut la tenir emprisonnée entre ses bras, comme s'il s'assurait ainsi non seulement d'elle, mais de tout ce qu'elle représente, son passé, ses amitiés, peut-être sa fortune, sa place dans cette société parisienne où il sait bien qu'il n'est encore parvenu que sur le seuil.

Avec elle à son bras, il fait définitivement partie de ce monde où il est entré en une nuit de guerre civile, sous l'averse du 13 Vendémiaire. Il veut, grâce à cette femme, proclamer sa victoire, le rang qu'il a acquis. Il veut s'assurer d'elle toutes les nuits, quand il aura le désir de la prendre, parce qu'elle sera son épouse.

Mais Joséphine se dérobe. L'attendant dans l'antichambre d'un notaire, Me Raguideau, où elle a voulu se rendre, Napoléon approche de la porte entrouverte. Il entend le notaire bougonner : « Eh quoi, épouser un général qui n'a que la cape et l'épée, la belle affaire que vous feriez là ! » que possède-t-il, ce Bonaparte ? Une bicoque ? Même pas ! Qui est-il ? Un petit général de guerre civile, sans avenir, au-dessous de tous les grands généraux de la République ! Mieux vaudrait épouser un fournisseur aux armées !

Napoléon se maîtrise. Il voudrait entrer avec fracas dans le bureau du notaire, mais il s'éloigne, s'approche d'une fenêtre. Il aura cette femme-là. Il sait qui elle est. Il sait ce qu'elle lui apporte : cette brûlure dans le sang. Il connaît son corps. C'est le premier corps de femme qu'il tient ainsi à pleines mains, qu'il peut caresser, aimer à sa guise. Et elle est la première femme qui lui touche le corps de cette manière, sans retenue, avec cette douceur et cette audace, cette maîtrise qui le comblent, l'exaltent, font renaître son désir au moment même où il le croit apaisé.

Et l'on voudrait qu'il renonce !

Il la voit chaque jour. Il découvre que le temps d'une journée peut aussi contenir, en plus des tâches militaires, une rencontre avec elle, l'amour avec elle, des pensées pour elle, des lettres pour elle.

Et cependant il voit Barras, Carnot, La Révellière-Lépeaux, l'un des cinq membres du Directoire exécutif.

Son désir d'elle, loin d'épuiser son énergie, lui donne des forces nouvelles.

Le 7 février 1795, les bans du mariage sont publiés, et, dans les jours qui suivent, le Directoire se décide à lui confier le commandement en chef de l'armée d'Italie.

– C'est la dot de Barras, répètent les envieux.

Il fait taire Louis et Junot, qui s'indignent de ces ragots.

Faut-il qu'il explique qu'on le nomme à la tête de l'armée d'Italie parce que les généraux Scherer, Augereau, Sérurier, Masséna et quelques autres n'obtiennent pas de victoires décisives et que le Directoire veut des succès, veut du butin, car les caisses sont vides, et c'est Napoléon qu'on charge de vaincre pour les remplir.

Le 23 février, l'arrêté de nomination à la tête de l'armée d'Italie est préparé. Le 25, le Directoire nomme le général Hatry commandant de l'armée de l'Intérieur.

Ce sont des jours de fièvre. Napoléon règle sa succession, désigne des aides de camp, prépare ses plans de campagne.

Le soir, il étale ses cartes dans le salon et le boudoir de Joséphine dans l'hôtel particulier de la rue Chantereine. Le chien Fortuné, un ruban noué autour du cou, gambade, et aboie lorsque Napoléon enlace Joséphine et la pousse jusqu'au lit, impérieux et passionné.

Parfois il la devine réticente, simplement soumise. Et cela l'inquiète. Elle sera son épouse dans quelques jours. Il l'embrasse avec fougue. Imagine-t-elle sa passion ? Elle sourit, lèvres closes.

Il la presse. Elle sera sa femme.

Il faut un contrat de mariage. Joséphine se rajeunit de quatre années. Il le sait. Il se vieillit de dix-huit mois. Qu'importe ces détails. Il veut ce mariage.

Quand Me Raguideau lit que le futur époux « déclare ne posséder aucun immeuble, ni aucun bien immobilier autre que sa garde-robe et ses équipages de guerre », Napoléon se lève, relit la phrase, demande qu'on la raye. La séparation des biens est prévue entre les époux. Joséphine recevra en cas de décès de Napoléon quinze cents livres. Elle garde la tutelle sur ses enfants, Hortense et Eugène. L'acte dresse la liste du trousseau qu'elle apporte : quatre douzaines de chemises, six jupons, douze paires de bas de soie... Napoléon, ostensiblement, n'écoute pas, se figeant cependant quand il est fait état, parmi les biens de Joséphine, de deux chevaux noirs et d'une calèche.

C'est Barras qui avait fait remettre cet équipage par les écuries nationales, en dédommagement des biens perdus par le général Beauharnais sous la Terreur.

Le 9 mars 1796 (19 Ventôse an IV), jour du mariage, fixé à neuf heures du soir à la mairie de la rue d'Antin, Napoléon a réuni ses aides de camp. Il fixe à chacun sa tâche. La nomination à la tête de l'armée d'Italie a été rendue officielle le 2 mars. Le départ pour Nice, siège du quartier général, a été fixé au 11 mars. Il faut que les aides de camp préparent les étapes, le logement de Napoléon, convoquent les généraux.

Tout à coup, Napoléon lève la tête et bondit. Il est plus de neuf heures. À la mairie, Barras, Tallien et Joséphine doivent s'impatienter.

Suivi de l'un de ses aides de camp, Le Marois, Napoléon se précipite. Il a déjà remis à Joséphine la petite bague de saphir qui tient lieu d'anneau nuptial. À l'intérieur sont gravés les mots « Au Destin ».

Il est dix heures quand il arrive à la mairie. Il gravit les marches en courant.

Ils sont tous là à l'attendre. Le maire Le Clerq somnole à la lumière des bougies.

Napoléon le secoue. La cérémonie commence, brève. Joséphine murmure son accord. Oui, dit Napoléon d'une voix sonore.

Puis il entraîne Joséphine.

Elle est à lui pour deux nuits.

Le 11 mars, en compagnie de son frère Louis, de Junot et de l'ordonnateur Chauvet, Napoléon part pour le quartier général de l'armée d'Italie.

Joséphine se tient sur le perron. Il lui fait un signe.

Elle est à moi.

Comme l'Italie le sera.

SIXIÈME PARTIE

Je voyais le monde fuir sous moi...

27 mars 1796 – 5 décembre 1797

21

Dans la voiture de poste, Napoléon se tait. Aux relais, d'un signe, il réclame à Junot du papier et de l'encre, une plume et s'éloigne de la salle où l'on servira le dîner.

Il s'installe à une petite table. Il écrit.

Cette séparation d'avec Joséphine est un arrachement. Il a besoin d'elle. Il voudrait son corps près du sien. Il se révolte devant ce qu'il ressent comme une mutilation.

Il veut tout posséder.

Elle et le commandement en chef de l'armée d'Italie.

Pourquoi faut-il qu'aller vers l'un se paie de l'éloignement de l'autre ? Stupide, injuste, inacceptable.

Et ce voyage vers Nice n'en finit pas ! L'arrivée n'est prévue qu'à la fin mars ! La voiture s'arrête à Fontainebleau, à Sens, à Troyes, à Châtillon, à Chanceaux, à Lyon, à Valence. Il séjournera deux jours à Marseille afin de revoir sa mère.

À chaque étape, la tentation le prend de repartir vers Paris, d'arracher Joséphine à son boudoir, à ses amis, de la contraindre à le suivre.

Ce n'est pas encore le moment. Plus tard, elle viendra. Il a d'abord une tâche à accomplir, difficile. Car l'armée d'Italie est la plus démunie des armées de la République. Elle ne doit jouer qu'un rôle mineur, fixer une partie des troupes autrichiennes afin que les grandes armées du Rhin, bien pourvues, celles des généraux Moreau ou Pichegru, remportent contre Vienne la victoire décisive.

Vaincre, avec ces trente mille soldats de l'armée d'Italie, c'est un défi qu'il doit relever, et à cette pensée il devient fébrile. Il se sent soulevé comme s'il était porté par une vague.

Il appelle Junot, demande le document que Carnot lui a remis le 6 mars, cette *Instruction pour le général en chef de l'armée d'Italie.* Il la parcourt une nouvelle fois. Il reconnaît les idées qu'il a si souvent exposées à Augustin Robespierre, à Doulcet de Pontécoulant, à Carnot lui-même : « L'attaque unique du Piémont ne remplirait pas le but que le Directoire exécutif doit se proposer, celui de chasser les Autrichiens de l'Italie et d'amener le plus tôt possible une paix glorieuse et durable... Le général en chef ne doit pas perdre de vue que c'est aux Autrichiens qu'il importe de nuire principalement. »

Il ne peut relire les quelques lignes de conclusion sans ricaner : « Le Directoire insistera avant de terminer la présente *Instruction* sur la nécessité de faire subsister l'armée d'Italie dans et par les pays ennemis, et de lui fournir, au moyen des ressources que lui présenteront les localités, tous les objets dont elle peut avoir besoin. Il fera lever de fortes contributions, dont la moitié sera versée dans les caisses destinées à payer en numéraire le prêt et la solde de l'armée. »

Prendre tout ce que l'on peut aux Italiens, arracher par la force tout ce que l'on veut : voilà le sens de l'*Instruction.* Et avec le butin nourrir, payer, armer les soldats, et remplir les caisses du Directoire.

Soit. Telle est la guerre. Tel est le pouvoir des armes.

Il replie la directive. Et c'est aussitôt comme s'il glissait de la crête au creux de la vague, de l'exaltation à l'abattement.

Il reprend la plume. Il voit Joséphine.

« Je t'ai écrit hier de Châtillon... Chaque instant m'éloigne de toi, adorable amie, et à chaque instant je trouve moins de force pour supporter d'être éloigné de toi. Tu es l'objet perpétuel de ma pensée ; mon imagination s'épuise à chercher ce que tu fais. Si je te vois triste, mon cœur se déchire et ma douleur s'accroît; si tu es gaie, folâtre avec tes amis, je te reproche d'avoir bientôt oublié la douloureuse séparation; tu es alors légère et dès lors tu n'es affectée par aucun sentiment profond.

« Comme tu vois, je ne suis pas facile à me contenter... Je regrette la vitesse avec laquelle on m'éloigne de toi... Que mon génie qui m'a toujours garanti au milieu des plus grands dangers t'environne, te couvre, et je me livre à découvert. Ah, ne sois pas gaie mais un peu mélancolique... Écris-moi, ma tendre amie, et bien longuement, et reçois les mille et un baisers de l'amour le plus tendre et le plus vrai. »

Il cachette la lettre sans la relire, puis il écrit l'adresse :

« À la citoyenne Beauharnais, rue Chantereine, n° 6, à Paris. »

Il tend la lettre à Junot sans un mot.

Et déjà l'envie le prend d'écrire à nouveau. Mais il faut attendre le prochain relais.

Voici Marseille. La voiture avance au pas dans les rues étroites et populeuses qui descendent vers les quais du port. Napoléon se penche. Il reconnaît l'odeur de saumure, les relents de fruits pourris. C'est comme si le passé si proche revenait porté par ces effluves, ce vent froid, les mêmes que ceux qui s'engouffraient dans la ruelle du Pavillon, lorsqu'il avait rendu visite aux siens.

Il a changé leur vie. C'était son devoir et c'est sa fierté. Sa mère, ses frères et ses sœurs ont pu quitter l'appartement minable de la rue du Pavillon, et aussi l'*hôtel de Cypières*. La voiture passe devant ce bâtiment imposant et austère où sont hébergés les exilés corses. Letizia Bonaparte y a vécu treize mois, subsistant grâce aux aides fournies par le Directoire départemental.

Elle ne connaîtra plus cela, jamais plus.

La voiture s'arrête devant le numéro 17 de la quatrième calade de la rue de Rome, à quelques dizaines de mètres de l'*hôtel de Cypières*. Napoléon descend, regarde la façade de cette imposante demeure bourgeoise. Sa mère vit là maintenant, dans l'un des plus beaux, des plus vastes appartements de Marseille.

C'est lui, son fils, qui a permis cela.

Ses sœurs, Pauline et Caroline, se précipitent, jeunes femmes élégantes grâce à lui. Elles le harcèlent. Ce mariage ? Cette épouse ? Letizia Bonaparte, sévère, attend qu'il approche, qu'il se laisse embrasser. Il le fait avec tendresse et déférence. Elle le dévisage. Il sent ce regard maternel soupçonneux, inquisiteur, comme si sa mère cherchait les traces d'une compromission, d'une trahison même. Il sait bien qu'elle n'approuve pas ce mariage avec « cette femme-là », dont ses fils lui ont dit qu'elle a déjà eu deux enfants, qu'elle est plus vieille de six années que Napoléon, qu'elle a eu de nombreux amants, Barras sans doute. Une rouée qui a su, avec les habiletés d'une courtisane, séduire, tromper, voler son fils.

Mais Letizia Bonaparte ne dit rien. Elle s'empare de la lettre de Joséphine que Napoléon lui tend. Elle répondra, bien sûr, murmure-t-elle en enfonçant la lettre de *l'Autre* dans sa poche.

– Te voilà donc grand général, dit-elle en prenant Napoléon aux épaules, le poussant vers la fenêtre pour le voir en pleine lumière.

Il aime ce regard admiratif de sa mère. Il dit ce qu'il a obtenu pour Jérôme, Lucien et Joseph, l'oncle Fesch. Sa mère et ses sœurs ont-elles reçu l'argent, les « chiffons » ont-ils plu ?

Elle l'embrasse. « Mon fils. » Elle le conjure de ne pas s'exposer.

Il la serre contre lui. Qu'elle vive longtemps. Il a besoin d'elle.

– Si vous mouriez, je n'aurais plus que des inférieurs dans le monde, murmure-t-il.

Il s'installe à l'*hôtel des Princes*, rue Beauvau, son quartier général. Il reçoit les autorités locales. Lorsqu'un officier, ou même Fréron, le représentant du peuple, Fréron que tant de fois il a sollicité, s'avance vers lui, il le fixe, le contraint par son regard à s'immobiliser.

À la table de Fréron, qui offre le soir un dîner en son honneur, il reste silencieux, le visage sévère. Il est le général commandant en chef. D'un mouvement dédaigneux de la tête, il contraint Fréron, qui se montre familier, qui évoque son intention d'épouser Pauline, à se taire.

Le lendemain, avant son départ, Napoléon passe en revue les troupes de la garnison de Marseille. Il lit dans les yeux des soldats, des sergents, des capitaines un étonnement ironique. Qu'est-ce que ce général-là ? Artilleur. On le dit « mathématicien et rêveur », intrigant, général vendémiaire. Que sait-il faire ? Commander le feu de canons à mitraille qui tirent sur la foule ? Qu'il y vienne voir, sur le champ d'une vraie bataille !

Il s'arrête devant certains de ces hommes. Il les force à baisser les yeux. Ils sont ses inférieurs. Non pas seulement parce qu'il est le général en chef, mais parce que son esprit les contient, qu'ils sont des pièces de son projet, alors qu'il leur échappe. Ces hommes n'arrivent même pas à savoir qui il est, ce qu'il peut.

Ils sont inférieurs parce que c'est lui qui imagine le futur, lui qui décidera de ce qu'ils seront, morts ou vifs, selon qu'il choisira de les envoyer à l'assaut ou de les laisser l'arme au pied.

Comment peut-on vivre sans commander aux hommes ?

Il faudra que toute l'armée d'Italie baisse les yeux devant lui, obéisse.

Mais lorsqu'il descend de voiture, le 27 mars 1796, rue Saint-François-de-Paule, à Nice, les soldats en faction devant la maison Nieuwbourg où il doit loger ne le saluent même pas.

Napoléon s'immobilise.

La demeure est belle. L'escalier soutenu par des colonnes de marbre est clair. Des vitraux décorent de hautes fenêtres. Un officier s'approche, se présente, Napoléon le dévisage, répète son nom, « Lieutenant Joubert ». L'officier explique qu'il s'agit de l'une des maisons les plus confortables de Nice, située en face de l'administration centrale. Napoléon se tourne, montre les soldats dépenaillés dont les chaussures sont trouées, qui ressemblent – il parle plus fort – à des « brigands ».

Joubert hésite, Napoléon commence à monter l'escalier.

– On laisse l'armée sans argent, dit Joubert, à la merci des fripons qui nous administrent. Nos soldats sont des citoyens. Ils ont un courage infatigable, ils sont patients, mais ils meurent de faim et de maladie. On ne nous traite pas comme les messieurs de l'armée du Rhin.

Napoléon entre dans l'appartement qui lui est réservé, au deuxième étage. Le soleil inonde les pièces. À l'est, le donjon de la forteresse qui protège la baie des Anges se confond avec le rocher. La mer étincelle.

Joubert se tient sur le seuil.

– Le gouvernement attend de l'armée de grandes choses, dit Napoléon. Il faut les réaliser et tirer la patrie de la crise où elle se trouve.

Commander à ces hommes, reconstituer une armée avec cette cohue misérable. Il s'attelle aussitôt à cette tâche, commence à dicter à Junot, à écrire et à donner des ordres.

– Il se peut que je perde un jour une bataille, mais je ne perdrai jamais une minute par confiance et paresse, dit-il.

Rien ne sert de se plaindre, de se lamenter sur l'état des troupes, de regretter de n'en pas disposer de meilleures. C'est avec ces hommes-là qu'il faut vaincre. Il n'y a jamais d'excuses à la défaite, pas de pardon pour ceux qui échouent.

– Le soldat sans pain se porte à des excès de fureur qui font rougir d'être homme, lance-t-il. Je vais faire des exemples terribles ou je cesserai de commander à ces brigands.

Il fait déposer sur la table les sacoches contenant les deux mille louis d'or que le Directoire lui a donnés pour mener sa campagne. Une aumône. Mais l'argent viendra de sa conquête.

Qu'on rassemble les troupes.

Les officiers s'étonnent. Dès maintenant ?

– Je ne perdrai jamais une minute, répète-t-il.

Il voit entrer les généraux. Il se tient les jambes écartées, bicorne en tête, l'épée au côté. Il est au centre de leurs regards chargés de jalousie, de récriminations et de morgue. Chacun de ces hommes, Sérurier, Laharpe, Masséna, Scherer, Augereau, celui-là surtout, avec sa taille et sa carrure de lutteur, estime qu'il a plus droit que Napoléon à occuper le poste de général en chef.

Ils ont tous fait leurs preuves. Qu'est-ce que ce général de vingt-sept ans qui n'a jamais commandé en chef sinon une armée de police au service de la Convention ? Augereau le toise.

Napoléon fait un pas. Ces hommes-là ne sont que des boulets de canon. Lui, il est l'artilleur qui commande le feu.

Il les regarde l'un après l'autre. Chaque fois, c'est une épreuve de force. Une joie chaude, vibrante monte en lui quand Masséna puis Scherer baissent les yeux. Les autres plient à leur tour. Augereau s'obstine quelques instants de plus.

Lui dire par le regard : « Vos cinq pieds six pouces ne vous empêcheraient pas d'être fusillé sur l'heure. » Et se sentir décidé et prêt à le faire. C'est cela, commander.

Augereau détourne les yeux.

Les généraux sortent. Napoléon entend Masséna qui s'exclame : « Ce petit bougre de général, il croit vous écraser au premier coup d'œil, il croit faire peur. »

Je les écrase.

Napoléon s'installe à sa table de travail, face à la baie. Commander, c'est aussi écrire, parce que les mots sont des actes.

« Vous ne vous faites pas une idée de la situation administrative et militaire de l'armée, écrit-il au Directoire. Elle est travaillée par des esprits malveillants. Elle est sans pain, sans discipline, sans subordination... Des administrateurs avides nous mettent dans un dénuement absolu de tout... Une somme de six cent mille livres annoncée n'est pas arrivée. »

Il interrompt sa lettre.

Ce commandement en chef, dans ces conditions, avec rassemblés au Piémont et en Lombardie près de soixante-dix mille Austro-Sardes, c'est la première grande épreuve.

Si je suis ce que je sens être, alors ce sera la victoire, un nouveau degré franchi. Vers quoi ? Vers plus. Il n'y a, une fois encore, aucun autre choix qu'avancer, faire avec ce dont on dispose.

Il reprend la plume : « Ici, écrit-il, il faut brûler, faire fusiller. »

Puis il ajoute, écrasant sa plume, traçant des lettres aux jambages forts : « Malgré tout cela, nous irons. »

Au travail. Agir. Agir.

Napoléon n'attend même pas que Berthier, le nouvel aide de camp, se soit installé : il dicte. Il a l'impression de lire un texte qui se déroule devant ses yeux. C'est comme si la pensée devenait mots sans même avoir eu besoin d'être formulée avant dans la tête.

Ici, il faut un atelier de cent ouvriers, pour l'artillerie et les armes. Partout il faut veiller à la distribution de viande fraîche tous les deux jours. Là, les sommes détenues par les Commissaires des Guerres doivent être versées dans les caisses de l'armée. Il ne faut pas diminuer les rations des hommes et des chevaux sans autorisation expresse. Que le général Berthier signale les officiers et les hommes qui se sont distingués.

Napoléon s'arrête de marcher. Tout à coup il paraît pensif.

– Du triomphe à la chute, il n'y a qu'un pas, dit-il. Un rien a toujours décidé des plus grands événements.

Puis il s'approche d'une table sur laquelle des cartes et des plans ont été dépliés.

– Prudence, sagesse, murmure-t-il, ce n'est qu'avec beaucoup de dextérité que l'on parvient à de grands buts et que l'on surmonte tous les obstacles, autrement on ne réussira en rien.

Il regarde Berthier, qui s'est avancé.

– Ma résolution est prise, dit Napoléon.

Il suit du doigt les axes qu'il a choisis pour les attaques.

Une nuit entière de veille pour parvenir à ce tracé. Une nuit pendant laquelle il a grossi « tous les dangers et tous les maux possibles », une nuit d'agitation pénible. Et maintenant, tout est oublié, et ne reste que ce qui doit être fait pour que l'entreprise réussisse.

Il garde son doigt sur la carte, le bras tendu, figé, alors qu'en lui une excitation aussi vive que celle qu'il ressentait lorsqu'il résolvait un problème de mathématiques semble faire trembler chaque partie de son corps, mais rien n'en transparaît.

Il va vers la fenêtre.

– Le secret des grandes batailles consiste à savoir s'étendre et se concentrer à propos, dit-il sans regarder Berthier.

En le congédiant, il murmure :

– Ce sont les axes qui doivent servir à tracer la courbe.

Tout à coup, la fatigue, l'épuisement, cette nuit qui tombe, fraîche, la solitude, cette impossibilité de dormir parce que la pensée continue de tourner vite, emportée par son élan. Le plaisir seul, dans la confiance que donne un corps offert, pourrait, quelques instants, apaiser cette sarabande de questions qu'il faut faire sortir de soi, écrire à Joséphine : « Qu'est-ce que l'avenir? Qu'est-ce que le passé? Qu'est-ce que nous? Quel fluide magique nous environne et nous cache les choses qu'il nous importe le plus de connaître ? »

Désir d'elle, si dure l'absence! Pourquoi cette vie divisée? « Un jour tu ne m'aimeras plus; dis-le-moi. Je saurai du moins mériter le malheur. Vérité, franchise sans bornes... Joséphine! Joséphine! Souviens-toi de ce que je t'ai dit quelquefois; la nature m'a fait l'âme forte et décidée; elle t'a bâtie de dentelles et de gaze. As-tu cessé de m'aimer?... Adieu, adieu, je me couche sans toi, je dormirai sans toi. Je t'en prie, laisse-moi dormir. Voilà plusieurs nuits où je te sens dans mes bras. Songe heureux, mais ce n'est pas toi! »

Il va et vient dans la pièce, comme pour se détacher de cette obsession qui s'accroche à lui, le harcèle. Que fait-elle? Pense-t-elle à lui?

La peau à nouveau le brûle.

Il ouvre la porte. Qu'on appelle ses aides de camp.

Le lendemain matin, les troupes sont rassemblées. Il entend, en arrivant, un murmure. Il voit les rangs onduler parce que les soldats se penchent pour l'apercevoir. Les tenues sont disparates. Même les officiers, en avant de leurs hommes, ont des allures de brigands.

La rumeur ne cesse pas quand il s'approche des premiers rangs. C'est une nouvelle épreuve de force. Il tire sur les rênes de son cheval, se cambre. Il domine ce moutonnement d'hommes qui tournent leurs visages vers lui. Il faut de cette foule faire une armée. Il a dû accomplir la même transformation à Toulon. Mais ici la tâche est plus rude, plus grande. Il est le général en chef.

– Soldats, lance-t-il, vous êtes nus, mal nourris ; le gouvernement vous doit beaucoup, il ne peut rien vous donner.

La rumeur enfle. Il est sur cette mer et il doit tenir la barre.

– Votre patience, le courage que vous montrez au milieu de ces rochers sont admirables, reprend-il. Mais ils ne vous procurent aucune gloire, aucun éclat ne rejaillit sur vous.

Le bruit s'apaise. On l'écoute.

– Je veux...

Du regard il parcourt l'étendue sombre où le soleil fait briller les canons des fusils.

– Je veux vous conduire dans les plus fertiles plaines du monde. De riches provinces, de grandes villes seront en votre pouvoir...

Il reprend :

– Votre pouvoir.

Sur la place, entre les maisons aux façades ocre, c'est maintenant le silence.

– Vous y trouverez honneur, gloire et richesses.

Il répète : « Richesses. »

– Soldats d'Italie, manqueriez-vous de courage et de constance ?

Son cheval piaffe. Le silence tout à coup est rompu. La mer enfle d'une rumeur confuse où il lui est impossible de distinguer l'adhésion ou le refus.

Le soir, assis en face du général Scherer auquel il succède, il écoute l'officier lui exposer dans le détail la situation sur les différents fronts. Puis Scherer commente la proclamation de la matinée. « Les hommes ont bien réagi », dit-il.

Comment peut-on se contenter d'une incertitude ?

Il faut qu'une troupe soit liée à son chef comme les planètes au soleil.

Comment compter sur elle si chaque homme, chaque unité, chaque officier n'en fait qu'à sa guise, pense d'abord à lui au lieu d'obéir ?

Toute la nuit ne suffit pas à calmer Napoléon.

Au matin, quand Berthier lui annonce que le 3e bataillon de la 209e demi-brigade, campée sur la place de la République, est en train de se mutiner, il bondit.

Suivi par ses aides de camp, il se précipite dans l'escalier, court les rues, se trouve face à ces soldats mutinés et à ces officiers hésitants.

Mourir plutôt que d'accepter l'insubordination.

Un vieux soldat qui n'ose pas le regarder lance :

– Il nous la fout belle avec ses plaines fertiles ! Qu'il commence donc par nous donner des souliers pour y descendre !

Napoléon s'avance, seul au milieu de la troupe. Il est comme une lame affûtée qui s'enfonce dans une chair molle.

– Vous ferez traduire devant un conseil militaire les grenadiers, auteurs de la mutinerie..., commence-t-il. Vous ferez arrêter le commandant. Les officiers et les sous-officiers qui sont restés dans les rangs sans parler sont tous coupables...

Les murmures cessent, les soldats s'alignent. Les officiers baissent la tête.

Maintenant, je peux vaincre.

Le 2 avril 1796, il se met en route vers Villefranche. Après quelques centaines de mètres, il s'arrête devant une demeure, située au centre d'un jardin. Les troupes passent, marchant d'un bon pas. Il a pris ces hommes en main. Ils vont se battre, ils vont accepter de mourir. Hier, il a fait fusiller des maraudeurs et distribuer de l'eau-de-vie, des louis d'or aux généraux.

La porte de la demeure s'ouvre. C'est le comte Laurenti et sa fille Émilie. Dix-huit mois seulement ont passé depuis qu'on lui notifiait son arrestation ici, dans cette maison. Qui pourra jamais entraver sa marche ? La mort seule, et elle lui semble impossible. Il n'a pas vingt-sept ans.

Des officiers l'entourent. La route de la corniche qu'il a choisie est exposée au feu des canons des vaisseaux anglais qui croisent à portée du rivage. Il est imprudent de l'emprunter, disent-ils. Il semble ne pas avoir entendu, embrasse Laurenti et sa fille.

Un chef doit donner l'exemple et ne pas hésiter à marcher sous le feu.

Leste, il bondit sur son cheval et, à la tête de son état-major, prend la route de la corniche.

Les falaises blanches tombent à pic dans une mer calme. L'horizon est vide de toute voile.

Napoléon se tourne vers Berthier qui chevauche à une tête de cheval derrière lui.

– La témérité, dit-il, réussit autant de fois qu'elle se perd : pour elle, il y a égalité de chances dans la vie... À la guerre, la fortune est de moitié dans tout.

Il se tait quelques minutes, puis reprend :

– À la guerre, l'audace est le plus beau calcul du génie... Il vaut mieux s'abandonner à sa destinée.

Le 3 avril, le quartier général est à Menton, le 5 à Albenga.

Les généraux sont là, autour de lui dans une grande pièce blanche, devant une grande table où sont étalées les cartes.

Leurs corps, leurs visages, leurs armes, leurs uniformes expriment la force, la puissance.

Mais ils n'osent pas me regarder.

– Hannibal a passé les Alpes, dit Napoléon. Nous les avons tournées.

La campagne d'Italie peut commencer

22

Napoléon regarde les bataillons de grenadiers s'engager d'un pas rapide sur la route étroite qui conduit au col de Cadibone. La pente est raide. La montagne domine la mer comme une barrière étroite et haute qui sépare la côte méditerranéenne du Piémont et, au-delà, de la Lombardie.

Il tire sur les rênes du cheval. Les montures des officiers d'état-major hennissent. En cette aube du 10 avril 1796, le vent souffle de la montagne, apporte les senteurs froides des forêts et des prairies et courbe les lauriers et les fleurs du bord de mer.

Ici, la paix. Passé le col, la guerre.

Les Autrichiens des généraux Beaulieu et Argenteau attendent tout près du col, à Montenotte et à Diego. Les Piémontais du général Colli sont un peu en retrait plus à l'ouest, à Millesimo, et plus haut encore dans les montagnes, à Mondovi.

Napoléon engage son cheval sur la route. Les officiers le suivent, les soldats piétinent puis se remettent en marche derrière l'état-major.

Napoléon ne baisse pas la tête vers les hommes, qui s'écartent, ouvrant leurs rangs pour qu'il passe.

Il faut savoir envoyer ces hommes-là par centaines, par milliers, à la mort. De leur acceptation du sacrifice dépend la réalisation de ses projets.

Toute la nuit, à Albenga, il s'est laissé porter par l'imagination.

Il a vu les Autrichiens refoulés vers la Lombardie, les Piémontais battus, contraints de demander la paix. Pour cela, il faut frapper entre eux, les diviser, les battre séparément et, une fois le Piémont à genoux, poursuivre les Autrichiens vers la vallée du Pô, vers Lodi, vers Milan.

Tout dépend de ces hommes-là qui avancent sur les bas-côtés de la route et doivent accepter la mort. Ils doivent marcher nuit et jour pour aller plus vite d'un point à un autre, surprendre l'ennemi là où il ne les attend pas. Être toujours plus nombreux là où l'on attaque.

Alors, qu'importe qu'il y ait soixante-dix mille Autrichiens et Piémontais, si les soldats de l'armée d'Italie déferlent et submergent des unités plus faibles au moment de l'attaque !

Napoléon presse son cheval.

Il fait un signe aux officiers et aux sous-officiers qui marchent près de leurs hommes. Il faut hâter le pas.

Au moment où il s'éloigne, il entend les ordres lancés d'avoir à accélérer la cadence.

Marcher pour mourir, marcher pour tuer.

Commander, c'est savoir où l'on va faire mourir des hommes, où l'on va tuer des hommes.

Commander, c'est savoir mourir. Savoir ordonner le sacrifice. Et, pour cela, il faut que la pensée soit tendue comme un arc et que les mots jaillissent comme des flèches.

On se bat au sud de Montenotte. Qui ? Le chef de brigade Rampon, qui résiste aux assauts des Autrichiens d'Argenteau.

Napoléon sort de sa tente. Le champ de bataille est couvert de fumée. C'est le moment du choix. Le général Masséna doit tourner l'Autrichien, le général Laharpe attaquer de front. Les aides de camp s'élancent.

Savoir attendre.

Le 12 avril, à Montenotte, les Autrichiens sont battus. Le 13, ils le sont encore à Millesimo et à Diego.

Napoléon est assis sur une caisse recouverte d'un tapis rouge sombre : deux mille six cents prisonniers, peut-être huit mille morts chez les Autrichiens, et un millier d'hommes chez nous.

Rampon s'avance, couvert de sang et de boue. La guerre, c'est oublier les morts et féliciter les vivants.

Napoléon donne l'accolade à Rampon, et l'élève au grade de général de brigade.

Puis, tout en marchant, les mains derrière le dos, il écoute les rapports. Des unités se sont débandées pour chercher à manger et à boire. Masséna a dû rallier ces hommes dont beaucoup fuyaient les combats autour de Diego.

Des pillages ont eu lieu.

Comment se battre, comment mourir et tuer si la discipline cède ? Napoléon appelle Berthier, dicte.

« Le général en chef voit avec horreur le pillage affreux auquel se livrent des hommes pervers qui n'arrivent à leur corps qu'après la bataille... Faire fusiller sur-le-champ les officiers ou les soldats qui, par leur exemple, exciteraient les autres au pillage et détruiraient par là la discipline, mettraient le désordre dans l'armée et compromettraient son salut et sa gloire... »

Il précise encore : « On arrachera l'uniforme de ces hommes, ils seront flétris dans l'opinion de leurs concitoyens comme des lâches... »

Puis il se penche sur les cartes, trace des flèches d'un geste précis. Trois victoires en quatre jours. L'absence de joie en lui l'étonne. La défaite serait insupportable, mais le succès ne grise pas. Parce qu'il y a toujours un autre combat. L'action ne prend fin qu'avec la vie.

– Au tour des Piémontais de Colli, dit Napoléon.

Il ne dort plus, ou seulement quelques minutes, se réveillant dispos, plus pâle cependant, la phrase plus brève encore, les idées comme affûtées par la nuit.

Le 21 avril, Colli est battu à Mondovi, mais une fois encore la joie se dérobe.

Des troupes se sont à nouveau débandées pour piller. Il faut sévir. Fusiller, dégrader. Si la poigne de fer de la discipline ne serre pas les hommes ensemble comme un faisceau, comment accepteraient-ils de marcher à la mort ?

Il se promène dans le camp. Tout à coup, des soldats et des officiers crient : « Vive le général Bonaparte ! » Des envoyés du général Colli se sont présentés pour lui demander un armistice.

À moi.

Petite flamme de joie.

Le 25 avril, les envoyés du roi du Piémont-Sardaigne, Victor-Amédée, se présentent devant Napoléon à Cherasco.

Ils sont dignes et respectueux, Napoléon fait asseoir les nobles piémontais, La Tour et Costa de Beauregard, en face de lui. Les aides de camp sont debout, entourant leur général en chef.

Napoléon parle.

Les Piémontais doivent livrer trois places fortes, Coni, Tortone et Valenza. Ils doivent fournir à l'armée française tous les approvisionnements nécessaires. Les conditions de paix seront discutées à Paris, car, dit-il, il n'est, *encore*, que le général en chef de l'armée de la République française. Les deux nobles piémontais s'inclinent, mais commencent à discuter les propositions que Napoléon leur a faites.

– Messieurs, dit-il en desserrant à peine les lèvres, je vous préviens que l'attaque générale est ordonnée pour deux heures et que cette attaque ne sera pas différée d'un moment.

Puis il croise les bras et attend. Il est fort de la puissance des armes, de sa résolution et de la peur qu'elles inspirent.

Le 26 avril, avant le lever du jour, les Piémontais signent l'armistice. Il entend les cris des soldats : « Vive le général Bonaparte ! »

Comme il est simple d'imposer sa loi aux hommes quand on est un général vainqueur.

L'aube est silencieuse. Il sort de la maison où l'état-major est installé, suivi de quelques officiers.

Les rues de Cherasco sont encombrées de voitures et de charrettes remplies de foin frais sur lequel reposent des blessés. Certains geignent, leurs moignons ensanglantés. Des soldats sont affalés à même les pavés, le dos appuyé contre les façades.

Arrivé au bout d'une rue, Napoléon s'avance sur un promontoire qui domine le paysage. Les collines et le confluent du Tanaro et de la Stura sont recouverts d'une brume bleutée. Dans un champ, des morts sont alignés. Des hommes courbés vont parmi eux comme des charognards, et, quand ils se redressent, ils portent une brassée de sabres et de sacoches remplies de munitions. Ce qui est accompli, ce qui est mort n'existe plus. Seul compte ce qui reste à faire.

Il remonte d'un pas vif vers le siège de l'état-major. Les mots se pressent dans sa tête. Il y a eu les morts, les blessés, les fuyards, les maraudeurs, les lâches, les bataillons qui cédaient à la panique, les pillards qu'on a fusillés. Il y a eu toute cette réalité sanglante et boueuse.

Il s'arrête un instant devant une charrette où trois hommes blessés entassés les uns sur les autres agonisent. Ont-ils été des lâches, abattus dans le dos ? Des voleurs, surpris par un officier et condamnés, ou des héros ? Qui le sait ?

Il entre dans la maison.

Il commence à dicter à Berthier la proclamation que les officiers devront lire sur le front des troupes et qui sera imprimée, distribuée à tous.

Elle deviendra la vérité de ces jours de bataille. Il n'y aura plus d'autre réalité que celle-là :

« Soldats ! Vous avez en quinze jours remporté six victoires, pris vingt et un drapeaux, cinquante-cinq pièces de canon, plusieurs places fortes, conquis la plus riche partie du Piémont... Dénués de tout, vous avez suppléé à tout ; vous avez gagné des batailles sans canons, passé des rivières sans pont, fait des marches forcées sans souliers, bivouaqué sans eau-de-vie et souvent sans pain. Les phalanges républicaines, les soldats de la liberté étaient seuls capables de souffrir ce que vous avez souffert. Grâces vous en soient rendues, soldats ! Mais, soldats, vous n'avez rien fait, puisqu'il vous reste encore à faire. »

Puis il se penche sur la table où sont toujours déployées les cartes. Il suit du doigt ces lignes qui se dessinent dans son esprit, et, il le sait, qu'il est seul à concevoir, à imaginer. Les Autrichiens de Beaulieu sont là au bout de ses doigts.

– Demain..., commence-t-il.

Il s'arrête, d'un signe indique à Berthier qu'il doit prendre note pour le Directoire.

– Demain, je marche contre Beaulieu, je l'oblige à repasser le Pô, je passe le fleuve immédiatement après, je m'empare de toute la Lombardie et, avant un mois, j'espère être sur les montagnes du Tyrol, y trouver l'armée du Rhin et porter de concert la guerre dans la Bavière.

Tout reste à faire.

23

Napoléon se dresse sur ses étriers et se retourne.

Cherasco n'est plus à l'horizon qu'un volume ocre qui perce le brouillard dense dans lequel la brigade de grenadiers marche depuis l'aube. Il a confiance dans ces hommes qu'il a choisis lui-même et qu'il a placés sous les ordres du général Dallemagne. Celui-ci commandait déjà les grenadiers au siège de Toulon.

Mais c'est Napoléon qui ouvre la marche.

Cette bataille qui commence pour la possession de la Lombardie, avec en son cœur ce joyau, Milan, il veut la vivre en avant, les pieds dans la boue des combats. Il ne ressent aucune crainte. La mort n'est pas pour lui. Il veut franchir le Pô le premier. Et il ne cesse de regarder ce fleuve, longue traînée argentée, qui, dès que le brouillard se dissipe, apparaît, immense et majestueux, gardé par ces hauts peupliers figés comme des hallebardiers. Dans cette même plaine, à quelques lieues plus au nord, dans les environs de Pavie, François Ier, en 1525, fut battu et fait prisonnier par un général de Charles Quint.

Ici, le royaume de France a perdu une partie. C'est la revanche, et c'est moi qui la joue.

Il presse l'allure. C'est la nuit du 6 au 7 mai 1796. On atteint le Pô à Plaisance. Quelques coups de feu. Napoléon s'élance, les grenadiers suivent. L'ennemi recule. On ne s'arrête pas.

Quand le jour se lève, Napoléon voit devant lui la Lombardie.

Le soleil joue avec l'eau des marais, des étangs. La terre est grasse. Les fermes, vastes et massives.

Voilà les terres fertiles.

Au loin on aperçoit un autre ruban brillant, l'Adda, l'affluent du Pô. Les villes dont les silhouettes s'esquissent au-dessus de la plaine ressemblent à des navires dont les clochers seraient les mâts : voici Lodi et voici Crémone.

Au milieu de la matinée du 9 mai, alors que l'on avance à marches forcées vers Lodi et son pont qui permettra de franchir l'Adda, un aide de camp surgissant tout à coup, l'uniforme blanc de poussière, annonce que les Autrichiens ont contre-attaqué. Les troupes du général Laharpe ont été saisies dans la nuit par la panique. Laharpe a été tué par les balles de ses propres soldats, qui l'ont confondu avec un parti de cavaliers ennemis.

En avant, plus vite.

Le 10 mai, Napoléon entre dans Lodi. Des milliers d'hommes sont là déjà, ceux des divisions Masséna et Augereau. Ils piétinent dans les ruelles. Napoléon, suivi par sa brigade de grenadiers, se dirige vers les berges enveloppées de fumée.

Le pont de l'Adda est battu en enfilade par une vingtaine de canons autrichiens qui tirent à la mitraille. Des morts et des blessés jonchent le tablier. On entend le sifflement des balles.

On tire de rive à rive.

C'est à moi. Un mouvement de tout le corps l'emporte, le pousse en avant, sabre au clair, sur le pont, dans la grêle des balles et dans la mitraille.

Il faut passer. L'avenir est au bout de ce pont, sur l'autre rive du fleuve.

Il n'entend rien, seulement son cœur que la course fait exploser dans sa poitrine.

Les grenadiers suivent. La cavalerie traverse le fleuve à gué, en amont. L'ennemi est contraint de reculer. Les grenadiers reprennent leur souffle, s'appuyant à leurs fusils, debout au milieu des corps étendus. Napoléon les regarde. Ils s'approchent de lui. Il a su comme eux, comme un soldat du rang, accepter le risque de mourir. Les grenadiers lèvent leurs fusils, lancent des cris. Ils sont vivants. Ils sont victorieux. Vive le général Bonaparte !

Il s'est battu comme un « petit caporal », dit un grenadier. Vive le petit caporal !

Là où François Ier a été vaincu, dans cette plaine du Pô, il est victorieux.

Il entre dans Crémone. Il exige de Parme une contribution de deux millions de francs-or, et la fourniture de dix-sept cents chevaux.

Les fermes ouvrent leurs greniers. Les villes, leurs coffres et leurs musées. Le parmesan est savoureux, accompagné de pain de froment et de lambrusco, ce vin qui pétille. Les maisons, les châteaux, les églises regorgent de tableaux dont on remplit des voitures et qu'on expédie à Paris.

Les soldats chantent et rient, la bouche rougie par l'écume du vin. Des patriotes italiens viennent à la rencontre de Napoléon. Il écoute les cris de la foule : « *Viva Buonaparte, il liberatore dell'Italia !* »

Saliceti, commissaire à l'armée d'Italie, Saliceti, le dénonciateur repenti, l'habile et le tortueux, favorise cette explosion nationale en faveur de l'unité italienne.

Milan se donne.

Cette ville, ces arcs de triomphe, en ce jour de l'Ascension 1796, ces femmes qui s'avancent les bras chargés de fleurs, ce palais Serbelloni qui ouvre ses portes, ces acclamations sont pour moi.

Napoléon s'installe dans l'une des grandes pièces lambrissées du palais. Il vient d'apprendre qu'à Paris la paix a été signée avec le Piémont. Nice et la Savoie deviennent françaises.

C'est lui qui a mis ce roi du Piémont à sa discrétion.

Il écrit au Directoire : « Si vous me continuez votre confiance, l'Italie est à vous. »

À eux ? Ou à moi ?

Cette pensée fulgurante l'éblouit. Peut-être peut-il tout ?

– Je vois le monde fuir sous moi, murmure-t-il, comme si j'étais emporté dans les airs.

Il appelle Marmont.

– Ils n'ont encore rien vu, dit-il.

Le parquet roux, ciré, craque sous ses bottes.

Napoléon compulse les papiers jetés en désordre sur une table de marbre. Il énumère d'une voix voilée de mépris :

– La province de Mondovi donnera un million de contributions. Je mets à la disposition du Directoire deux millions de bijoux et d'argent en lingots, plus vingt-quatre tableaux, chefs-d'œuvre des maîtres italiens. Et les Directeurs peuvent compter sur une dizaine de millions de plus.

Sont-ils satisfaits ?

Marmont tend un pli qu'un courrier vient d'apporter du Directoire. D'un geste brusque, Napoléon le décachette puis parcourt la lettre.

Les Directeurs lui conseillent de se diriger vers l'Italie du Centre et du Sud, Florence, Rome, Naples, cependant que le général Kellermann le remplacerait à Milan et en Lombardie.

Il s'est immobilisé au milieu de la pièce comme s'il avait reçu un coup. Il s'est plié, rentrant un instant les épaules. Ainsi, on veut le déposséder, l'éloigner, peut-être pour le perdre dans une aventure militaire et politique.

Imagine-t-on qu'il est aveugle ?

Il recommence à marcher.

On n'en a jamais fini de se battre. On ne peut être libre de ses actes que lorsqu'on décide seul, qu'on est en haut.

Croit-on qu'il va se soumettre ? C'est lui qui remplit les caisses du Directoire. Lui qui remporte des victoires alors qu'en Allemagne les armées du Rhin piétinent. « J'ai fait la campagne sans consulter personne », commence-t-il.

Il demande à Marmont d'écrire.

« Je n'eusse rien fait de bon s'il eût fallu me concilier avec la manière de voir d'un autre, dicte-t-il. J'ai remporté quelques avantages sur des forces supérieures et dans un dénuement absolument de tout. Parce que persuadé que votre confiance se reposait sur moi, ma marche a été aussi prompte que ma pensée... Chacun a sa manière de faire la guerre. Le général Kellermann a plus d'expérience et la fera mieux que moi ; mais tous les deux ensemble nous la ferons fort mal. Je crois qu'un mauvais général vaut mieux que deux bons. »

Marmont bredouille d'émotion et de colère.

Napoléon hausse les épaules. Ils céderont. Ils trembleront à l'idée de ma démission.

– La fortune ne m'a pas souri aujourd'hui pour que je dédaigne ses faveurs, lance-t-il. Elle est femme et plus elle fait pour moi, plus j'exigerai d'elle.

Que Marmont se rassure.

– De nos jours, personne n'a rien conçu de grand. C'est à moi seul d'en donner l'exemple.

Il marche vers la fenêtre, l'ouvre. Milan la Grande est là devant lui, ses pavés brillant sous la pluie fine de printemps.

Murat entre, pérore, dit tout à coup :

– On assure que vous êtes si ambitieux que vous voudriez vous mettre à la place de Dieu le Père.

Napoléon ferme la fenêtre d'un mouvement brutal.

– Dieu le Père ? Jamais, c'est un cul-de-sac !

Murat et Marmont sortent.

Il est seul.

Il entend au loin, si loin, le roulement des voitures sur les pavés et les tintements des cloches.

Ce creux de la nuit est un gouffre où il s'enfonce. Tout est trop calme. Le palais Serbelloni est une île de silence dans le silence.

Le champ de bataille retentit toujours de grondements ou de cris, de hurlements ou du crépitement des balles. La tête est pleine des fureurs de la guerre. Il faut agir sans cesse. On oublie qu'il y a le vide en soi.

Mais les nuits ici, à Milan, seule Joséphine pourrait les peupler.

Il lui a écrit tant de fois. Elle est, dès que les explosions de mitraille cessent, dès que le silence s'installe, son obsession. On ne peut vivre seulement de haute ambition. Il faut du temps pour que l'ordre des choses change, même quand on le bouscule comme il le fait.

Il vient de décider de payer la solde des troupes en bon et sonnant numéraire. Il a été acclamé par les soldats.

Il vient de signer des armistices avec Parme, Modène, Bologne, Ferrare, les légations du pape, et chaque fois il a obtenu des contributions de plusieurs millions et des fournitures en nature, des tableaux, des manuscrits.

Le Directoire a naturellement capitulé devant sa menace de démission.

Il a encore capitulé quand Napoléon a limité les pouvoirs des commissaires du gouvernement. « Les commissaires n'ont rien à voir dans ma politique, a-t-il dit. Je fais ce que je veux. Qu'ils se mêlent de l'administration des revenus publics, à la bonne heure, du moins pour le moment. Le reste ne les regarde pas. Je compte bien qu'ils ne resteront pas longtemps en fonction et qu'on ne m'en enverra pas d'autres. »

Je fais ce que je veux.

Avec les hommes, avec le Directoire, mais pas avec elle !

Quand les paysans dans les villages ou bien les habitants de Pavie agressent les soldats, résistent aux réquisitions, « je fais ce que je veux ». La ville de Lugo, où cinq dragons ont été tués, est livrée à une exécution militaire. Des centaines de personnes sont sabrées, les habitations pillées, les habitants hostiles abattus.

Je fais ce que je veux.

Mais elle ? Que peut-on faire à une femme qui se dérobe, dont le silence vous tourmente, dont l'absence vous torture et dont, dans la solitude de la nuit, le souvenir vous hante ?

Lui écrire, encore, toujours, la supplier de venir ici, à Milan. Et craindre tout d'elle.

Le verre de son portrait s'est brisé. Présage. Elle est malade ou elle est infidèle.

« Si tu m'aimais, tu m'écrirais deux fois par jour, mais il faut jaser avec les petits messieurs visiteurs dès dix heures du matin et puis écouter les sornettes et les sottises jusqu'à une heure après minuit. Dans les pays où il y a des mœurs, dès dix heures du soir tout le monde est chez soi, mais dans ces pays-là on écrit à son mari, l'on pense à lui, l'on vit pour lui. Adieu, Joséphine, tu es un monstre que je ne puis expliquer... »

Mais comment se débarrasser de cette passion quand on a besoin de la passion pour vivre, et que, même si l'on gagne six batailles en quinze jours, il y a entre les combats ces nuits vides ?

Napoléon se confie à son frère Joseph.

– Tu connais mon amour, tu sais comme il est ardent, tu sais que je n'ai jamais aimé que Joséphine, que Joséphine est la première femme que j'adore... Adieu, mon ami, tu seras heureux. Je fus destiné par la nature à n'avoir de brillant que les apparences. »

Alors se soumettre, reconnaître sa faiblesse, lui avouer cette servitude : « Tous les jours récapitulant mes torts, je me bats les flancs pour ne plus t'aimer, bah, voilà que je t'aime davantage... Je vais te dire mon secret ; moque-toi de moi, reste à Paris, aie des amants, que tout le monde le sache, n'écris jamais, eh bien je t'en aimerai dix fois davantage ! Si ce n'est pas là folie, fièvre, délire ? Et je ne guérirai pas de cela ! Oh si, pardieu, j'en guérirai... »

Il ne sait rien, mais il soupçonne. La jalousie le dévore. On lui rapporte que Joséphine, qu'on appelle maintenant Notre-Dame des Victoires, dîne chez Barras. Que Murat et Junot, les aides de camp qu'il a envoyés à Paris pour demander à Joséphine de le rejoindre, sont devenus ses amants. Qu'elle traîne partout sa dernière conquête, son « polichinelle », le lieutenant Hippolyte Charles, un homme « amusant » aux uniformes chamarrés près du corps, qui mettent en évidence ses formes de jeune séducteur.

Napoléon ne veut pas entendre. Il ne veut pas savoir. Mais il écrit : « Sans appétit, sans sommeil, sans intérêt pour l'amitié, pour la gloire, pour la patrie, toi, toi, et le reste du monde n'existe pas plus pour moi que s'il était anéanti. »

Et tout à coup il ne peut retenir sa douleur : « Les hommes sont si méprisables, note-t-il. Toi seule effaçais à mes yeux la honte de la nature humaine ! Je ne crois pas à l'immortalité de l'âme. Si tu meurs, je mourrai aussitôt, mais de la mort de l'anéantissement. »

Pendant quelques jours, il ne peut plus lui faire porter ces lettres qui restent trop souvent sans réponse.

Il retourne à ses cartes et à la guerre. Il quitte Milan. Il chevauche vers Mantoue, la place forte imprenable qui tient toute la Lombardie et se trouve aux portes de la Vénétie. Elle commande les routes qui, longeant le lac de Garde, conduisent au Tyrol, aux cols d'où l'on pourra déboucher sur l'Autriche. Vienne conquise comme Milan ? Pourquoi pas ?

Il imagine. Il a adressé à ses soldats, il y a seulement quelques jours, une proclamation pour les féliciter de leurs victoires : « Soldats, vous vous êtes précipités comme un torrent du haut de l'Apennin : vous avez culbuté, dispersé tout ce qui s'opposait à votre marche. »

Pourquoi demain ne pourraient-ils, avec lui à leur tête, dévaler les pentes des Alpes vers le Danube ?

Il met le siège devant Mantoue. Il veille à chaque détail. Il saute de son cheval, choisit les emplacements des pièces de canon, calcule les angles de tir. Et tout à coup il chancelle, pâle, s'évanouit, épuisé. On le conduit jusqu'à sa tente. Mais il se redresse, chasse les aides de camp, reprend la plume.

« Je te montrerai mes poches pleines de lettres que je ne t'ai pas envoyées parce qu'elles étaient trop bêtes... Écris-moi dix pages, cela seul peut me consoler un peu. »

Il a mal. C'est une douleur lancinante qui tord le ventre, oppresse.

« Les fatigues et ton absence, c'est trop à la fois... Tu vas revenir, n'est-ce pas ? Tu vas être ici à côté de moi, sur mon cœur, dans mes bras, sur ma bouche ! Prends des ailes, viens, viens. Un baiser au cœur et puis un plus bas, bien plus bas ! »

Il la désire. « Mille baisers sur tes yeux, sur tes lèvres. » Et l'envie qu'il a d'elle est avivée par la jalousie qui l'obsède.

Il écrit même à Barras : « Je suis au désespoir, ma femme ne vient pas, elle a quelque amant qui la retient à Paris. Je maudis toutes les femmes, mais j'embrasse mes bons amis. »

Il sait donc. Et il ne veut pas savoir.

« Tu sais que jamais je ne pourrai te voir un amant, encore moins t'en souffrir un : lui déchirer le cœur et le voir serait pour moi la même chose ; et puis si je pouvais porter la main sur ta personne sacrée... Non, je ne l'oserai jamais, mais je sortirai d'une vie où ce qui existe de plus vertueux m'aurait trompé. Je suis sûr et fier de ton amour. »

Il s'aveugle.

Il ne veut pas se souvenir de tous les ragots qui traînent autour de lui, du nom des amants de Joséphine qu'on lui répète et qu'il connaît : Barras, Hoche avant lui, et peut-être le palefrenier de Hoche, un gaillard immense, et Murat, et Junot, et Hippolyte Charles. Il a envie de tuer et de mourir.

Et puis il apprend qu'elle s'est enfin mise en route vers Milan.

L'explosion de gaieté et de ferveur en lui efface tout, rancœurs et soupçons.

Il entre dans la pièce où se tiennent les aides de camp, il va de l'un à l'autre. Que Marmont galope à la rencontre de Joséphine de Beauharnais, avec une escorte d'honneur.

Il organise sa venue comme un plan de bataille. Il parcourt les pièces du palais Serbelloni, déplace les meubles et se soucie des bibelots, des tableaux, des tapis. Elle aime le luxe. Il épuise son impatience dans les ordres qu'il donne : le lit, vaste, ici, les tentures du baldaquin, bleues à galons d'or.

On lui dit que Junot qu'il a envoyé à Paris porter au Directoire les drapeaux pris à l'ennemi, revient avec Joséphine en compagnie du lieutenant Charles. Qu'importe ! Le temps n'est plus à la jalousie. Elle arrive, la voiture entourée par l'escorte de dragons s'immobilise dans la cour du palais Serbelloni.

Il se précipite. Elle est là, souriante, son chien Fortuné dans les bras. Il la serre contre lui, au milieu des officiers. Il ne voit ni Junot, ni Charles. Il l'entraîne. Il voudrait qu'elle se hâte, mais elle marche à petits pas, se souciant de ses bagages, parlant de Fortuné, que ce long voyage a épuisé, comme elle. Il ferme la porte de la chambre.

Elle rit de sa fougue. Elle se laisse aimer.

Deux jours, deux jours seulement pour tenter d'aller au bout du plaisir et de ce corps qu'il serre à l'écraser, et qui le plus souvent s'abandonne, passif, paraît subir, puis tout à coup se révèle audacieux, provocant, avec une liberté dans les gestes qui fascine et effraie Napoléon comme devant un abîme dont il ne connaîtra jamais le fond.

Puis, un matin, Napoléon ceint son sabre, noue sa ceinture de général, enfonce son bicorne. Joséphine a le visage tranquille. Au coin de sa bouche, il n'avait jamais remarqué ces deux petites rides, comme les signes, sous le masque du sourire, de l'indifférence.

Et déjà, alors qu'il vient à peine de se séparer d'elle, il ressent l'absence, la perte d'elle. Il n'a rien assouvi. Il voudrait la tenir encore, mais les chevaux piaffent. Les ordres fusent. C'est la guerre qui fait entendre sa rumeur grave.

Wurmser, le général autrichien, est en marche à la tête de vingt-quatre mille hommes. Il descend le long de la rive Est du lac de Garde, vers Vérone et Mantoue. Le général Quasdonovitch suit la rive Ouest.

Les dés roulent à nouveau. Une victoire n'est jamais acquise.

Il faut quitter Joséphine.

Sait-elle ce qu'est la guerre ? Imagine-t-elle ce que je ressens ?

Son corps se prête une dernière fois à l'étreinte, puis se dégage.

Il faut se jeter dans la guerre. Elle remplit le vide.

Le 6 juillet, Napoléon écrit :

« J'ai battu l'ennemi. Je suis mort de fatigue. Je te prie de te rendre tout de suite à Vérone, car je crois que je vais être bien malade. Je te donne mille baisers. Je suis au lit. »

Mais peut-on rester couché quand on commande en chef à des milliers d'hommes qui marchent vers la mort ?

Il se bat donc.

Et le soir il écrit.

« Viens me rejoindre ; et au moins qu'avant de mourir nous puissions dire : nous fûmes heureux tant de jours ! »

Le canon tonne.

« Nous avons fait six cents prisonniers, et nous avons pris trois pièces de canon. Le général Brune a eu sept balles dans ses habits sans avoir été touché par aucune, c'est jouer de bonheur.

« Mille baisers aussi brûlants que tu es froide. »

24

Il est seul.

Et cependant une foule d'hommes l'entoure.

Des soldats crient son nom : « Vive Bonaparte ! », d'autres saluent familièrement « notre petit caporal ».

Des aides de camp bondissent de cheval, apportent un pli.

Des tuniques blanches de fantassins autrichiens ont été vues dans les faubourgs de la ville. « Il faut quitter Vérone, général. » Les avant-gardes de Wurmser sont donc déjà parvenues à ce point. D'autres courriers annoncent que plus à l'ouest les troupes du général Quasdonovitch ont atteint Brescia. Les divisions de Masséna et d'Augereau ont reculé. Des uhlans s'aventurent loin en avant. Ils sont dans les environs de Mantoue. Ils attaquent les convois et les voitures isolées.

Napoléon sent dans l'attitude des officiers, il voit sur le visage des soldats l'inquiétude et l'angoisse, la peur de la défaite, la tentation de la fuite. Dans quelques heures, tout ce qu'il a gagné depuis le début de la campagne d'Italie sera peut-être perdu.

Il voudrait tant pouvoir un moment se laisser aller, trouver un appui, solliciter un conseil. Il a la sensation d'être écrasé par toutes les décisions qu'il doit prendre. Il doute de lui-même.

Il convoque les généraux qui sont sous ses ordres. Peut-être est-ce une erreur ? Mais Wurmser et Quasdonovitch avancent, victorieux.

Augereau, Masséna, Sérurier entrent dans la pièce, et immédiatement Napoléon sait qu'il ne peut rien attendre d'eux.

Commander en chef, c'est être seul.

Alors, calmement, comme s'il ne sentait pas en lui cette anxiété qui le ronge, il dit que la force d'une armée, « comme nous l'a enseigné Guibert », est le produit de la vitesse par la masse. Il faut donc déplacer les troupes à grande allure. Marcher de nuit et de jour afin de surprendre l'ennemi. Le battre. Et marcher, marcher encore jusqu'à un autre objectif.

Il décide donc de lever le siège de Mantoue, ce qui étonnera et troublera les Autrichiens, puis d'aller vers le nord avec toutes les troupes afin de battre Quasdonovitch et de revenir affronter Wurmser, qui s'imaginera avoir emporté une grande victoire en libérant Mantoue, « que nous aurons délibérément abandonnée ».

– Lever le siège de Mantoue..., commence à objecter Sérurier.

– Lever le siège, répète Napoléon d'une voix coupante. Et marcher.

Il est seul. Cela épuise. S'il pouvait se confier, être rassuré, consolé, aimé. Pouvoir un seul instant tomber l'armure, ne plus être seul, quelle paix !

Mais il est seul.

« Il y a deux jours que je suis sans lettre de toi, écrit-il en s'efforçant de bien former les caractères pour que Joséphine puisse le lire sans trop d'impatience. Voilà trente fois aujourd'hui que je me suis fait cette observation. Je fais appeler le courrier, il me dit qu'il est passé chez toi et que tu lui as dit que tu n'avais rien à lui ordonner. Fi ! Méchante, laide, cruelle, tyranne, petit joli monstre ! Tu te ris de mes menaces et de mes sottises ! Ah, si je pouvais, tu sais bien, t'enfermer dans mon cœur, je t'y mettrais en prison. »

Cette idée de retenir Joséphine, de ne plus être seul devient obsédante. S'il pouvait posséder au moins cela, une femme aimée, qui ne fuie pas, qui ne serait pas comme la victoire définitive, qui n'est jamais acquise, il lui semble qu'il serait apaisé.

Il l'écrit.

« J'espère que tu pourras m'accompagner à mon quartier général pour ne plus me quitter. N'es-tu pas l'âme de ma vie et le sentiment de mon cœur ? »

Le lendemain, 22 juillet 1796, il insiste : « Tu me dis que ta santé est bonne ; je te prie en conséquence de venir à Brescia. J'envoie à l'heure même Murat pour te préparer un logement dans la ville, comme tu le désires... Porte avec toi ton argenterie et une partie des objets qui te sont nécessaires. Voyage à petites journées et pendant le frais afin de ne pas te fatiguer... Je viendrai à ta rencontre le 7, le plus loin possible. »

Écrire à Joséphine, exprimer cette passion amoureuse, c'est ne pas être seul, c'est oublier, le temps de l'écriture, la guerre. Comme si brusquement n'existait pour lui que cette femme, cet amour. Il ouvre des lettres qui sont destinées à Joséphine, comme s'il violait une place forte. Puis il s'excuse, il s'humilie, il promet que c'est la dernière fois, et lui, qui fait plier le genou aux Autrichiens de Wurmser et aux Croates de Quasdonovitch, il sollicite le pardon : « Si je suis coupable, je te rends grâce. »

Il se sent mieux d'avoir ainsi pour quelques minutes seulement parlé de ses sentiments, de n'avoir engagé que lui-même, comme s'il n'était en effet qu'un jeune homme qui n'a pas encore fêté, le 15 août 1796, ses vingt-sept ans.

À cheval maintenant, en avant des troupes.

Marche, combats.

À Lonato, le 3 août, Quasdonovitch est écrasé. Wurmser, qui est entré triomphalement dans Mantoue comme prévu, en ressort pour se porter au secours de son adjoint défait.

Il faut donc battre Wurmser.

Napoléon passe dans les rues de Brescia reconquise. Les soldats se lavent dans les fontaines, se désaltèrent à cette eau jaillissante, claire, qui rafraîchit chaque rue. Des charrois remplis de fusils pris dans les manufactures d'armes cahotent sur les pavés de cette ville industrieuse, *Brescia armata*.

Napoléon entre dans le *Municipio* situé sur la Piazza Vecchi. C'est là qu'il a établi son quartier général. Il entend des rires, s'immobilise. Joséphine apparaît, entourée d'officiers ; Murat se pavane ; ce jeune capitaine Hippolyte Charles tient dans ses bras le chien Fortuné. Napoléon les écarte sans ménagement. Tous s'éloignent. Elle est là, à moi, « petite épaule, petit sein blanc élastique, bien ferme, par-dessus cela une petite mine avec le mouchoir à la créole, à croquer, et cette petite forêt noire ».

Il l'entraîne dans sa chambre avec une sorte de fureur.

Derrière la porte fermée, des aboiements. Mais Napoléon empêche Joséphine d'aller ouvrir à Fortuné. Elle renonce.

Plus tard, au dîner, cependant qu'elle garde son chien sur les genoux, Napoléon ne peut s'empêcher, en montrant l'animal, de chuchoter à Arnault, un écrivain proche de Joséphine, sur un ton où se mêlent amertume et gaieté : « Vous voyez bien, ce monsieur-là, c'est mon rival. Il était en possession du lit de Madame quand je l'épousai. Je voulus l'en faire sortir : prétention inutile. On me déclara qu'il fallait me résoudre à coucher ailleurs ou consentir au partage. Cela me contrariait assez, mais c'était à prendre ou à laisser. Je me résignai. Le favori fut moins accommodant que moi. J'en porte la preuve à cette jambe. » Mais il s'en veut aussitôt de cette confidence. Il a déjà fini de souper. Le temps passé à table lui a toujours semblé perdu. Il oblige les autres convives à quitter la pièce, et il reste enfin en tête à tête avec Joséphine. Le chien grogne.

Un jour et demi avec elle. Une seule nuit. Les galops des chevaux. La canonnade lointaine. Les troupes de Wurmser avancent. Des uhlans sont signalés aux portes de Brescia. Joséphine pleure. Elle a peur. Qu'elle regagne Milan, avec une escorte commandée par Junot.

– Adieu, belle et bonne, toute non pareille, toute divine. Wurmser paiera cher les larmes qu'il te fait verser, dit Napoléon.

Il bat Wurmser à Vastiglina le 5 août, et le 7, après avoir repris Vérone, Mantoue est à nouveau assiégée.

J'avais décidé seul. La victoire est à moi.

Mais pour combien de temps ? Wurmser reconstitue ses forces, reçoit de nouvelles troupes. Davidovitch remplace Quasdonovitch. À chaque instant, tout peut être remis en cause. Cette incertitude du futur lui est insupportable. Elle l'épuise.

Junot a demandé à être reçu. Il raconte comment, sur la route du retour, un parti de uhlans a attaqué la voiture de Joséphine de Beauharnais. Il a fallu se battre. Deux chevaux ont été tués et les roues de la voiture ont été brisées par un boulet. Joséphine a dû emprunter un *carricolo* de paysan et se réfugier à Peschiera avant de regagner Milan.

Il faut cacher son angoisse, féliciter Junot. Accepter que Joséphine reste à Milan, reçoive fastueusement dans le palais Serbelloni en aristocrate royaliste qu'elle demeure, entourée d'hommes empressés.

Puis-je tolérer cela ?

Napoléon s'emporte. Qu'on renvoie le capitaine Charles, qu'on le chasse de l'armée d'Italie. Napoléon interroge Junot, est-il vrai que Joséphine, comme on le lui a rapporté, a été se promener plusieurs jours au bord du lac de Côme avec Charles ? Junot se tait. Junot sait. Ils savent tous.

Faut-il reconnaître que je suis un époux malheureux et trompé ?

« Tu es une méchante et une laide, écrit-il à Joséphine, bien laide, autant que tu es légère. Cela est perfide, tromper un pauvre mari, un tendre amant. Doit-il perdre ses droits parce qu'il est loin, chargé de besogne, de fatigue et de peine ? »

Mais à quoi bon supplier, redire : « Sans sa Joséphine, sans l'assurance de son amour, que lui reste-t-il sur la terre, qu'y ferait-il ? »

Écoutera-t-elle ?

Alors il parle de la guerre :

« Nous avons eu hier une affaire très sanglante, l'ennemi a perdu beaucoup de monde et a été complètement battu. Nous lui avons pris le faubourg de Mantoue. »

Mais qu'est-ce, pour elle, que la guerre ? Et pourquoi comprendrait-elle ce que représentent ces nouvelles victoires ? Ces choix accomplis seul et cette joie qu'on ne peut faire partager quand l'ennemi tombe dans le piège ? Davidovitch, écrasé à Roveredo le 4 septembre parce qu'on a fondu sur lui en masse. Puis on s'est retourné contre Wurmser, battu le 7 septembre à Primolano ; et le 8 à Bassano. Et il n'est resté à Wurmser que le choix de s'enfermer dans Mantoue, impuissant.

Joséphine imagine-t-elle ce que j'exige des soldats ?

En six jours, ils ont marché en combattant, cent quatre-vingts kilomètres. Et en quinze jours la deuxième offensive de Wurmser a été brisée. Qui conduira la prochaine ?

Cette besogne-là, la guerre, elle est insatiable, elle me dévore. Il faudrait l'amour de ma femme pour me défendre de cette carnivore.

« Mais tes lettres, Joséphine, sont froides comme cinquante ans, elles ressemblent à quinze ans de mariage. On y voit l'amitié et les sentiments de cet hiver de la vie. C'est bien méchant, bien mauvais, bien traître à vous. Que vous reste-t-il pour me rendre bien à plaindre ? Ne plus m'aimer ? Eh, c'est déjà fait. Me haïr ? Eh bien, je le souhaite ; tout avilit hors la haine ; mais l'indifférence, au pouls de marbre, à l'œil fixe, à la démarche monotone... »

Donc la guerre aussi contre elle.

« Je ne t'aime plus du tout, au contraire, je te déteste. Tu es une vilaine, bien gauche, bien bête, bien cendrillon... Que faites-vous donc toute la journée, Madame ?... Quel peut être ce merveilleux, ce nouvel amant qui absorbe tous vos instants, tyrannise vos journées et vous empêche de vous occuper de votre mari ? Joséphine, prenez-y garde, une belle nuit, les portes enfoncées, et me voilà ! »

Un moment de rage dans le creux d'une nuit automnale, alors que les pluies tombent sur la Lombardie, que l'humidité imprègne l'uniforme, que les brouillards masquent les marais qui entourent Mantoue. La fatigue, puis l'épuisement, le rhume tenace, la fièvre, la gale qui revient font le siège d'un corps maigre à la peau jaune qu'il faut pourtant mettre sur pied, tenir à cheval, aller d'une ville à l'autre, de Bologne à Brescia, de Vérone aux faubourgs de Mantoue. Des nouvelles en provenance de Vienne annoncent que l'Empire rassemble des troupes fraîches, plus nombreuses, plus aguerries, mieux armées, sous le commandement du général Alvinczy. Il va falloir faire face à nouveau.

Napoléon inspecte les troupes. Il écoute. Des officiers et des soldats se plaignent. Celui-ci a été insulté en ville. Cet autre agressé. Les chemins ne sont plus sûrs. « La population est contre nous », répète-t-on. Un convoi de tableaux destinés à Paris a dû regagner Coni, car dans les campagnes du Piémont des bandes attaquent les transports de l'armée et les patrouilles. Ces « Barbets » sont des paysans qui nous haïssent, explique-t-on à Napoléon.

Il est une fois de plus seul face à l'avenir.

Peut-on, avec une armée qui compte à peine quarante mille hommes, qui est menacée par des forces supérieures qui semblent inépuisables, venues de Croatie, de Hongrie, d'Allemagne, d'Autriche, tenir l'Italie, le Piémont et la Lombardie ? Bologne et Vérone ?

Il fait entrer Miot de Mélito, le représentant de la République en Toscane. L'homme, petit, disert, expose la situation. Napoléon le questionne. Il observe le diplomate, devine sa surprise. Il s'attendait à trouver l'un de ces généraux à la Masséna, courageux et emportés.

– Vous ne ressemblez pas aux autres, dit-il à Napoléon. Vos vues militaires et politiques...

Il s'interrompt, murmure, comme s'il n'osait pas l'avouer :

– Vous êtes l'homme le plus éloigné des formes et des idées républicaines que j'aie rencontré.

– Il faut nous faire des amis, dit Napoléon, pour assurer nos arrières et nos flancs.

Il s'éloigne, voûté, les cheveux raides tombant le long de son visage pâle et encore amaigri.

– L'on se coalise de tous côtés contre nous, dit il. Le prestige de nos troupes se dissipe. On nous compte. L'influence de Rome est incalculable. Rome arme, fanatise le peuple.

Il s'interrompt :

– Il faut adopter un système qui puisse nous donner des amis, tant du côté des peuples que du côté des princes.

Puis il croise les bras, lance :

– On peut tout faire avec des baïonnettes sauf s'asseoir dessus.

Il faut donc agir avec d'autres armes.

– La politique, dit-il, les institutions.

Il se souvient de ses lectures. Il pourrait réciter toutes les notes qu'il a prises à Paris ou Valence quand il s'abreuvait de livres d'histoire. Il se remémore les *Institutes de Justinien*. Pourquoi ne pas créer ici, au cœur de l'Italie, des républiques alliées, comme la Rome antique en avait fait naître autour d'elle ?

– Le Directoire exécutif..., interrompt Miot.

Napoléon a un geste d'irritation. Que savent les Directeurs ? Que font-ils ? Il leur a écrit. Il a réclamé « des troupes, des troupes si vous voulez conserver l'Italie ». Ils ont répondu par des conseils de prudence. Il ne faut pas favoriser les patriotes italiens, ont-ils dit.

– Il faudrait au contraire, reprend Napoléon, réunir un congrès à Bologne et Modène, et le composer des États de Ferrare. Bologne, Modène et Reggio. Ce congrès formerait une légion italienne, constituerait une espèce de fédération, une république.

Miot s'affole. Ce ne sont pas là les orientations du Directoire.

Napoléon hausse les épaules.

Le 15 octobre, la réunion se tient à Modène en sa présence, et les cent députés proclament la République Cispadane.

La puissance, la politique, la diplomatie : il commence à goûter ces fruits-là, que la victoire des armes permet de cueillir et dans lesquels il peut mordre, parce qu'il est le général en chef de ces soldats vainqueurs.

Le commandeur d'Este, frère du duc de Modène, demande à être reçu. Saliceti, tortueux et tentateur, s'approche, murmure que l'envoyé de Modène transporte quatre millions en or dans quatre caisses.

– Je suis de votre pays, dit Saliceti. Je connais vos affaires de famille. Le Directoire ne reconnaîtra jamais vos services.

Ce qu'on vous offre est bien à vous, acceptez-le sans scrupule et sans publicité ; la contribution du duc en sera diminuée d'autant, et il sera bien aise d'avoir acquis un protecteur.

– Je veux demeurer libre, dit Napoléon.

Un représentant du gouvernement de Venise offre peu après sept millions en or.

D'un geste, Napoléon renvoie le financier.

Que sont ces sommes qu'on lui propose, alors qu'il sent monter en lui des désirs et des ambitions immenses ? Il ne veut pas de ces petits pourboires de la puissance. Il veut la puissance. Il veut se servir de la politique et de la diplomatie pour d'autres desseins que de remplir sa cassette personnelle. De toute manière, elle sera pleine s'il réussit. Quoi ? Lorsqu'il cherche à savoir ce qu'il désire, il ne réussit jamais à le définir. Il veut grand, il veut plus. Il ne conçoit pas qu'il y ait des limites. Et il commence, maintenant qu'il a côtoyé beaucoup d'hommes qui comptent dans ces riches petits États, duc, comtes, princes, à penser que personne ne peut le contraindre, parce qu'il se sent plus fort que tous ceux qu'il a rencontrés. N'a-t-il pas battu les généraux autrichiens ?

Il écrit sur un ton de commandement à l'empereur d'Autriche.

« Majesté, l'Europe veut la paix. Cette guerre désastreuse dure depuis trop longtemps.

« J'ai l'honneur de prévenir Votre Majesté que, si elle n'envoie pas des plénipotentiaires à Paris pour entamer les négociations de paix, le Directoire exécutif m'ordonne de combler le port de Trieste et de ruiner tous les établissements de Votre Majesté sur l'Adriatique. Jusqu'ici, j'ai été retenu dans l'exécution de ce plan par l'espérance de ne pas accroître le nombre des victimes innocentes de cette guerre.

« Je désire que Votre Majesté soit sensible aux malheurs qui menacent ses sujets, et rende le repos et la tranquillité au monde.

« Je suis, avec respect, de Votre Majesté,
« Bonaparte. »

La signature claque comme un défi, au bas de ce qui est, il le sait, un véritable ultimatum.

Au souvenir de ce texte, dans les grandes salles glacées du palais des Scaliger à Vérone, Napoléon est saisi par une anxiété qu'il ne peut maîtriser. Sur les murs, les armoiries de Scaliger reproduisent l'emblème de la famille médiévale : une échelle. Lui, le petit Corse, n'a-t-il pas voulu monter trop haut ? Les troupes d'Alvinczy approchent, trois fois plus nombreuses que les siennes. Des milliers d'hommes sont dans les hôpitaux, épuisés, blessés, après des mois de marches et de combats ininterrompus. Lors des premiers affrontements qui ont eu lieu contre Alvinczy, les 6 et 11 novembre, à Caldero, près de Vérone, il a fallu reculer.

Napoléon a été battu. Il n'a pas baissé la tête malgré la douleur insupportable de l'échec. Il a marché aux côtés des soldats dans la terre boueuse. Demain, il se battra encore. Il vaincra. Car, il le pressent, si la vague noire de la défaite, une nouvelle fois, submerge l'armée d'Italie, alors toutes les faiblesses, les fatigues accumulées, les jalousies, les rancœurs noieront les hommes, et lui, leur général en chef, le premier.

Il écrit au Directoire.

« Je vous prie de me faire passer au plus tôt des fusils, vous n'avez pas idée de la consommation qu'en font nos gens... »

Il faut que le Directoire connaisse la situation.

« L'infériorité de l'armée et l'épuisement où elle est des hommes les plus braves me font tout craindre. »

Comment la nourrir ?

« Les Allemands, en s'en allant, ont commis toutes espèces d'horreurs, coupé les arbres fruitiers, brûlé les maisons et pillé les villages... »

Il est le général en chef. Mais au-dessus de lui les Directeurs doivent prendre leurs responsabilités comme il accepte les siennes :

« Les destinées de l'Italie et de l'Europe se décident ici, en ce moment. Tout l'Empire a été en mouvement et l'est encore... Peu de jours où il n'arrive cinq mille hommes ; et depuis deux mois, il est évident qu'il faut des secours ici... Je fais mon devoir, l'armée fait le sien. Mon âme est déchirée, mais ma conscience est en repos. Des secours, des secours... »

Mais quand il marche au milieu des marais d'Alpone, le 14 novembre 1796, il ne pense plus aux secours. On fait avec ce qu'on a.

Il avance en tête des troupes, sur des étroites chaussées de terre qui traversent les marais. La ville d'Arcole est enfouie dans le brouillard. L'eau des marais est glacée, fétide. Les Autrichiens d'Alvinczy sont sur l'autre rive, retranchés. Des officiers tombent en grand nombre aux côtés de Napoléon, parce qu'ils marchent eux aussi sur ces levées de terre où l'on se presse, offrant des cibles faciles à l'ennemi.

Voici un pont de bois, comme à Lodi.

Napoléon éprouve ce même mouvement du corps. Il faut tout risquer chaque fois si l'on veut vaincre.

Napoléon s'engage, accompagné d'un tambour qui bat la charge. Il ne regarde pas derrière lui. Il arrache un drapeau des mains d'un sergent, le brandit. Il crie : « Soldats, n'êtes-vous plus les vainqueurs de Lodi ? » En avant ! Il trébuche sur des corps. On le bouscule. Des grenadiers le dépassent, une décharge ennemie et ils sont couchés à terre. Il est seul, poitrine offerte. La mort n'est rien si elle vient ainsi au cœur de l'action. Muiron, Muiron son ami du siège de Toulon, le meilleur de tous ses aides de camp, se place devant lui. Une secousse. Muiron est mort. Son corps glisse contre celui de

Napoléon. Il faut avancer. Il glisse, heurte l'un des montants du pont, bascule et tout s'efface. La nuit l'enveloppe.

Lorsqu'il ouvre les yeux, il écoute sans mot dire son frère Louis lui expliquer qu'il s'est évanoui et qu'on l'a arraché au marais au moment où des Croates arrivaient de l'autre rive pour se saisir de lui.

Il se redresse. C'était l'épreuve. Le moment sombre. Il est vivant. Alvinczy est battu.

Que la cavalerie poursuive les Autrichiens, dit-il. Un officier murmure que c'est là une manœuvre risquée qui ne se pratique jamais.

– La guerre, c'est imaginer, dit-il en fermant les yeux.

Il pense à Muiron, aux hommes dont on voyait les dos comme des troncs morts affleurant à fleur d'eau dans les marais de l'Alpone. Il aurait pu être l'un d'eux. Mort comme Muiron qui a donné sa vie pour lui. Mais tout est possible, puisqu'il est vivant. La mort l'a effleuré comme pour lui faire sentir qu'elle ne voulait pas de lui, qu'il était encore plus fort qu'elle.

Il est las mais déterminé, dans la voiture qui le conduit à Milan. Ses membres sont comme brisés par la fatigue. Il tousse. Mais il n'y a que la mort qui empêche d'agir. Et il a tant de choses à faire encore. Le Directoire a envoyé de Paris le général Clarke, chargé de négocier avec Vienne.

On se méfie donc de moi. Moi, le vainqueur. Moi, dont Paris applaudit les succès.

Au point que la rue Chantereine où habite Joséphine a été baptisée « rue de la Victoire », et qu'un théâtre joue une pièce à la gloire de Napoléon, intitulée *Le Pont de Lodi.* Chaque soir, les spectateurs se lèvent pour applaudir le général vainqueur et héroïque.

Mais les Directeurs le craignent. On n'en finit jamais avec la rivalité entre les hommes.

Que ma femme me console.

Le 27 novembre, Napoléon entre dans le palais Serbelloni. Il n'a pas besoin d'aller au-delà du perron. Ce palais est vide, mort. Où est-elle ? À Gênes, invitée par le Sénat à présider des festivités. Partie avec Hippolyte Charles. « Qu'on le fusille ! » crie-t-il. Puis il se reprend. Que pourrait-il invoquer ? La jalousie ? Qui est ridicule ? Le mari ou l'amant ? Il ne reste que le désespoir, comme une petite mort qui répète dans la vie privée cette chute dans les marais de l'Alpone, du haut du pont d'Arcole.

« J'arrive à Milan, écrit-il à Joséphine, je me précipite dans ton appartement, j'ai tout quitté pour te voir, te presser dans mes bras... Tu n'y étais pas : tu cours les villes avec des fêtes, tu t'éloignes de moi lorsque j'arrive... Accoutumé aux dangers, je sais le remède aux ennuis et aux maux de la vie. Le malheur que j'éprouve est incalculable ; j'avais le droit de ne pas y compter.

« Je serai ici jusqu'au 9 dans la journée. Ne te dérange pas ; cours les plaisirs ; le bonheur est fait pour toi. Le monde entier est trop heureux s'il peut te plaire, et ton mari seul est bien, bien malheureux... »

La nuit est interminable. Quand donc viendra le jour ? Cette victoire sur Joséphine, il ne la remportera pas. Il a donné des ordres pour qu'Hippolyte Charles soit, cette fois, renvoyé de l'armée d'Italie par ordre du général en chef, mais il l'avait déjà exigé. Et Joséphine avait pleuré, supplié. Et il était revenu sur sa décision.

« Environnée de plaisir, tu aurais tort de me faire le moindre sacrifice, écrit-il... Je n'en vaux pas la peine, et le bonheur ou le malheur d'un homme que tu n'aimes pas n'a pas le droit de t'intéresser... Quand j'exige de toi un amour pareil au mien, j'ai tort : pourquoi vouloir que la dentelle pèse autant que l'or ? J'ai tort si la nature ne m'a pas donné les attraits pour te captiver, mais ce que je mérite de la part de Joséphine, ce sont des égards, de l'estime, car je t'aime à la fureur et uniquement. »

Il quitte Milan.

Il a hâte de retrouver la guerre. Elle ne trompe pas.

On voit sur le plateau de Rivoli, dans la nuit du 14 janvier 1797, les feux des avant-postes autrichiens du général Alvinczy, revenu avec de nouvelles troupes. En face, à quelques centaines de mètres seulement, ces feux qui forment au sommet des collines comme une zone étoilée sont ceux des divisions Joubert et Masséna.

On passe la nuit à préparer la bataille. Là, à gauche, en réserve, Masséna. À droite, vers l'Adige, la division Joubert. Au centre, Berthier et ses hommes.

Le matin vient vite. Il faut parcourir en compagnie de Murat et de l'aide de camp Le Marois la ligne des troupes. Un régiment fait retraite. On lance une contre-attaque. Des officiers s'élancent ventre à terre, après avoir pris leurs ordres.

La bataille est indécise. Tout à coup, au son de la musique et drapeaux déployés, des renforts surviennent, ce sont ceux du 18e régiment. Napoléon va à leur rencontre. Les mots qu'il prononce résonnent comme des roulements de tambour.

– Brave 18e, vous avez cédé à un noble élan ; vous avez ajouté à votre gloire ; pour la compléter, en récompense de votre conduite, vous aurez l'honneur d'attaquer les premiers ceux qui ont eu l'audace de nous tourner.

Des vivats lui répondent, des hommes chargent à la baïonnette, bousculent les Autrichiens, qui commencent à se rendre par centaines en criant : « Prisonniers ! Prisonniers ! »

On n'a que le temps de commander et d'agir.

La nuit vient. On s'entasse dans deux chambres, à plusieurs dizaines d'officiers. Napoléon est au centre de ce groupe. On mange du pain rassis et du jambon rance.

Napoléon plaisante sur la qualité de cette « pitance ».

– Pitance d'immortalité est toujours bonne, lance le capitaine Thiébaud.

Puis l'officier baisse les yeux, tout à coup intimidé, lui qui a combattu toute la journée, sabre au clair. Voilà qui confirme Napoléon dans la certitude qu'il a reçu le don qui permet de commander aux autres hommes.

Il choisit sa place sur la paille. Il va dormir entre ses officiers. Il partage leur sort, mais il est seul.

Le matin, il faut parler aux soldats, que la nuit a glacés. Commander, c'est ne pas s'arrêter à leur souffrance, mais exiger d'eux qu'ils marchent encore pour battre Wurmser qui tente de porter secours à Alvinczy et à un autre général autrichien, Provera. « Général, tu veux de la gloire ? lance un soldat. Eh bien, nous allons t'en foutre, de la gloire ! »

Ils s'ébranlent d'un pas rapide.

Ils battront Wurmser à La Favorite. Provera se rendra avec ses troupes. Wurmser capitulera le 2 février et évacuera Mantoue.

On devient autre à vaincre ainsi, à entendre les vivats des hommes qui meurent quand vous leur en donnez l'ordre. Quand les Milanais comptent vingt-deux mille prisonniers qui traversent la ville et marchent, encadrés par des soldats, vers la France. Quand on rentre dans Vérone avec autour de soi des guides portant déployés plus de trente drapeaux enlevés à l'ennemi, à Rivoli.

On parle et on écrit d'une manière différente quand on peut dire à des soldats : « Vous avez remporté la victoire dans quatorze batailles rangées et soixante-dix combats. Vous avez fait plus de cent mille prisonniers, pris à l'ennemi cinq cents pièces de canons de campagne, deux mille de gros calibre... Vous avez enrichi le Muséum de Paris de plus de trois cents objets, chefs-d'œuvre de l'ancienne et de la nouvelle Italie... »

Et les Directeurs voudraient donner leurs ordres depuis Paris ? La politique, la diplomatie, c'est moi aussi.

Napoléon reçoit les envoyés du pape et signe avec eux le traité de paix de Tolentino : aux seize millions déjà promis, ils doivent ajouter quinze autres millions, et céder Avignon.

Je modifie la carte de la France.

Et voici la mer.

Le 4 février 1797, Napoléon occupe Ancône. Il va seul au bout de la digue du port. Il regarde droit devant lui.

– En vingt-quatre heures, on va d'ici à la Macédoine, dit-il à Berthier qu'il retrouve sur le quai.

La Macédoine, terre natale d'Alexandre le Grand.

Mais, brusquement, toutes les victoires acquises appartiennent au passé, déjà poussiéreux.

« Je suis toujours à Ancône, écrit-il quelques jours plus tard à Joséphine. Je ne te fais pas venir, parce que tout n'est pas encore terminé. D'ailleurs, ce pays est très maussade, et tout le monde a peur.

« Je pars demain pour les montagnes. Tu ne m'écris point... Je ne me suis jamais autant ennuyé qu'à cette vilaine guerre-ci. »

25

Les montagnes sont devant Napoléon.

Il s'est arrêté au début de cette route qui, partant de Trévise, conduit au premier fleuve qu'il faut traverser, la Piave. Au-delà, il y a deux autres vallées, celle du Tagliamento et de l'Isonzo.

Les soldats avancent devant lui, d'un pas lourd et lent. La route est étroite et sa pente est déjà forte. Ces hommes sont fatigués, comme lui. Il leur a écrit : « Il n'est plus d'espérance pour la paix qu'en allant la chercher dans les États héréditaires de la maison d'Autriche. »

Mais il faut encore se battre, affronter un nouveau général autrichien, l'archiduc Charles, qui a massé ses troupes dans le Tyrol, vers le col de Tarvis, à la source et au-delà de ces fleuves.

Et pour cela, il faut s'enfoncer dans ces vallées caillouteuses, franchir la Piave, le Tagliamento, l'Isonzo, marcher entre les pentes couvertes d'éboulis, dominés par ces massifs calcaires d'un blanc bleuté, dont les flancs et les sommets sont lacérés comme si la montagne n'était qu'un immense squelette dépouillé de tout lambeau de chair.

C'est au-delà, dans le Tyrol, le Frioul et la Carinthie, vers Judenburg, Klagenfurt, que l'on retrouvera les prairies et les forêts.

Ici, la pierre est éclatée, coupante.

Napoléon est inquiet.

« À mesure que je m'avancerai en Allemagne, dit-il, je me trouverai plus de forces ennemies sur les bras... Toutes les forces de l'Empereur sont en mouvement et dans tous les États de la maison d'Autriche, on se met en mesure de s'opposer à nous. » Il pense à ces forces françaises qui restent l'arme au pied, là-bas, sur le Rhin. « Si l'on tarde à passer le Rhin, ajoute-t-il, il sera impossible que nous nous soutenions longtemps. »

Mais les armées de Moreau demeurent immobiles sur les bords du Rhin ; celle de Sambre-et-Meuse, reprise en main par Hoche, semble vouloir attaquer, mais quand ?

Et si eux remportaient la victoire sur l'Autriche, l'ennemi principal, si eux obtenaient que Vienne signe la paix, que resterait-il de la gloire de l'armée d'Italie et de son général en chef ?

Voilà plusieurs nuits que cette question le tourmente.

À Ancône, à Tolentino, en attendant les envoyés du pape, dans l'humidité d'une fin d'hiver pluvieuse, il a médité seul, marchant à grands pas dans sa chambre, renvoyant les aides de camp qui se présentaient.

Pour qui combat-il ? Pour qui, ces victoires qu'il a remportées ? Pour les hommes du Directoire, ces avocats, ces « badauds », ou pour lui ?

Sa peau, durant ces nuits de février 1797, s'est à nouveau couverte de pustules et de dartres. Il a voulu écrire à Joséphine, mais les mots ne sont pas venus, comme si l'interrogation qui l'empoigne était trop forte pour permettre l'expression d'une autre passion.

Sa vie se joue. Les cartes qu'il lance, c'est pour lui. Pourquoi faudrait-il laisser conduire le jeu par des hommes qui lui sont inférieurs ? Quelles sont leurs vertus ? Ils sont avides. Ils pensent à leur pouvoir. Ont-ils jamais risqué leur vie dans une bataille ? Savent-ils ce que l'on ressent lorsqu'on traverse un pont sous la mitraille ? De quel droit dictent-ils leur volonté ? Élus par le peuple ? En apparence. En fait, ils ont taillé une Constitution pour conserver leurs sièges et leurs biens. Et ils font tirer au canon sur ceux qui la contestent. Et ce sont ceux-là qui rafleraient la mise ? Au nom de la France, au nom des Français ?

N'ai-je pas déjà fait plus qu'ils ne feront jamais ?

Je joue pour moi.

Il faut vaincre l'archiduc Charles et engager des négociations avec Vienne pour être non seulement le général victorieux, mais aussi l'homme de la paix.

Il faut agir vite, parce qu'on ne peut mettre à genoux l'Autriche avec une quarantaine de milliers d'hommes, et qu'il faut aussi songer à surveiller toutes ces villes et ces campagnes italiennes où la plus grande partie du peuple déteste les Français.

Napoléon et ses armées marchent vers le nord-est.

Le 12 mars, Napoléon franchit le Tagliamento. Joubert est à Bozen et à Brixen, Bernadotte à Trieste.

Le 28 mars, Napoléon entre à Klagenfurt. Bientôt les avant-gardes arrivent à Leoben, au cœur de la Styrie. Et des hauteurs du Semmering, Napoléon aperçoit la grande plaine du Danube et, à une centaine de kilomètres, il imagine autant qu'il devine dans les brumes de l'horizon les coupoles et les toits de Vienne.

Ne pas se laisser griser. S'en tenir au « système » qu'il a défini : victoire et paix le plus vite possible.

Dès le 31 mars, dans sa tente, il a rédigé un message destiné à l'archiduc Charles. Il a insisté auprès de l'aide de camp qui allait s'avancer vers les lignes autrichiennes pour que le pli soit remis en main propre au général en chef autrichien. Puis il a regardé longuement l'officier s'éloigner dans les rues de Klagenfurt.

Les mots qu'il a tracés et qui résonnent dans sa tête ont peu de chances d'être entendus. L'archiduc Charles n'est sûrement pas prêt à prendre des libertés avec les autorités de Vienne. Mais l'empereur d'Autriche n'est pas un « avocat » ou un « badaud » comme ceux qui gouvernent à Paris. Et ceux-là, parce que le peuple connaîtra ce message, seront contraints, un jour, de compter avec Napoléon.

« Les braves militaires font la guerre et désirent la paix, a-t-il écrit. Avons-nous tué assez de monde et commis assez de maux à la triste humanité ? Elle réclame de tout côté... Êtes-vous décidé à mériter le titre de bienfaiteur de l'humanité et de sauveur de l'Allemagne ?... Quant à moi, si l'ouverture que j'ai l'honneur de vous faire peut sauver la vie à un seul homme, je m'estimerai plus fier de la couronne civique que je me trouverai avoir méritée que de la triste gloire qui peut revenir des succès militaires. »

Il attend, s'enfonce plus avant encore en Styrie, atteint Judenburg, Leoben.

Ces nouvelles victoires – Neumarkt, Unzmarkt – ne lui procurent aucun plaisir. Elles sont fades après Lodi, Arcole, Rivoli.

Peut-être est-ce la guerre elle-même dont il a épuisé les émotions les plus fortes ? Au début, elle l'enfiévrait. Mais voilà près d'un an qu'il s'y livre quotidiennement, qu'il voit des morts jusqu'à la nausée, qu'il a vu tomber les meilleurs, Muiron au pont d'Arcole pour lui sauver la vie. Il sait maintenant, à près de vingt-huit ans, que la guerre n'est qu'un moyen, un outil dont il connaît bien des facettes. Mais peut-elle encore surprendre ? C'est ce qu'on obtient grâce à elle qui l'attire : la gloire, le pouvoir sur les hommes, non pas ceux qui marchent au pas mais tous les hommes dans leur vie quotidienne, leurs institutions et leurs plaisirs.

Il regarde autour de lui ces officiers, aides de camp, généraux, Joubert, Masséna, Bernadotte. Ils sont de bons soldats, courageux, talentueux. Mais lui est déjà au-delà, parmi ceux qui ne se contentent pas de diriger une armée, même comme généraux en chef, mais qui décident pour toutes les armées. Ceux qui détiennent le pouvoir politique.

Ceux ou celui ?

Mais s'il veut être de ceux-là, ou, pourquoi ne pas oser le penser, celui-là, il faut affronter les détenteurs de la puissance à Paris.

Il connaît les cinq Directeurs, Barras, Carnot, Reubell, Barthélemy, La Révellière-Lépeaux. Il a été, le 13 vendémiaire, le bras armé de Barras. Ces hommes ne s'embarrassent guère du respect des lois. Il a vécu la Révolution. Il sait bien que, comme sur un champ de bataille, ce qui tranche, c'est l'épée, c'est-à-dire le rapport des forces.

Il appelle l'un de ses aides de camp, La Valette. L'officier s'incline. Cette politesse respectueuse mais sans obséquiosité, cet « air de bonne compagnie », Napoléon les reconnaît. Ce sont ceux des aristocrates, des anciens royalistes.

La Valette est fidèle, intelligent. Il doit être un excellent agent de renseignements : Napoléon le fait asseoir.

Que La Valette voie Carnot. Celui-ci est, avec Barthélemy, proche des milieux royalistes qu'on retrouve dans le club de Clichy. Par souci de stabilité, Carnot serait-il prêt à liquider la République ? Il faut savoir ce que cet homme-là pense, prépare. Des élections doivent avoir lieu dans quelques semaines. Tout indique que les royalistes vont l'emporter. En face, les *triumvirs* Barras, Reubell, La Révellière-Lépeaux sont sans doute décidés à recommencer Vendémiaire.

Napoléon va et vient. Ce jeu l'excite. Il s'y sent habile. C'est une guerre, mais souterraine, feutrée. Un jeu d'échecs. Un affrontement comme sur un champ de bataille, mais avec des règles plus complexes, des joueurs plus habiles, des cases et des pièces plus nombreuses. La guerre, ce serait le jeu de dames. La politique, le jeu d'échecs.

Et cet échiquier serait lui-même soumis à des forces multiples qui pourraient se déclencher tout à coup, balayer les pièces et les joueurs. Napoléon se souvient de ces scènes dans la cour des Tuileries, ces femmes du 10 août en furie mutilant les corps morts des Suisses.

– La démocratie peut être furieuse, murmure-t-il, mais elle a des entrailles et on l'émeut.

Il faut que La Valette s'emploie à créer des journaux, à rencontrer les écrivains, les journalistes, ceux qui pèsent sur l'opinion. Qu'on sache partout qui est Bonaparte, ce qu'il a fait, ce qu'il veut : la paix. Ces orateurs, ces romanciers, ces poètes, ces peintres, il faut qu'ils parlent des exploits du général Bonaparte.

La Valette approuve.

– L'aristocratie, poursuit Napoléon, demeure toujours froide, n'est-ce pas ? Elle ne pardonne jamais.

Puis il donne ses consignes. Que La Valette voie Carnot, répète-t-il. Il faut rassurer Carnot, l'endormir.

– Dites-lui, comme une opinion qui vient de vous, qu'à la première occasion je me retirerai des affaires ; que si elle tarde, je donnerai ma démission ; saisissez bien l'effet que cela fera sur lui.

Le 13 vendémiaire, il avait été l'homme de Barras. Cette fois-ci, il ne joue qu'à son seul profit.

La scène se met en place. Le 13 avril 1797, dans la petite ville de Leoben, les deux plénipotentiaires autrichiens demandent à être reçus.

Napoléon les fait attendre, parce qu'il faut que ces deux « Messieurs », deux nobles élégants et raides, le général comte de Merveldt et le comte de Beauregard, comprennent qu'ils ne sont pas les maîtres de la négociation.

À les imaginer qui s'impatientent malgré leur impassibilité, Napoléon éprouve le plaisir du joueur qui anticipe de plusieurs coups la marche de la partie. Il a appris, il apprend, à mettre ainsi les hommes, fussent-ils les plus avertis, dans une situation de déséquilibre. Tout compte, dans cette lutte d'homme à homme, de pouvoir à pouvoir, qu'est une discussion.

Il veut obtenir que l'Autriche renonce à la Belgique et à la rive gauche du Rhin. Il lui proposera en échange la Vénétie, qu'il ne contrôle pas encore, mais il suffira d'un prétexte pour renverser le pouvoir du Doge. La France conservera les îles Ioniennes.

Ces propositions devront demeurer secrètes. Que penseraient les Vénitiens ? Comment jugeraient les Directeurs qui ont déjà fait savoir qu'il fallait céder à l'Autriche, si elle négociait, la Lombardie ?

Napoléon entre d'un pas lent dans la pièce au plafond bas où se tiennent les deux plénipotentiaires. Il va gagner, puisqu'il sait ce qu'il veut. Ce qui fait la force d'un homme, général ou chef d'État, c'est de voir plus loin, plus vite que ses adversaires.

Le 18 avril, les Préliminaires de Leoben sont signés entre Napoléon et les envoyés de Vienne.

J'ai poussé ma pièce.

Une nuit d'insomnie à nouveau.

Il faut jouer sur toutes les cases. Faire partir un courrier pour le Directoire, avec le texte des Préliminaires, et menacer sur un ton modeste de démissionner si les Préliminaires ne sont pas acceptés. Trouver les mots pour contraindre ces hommes à ne pas refuser, même s'ils ne croient à aucune des phrases qu'ils lisent. Les enfermer dans la nasse. Et ne pas prêter le flanc à la critique. Il appelle un aide de camp, il dicte.

« Quant à moi, je vous demande du repos. J'ai justifié la confiance dont vous m'avez investi... et acquis plus de gloire qu'il n'en faut pour être heureux... La calomnie s'efforcera en vain de me prêter des intentions perfides, ma carrière civile sera comme ma carrière militaire une et simple. Cependant vous devez sentir que je dois sortir d'Italie et je vous demande avec instance de renvoyer, avec la ratification des Préliminaires de paix, des ordres sur la première direction à donner aux affaires d'Italie, et un congé pour me rendre en France. »

Du repos ?

Qu'est-ce que le repos ?

Durant cette nuit du 19 avril 1797, des officiers essoufflés, le visage tiré par la fatigue, pénètrent dans le quartier général. D'un regard, Napoléon les arrête. Commander, c'est tenir à distance respectueuse.

– Quatre cents..., commence l'un.

Quatre cents soldats français, le plus souvent des blessés immobilisés dans leurs lits d'hôpital, ont été tués, égorgés, poignardés, sabrés à Vérone, par des bandes de paysans. À Venise, un bateau français en rade du Lido a été attaqué, son capitaine tué.

Napoléon congédie les officiers. La vengeance est nécessaire à l'ordre. À la violence il faut répondre par une violence plus grande encore. Il a appris cette loi dans son enfance, à Brienne, à l'École militaire, à Ajaccio, dans ses premiers commandements, ses premières batailles.

Mais on peut aussi utiliser la vengeance nécessaire comme prétexte à une action déjà décidée. Si l'adversaire se découvre et n'a pas vu l'attaque qui le menace, tant pis pour lui. Il faut frapper vite et fort.

« Croyez-vous, écrit Napoléon au Doge de Venise, que mes légions d'Italie souffriront le massacre que vous excitez ? Le sang de mes frères d'armes sera vengé. »

La répression impitoyable s'abat sur les massacreurs de Vérone, et les troupes françaises entrent à Venise. C'en est fini de la République de Venise, vieille de treize siècles d'histoire indépendante. Elle va pouvoir être livrée à l'Autriche en échange de la rive gauche du Rhin et de la Belgique, et le Directoire approuve, après de longs débats, ces Préliminaires de Leoben.

Je dessine la nouvelle carte de l'Europe.

Quelques jours plus tard, Napoléon décachette le premier courrier que lui adresse de Paris son aide de camp La Valette :

« Tous, mon cher général, ont les yeux fixés sur vous. Vous tenez le sort de la France entière dans vos mains. Signez la paix et vous la faites changer de face comme par enchantement. Dussiez-vous la faire sur les seules bases du traité préliminaire de Leoben, concluez-la... Et alors, mon cher général, venez jouir des bénédictions du peuple français tout entier qui vous appellera son bienfaiteur. Venez étonner les Parisiens par votre modération et votre philosophie. »

Napoléon relit le courrier.

Il aime ce printemps 1797.

26

Il a vingt-huit ans. Il apprend à régner.

Il a décidé qu'il logerait avec les siens, sa famille arrivée de Marseille, son état-major, ses invités, cette foule qui maintenant l'entoure au château de Mombello, à douze kilomètres de Milan, une villa somptueuse qu'il a choisie pour fuir les chaleurs de l'été lombard.

Joséphine est à ses côtés. Enfin !

Il la voit à chaque instant, quand il veut. Tout change, même avec une épouse, quand on règne. Elle ne se rend plus sur le Corso, cette promenade des élégantes milanaises qui, dans leurs voitures basses, les *bastardelle,* s'en vont se faire admirer par les cavaliers qui chevauchent à leur hauteur puis s'arrêtent pour prendre des glaces au café *Corsia de Servi*. Il n'appréciait pas cette pressante cour d'officiers.

Ici, à Mombello, ils sont toujours autour d'elle, mais ils le craignent.

Il aime voir Joséphine présider les dîners qu'on donne tous les soirs sous une grande tente élevée dans le parc. La table est dressée pour quarante couverts.

Napoléon parle, on l'écoute religieusement, chacun tourne la tête vers lui. Il est le maître. Il impose la frugalité des menus : soupe, bouilli, entrée, salade et fruits, et un seul vin.

Il régente ce monde : ses sœurs Pauline et Caroline, son frère Jérôme, Eugène et Hortense de Beauharnais.

Souvent il sent peser sur lui le regard de sa mère et il surprend aussi le coup d'œil qu'elle jette à Joséphine. Elle ne l'aime pas, mais Joséphine ici est à sa place, entourée par les diplomates autrichiens ou napolitains, tous aristocrates. Il l'observe. Elle a la grâce et l'élégance de la vicomtesse qu'elle a été. Il est saisi parfois d'un brusque désir. Il l'entraîne alors. Peu importe ce que pensent les convives de son attitude.

Il a, lors d'une excursion au lac Majeur en compagnie de Berthier et du diplomate Miot de Mélito, mesuré la gêne des deux hommes qui baissaient les yeux quand il se permettait d'enlacer Joséphine. Mais quoi ! Elle est son épouse, et c'est lui qui fixe les règles.

Cela fait longtemps qu'il ne s'est senti aussi joyeux, aussi léger, peut-être même est-ce la première fois. Son corps reprend des forces. L'énergie ne lui a jamais manqué, mais peu à peu il chasse hors de lui la fatigue comme cette mauvaise gale qui le démange de moins en moins souvent.

Il décide de la vie des uns et des autres, et il éprouve à cela une joie profonde, peut-être l'une des plus fortes qu'il ait ressenties. Sa sœur Élisa a épousé à Marseille un modeste capitaine corse, Félix Baciocchi. Soit. Il réprouve mais il est contraint d'accepter. Mais on célébrera le mariage religieux à la chapelle du château, en même temps que celui qu'il a voulu entre sa plus jeune sœur Pauline et le général Leclerc. De Baciocchi, puisque les Anglais ont quitté la Corse depuis le mois d'octobre 1796, on fera un commandant des défenses d'Ajaccio. Joseph, maintenant que les paolistes sont partis dans les bagages des Anglais, a réussi à se faire élire député d'Ajaccio au Conseil des Cinq-Cents, un des rares élus comptés comme jacobins dans une majorité de députés aux tentations monarchistes. On fera de Joseph l'ambassadeur de la République à Rome. Ce sont des faveurs que les Directeurs ne peuvent refuser. Louis Bonaparte est déjà capitaine. Lucien, l'indépendant, l'ambitieux, est Commissaire aux armées, à celle du Nord, du Rhin, puis en Corse, mais surtout il traîne à Paris. Quant à celle vêtue de noir, devant laquelle tous s'inclinent avec respect, Letizia Bonaparte, puisqu'elle veut rentrer en Corse, on organise en souverain son voyage de retour.

Cette impression de puissance, cette certitude d'agir sur le destin des gens, quelle confiance en soi elles donnent !

Il sort sur le perron. Au loin, il aperçoit les sommets encore enneigés des Alpes. À quelques pas derrière lui se tiennent les généraux Berthier et Clarke, plus loin Lannes, Murat et Marmont.

On l'attend pour passer à table.

Des Italiens, paysans des environs ou citadins venus de Milan, sont tenus à distance par quelques-uns des trois cents légionnaires polonais qui gardent le château. Ces soldats sont des hommes gigantesques, recrutés par le prince Dombrowski, exilés comme lui de leur pays partagé, occupé. Ils sont dévoués corps et âme.

Régner, c'est susciter l'admiration et le dévouement.

Napoléon pense à Muiron sur le pont d'Arcole. Le sacrifice des hommes pour celui qu'ils ont choisi comme chef légitime, l'autorité de celui-ci.

Les Italiens se pressent. Ils vont assister au dîner. Comme cela se faisait à Versailles, au temps du Roi-Soleil.

Voici qu'on annonce le marquis de Gallo, ambassadeur de Naples à Vienne.

Ils viennent ici jusqu'à moi, ceux d'avant, ceux des cours royales et impériales.

Et il y a aussi Lannes ou Murat, roturiers, soldats de la Révolution.

Cette femme qui s'avance au côté de Joséphine, c'est Saint-Huberty, une comédienne qui eut ses heures de gloire avant la Révolution et qu'on prétend mariée au comte d'Antraigues, un agent royaliste que les services de renseignements de l'armée signalent à Venise et dont on raconte qu'il est au service de la cour de Vienne, de Londres et de Louis XVIII.

Veiller à cela, donner l'ordre de le rechercher.

Voici l'ambassadeur de France Miot de Mélito qui s'arrête, attend un geste de Napoléon pour s'avancer, lui parler de la paix proche sans doute, puisque Gallo est là, que d'autres diplomates italiens arrivent. Il félicite Napoléon de la création d'une République Cisalpine et d'une République Ligurienne. Il l'interroge sur son rôle futur.

Se confier, parfois, parce que ainsi les idées prennent forme et force, qu'elles obligent ceux qui les reçoivent à se déterminer, qu'elles les font trembler ou rêver, qu'elles organisent l'avenir. Se confier pour dire des demi-vérités, entretenir le doute sur ses ambitions tout en les révélant en partie.

« Je ne voudrais quitter l'armée d'Italie, dit Napoléon, que pour jouer un rôle à peu près semblable à celui que je joue ici, et le moment n'est pas encore venu... Alors la paix est peut-être nécessaire pour satisfaire les désirs de nos " badauds " de Paris, et si elle doit se faire, c'est à moi de la faire. Si j'en laissais à un autre le mérite, ce bienfait le placerait plus haut dans l'opinion que toutes mes victoires. »

Assez parlé sérieusement, dînons.

Napoléon prend place. Il raconte des anecdotes, le plus souvent tirées de l'Histoire. Les yeux sont tous tournés vers lui.

Il donne le signal de la fin du dîner.

Il marche seul dans l'ombre du parc, entre les Italiens qui lancent des vivats, l'acclament du nom de « libérateur de l'Italie ». Il attend le marquis de Gallo, lui dit qu'après la paix il ambitionne de reprendre ses études d'astronomie, ou de mathématiques. Il pourrait vivre ici dans une demeure loin des rumeurs de la ville, tenant seulement pour la population des environs un rôle de juge de paix.

Joséphine les a rejoints.

« N'en croyez rien, dit-elle à Gallo de sa voix roucoulante. C'est l'esprit le plus inquiet, la tête la plus active, la plus féconde en projets au monde, et s'il cessait d'être occupé de grandes affaires, il bouleverserait chaque jour sa maison, il serait impossible de vivre avec lui. »

Elle rit.

Il la fait taire d'un regard. Il peut obtenir cela maintenant.

Il s'approche du marquis de Gallo. « Connaissez-vous le comte d'Antraigues ? » demande-t-il.

Et il s'éloigne sans attendre la réponse du marquis.

Berthier l'attend, dans l'un des salons du château aux lourds plafonds sculptés, aux tentures de velours sombre qui créent dans la pièce surchargée de meubles une atmosphère étouffante.

Sur l'une des tables qui lui sert de bureau, Napoléon aperçoit un gros portefeuille rouge, à la serrure dorée.

Il interroge Berthier du regard. Ce portefeuille a été saisi sur la personne du comte d'Antraigues, que le général Bernadotte, conformément aux ordres reçus, a arrêté. L'agent royaliste se trouvait en compagnie de l'ambassadeur de Russie Mordvinof. D'Antraigues possédait un passeport russe, ce qui lui avait permis de quitter Venise occupée par les troupes françaises et de franchir les premiers postes de contrôle. Bernadotte s'est emparé de lui à Trieste. Le prisonnier a été transféré à Milan.

Toute chose, tout être possède une face cachée et sombre. C'est elle, souvent, qui explique. Mais seul un petit nombre connaît ces secrets. Les autres, la foule, le peuple, ne découvrent qu'après la vérité : leur héros n'était qu'une marionnette dont on tirait les fils.

Napoléon pense à Mirabeau, si admiré et dont l'armoire de fer saisie aux Tuileries prouvait qu'il avait été payé par le roi comme l'un de ses vulgaires agents.

Napoléon, en s'aidant d'un poignard, fait sauter la serrure du portefeuille rouge. Il commence à feuilleter les pages recouvertes d'une écriture fine. Il s'arrête. Il reconnaît des noms : celui du général Pichegru, qui vient d'être élu président du Conseil des Cinq-Cents et qui est donc le chef de la réaction royaliste, l'un des membres les plus actifs du club royaliste de Clichy.

Il lit les trente-trois feuillets. Il s'agit du rapport que fait un agent royaliste, Montgaillard, à d'Antraigues. Les preuves de la trahison du général Pichegru lorsqu'il commandait l'armée de Rhin et Moselle sont accablantes. Des agents de l'armée des émigrés de Condé et les Autrichiens ont pris contact avec le général Pichegru. Il a réprimé le 1er avril 1795, avec rudesse, une émeute sans-culotte à Paris. C'est un bon signe. Montgaillard, de la part de Condé, lui propose de réaliser avec son armée un coup d'État ouvrant au rétablissement de la monarchie. En récompense de sa trahison, il recevra le bâton de maréchal, la croix de commandeur de Saint-Louis, le château de Chambord, deux millions en numéraire, payés comptant, cent vingt mille livres de rente, réversible pour moitié à sa femme, pour quart à ses enfants, et même quatre pièces de canon !

Napoléon relit. C'est comme si s'ouvrait dans la ligne ennemie une brèche. Avec ces preuves, il dispose du moyen de peser sur la situation à Paris. Il peut fournir à Barras l'instrument qui va permettre de dénoncer et de briser Pichegru et les royalistes, vainqueurs des élections, en les accusant de trahison.

Il s'est arrêté de lire. Lorsqu'il reprend sa lecture, il sursaute. Montgaillard écrit à d'Antraigues qu'il peut obtenir « avant peu un résultat de la part d'*Éléonore,* aussi positif que celui que j'avais obtenu de *Baptiste* ».

Baptiste est le pseudonyme utilisé pour désigner Pichegru. *Éléonore,* celui employé pour nommer Bonaparte. Montgaillard estime à trente-six mille livres le prix d'achat de Bonaparte.

Napoléon repousse les feuillets. Son nom dans ce document affaiblit les preuves contre Pichegru. Il faut donc que toute allusion à l'armée d'Italie soit supprimée. Il suffit que d'Antraigues accepte de parapher des feuillets limités à l'affaire Pichegru. On ne peut pas se priver d'une telle arme.

– Qu'on conduise d'Antraigues au château, dit Napoléon.

C'est la nuit. La pièce est sombre. Napoléon regarde entrer d'Antraigues. L'homme est élégant et sûr de lui. Pourtant son visage exprime l'anxiété. Il voit d'abord Berthier, puis reconnaît Napoléon. Il proteste d'une voix véhémente. Il dispose d'un passeport russe. Il est diplomate.

– Bah, bah, les passeports, pourquoi se fie-t-on à des passeports ? dit Napoléon. Je ne vous ai laissé donner un passeport que pour être mieux assuré de vous prendre.

– On ne connaît pas ce nouveau droit politique en Russie, dit d'Antraigues.

– Eh bien, on l'y connaîtra. Que l'Empereur prenne cet événement comme il voudra, cela nous est égal. Si j'avais été à Trieste, son ambassadeur eût été arrêté, ses effets pris, ainsi que ses papiers, et je l'aurais renvoyé seul en porter la nouvelle en Russie. Vous êtes mon prisonnier, je ne veux pas vous relâcher.

Il faut donner un coup de boutoir pour désarçonner l'adversaire afin qu'il sache quelle est la résolution de celui qu'il a en face de lui.

– Parlons maintenant d'autre chose.

Napoléon fait asseoir d'Antraigues sur un grand canapé, prend place à son côté pendant que Berthier pousse devant eux une petite table sur laquelle sont disposés les papiers extraits du portefeuille rouge.

Jauger un homme. Savoir ce qu'il faut de flatterie et de menace pour le faire céder, c'est ainsi qu'on acquiert le pouvoir d'influencer, de diriger et de conduire les autres hommes.

– Vous êtes trop éclairé, commence Napoléon, vous avez trop de génie pour ne pas juger que la cause que vous avez défendue est perdue. Les peuples sont las de combattre pour des imbéciles et les soldats pour des poltrons. La révolution est faite en Europe. Il faut qu'elle ait son cours. Voyez les armées des rois : les soldats sont bons, les officiers mécontents et elles sont battues.

Napoléon rassemble les papiers.

– Une nouvelle faction existe en France, dit-il. Je veux l'anéantir. Il faut nous aider à cela, et alors vous serez content de nous... Tenez, signez ces papiers, je vous le conseille.

Il tend les feuillets expurgés. d'Antraigues proteste. On a ouvert son portefeuille. Il ne reconnaît pas ses papiers.

Napoléon se lève, s'exclame.

– Bah, bah, vous vous foutez de moi ! Tout cela est fol, cela n'a pas le sens commun. J'ai ouvert votre portefeuille parce que cela m'a plu. Les armées ne connaissent pas les formes d'un tribunal. Je ne vous demande pas de reconnaître vos papiers : je vous demande de signer ces quatre cahiers-là...

Napoléon lui offre en contrepartie de récupérer ses biens en France, et même de bénéficier d'un poste à l'ambassade de Vienne.

– Je ne veux, Monsieur, aucune de vos propositions, reprend d'Antraigues.

Qu'imagine ce naïf ? Dans quel monde croit-il vivre ?

– Des preuves, des preuves ! Oh ! Fort bien, s'il en faut on en fera !

Il faut que cet homme cède.

Quelques jours plus tard, Napoléon croise l'épouse de d'Antraigues qui vient, avec son jeune fils de cinq ans, rendre visite à Joséphine de Beauharnais.

Napoléon se dirige vers elle : il faut aussi savoir exagérer la colère qui vous habite.

– Peut-être demain à six heures votre mari sortira-t-il de prison, et je vous l'enverrai à onze heures avec dix balles dans le ventre, dit-il.

Saint-Huberty serre son fils contre elle. Elle crie, l'enfant pleure.

– Mon fils n'est-il pas mûr aussi pour la boucherie ?

hurle-t-elle. Quant à moi, je vous conseille de me faire fusiller, car je vous assassinerai partout où je le pourrai...

Joséphine entre, entraîne Saint-Huberty qui lui lance : « Vous m'aviez dit Robespierre mort, Madame, le voilà ressuscité. Il a soif de notre sang. Il fera bien de le répandre, car je vais à Paris et j'y obtiendrai justice... »

Robespierre ?

Se souvenant du frère de Maximilien, Napoléon, en s'éloignant, s'interroge. Peut-être ces hommes-là, terroristes, même s'ils gouvernèrent par la guillotine, étaient-ils d'abord des naïfs.

D'Antraigues, le 9 juin 1796, accepte de recopier les seize pages remaniées et de les signer. Le portefeuille rouge est expédié à Barras. Les triumvirs du Directoire ont désormais contre Pichegru et les députés royalistes, contre les membres du club de Clichy, une arme décisive.

– Mon ouvrage, dit Napoléon.

Il donne l'ordre qu'on laisse d'Antraigues sortir librement en échange de la promesse de ne pas s'évader.

Qu'il vive. Qu'il s'évade même s'il veut. Le traître ne peut plus rien.

Ou plutôt si. On ouvre sa correspondance, on transmet ses lettres à Napoléon.

Un soir, en marchant lentement à travers son bureau, Napoléon lit le portrait que d'Antraigues trace de lui. Il s'arrête souvent comme devant un miroir.

« Ce génie destructeur, écrit d'Antraigues, ... pervers, atroce, méchant, fécond en ressources, s'irritant des obstacles, comptant l'existence pour rien et l'ambition pour tout, voulant être le maître et résolu à périr ou à le devenir, n'ayant de frein sur rien, n'appréciant les vices et les vertus que comme des moyens et n'ayant que la plus profonde indifférence pour l'un ou l'autre, est le cachet de l'homme d'État. Naturellement violent à l'excès mais se refrénant par l'exercice d'une cruauté plus réfléchie qui lui fait suspendre ses fureurs, ajourner ses vengeances, et étant physiquement et moralement dans l'impossibilité d'exister un seul moment en repos... Bonaparte est un homme de petite stature, d'une chétive figure, les yeux ardents, quelque chose dans le regard et la bouche d'atroce, de dissimulé, de perfide, parlant peu, mais se livrant à la parole quand sa vanité est en jeu ou qu'elle est contrariée ; d'une santé très mauvaise, par suite d'une âcreté de sang. Il est couvert de dartres, et ces sortes de maladies accroissent sa violence et son activité.

« Cet homme est toujours occupé de ses projets, et cela, sans distraction. Il dort trois heures par nuit, ne prend des remèdes que lorsque les souffrances sont insupportables.

« Cet homme veut maîtriser la France et, par la France, l'Europe. Tout ce qui n'est pas cela lui paraît, même dans ses succès, ne lui offrir que des moyens. Ainsi il vole ouvertement, il pille tout, il se forme un trésor énorme en or, argent, bijoux, pierreries. Mais il ne tient à cela que pour s'en servir. Ce même homme qui volera à fond une communauté donnera un million sans hésiter à l'homme qui peut le servir... Avec lui un marché se fait en deux mots et deux minutes. Voilà ses moyens de séduire. »

Suis-je ainsi ?

Napoléon sort dans le parc du château de Mombello.

Il marche. Le vent s'est levé en bourrasque comme souvent le soir, après les violentes chaleurs de l'après-midi. L'orage n'éclate pas toujours, mais l'air est si chargé de foudre qu'il crépite, et parfois semble se déchirer. Les éclairs illuminent le ciel noirâtre au loin, vers les lacs et les montagnes.

On me voit ainsi. Mes ennemis.

Vouloir devenir, vouloir imposer sa marque, c'est susciter la calomnie, la haine des envieux, des rivaux.

On ne peut être sans ennemi. Ceux qui ne sont pas haïs ne sont rien. Ne font rien.

Suis-je ainsi ?

Je suis.

27

Il pleut. Toute la vallée du Tagliamento est envahie de nuages bas. C'est la fin du mois d'août 1797. Napoléon est sur le perron du château de Passariano. De là il aperçoit, au bout de la grande allée plantée de peupliers, les voitures des plénipotentiaires autrichiens qui s'éloignent. Ils sont installés non loin du château, à Campoformio. D'autres ont choisi d'habiter Udine. Mais ils viennent négocier ici, au château de Passariano. Ni le comte Louis de Cobenzl, un diplomate aguerri, ni le marquis de Gallo, ni le général comte de Merveldt ne paraissent pressés de conclure la paix. Ils continuent de discuter des Préliminaires signés à Leoben.

Ils jouent de leur frivolité et de leur élégance, de leur art de la conversation, pour faire passer les journées. Ils font leur cour, en aristocrates maniérés, à Joséphine de Beauharnais. Ils participent même aux jeux de cartes ou de dés que, pour tromper l'ennui, Joséphine organise.

Napoléon entre dans le château en claquant les portes. Il n'est pas dupe. Ces diplomates attendent les événements de Paris. Ils espèrent que, dans la lutte qui divise le Directoire, les partisans de Pichegru, les royalistes, les membres du club de Clichy l'emporteront. Alors adieu, la paix. Ce sera le retour de la monarchie à Paris.

Impossible. Quel serait mon destin ?

Napoléon a agi. Des proclamations, des journaux ont été répandus par milliers auprès des soldats de l'armée d'Italie.

« Soldats, vous vous devez tout entiers à la République... Soldats, les royalistes, dès l'instant qu'ils se montreront, auront vécu... Guerre implacable aux ennemis de la République et de la Constitution de l'An III », ont-ils pu lire.

Mais la manœuvre est compliquée. Il ne faut pas trop se découvrir. Napoléon répète à La Valette : « Voyez tout le monde, défendez-vous de l'esprit de parti ; donnez-moi la vérité, et donnez-la-moi dégagée de toute passion. »

Comment choisir une stratégie, si les brouillards ne sont pas dissipés ?

La Valette explique : Barras et La Révellière-Lépeaux ont fait appel au général Hoche et à son armée pour exécuter un coup d'État antiroyaliste. Mais le général, après s'être engagé, a reculé devant les attaques et les intrigues. Les Directeurs cherchent un autre sabre.

Je ne serai plus le général Vendémiaire.

Mais voici Augereau, que Napoléon délègue avec trois millions pour Barras. Il agira. Napoléon a reçu une lettre de lui peu après son arrivée à Paris : « Je promets de sauver la République des agents du Trône et de l'Autel. »

La Valette conseille à Napoléon de se tenir personnellement à l'écart, de ne pas compromettre sa gloire de général vainqueur dans les répressions qui se préparent à Paris.

« Ont-ils reçu les papiers de d'Antraigues ? » demande Napoléon.

« Ils seront le prétexte à la répression, et le coup de grâce, précise La Valette. Les victimes sont déjà désignées. On imprime déjà secrètement la confession de d'Antraigues prouvant la trahison de Pichegru. Des affiches sont apposées sur les murs, dénonçant le complot de l'étranger. »

Attendre le coup de sabre que donnera Augereau, demeurer à distance mais ne pas rester inactif.

Napoléon harcèle, en les convoquant au château de Passariano, les hommes auxquels il a confié le soin de lancer des journaux à Paris et à Milan, à destination des citoyens qui comptent ou des soldats. Il feuillette les premiers numéros du *Courrier de l'armée d'Italie* ou du *Patriote français,* de *La France vue de l'Italie,* ou du *Journal de Bonaparte et des hommes vertueux.* Il s'emporte. Trop tièdes ! Il ne faut pas laisser sans réponse les attaques des journaux royalistes et prôner des idées simples, fortes. « Qu'on parle de moi, de mes exploits », dit-il.

On ne loue jamais assez un chef.

Il lit à haute voix une phrase du *Courrier* : « Il vole comme l'éclair, et frappe comme la foudre, il est partout et il voit tout. »

Voilà ce qu'il convient d'écrire. Il dicte : « J'ai vu les rois à mes pieds, j'aurais pu avoir cinquante millions dans mes coffres, j'aurais pu prétendre à bien autre chose ; mais je suis citoyen français, je suis l'envoyé et le premier général de la Grande Nation, je sais que la postérité me rendra justice. »

Si l'on n'assène pas ce genre de vérités dans les journaux qu'il paie, qui le proclamera ?

Il y a quatre-vingts journaux royalistes, s'exclame-t-il, qui répandent chaque jour des outrages, des calomnies.

« Je vois que le club de Clichy veut marcher sur mon cadavre pour arriver à la destruction de la République. On dit : " Nous ne craignons pas ce Bonaparte, nous avons Pichegru. " Il faut demander qu'on arrête ces émigrés, qu'on détruise l'influence des étrangers. Il faut exiger qu'on brise les presses des journaux vendus à l'Angleterre, plus sanguinaires que ne le fut jamais Marat. »

Lorsque ses hommes de plume – Jullien, un jacobin, Regnault de Saint-Jean-d'Angély, ancien membre de la Constituante, Arnault, un écrivain – sont partis, il appelle Berthier. Il veut que chaque matin on lui fasse la lecture des principaux journaux, français et étrangers. La situation à Paris est incertaine. Il s'agit, comme à la guerre, de ne rien laisser au hasard. L'opinion compte.

Entre chacune de ses phrases, il s'interrompt. « Il faut à la nation un chef, un chef illustre par la gloire, dit-il, et non par des théories de gouvernement, des phrases, des discours d'idéologues auxquels les Français n'entendent rien... Une République de trente millions d'hommes, quelle idée ! Avec nos mœurs, nos vices ! C'est une chimère dont les Français sont engoués, mais qui passera avec tant d'autres. Il leur faut de la gloire, des satisfactions de la vanité; mais la liberté, ils n'y entendent rien. Voyez l'armée : les succès que nous venons de remporter, nos triomphes ont déjà rendu le soldat français à son véritable caractère. Je suis tout pour lui. »

Puis il regarde longuement Berthier. On ne peut pas tout dire, même à celui qui vous est fidèle. Et cependant il faut suggérer, pour que cet homme comprenne, aide le dessein à prendre corps.

« Un parti lève la tête en faveur des Bourbons, reprend Napoléon. Je ne veux pas contribuer à son triomphe. Je veux bien un jour affaiblir le parti républicain, mais je ne veux pas que ce soit au profit de l'ancienne dynastie, définitivement je ne veux pas du rôle de Monk qui rétablit la monarchie en Angleterre après Cromwell, je ne veux pas le jouer, et je ne veux pas que d'autres le jouent... »

C'est mon « système » : je joue pour moi.

Le 9 septembre. Napoléon ouvre la lettre que lui adresse, par courrier spécial, La Valette. Les idées se bousculent.

Le 4 septembre – 18 Fructidor –, à trois heures du matin, Paris a été militairement occupé par les troupes d'Augereau. Les royalistes ont été arrêtés. Barras triomphe. Carnot est en fuite. Barthélemy, l'autre Directeur, fidèle du club de Clichy, a été pris. Le Conseil des Cinq-Cents et le Conseil des Anciens ont été épurés. D'énormes affiches ont reproduit sur tous les murs de Paris les papiers de d'Antraigues. « Mon ouvrage », dit Napoléon en repliant la lettre.

C'est Napoléon qui a envoyé Augereau à Paris et dévoilé la trahison de Pichegru.

Pichegru est arrêté.

Quelques jours plus tard, un autre courrier annonce à Napoléon la mort du général Hoche, depuis longtemps tuberculeux, et la mise à la réforme du général Moreau, suspect de complicité avec les royalistes.

Je suis désormais le seul.

Il faut rassurer ces Directeurs qui viennent de se renforcer et qui peuvent craindre maintenant ce général glorieux dont on acclame le nom à Paris, que des journaux soutiennent.

Alors, le 10 octobre, Napoléon s'installe à sa table et écrit aux Directeurs : « Je veux rentrer dans la foule, prendre le soc de Cincinnatus et donner l'exemple du respect pour les magistrats et de l'aversion pour le régime militaire qui a détruit tant de républiques et perdu plusieurs États. »

Êtes-vous rassurés, messieurs les Directeurs ?

28

– Moi, commence Napoléon.

Il se tient dans le salon du château de Passariano où habituellement il reçoit le comte de Cobenzl.

Le plénipotentiaire de Vienne doit arriver de Campoformio dans quelques minutes et Napoléon est décidé à terminer la négociation de paix. Maintenant que le danger de coup d'État royaliste à Paris est écarté, il faut qu'aux yeux de tous les Français Napoléon soit l'homme de la paix.

– Moi, je n'ai point d'ambition, reprend Napoléon en regardant Berthier qui vient de lui lire les journaux parisiens.

Ils chantent tous les louanges du général Bonaparte.

– Ou, si j'en ai, continue-t-il, elle m'est si naturelle, elle m'est tellement innée, elle est si bien attachée à mon existence, qu'elle est comme le sang qui coule dans mes veines ; comme l'air que je respire ; elle ne me fait point aller plus vite ; je n'ai jamais à combattre ni pour elle ni contre elle ; elle n'est jamais plus pressée que moi ; elle ne va qu'avec les circonstances et l'ensemble de mes idées.

Qu'est-ce que l'ambition ? Il préférerait dire l'énergie, le désir d'aller de l'avant. Où ? Il sait que, si la paix est conclue, il lui faudra quitter l'Italie. Il ne peut demeurer dans ce pays conquis mais qui n'est pas le sien et où il dépendrait toujours des décisions de Paris. Il faudrait retourner à Paris, mais quelle place pourrait-il y occuper ? Être l'un des Directeurs ? « La poire n'est pas mûre », a-t-il souvent pensé. Alors partir plus loin.

Il s'est rendu plusieurs fois au bord de la mer Adriatique.

Il a regardé, à l'est et au sud, ces côtes découpées qui rappellent celles de la Corse et annoncent déjà la Grèce et l'Orient. Il rêve, il imagine. Il suffirait de quelques heures pour atteindre les îles Ioniennes, françaises désormais. Puis, au-delà, en un nouveau bond, il ne faudrait que quelques jours de navigation pour rejoindre Malte, cette citadelle au cœur de la Méditerranée. Et ainsi, d'île en île, parvenir à ce continent, celui des conquérants antiques entrés dans ces villes mythiques, Alexandrie, Jérusalem. Mais il faudrait pour cela contrôler la mer, réduire l'Angleterre.

« Détruire l'Angleterre, c'est mettre l'Europe à nos pieds », dit-il au diplomate Poulssiègue, qu'il charge d'une mission d'espionnage à Malte. Et comme le diplomate s'étonne de ce propos, Napoléon hausse les épaules. Pourquoi faut-il toujours expliquer une intuition, un rêve ?

« Les temps ne sont pas éloignés, murmure-t-il, où nous sentirons que, pour détruire véritablement l'Angleterre, il faut nous emparer de l'Égypte. »

Mais, naturellement, le diplomate n'a pas lu les *Voyage en Égypte et en Syrie* de Volney, ce vieil ami connu jadis en Corse.

Napoléon reste les yeux immobiles tournés vers l'horizon.
Plus loin.
Mais d'abord, il faut conclure cette paix avec l'Autriche.

Le comte de Cobenzl s'assied avec élégance, croise les jambes, commence à développer ses arguments.

Napoléon marche avec impatience dans le salon. Il ne peut écouter. Pour qui cet aristocrate le prend-il ? Pour un quelconque petit diplomate titré qu'on fait tourner en rond comme un âne ? Voilà des jours que la négociation piétine.

Napoléon sent la fureur monter, mais il ne tient pas à l'arrêter. Que le grondement roule, que la lave surgisse ! Il faut parfois rugir.

– Votre empire, crie-t-il tout à coup, est une vieille catin habituée à se faire violer par tout le monde... Vous oubliez que la France est victorieuse et que vous êtes vaincus... Vous oubliez qu'ici, vous négociez avec moi, entouré de mes grenadiers.

Il gesticule. Il renverse le guéridon. Le service à café tombe sur le sol, se brise. Napoléon s'immobilise, voit la surprise et la peur mêlées à l'ironie déformer les traits du comte de Cobenzl.

Sans doute l'aristocrate voit-il en lui un « insensé », comme il l'a confié à des proches.

Insensé ? Celui qui remporte la victoire ne l'est jamais.

Une semaine plus tard, le 17 octobre 1797, Cobenzl signe à Campoformio, au nom de l'Autriche, le traité de paix avec la France, confirmant les Préliminaires de Leoben. L'Autriche cède à la France la Belgique. Elle abandonne la Lombardie à la République Cisalpine. La France annexe les îles Ioniennes (Corfou, Zante, Céphalonie) mais en échange l'Autriche reçoit Venise et la terre ferme jusqu'à l'Adige.

– Savez-vous, raconte La Valette six jours après avoir quitté la capitale, qu'à Paris vous êtes « le Grand Pacificateur » ? On acclame votre nom. Le retour de votre épouse a été salué comme celui d'une reine. Vous êtes auréolé de la gloire du général victorieux et de celle du sage.

Napoléon écoute. Il vient de recevoir les félicitations du Directoire pour la conclusion du traité de Campoformio. Le nouveau ministre des Relations extérieures, Talleyrand, l'ancien évêque d'Autun, que Napoléon n'a jamais rencontré, lui a écrit : « Voilà donc une paix à la Bonaparte... Le Directoire est content, le public enchanté. Tout est au mieux. On aura peut-être quelques criailleries d'Italiens ; mais c'est égal. Adieu, général Pacificateur ! Adieu, amitié, admiration, respect, reconnaissance : on ne sait où s'arrêter dans l'énumération. »

« Criailleries d'Italiens » : voilà un ministre qui se soucie peu de la Vénétie livrée aux Autrichiens, voilà un homme qui semble comprendre ce que sont la politique et la diplomatie.

– À Paris ce sera un triomphe, assure La Valette. On se pressera dans les rues que vous emprunterez.

– Bah, dit Napoléon, le peuple se porterait avec autant d'empressement sur mon passage si j'allais à l'échafaud.

Lorsqu'on lui annonce sa nomination au commandement en chef de l'armée d'Angleterre destinée à préparer l'invasion puis, lorsqu'un nouveau message de Paris reçu le lendemain le charge de représenter la République au congrès de Rastadt où doit s'organiser l'exécution du traité de Campoformio, il ne manifeste aucune surprise.

Il sait que certains députés et, parmi les Directeurs, Reubell n'ont pas apprécié les clauses du traité. Tous n'ont pas eu le réalisme de Talleyrand. Mais comment aurait-on pu rejeter cette paix attendue et saluée avec enthousiasme ?

– Ils m'envient, je le sais, dit Napoléon, bien qu'ils m'encensent. Mais ils ne me troubleront pas l'esprit. Ils se sont dépêchés de me nommer général de l'armée d'Angleterre pour me retirer de l'Italie où je suis plus souverain que général. Ils verront comment les choses iront quand je n'y serai plus.

Mais il part sans regret.

Il rassemble les officiers du palais Serbelloni. Il passe devant eux lentement. Chaque visage évoque un moment de ces presque deux années passées à combattre. Du printemps 1796 où il prenait en main une bande de « brigands » à ces grenadiers fidèles jusqu'à la mort, à ces capitaines et à ces généraux aux uniformes chatoyants l'entourant de leur admiration dans ces salons décorés avec faste, une révolution a eu lieu dans sa vie.

Hier, il n'était que le général Vendémiaire, le voici aujourd'hui acclamé, fêté, encensé, « général Pacificateur ».

Il s'éloigne des officiers qui l'entourent. Il se souvient de Muiron, qui s'est placé comme un bouclier entre la mort et lui. Mort Muiron comme ces milliers d'autres, jeunes vies pleines comme la sienne d'énergie, de désir, d'ambition. Il se sent porteur de tout cet héritage de force et de sang. Vivant par et pour tous ces morts. Solidaire à jamais d'eux, hanté par leur souvenir.

– En me trouvant séparé de l'armée, dit-il, je ne serai consolé que par l'espoir de me revoir bientôt avec vous, luttant contre de nouveaux dangers. Quelque poste que le gouvernement assigne aux soldats de l'armée d'Italie, ils seront toujours les dignes soutiens de la liberté et de la gloire du nom français.

Je suis devenu ce nom.

Dans la nuit du 17 au 18 novembre 1797, il arrive à Turin.

L'ambassadeur de France Miot de Mélito l'accueille pour quelques jours dans sa résidence.

Napoléon ne peut dormir. Il va et vient dans le grand salon, regarde à peine Miot, déférent et silencieux. Napoléon se parle d'abord à lui-même dans ce moment qui est une parenthèse entre une partie de son histoire qui s'achève, et une autre qui commence et qu'il veut déjà explorer.

– Ces avocats de Paris qu'on a mis au Directoire, dit-il, n'entendent rien au gouvernement, ce sont de petits esprits. Je vais voir ce qu'ils veulent faire à Rastadt. Je doute fort que nous puissions nous entendre et rester longtemps d'accord.

Il s'interrompt. Il semble découvrir la présence de Miot, puis, sans le quitter des yeux, il ajoute :

– Quant à moi, mon cher Miot, je vous le déclare, je ne puis plus obéir ; j'ai goûté du commandement et je ne saurais y renoncer. Mon parti est pris, si je ne puis être le maître, je quitterai la France ; je ne veux pas avoir fait tant de choses pour la donner à des avocats...

À neuf heures du matin, la voiture quitte Turin.

Napoléon passe à Chambéry, à Genève, à Berne, à Soleure, à Bâle.

Il regarde ces foules qui l'acclament et, dans le reflet des vitres, il aperçoit son visage, mince, pâle, fatigué. Mais quand la voiture s'arrête, il saute à terre, vif et énergique. On l'entoure. On sollicite ses avis. Il tranche, dîne en quelques minutes, frugalement, repart à l'aube, traverse le Brisgau et arrive aux portes de Rastadt le 25 novembre au soir. Il fait arrêter la voiture, change d'équipage. Il faut frapper le peuple. Il entre en ville dans un carrosse tiré par huit chevaux et escorté par trente immenses hussards de Veczay, aux chevaux harnachés pour la parade.

Il occupe entièrement, avec sa suite, l'une des ailes du château. Mais aussitôt il se sent englué dans ces négociations entre les diplomates. Il n'est pas le maître mais le subordonné du Directeur Reubell, qui est responsable de la diplomatie au Directoire. Autour de lui, il n'a plus ses grenadiers fidèles, ni la cour du château de Mombello. Il s'irrite. On ne peut accepter d'être rabaissé quand on a été grand.

Dans la salle des négociations, il rencontre Axel Fersen, le délégué de la Suède, qui fut l'amant de Marie-Antoinette. Il le toise.

– La République française ne souffrira pas, lui dit-il d'un ton cassant, que des hommes qui lui sont trop connus par leurs liaisons avec l'ancienne cour de France viennent narguer les ministres du premier peuple de la terre.

Puis il lui tourne le dos. Il ne supporte pas le « bavardage diplomatique ».

Le 30 novembre, pressant les diplomates, il échange les ratifications du traité. Le 2 décembre, il convoque son aide de camp Murat et lui donne l'ordre de gagner Paris afin d'y préparer son arrivée. Le 3 décembre 1797, il part à son tour. Il s'arrête à Nancy le 4, pour quelques heures.

Les francs-maçons de la loge Saint-Jean-de-Jérusalem l'accueillent et le fêtent, mais il ne répond que par quelques mots. Il est distrait. Il semble rêver. Il s'est habillé en bourgeois, et c'est en voiture de poste qu'il arrive à Paris le 5 décembre 1797, à cinq heures du soir, accompagné de Berthier et de Championnet.

Joséphine doit être sur les routes d'Italie, puisqu'il lui a donné l'ordre de regagner Paris. Il ne veut pas penser à elle. Car l'imaginer est souffrance, jalousie.

Paris est désert. Ni bruit ni cortège.

Il rentre chez lui, rue Chantereine. Mais la rue s'appelle désormais « rue de la Victoire ».

Et le silence et la discrétion alors qu'on attend les vivats pour saluer sa gloire sont un autre moyen de surprendre.

Et comment gouverner les hommes sans les étonner ?

SEPTIÈME PARTIE

Tout s'use ici... Il faut aller en Orient

5 décembre 1797 – 19 mai 1798

29

– Je dois rencontrer cet homme-là dès demain, dit Napoléon.

Il vient à peine d'arriver à Paris, et déjà il charge l'un de ses aides de camp d'un message pour le ministre des Relations extérieures du Directoire, Charles Maurice de Talleyrand-Périgord. Il ne doute pas que Talleyrand le recevra.

On devine un homme même si on ne l'a jamais vu. Et Talleyrand, depuis qu'il a été nommé ministre en juillet 1797, a fait comprendre qu'il était un allié prêt à servir pour se servir lui-même.

Ce n'est jamais que cela, une alliance entre hommes de pouvoir.

Napoléon se souvient de la première lettre envoyée par Talleyrand. « Justement effrayé des fonctions dont je sens la périlleuse importance, j'ai besoin de me rassurer par le sentiment de ce que votre gloire doit apporter de moyens et de facilités dans les négociations », a-t-il écrit dès le 24 juillet 1797.

Effrayé, l'ancien évêque d'Autun ? L'homme qui célébrait en 1790 la messe à la fête de la Fédération, qui passait quelques années en exil, aux États-Unis et en Angleterre, le temps que cesse de tomber le couperet de la guillotine, et qui, dès son retour en France, grâce à l'appui de Barras et aux intrigues des femmes qu'il aime tant, et d'abord de Mme de Staël – la fille de Necker –, obtenait du Directoire le ministère des Affaires extérieures, douterait-il de ses talents ? Allons donc. Rien ne peut effrayer un homme comme lui. Sa lettre signifie seulement : donnons-nous la main, nos intérêts sont communs. Et depuis, d'autres gestes sont venus confirmer le premier.

Lorsque, le 6 décembre, à onze heures du matin, Napoléon entre dans les salons de l'*hôtel de Galliffet,* rue du Bac, il n'oublie pas tout cela. Talleyrand lui a déjà fait comprendre qu'il supporte mal la tutelle des Directeurs, et surtout celle de Reubell, chargé de la politique étrangère. Cela suffit à bâtir une bonne entente.

C'est donc lui.

Il vient vers Napoléon, grande taille, teint blême, cheveux poudrés comme sous l'Ancien Régime, nez retroussé. Il est imberbe, sourit ironiquement. Il boite. Il est difficile de lui donner un âge.

Dans le salon, des hommes et des femmes conviés pour apercevoir Napoléon se sont levés. Talleyrand les présente avec une sorte de lassitude. Mme de Staël. Une extravagante que Napoléon regarde à peine. Il se méfie de cette femme qui le dévore des yeux, qui lui a écrit des lettres enflammées. Qu'est-ce qu'une femme qui ne sait pas se contenter de la séduction de son sexe et qui fait des phrases, qui joue d'audace ? Une femme qui essaie de masquer sa laideur. Napoléon lui tourne le dos, salue le navigateur Bougainville, puis suit Talleyrand dans son cabinet.

Napoléon observe le ministre. Il est tel qu'il l'imaginait, le cou enveloppé dans une cravate très haute, la poitrine serrée dans une large redingote, la voix forte et grave, le port raide, grand seigneur qui voit les choses de haut, les yeux fixes, sans illusion. Un homme qui ne se paie pas de mots. Un joueur habile. Mais qui montre ostensiblement l'admiration qu'il porte à Napoléon, et lui, l'aîné, reconnaît au cadet glorieux la possession des cartes majeures. Mais il y a dans cette attitude suffisamment de détachement pour que Napoléon ne sente ni obséquiosité ni reconnaissance d'une infériorité. « Vous avez la main, semble dire Talleyrand, je vous seconde dans ce jeu, mais je n'abdique rien. »

Il faut des partenaires de cette sorte dans la partie que je joue.

– Vous êtes neveu de l'archevêque de Reims qui est auprès de Louis XVIII, dit Napoléon.

Il répète à dessein « Louis XVIII » comme un royaliste.

– J'ai aussi un oncle qui est archidiacre en Corse, poursuit-il. C'est lui qui m'a élevé. En Corse, vous savez qu'être archidiacre c'est comme être évêque en France.

Manière de suggérer qu'ils ont tous deux au-delà des intérêts immédiats une similitude d'origine, gage de leur collaboration.

Cette première rencontre s'achève. Le salon s'est rempli. Un murmure respectueux accueille Napoléon.

– Citoyens, dit Napoléon, je suis sensible à l'empressement que vous me montrez. J'ai fait de mon mieux la guerre et de mon mieux la paix. C'est au Directoire à savoir en profiter, pour le bonheur et la prospérité de la République.

Il doit être prudent. Dans certains journaux, on laisse entendre déjà qu'il aspire à la dictature. Que vient-il faire à Paris ? demande-t-on. Il faut donc endormir ces adversaires, ne pas se montrer avide de gloire, plaire au plus grand nombre et se conduire en citoyen modeste, soucieux non de ses intérêts mais de ceux de la République.

Il dîne chez Reubell, le Directeur qui fut le plus hostile aux clauses du traité de Campoformio, le supérieur et l'adversaire de Talleyrand. Il faut jouer l'effacement et le désintéressement.

Mais aux yeux de l'opinion, le Directoire est composé d'hommes corrompus, rivaux. Il importe donc de ne pas se compromettre avec l'un des clans et montrer qu'on ne s'est pas enrichi à la guerre.

Si l'on reçoit rue de la Victoire, ce doit être d'abord des hommes de sciences ou de lettres, des savants, des membres de l'Institut, des militaires. Il ne faut pas être confondu avec les hommes politiques. Berthollet, Monge, Laplace, Prony, Bernardin de Saint-Pierre, Desaix ou Berthier : ces citoyens-là sont au-dessus de tout soupçon. On parle métaphysique et poésie à Marie-Joseph Chénier, on fait une démonstration de mathématiques à Laplace, son vieil examinateur de l'École militaire.

Pari réussi, quand Laplace s'exclame : « Nous nous attendions tous à recevoir tout de vous, excepté une leçon de mathématiques ! »

Une idée germe : être candidat à l'Institut, à la place laissée vacante par Carnot. Les journaux en parlent aussitôt. Chaque matin Napoléon les lit. Les journalistes s'étonnent : ce général ne paraît être préoccupé que de cette candidature honorable, désintéressée.

Le 25 décembre, Napoléon est élu par trois cent cinq votants dans la première classe de l'Institut, sciences physiques et mathématiques, section des arts mécaniques.

Le lendemain, il prend place entre Monge et Berthollet, afin d'assister, à quatre heures et demie de l'après-midi, à la première séance de l'Institut. Le soir, Mme Tallien, lors d'un dîner, le félicite.

Moins de trois années ont passé et il est proche du sommet. Mais il est trop tôt pour montrer qu'il le sait.

Il faut encore paraître n'être rien et ne s'occuper de rien.

Il a appris à ne pas se laisser griser par l'encens. Lors de la cérémonie officielle que le Directoire a organisée en son honneur dans le palais du Luxembourg, il ne tourne pas la tête vers ceux qui l'acclament aux cris de « Vive Bonaparte ! Vive le général de la grande armée ! » Les rues autour du palais sont pleines d'une foule enthousiaste.

Elle est là pour moi. Elle crie mon nom.

Parce qu'il l'entend, il regarde d'une autre manière les cinq Directeurs dans leur grand manteau entre le rouge clair et l'orangé, jeté sur les épaules, leur grand col blanc, leurs dentelles, leur habit brodé d'or, leur chapeau noir retroussé d'un côté et orné d'un panache tricolore.

Ce ne sont pas leurs noms que répète la foule. Ce n'est pas pour eux que le canon tire, que l'autel de la patrie entouré des statues de la liberté, de l'égalité et de la fraternité a été dressé, et que sur la musique de Méhul, des chœurs entonnent le Chant du départ, dont les paroles sont de Chénier : c'est pour moi.

Mais eux, les cinq Directeurs, ont le pouvoir d'organiser cela. Et le pouvoir, c'est un réseau de complicités, d'assurances et de contre-assurances, toute une toile d'araignée qui lie des centaines d'hommes entre eux.

Ils tiennent cela, encore.

Talleyrand prononce le discours. « Je pense à tout ce qu'il a fait pour se faire pardonner cette gloire, dit-il, tourné vers Napoléon, à ce goût antique de la simplicité qui le distingue, à son amour pour les sciences abstraites... Personne n'ignore son mépris profond pour l'éclat, pour le luxe, pour le faste, ces méprisables ambitions des âmes communes. Ah, loin de redouter son ambition, je sens qu'il nous faudra peut-être le solliciter un jour pour l'arracher aux douceurs de sa studieuse retraite... »

Napoléon, le visage impassible, les lèvres serrées, les yeux immobiles, écoute. Talleyrand, sans qu'ils aient eu besoin de se concerter, le sert.

Ma modestie doit être éclatante.

Napoléon est décidé à ne prononcer que quelques mots, comme il convient à celui qui a choisi d'être effacé.

« Le peuple français, pour être libre, commence-t-il, avait les rois à combattre. Pour obtenir une Constitution fondée sur la raison, il y avait dix-huit siècles de préjugés à vaincre... Lorsque le bonheur du peuple français sera assis sur les meilleures lois organiques, l'Europe entière deviendra libre. »

On l'acclame. La foule a-t-elle compris que le pays ne dispose pas encore des « meilleures lois » ? Et que lui,

Napoléon, le sait ? Il fallait qu'il le dise, quitte à être imprudent, car il doit incarner la volonté de changement. Et depuis qu'il est arrivé à Paris, on le questionne. Que veut-il ? On compte sur lui pour que le pays enfin s'apaise, et que les coups d'État ne se succèdent plus. Il devait donc laisser entendre qu'il partage ce sentiment.

Dans la journée qui suit cette cérémonie, il reste chez lui, rue de la Victoire. Bourrienne lui rend visite. Il était présent au palais du Luxembourg.

– Cérémonie d'un froid glacial, dit-il. Tout le monde avait l'air de s'observer, et j'ai distingué sur toutes les figures plus de curiosité que de joie ou de témoignage de vraie reconnaissance.

Ils ont peur, explique Napoléon, ils me haïssent.

Il montre une lettre reçue le matin même qui assure qu'un complot existe pour l'empoisonner.

– Ceux qui m'acclamaient, dit-il, m'eussent volontiers étouffé sous les couronnes triomphales.

Prudence, donc. Il faut voiler sa gloire et son orgueil, veiller à rester en vie.

Il demande à un serviteur fidèle, ancien soldat, de l'accompagner. C'est lui qui sert à table et verse son vin.

Sieyès et François de Neufchâteau, entre lesquels Napoléon est assis au banquet offert en son honneur par les deux assemblées, le Conseil des Anciens et celui des Cinq-Cents, s'étonnent de ces précautions. Déjà ils ont été surpris de le voir arriver en « voiture fort modeste », vêtu d'un costume civil mais avec des bottes à éperons comme pour pouvoir sauter sur un cheval en cas de nécessité.

Il répond par un demi-sourire. Feignent-ils d'ignorer qu'on tue ceux qui gênent ? Lui le sait. Et il dérange. Les jacobins le soupçonnent de vouloir établir une dictature. Les Directeurs craignent pour leur pouvoir.

Alors, même dans ce banquet de huit cents couverts avec quatre services et huit cents laquais, trente-deux maîtres d'hôtel et du vin du Cap, de Tokay, des carpes du Rhin et des primeurs de toute espèce, son serviteur personnel changera son couvert, ses assiettes et ses verres, et lui présentera des œufs à la coque.

Chez Talleyrand, c'est autre chose.

À dix heures trente du soir, le 3 janvier 1798, Napoléon entre dans les salons de l'*hôtel de Galliffet,* où Talleyrand et près de cinq cents invités l'attendent.

Des ouvriers ont travaillé des semaines pour décorer l'hôtel. Des chanteurs, des artistes chorégraphes, des musiciens se donnent en spectacle sur des estrades dressées au milieu des salons. Partout des arbustes, et sur les murs, des copies reproduisant les chefs-d'œuvre que Bonaparte avait conquis en Italie. Dans les cours, des soldats ont dressé leurs tentes. Les escaliers et les salons sont parfumés à l'ambre. Les femmes, habillées selon le goût romain ou grec, enveloppées de mousseline, de soie et de crêpe, ont été choisies par Talleyrand lui-même, pour leur élégance et leur beauté.

Napoléon regarde Joséphine, nonchalante, souriante, un diadème de camée dans ses cheveux. Elle est l'une des plus belles. Elle est à lui.

Il a ce qu'il a rêvé. Ce triomphe, ces femmes et ces hommes puissants qui l'entourent, se pressent.

Mais il reste raide. Il a choisi de ne pas porter l'uniforme mais une redingote unie, noire, boutonnée jusqu'au cou.

Il prend le bras de l'écrivain Arnault. Il entre dans la salle de bal où l'on valse. On tourne aussi sur un air nouveau, une « contredanse » qu'on appelle *la Bonaparte.*

Il est le centre de cette fête, et pourtant il est irrité. Il se penche vers Arnault. Qu'on écarte les importuns, lui dit-il. Il ne peut pas parler librement. Ce bal donné par Talleyrand est en son honneur, mais il n'en est pas le souverain. Il aperçoit parmi les invités trois des Directeurs. Voilà le sommet du pouvoir. Cette pensée le blesse. La fête sonne faux, grince. Trop de curiosité autour de lui, et pas assez de vrai respect. Mais celui-ci ne s'obtient que lorsqu'on possède tout le pouvoir.

Arnault, qui a été séparé de Napoléon par la foule, revient accompagné d'une femme que Napoléon reconnaît aussitôt.

– Mme de Staël, dit Arnault, prétend avoir besoin auprès de vous d'une autre recommandation que celle de son nom et veut que je vous la présente. Permettez-moi, général, de lui obéir.

Un cercle se forme. Napoléon regarde cette femme corpulente, qui parle avec emphase, le complimente et le questionne. Le mépris et la colère l'envahissent. Il n'est pas homme à se laisser contraindre par une femme qu'il ne désire pas. Celle-ci n'est pas seulement laide, mais prétentieuse. On dit qu'elle écrit, qu'elle a l'ambition d'avoir des idées politiques. Elle !

– Général, quelle est la femme que vous aimeriez le plus ? interroge Mme de Staël.

– La mienne.

– C'est tout simple, mais quelle est celle que vous estimeriez le plus ?

Elle voudrait peut-être qu'il réponde : une femme qui pense, qui se soucie du gouvernement de la cité, qui écrit. Qui imagine-t-elle avoir en face d'elle ? Un bavard de salon littéraire ?

– Celle qui sait le mieux s'occuper de son ménage, dit-il.

– Je le conçois encore. Mais enfin, quelle serait pour vous la première des femmes ?

– Celle qui fait le plus d'enfants, madame.

Il tourne les talons, se rend à la salle du banquet au milieu d'une haie de myrtes, de lauriers et d'oliviers. On joue *le Chant du départ*. Les femmes seules s'assoient. Talleyrand se tient derrière le siège de Joséphine. Napoléon a pris le bras de l'ambassadeur de Turquie, Esseid Ali.

Le chanteur Lays entonne en l'honneur de Joséphine un couplet qu'on bisse :

Du guerrier, du héros vainqueur
Ô compagne chérie
Vous qui possédez son cœur
Seule avec la patrie,
D'un grand peuple à son défenseur
Payez la dette immense
En prenant soin de son bonheur
Vous acquittez la France.

Napoléon regarde Talleyrand qui est penché sur l'épaule de Joséphine.

Cet homme-là est un maître en habileté. Un allié précieux.

Mais Talleyrand n'a pas le pouvoir. Il n'est qu'un protégé de Barras, et le subordonné de Reubell, qui le couvre de sarcasmes et le méprise.

Ce sont ces hommes-là qu'il faut circonvenir, quoi qu'il en coûte, sans pour autant se laisser confondre avec eux.

Napoléon se rend auprès d'eux au palais du Luxembourg. Il travaille à ce projet d'invasion de l'Angleterre. N'est-il pas le général en chef de l'Armée chargé de cette mission ?

Il est debout, face au Directeur. Il expose les difficultés de l'entreprise. Il a ordonné la mise en état de l'armement naval de Brest. Il a vu Wolf-Tone, le patriote irlandais. On pourrait envisager, explique-t-il, un débarquement en Irlande, et susciter ainsi une révolte contre l'envahisseur anglais.

Il sent que peu à peu il désarme les critiques. Le travail paie.

Au début du mois de janvier, on le convoque d'urgence. Des événements graves se sont produits à Rome. Les Romains, endoctrinés par les prêtres, ont attaqué les troupes françaises. Le général Duphot a été assassiné. L'ambassadeur Joseph Bonaparte a dû quitter Rome.

Napoléon donne ses consignes, écrit au général Berthier, qui l'a remplacé à la tête de l'armée d'Italie.

Mais, même dans ces circonstances dramatiques, souvent les regards qu'on lui jette sont chargés d'arrière-pensées politiques. Alors il se défend. Il écarte les généraux qu'il estime ses rivaux, Bernadotte et son ancien subordonné Augereau, qui a écrit que Bonaparte était un « brouillon ambitieux et assassin ». On a fait circuler des exemplaires de cette lettre auprès des députés. Et Napoléon en a eu connaissance.

La fureur l'a submergé. Il a froissé la copie de la lettre. Il faut toujours être sur ses gardes.

Le 18 janvier, Talleyrand demande à voir Napoléon.

Napoléon se rend à l'*hôtel de Galliffet.* Talleyrand l'accueille avec des démonstrations d'admiration plus appuyées qu'à l'habitude. Il bavarde, puis, enfin, il dévoile le motif de la rencontre. Le 21 janvier doit être fêté en l'ancienne église Saint-Sulpice le cinquième anniversaire de l'exécution du roi Louis XVI. Et le Directoire souhaite que Napoléon assiste à la cérémonie.

Talleyrand sourit et se tait. Napoléon le fixe.

– Je n'ai pas de fonction publique, dit-il. Ma présence ne s'expliquerait pas.

Le piège est évident. Depuis des semaines il s'évertue à se placer au-dessus des camps qui s'affrontent, on veut le contraindre à choisir.

Quand, il y a trois jours, dans l'un des plus célèbres cafés de Paris, le café *Garchy,* proche du Palais-Royal, une rixe a opposé des anciens émigrés royalistes et des jacobins, et qu'on a relevé un mort et des blessés, il a violemment protesté, s'indignant, parlant de vandalisme, de vol, de massacre sous le couvert de jacobinisme. Il a même accusé la police d'avoir organisé ce « crime atroce », cette « expédition de coupe-jarrets ». Il est pour l'ordre et la fin des violences. Il faut que s'effacent les oppositions passées entre jacobins et émigrés. Il faut le gouvernement des meilleurs. C'est ce qu'il a organisé dans les républiques italiennes.

C'est cela qui attire dans sa personne : il est l'homme qui va rétablir la paix civile. Et les Directeurs veulent le mêler à cette célébration de la mort de Louis XVI !

Talleyrand insiste.

– C'est une fête d'anthropophages, dit brusquement Napoléon. Une momerie épouvantable.

Il se calme aussi rapidement qu'il s'est enflammé.

– Je ne prétends pas discuter si le jugement de Louis XVI a été utile ou nuisible, dit-il. Ça a été un incident malheureux.

Il ne conçoit, ajoute-t-il, les fêtes nationales que pour célébrer des victoires. Et on ne pleure que les victimes tombées sur le champ de bataille.

Ils restent tous deux silencieux, puis, d'une voix lente, Talleyrand explique que la Loi régit le pays. Elle prévoit cette célébration. L'influence du général Bonaparte est telle sur l'opinion qu'il doit paraître à cette cérémonie. Les Directeurs qui l'ont demandé s'étonneraient de son absence, estimeraient qu'il a choisi de contester la République.

– Est-ce le moment ? interroge Talleyrand.

Il s'interrompt, puis ajoute que Napoléon pourrait se présenter à la cérémonie de Saint-Sulpice en habit ordinaire, parmi ses collègues de l'Institut.

– L'apparence serait sauve, murmure Talleyrand.

Napoléon ne répond pas mais, le 21 janvier 1798, il marche dans le cortège. Il écoute le discours de Barras, qui prête le serment de « haine à la royauté et à l'anarchie ». Puis les chœurs chantent le *Serment républicain*, musique de Gossec et paroles de Chénier :

Si quelque usurpateur veut asservir la France
Qu'il éprouve aussitôt la publique vengeance

Qu'il tombe sous le fer ; que ses membres sanglants
Soient livrés dans la plaine aux vautours dévorants.

Enfin, on lit une ode de Lebrun-Pindare :

S'il en est qui veuillent un maître
De rois en rois dans l'univers
Qu'ils aillent mendier les fers
Ces Français indignes de l'être.

À la fin de la cérémonie, la foule, qui ignore le Directoire, attend, rassemblée. Napoléon hésite à l'affronter. Il veut s'éloigner, mais on l'a aperçu, on crie : « Vive Bonaparte ! Vive le général de l'armée d'Italie ! »

Il a de la peine à quitter la place.

Ces hommes, quoi qu'ils chantent, veulent un chef.

Peut-être est-ce le moment d'agir.

Il tourne en rond dans son hôtel de la rue de la Victoire. Il ne parle même pas à Joséphine, qui l'observe, tente de s'approcher.

Il doit voir Barras, qui préside en ce moment le Directoire. Barras est un partisan de l'ordre. Il devrait comprendre qu'il faut réformer les institutions. En finir avec ce gouvernement de cinq Directeurs, impuissant par nature. Napoléon imagine. Il a, en Italie, rédigé des Constitutions pour les républiques qu'il a créées. S'il devenait Directeur, il pourrait, avec Barras, chasser les trois autres membres, établir un pouvoir exécutif efficace.

Barras le reçoit au palais du Luxembourg, dans le grand apparat où il se complaît. Il est gras. Il parle lentement, comme si de prononcer quelques mots était une trop lourde fatigue.

Cet homme-là, noyé dans les plaisirs, gourmet et gourmand, jouisseur et dont on dit qu'il aime tous les vices, peut-il encore vouloir ?

Napoléon hésite à parler, puis tout à coup il commence.

– Le régime directorial, dit-il, ne peut durer. Il est blessé à mort depuis le coup d'État du 18 Fructidor. La majorité de la nation, jacobins et royalistes, le rejette.

Il s'interrompt, puis, sans quitter Barras des yeux, il dit, détachant chaque mot :

– Il faut obtenir que soit éligible par exception le vainqueur d'Italie et pacificateur. Après, une fois au pouvoir, à nous deux, nous pourrons chasser les Directeurs. Établir ainsi un pouvoir d'ordre et de tolérance. L'instant est propice.

Napoléon s'approche. Barras est assis. Il n'a pas bougé.

– L'opinion publique est favorable, reprend Napoléon, mais la faveur populaire est comme une tempête, elle passe vite.

Barras, brusquement, se redresse. Il transpire. Il roule des yeux, parle d'une voix tonnante.

Tout cela est impossible. Si les conseils élisaient Bonaparte membre du Directoire, ils violeraient la Constitution. Le Directoire repousserait un semblable décret.

Il hausse encore le ton.

– Tu veux renverser la Constitution, dit-il, tu n'y réussiras pas et ne détruiras que toi-même. Sieyès a pu t'y pousser par des conseils perfides, vous finirez mal tous les deux.

Napoléon est seul, une fois encore, sur le bord de son destin.

On ne peut faire confiance qu'à soi.

Il comptait sur Barras. Mais celui-ci préfère pourrir le pays plutôt que de prendre un risque. Que faire ? Sur qui compter ? « La poire n'est pas mûre. » S'il agit, il risque de servir les jacobins, qui le suspectent et se débarrasseront de lui, ou bien il peut favoriser la contre-révolution, qu'il ne veut pas voir triompher. Et d'ailleurs, le pays refuserait ces deux hypothèses. Et il n'est pas temps encore de proposer une troisième voie, celle qu'il voudrait emprunter avec Barras. Seul, il ne le peut pas, pas encore.

Dans les jours qui suivent, il demeure chez lui, sombre. Comme autrefois il songe à un départ.

Un coursier, le 29 janvier, lui remet un mémoire que Talleyrand a soumis il y a deux jours au Directoire. C'est un long texte, dans lequel le ministre des Relations extérieures préconise l'occupation de l'Égypte. « L'Égypte, que la nature a placée si près de nous, écrit Talleyrand, nous présente ses avantages immenses sous les rapports du commerce, soit de l'Inde, soit d'ailleurs... L'Égypte n'est rien pour la Turquie qui n'a pas l'ombre d'une autorité... »

Napoléon relit le texte à plusieurs reprises dans la journée. Il a tant de fois rêvé à l'Égypte, il y a des années, en Corse, lorsqu'il écoutait Volney lui parler de ses voyages le long du Nil, et il y a songé encore il y a quelques semaines seulement, à Passariano, que ce mémoire lui semble familier.

Lorsque, dans la soirée, Bourrienne arrive, Napoléon l'entraîne aussitôt dans le petit salon, loin de Joséphine.

– Je ne veux pas rester ici, dit-il d'une voix nerveuse. Il n'y a rien à faire. Les Directeurs ne veulent rien entendre. Je vois que si je reste, je suis coulé dans peu. Tout s'use ici, je n'ai déjà plus de gloire, cette petite Europe n'en fournit pas assez. Il faut aller en Orient, toutes les grandes gloires viennent de là. Cependant, je veux auparavant faire une tournée sur les côtes pour m'assurer par moi-même de ce que l'on peut entreprendre. Je vous emmènerai, vous, Lannes et Sukowsky. Si la réussite d'une descente en Angleterre me paraît douteuse, comme je le crains, l'armée d'Angleterre deviendra l'armée d'Orient et je vais en Égypte.

30

Napoléon est au bout de la jetée du port d'Anvers. Il bruine et il fait froid. Voilà plus d'une semaine qu'il va de port en port, d'Étaples à Boulogne et Calais, de Dunkerque à Ostende. Il veut être ce soir à Bruxelles, puis repartir en voiture de poste par Givet, Lille et Saint-Quentin, et rejoindre Paris vers le 20 février 1798.

Il suit des yeux le mouvement de retrait de la mer. Tout est gris, le ciel, l'horizon, les vagues, le sable, les blocs de la jetée. Tout cela lui est étranger. Ce ne sont ni ses couleurs, ni ses récifs, ni sa mer. Mais là n'est pas le plus important. Rien ne le satisfait dans ce qu'il a vu. Comment envahir l'Angleterre avec ces quelques navires, ces barques souvent, alors qu'il en faudrait des centaines ?

Il s'approche d'un groupe de marins. Il regarde ces hommes dont il ne comprend pas la langue. Mais à Boulogne et Dunkerque, il a parfaitement saisi ce que d'autres marins lui ont dit. Les navires anglais patrouillent le long des côtes. Ils sont nombreux, frégates, avisos, bricks. Certains ont plus de quarante canons.

Ces marins ont parlé librement à ce petit général qui s'est présenté à eux sous le nom du général Lasne.

Napoléon regarde une dernière fois l'horizon. C'est assez. Il remonte en voiture. Bourrienne l'interroge. Le général est-il satisfait de ce qu'il a vu ? Et Bourrienne ajoute que les forces navales mises à la disposition de l'armée d'Angleterre lui paraissent tout à fait insuffisantes.

Que croit-il ? Que je n'ai pas vu cela ?

– C'est un coup de dés trop chanceux, répond Napoléon d'un ton vif et irrité. Je ne veux pas jouer ainsi le sort de cette belle France.

Le soir, à Bruxelles, au théâtre, il est reconnu, mais son air sombre écarte les importuns.

Sur la route de Paris, il demeure tout aussi grave.

Il faut donc renoncer à l'invasion de l'Angleterre et quitter la France, s'engager dans cette aventure égyptienne à laquelle il rêve mais dont les périls et les incertitudes sont immenses. Mais quel choix lui laisse-t-on ?

Il se tourne vers Bourrienne :

– Il n'y a rien à faire avec ces gens-là, dit-il. Les Directeurs ne comprennent rien de ce qui est grand. Ils n'ont aucune puissance d'exécution. Il nous faudrait une flottille pour l'expédition, et déjà les Anglais ont plus de bateaux que nous. Les préparatifs indispensables pour réussir sont au-dessus de nos forces. Il faut en revenir à nos projets sur l'Orient, c'est là qu'il y a de grands résultats à obtenir.

Il s'enferme à nouveau dans le silence.

Il en veut à Barras, à ce jouisseur et à ce lâche qui a refusé de l'aider à entrer dans le cercle ultime du pouvoir. C'est pour cela qu'il est contraint de choisir l'Égypte. Car il ne peut rester à Paris, y attendre que sa gloire pourrisse.

Alors l'Orient, l'Égypte.

Quand une décision est prise, il faut l'exécuter pleinement.

Il rencontre les Directeurs, Talleyrand, qui vient de rédiger un rapport sur l'expédition envisagée. Mais commander, c'est ne remettre à personne le soin d'organiser.

Il dicte des courriers à Berthier. Il faut que les troupes fidèles de l'armée d'Italie se rendent à Gênes, soient prêtes à embarquer. Il demande à être reçu par le Directoire. Il regarde ces cinq hommes avec mépris et une colère retenue. Ils ont choisi de l'écarter de France. Mais alors, il faut qu'ils en passent par ses volontés.

Il veut vingt-cinq mille fantassins, trois mille cavaliers – sans chevaux, on trouvera les montures sur place. Il veut cent pièces d'artillerie, cent cartouches par homme, et huit à neuf millions pour les dépenses.

Leur mine s'allonge. Ce n'est pas tout.

Napoléon reprend d'une voix cassante :

– Je veux une autorité illimitée, carte blanche du gouvernement, soit pour les affaires de Malte, soit pour celles d'Égypte et de Syrie, de Constantinople et des Indes...

Il voit l'ironie mêlée d'incrédulité et de frayeur qui déforme les visages de Barras et de Reubell.

Mais ils vont tout accepter, car ils veulent m'éloigner. Ils ont peur.

– Je veux la faculté de nommer à tous les emplois, même de choisir mon successeur, reprend-il. Je veux des pouvoirs revêtus de toutes les formes et scellés, grand sceau pour traiter avec la Porte, la Russie, les diverses puissances de l'Inde et les régences d'Afrique.

Ils pensent que je suis un homme dangereux, singulier, peut-être fou. Ils veulent se débarrasser de moi.

Napoléon demeure un long moment silencieux, puis ajoute :

– Je veux opérer mon retour en France quand et comme je le voudrai.

Ils se regardent entre eux. Ils m'imaginent rentrant à Paris, le front couronné de lauriers plus glorieux que ceux arrachés en Italie. Mais ils estiment que j'ai si peu de chances de revenir!

Ils baissent la tête pour dissimuler leur espoir. Ils acceptent ce que j'exige.

C'est un pari. Le plus risqué de ma vie.

Mais quel autre chemin ? Ma vie est ainsi faite que je n'ai, aux moments cruciaux, que le choix entre être fidèle à moi-même, relever le défi, ou bien me renier et ne plus être moi et devenir un homme quelconque comme eux.

Mais ils règnent. Ils imposent encore leurs décisions.

Penser, cela remplit Napoléon de hargne. Il bougonne, s'interrompt alors qu'il dresse des listes de noms, ceux des officiers, des savants, qu'il veut entraîner avec lui dans l'expédition. Car il faut qu'elle étonne Paris. Il ne doit pas être seulement le guerrier et le pacificateur, mais aussi celui qui met au jour une civilisation oubliée et gigantesque, celle de cette terre où se sont croisés les Pharaons, Hérodote et Alexandre, César et Pompée.

À l'énoncé de ces noms, il est repris par le rêve, la colère s'efface. Il s'enflamme :

– Je coloniserai ce pays, dit-il. Je ferai venir des artistes, des ouvriers de tous genres, des femmes, des acteurs. Six ans me suffisent, si tout me réussit, pour aller dans l'Inde... Je peux parcourir l'Asie Mineure en libérateur, arriver triomphant dans la capitale de l'ancien continent, chasser de Constantinople les descendants de Mahomet, et m'asseoir sur son trône.

– Six ans, murmure Bourrienne qui écoute, fasciné.

– Six ans, Bourrienne, ou bien peu de mois, tout dépend des événements.

Il s'assombrit. Que se passera-t-il à Paris alors qu'il sera éloigné de cette ville où son destin se joue ?

– Oui, murmure-t-il, j'ai tout tenté. Ils ne veulent pas de moi.

Il se remet à marcher, frappant durement le sol du salon de son hôtel particulier de la rue de la Victoire.

– Il faudrait les renverser, reprend-il d'une voix forte, et me faire roi. Mais il n'y faut pas songer encore. Les nobles n'y consentiraient jamais. J'ai sondé le terrain. Le temps n'est pas venu. Je serai seul, Bourrienne. Je dois éblouir encore ces gens-là.

Il fixe le départ aux premiers jours de mai 1798, à Toulon, où l'on rassemble les navires venus de tous les ports de la Méditerranée sous contrôle français, de Trieste à Gênes et à Nice.

Les journaux annoncent même le 25 avril que « le général Bonaparte a quitté Paris le 3 Floréal – 22 avril – à minuit après avoir pris congé des Directeurs à trois heures, et avoir dîné chez le Directeur Barras, avec lequel il a assisté à la représentation de *Macbeth* au théâtre Feydeau ».

Si Napoléon est bien assis en face des Directeurs ce 23 avril, ce n'est pas pour les saluer, mais au contraire pour remettre en cause son départ.

La veille, alors qu'il surveillait les derniers préparatifs de son voyage, un courrier venu de Vienne s'est présenté rue de la Victoire. Le message est bref : l'hôtel du général Bernadotte, dans la capitale de l'empire d'Autriche, a été envahi par la foule et saccagé. Les membres de l'ambassade de France ont dû se défendre. Bernadotte a quitté Vienne.

Est-ce la guerre avec l'Autriche qui recommence ? Est-ce là l'événement qui va permettre d'agir ?

Toute la nuit, Napoléon réfléchit. Il peut se présenter comme l'homme capable d'empêcher la réouverture des hostilités. Il peut se rendre à Rastadt, renouer avec le comte de Cobenzl, et revenir à Paris avec la paix consolidée. Mieux vaut Rastadt que l'Égypte !

Il lance des courriers vers l'Italie. Qu'on n'embarque pas les troupes à Gênes, qu'on attende.

Il se rend auprès des Directeurs. Ils écoutent Napoléon qui se fait fort, s'il est envoyé à Rastadt avec les pleins pouvoirs, de régler l'incident. Talleyrand l'appuie. Napoléon insiste.

Peut-être tient-il là sa chance. Peut-être doit-il tout risquer plutôt que de s'éloigner. Peut-être doit-il bousculer les Directeurs, prendre le pouvoir maintenant.

Le 28 avril, Barras se présente rue de la Victoire.

Napoléon regarde cet homme qu'il a jaugé, flatter Joséphine puis s'avancer, chuchoter que le Directoire souhaite un départ pour l'Égypte sans délai. Qu'il n'est plus question d'une mission à Rastadt.

Ils ont donc choisi.

Encore quelques heures de doute, puis Napoléon prend la décision. Il partira. Le télégraphe transmet les ordres. Les courriers s'élancent. Et la machine de l'expédition se remet en marche.

Le 5 mai, Napoléon annonce à ses proches qu'il quittera Paris pour l'Égypte. On prépare déjà la grosse berline recouverte d'une « vache », sorte de bâche qui protège les malles. Marmont, Bourrienne, Duroc et La Valette y prendront place.

Joséphine s'est avancée. Napoléon la regarde en silence. Elle sera du voyage, dit-elle.

Arnault entre dans le salon, s'emporte.

– Le Directoire veut vous éloigner... La France veut vous garder, lance-t-il à Napoléon. Les Parisiens vous reprochent votre résignation. Ils crient plus fort que jamais contre le gouvernement. Ne craignez-vous pas qu'ils finissent par crier contre vous ?

Qu'y a-t-il de plus versatile, de plus imprévisible, de moins digne de confiance qu'une foule ?

– Les Parisiens, répond Napoléon, crient mais ils n'agiraient pas. Ils sont mécontents mais ils ne sont pas malheureux.

Il sourit, fait quelques pas.

– Si je montais à cheval, reprend-il, personne ne me suivrait.

Puis, d'un ton de commandement, il ajoute :

– Nous partirons demain.

À trois heures du matin le 6 mai 1798, on quitte Paris. On chevauche le plus souvent sous des pluies d'orage.

Dans la berline, on se tait. Les cahots poussent souvent les occupants les uns contre les autres. Joséphine dort. Napoléon, les yeux ouverts, paraît ne pas avoir besoin de sommeil.

Sa vie roule, personne ne peut plus l'arrêter.

Un choc violent secoue la voiture sur un chemin de traverse vers Roquevaire. On a emprunté cet itinéraire pour éviter Marseille, atteindre plus vite Toulon.

La « vache » de la berline, haute sur ses roues, a accroché une branche d'arbre. On descend, on éclaire. Napoléon fait quelques pas : devant lui, un pont effondré que l'orage a emporté dans un profond ravin.

– La main de la Providence, dit Marmont en montrant la branche.

Sans elle, la berline se fracassait sur les rochers du torrent.

Napoléon remonte dans la voiture.

– Vite, lance-t-il.

Il doit aller sans hésiter au bout de ce choix.

Le temps d'agir est revenu.

Le 10 mai, à Toulon, il reconnaît cette mer d'un bleu soutenu, ce soleil déjà brûlant, et ces voiles blanches qui se découpent sur un ciel que la luminosité rend aveuglant.

De sa fenêtre, à l'*hôtel de la Marine,* il ne se lasse pas de contempler ce paysage, l'horizon au-delà duquel il imagine cette terre d'Égypte que tant de conquérants ont piétinée depuis l'origine de l'Histoire.

Il va mettre ses pas dans leurs empreintes. Il endosse son uniforme et part inspecter la flotte.

Chaque fois que son embarcation approche d'un navire, celui-ci tire deux coups de canon pour le saluer.

Il est le général en chef de cette armada, lui qui n'était ici, cinq ans auparavant, qu'un jeune capitaine inconnu, lui qui garde sur sa peau les traces de la gale contractée à Toulon.

Le soir, la ville est illuminée en son honneur. Joséphine est près de lui. Il se sent fort.

Le lendemain, on passe les troupes en revue. Devant les hommes alignés, il retrouve sous ce ciel qui est le sien, au milieu des odeurs de mer, de pins et d'oliviers qui lui sont si familières, l'énergie et l'allant que depuis plus d'un mois il contenait dans le Paris des manœuvres et des habiletés tortueuses.

Ici, dans l'action, face à la mer, tout est plus simple. Clair comme la lumière de son enfance.

– Officiers et soldats, lance-t-il, il y a deux ans que je vins vous commander. À cette époque, vous étiez dans la rivière de Gênes, dans la plus grande misère, manquant de tout, ayant sacrifié jusqu'à vos montres pour votre subsistance : je vous promis de faire cesser vos misères, je vous conduisis en Italie. Là, tout vous fut accordé... Ne vous ai-je pas tenu parole ?

Cette vague d'assentiment, ce « oui » hurlé par ces soldats le soulève. Voilà ce qui s'appelle vivre.

– Eh bien, apprenez, reprend-il, que vous n'avez point encore assez fait pour la patrie, et que la patrie n'a point encore assez fait pour vous. Je vais vous mener dans un pays où, par vos exploits futurs, vous surpasserez ceux qui étonnent aujourd'hui vos admirateurs, et rendrez à la patrie des services qu'elle a droit d'attendre d'une armée invincible. Je promets...

Il s'interrompt un instant, laisse le silence s'installer.

– Je promets à chaque soldat qu'au retour de cette expédition, il aura à sa disposition de quoi acheter six arpents de terre...

Les fanfares jouent. On crie : « Vive la République immortelle ! »

Le 19 mai, à cinq heures du matin, Napoléon se tient à la poupe de l'embarcation qui s'éloigne du quai. Joséphine lui fait des signes d'adieu. Il la regarde longuement. A-t-elle vraiment voulu s'embarquer avec lui comme elle l'a laissé entendre, ou bien n'était-ce qu'une proposition sans conséquence dont elle savait qu'il la refuserait ? Il ne veut pas trancher. Il veut partir avec l'illusion qu'elle désirait rester à son côté.

Il se tourne vers le large. La rade est couverte de vaisseaux. Cent quatre-vingts navires attendent d'appareiller à six heures. Ancré à quelques encablures, l'*Orient*, le navire amiral, se dresse comme une forteresse haute de trois étages, chacun armé de quarante canons.

Napoléon monte à bord, prend place aussitôt sur la passerelle. Le commandant Casabianca donne l'ordre aux navires de mettre à la voile. La mer est creusée par des vagues courtes. Les treize vaisseaux de ligne ouvrent la marche, vent debout, suivent les transports, entourés de frégates, d'avisos et de bricks.

Certains des navires lourdement chargés raclent le fond. Quand l'*Orient* s'ébranle, il touche lui aussi le fond, penche, puis se dégage.

Napoléon n'a pas bougé. Il reste plusieurs heures sur le pont cependant que les navires gagnent la haute mer.

Il est le destin de ces trente-quatre mille hommes.

Il a choisi les divisions, les généraux, les pièces de canon. Il a veillé lui-même à la composition de la commission des arts et des sciences, dont il a voulu qu'elle accompagne l'armée.

Pour réussir, il faut tenter de tout prévoir.

Il se tourne vers Marmont qui se tient près de lui.

– Je mesure mes rêveries au compas de mon raisonnement, dit-il.

HUITIÈME PARTIE

Être grand, c'est dépendre de tout

19 mai 1798 – 9 octobre 1799

31

Napoléon écoute, debout sur la passerelle de l'*Orient*. On longe les côtes de Corse. Le vent a faibli. Le temps est beau. On aperçoit déjà le cap Bonifacio et, au-delà, se profilent sur l'horizon les cimes de la Sardaigne. Après, on voguera vers la Sicile, puis Malte, la Crète, Alexandrie enfin.

Napoléon donne l'ordre au corps de musique de se rassembler sur le tillac avant. Les musiciens commencent à jouer. Déjà, des navires les plus proches, des fanfares répondent. Les voix des soldats entassés sur les ponts se mêlent aussitôt aux roulements des tambours et à l'éclat des cuivres.

On reprend en chœur, d'un navire à l'autre, *le Chant du départ* qui, depuis 1794, est entonné dans toutes les armées.

La Victoire en chantant nous ouvre la barrière
La Liberté guide nos pas
Et du Nord au Midi la trompette guerrière
A sonné l'heure, l'heure des combats.
Tremblez, ennemis de la France.

Les hommes ont besoin de cette communion.

Le refrain est hurlé :

La République nous appelle
Sachons vaincre ou sachons mourir.
Un Français doit vivre pour elle,
Pour elle, un Français doit mourir.

L'amiral Brueys s'approche, parle fort pour se faire entendre, mais Napoléon détourne la tête. Il sait. L'amiral, depuis plusieurs jours, fait état de ses inquiétudes. Une frégate qui a rallié le convoi à hauteur de Bastia a aperçu au loin une escadre anglaise. Un autre message, transmis depuis Gênes à un navire français, apporte le même renseignement. Les navires anglais donnent la chasse, avec à leur tête le *Vanguard* de l'amiral Nelson.

Napoléon s'éloigne.

Voilà des semaines qu'il n'a pas connu une telle paix. Dans les jours qui ont précédé le départ, il était tenaillé par l'anxiété. Mais depuis qu'il a pris la mer, il éprouve une sensation joyeuse de légèreté et de disponibilité. Il est entre les mains du vent, de la mer, du hasard. Il ne peut plus rien. Si les voiles anglaises se profilent à l'horizon, si le combat s'engage, alors, en effet, il faudra décider, choisir. Mais pour l'heure, que l'amiral Brueys se taise, qu'il veille à la marche des navires, qu'on répare les voiles quand le temps le permet et qu'on force l'allure en tirant des bordées pour parvenir plus rapidement au but.

La nuit tombe. L'une après l'autre, les musiques cessent de jouer et l'on n'entend plus que le craquement des coques et des mâts, le claquement des voiles. Le convoi, qui occupait toute la mer comme une ville majestueuse arborant ses bannières et ses étendards, a disparu, enseveli par l'obscurité. Napoléon regarde la voûte céleste, cette traînée laiteuse qui traverse le ciel comme une escadre illuminée, composée d'une myriade de navires que rien ne peut arrêter.

Et c'est cette certitude qui habite Napoléon. Il va d'un point de son destin à l'autre, entraînant avec lui cette flotte et ces dizaines de milliers d'hommes.

Il quitte la passerelle. Dans le vaste « salon de compagnie » qu'il a fait aménager près de la salle à manger et de sa cabine, les officiers et certains membres de l'expédition qu'il a conviés à partager sa table et sa soirée se lèvent.

Il a établi dès les premières heures une discipline stricte. Bourrienne, auquel il transmettait ses consignes, s'est étonné de ce qu'il a appelé une « étiquette de cour ». Pourquoi pas ? En mer plus qu'ailleurs, et sûrement dans le désert, où il faudra marcher durant des jours et combattre, l'ordre, la discipline, la hiérarchie sont nécessaires. Il faut donc que les degrés qui permettent d'accéder au sommet soient marqués, respectés. Il faut que l'agencement et le luxe même rappellent que le général en chef est un homme à part.

Les hommes sont entassés dans les entreponts de l'*Orient*. Leur nourriture devient chaque jour plus détestable. Leurs vêtements sont imprégnés des vomissures répandues chaque jour par les hommes malades. Et ils sont presque tous malades. Mais le général en chef et ses proches doivent échapper à ce sort commun. Non par goût du luxe, mais parce qu'ils sont ceux qui commandent. Et que les privilèges dont ils bénéficient sont la marque de leurs responsabilités et de leur rôle.

Napoléon sait que la manière dont il vit à bord de l'*Orient* suscite des critiques. « Usages de la cour au milieu d'un camp de spartiates », dit-on. On lui rapporte ces propos. Alors que Napoléon traverse la salle de jeu, quelqu'un a même lancé : « On ne se donne pas d'éclat et de considération par le privilège, mais par l'amour de la patrie et de la liberté. »

Napoléon s'est arrêté, a cherché des yeux l'impertinent, mais il n'a vu que des visages soumis, des regards fuyants.

Il a lancé d'une voix forte : « Jouez, messieurs. Voyons qui a le privilège et l'inégalité que donne la chance. »

Il y a eu un brouhaha. On a posé les louis d'or sur les cartes. Les joueurs de pharaon, ce jeu de cartes que l'on pratiquait à Versailles, ont empoché leurs mises.

Qu'est-ce que l'égalité au jeu ? Le hasard trie entre gagnants et perdants. Et dans la vie ?

Napoléon s'installe dans le salon de compagnie au milieu de ses proches. « Parlons de l'égalité, dit-il, et donc de l'inégalité parmi les hommes. »

Il provoque du regard Monge, assis près de lui, puis Bourrienne ou le général Caffarelli. Junot somnole déjà. Eugène de Beauharnais rêve. Berthollet bougonne. Pas un, pourtant, qui se déroberait à ces débats quotidiens que Napoléon a instaurés, parce que la pensée doit être en mouvement permanent, que chaque instant, chaque regard, fait naître une réflexion.

– L'inégalité, reprend-il.

Ont-ils lu Rousseau ? Caffarelli commence. « Les lois qui consacrent la propriété, dit-il, consacrent une usurpation, un vol. » La discussion est lancée.

Napoléon se lève. Allons sur le pont.

On marche en groupe. Il fait doux. On parle une partie de la nuit. On prolongera demain cette séance des « Instituts », ainsi que Napoléon nomme ces confrontations.

Il demande à Bourrienne de le suivre dans sa cabine. Il s'allonge. Il a fait attacher au pied de son lit des boules de fer pour tenter de diminuer le roulis. Mais rien n'y fait. Parfois il doit rester couché. Bourrienne lit. Monge et Berthollet le rejoignent. On parle de Dieu, de l'islam, des religions qui sont nécessaires aux peuples.

Napoléon tout à coup s'interrompt. Il veut que Bourrienne reprenne à haute voix la lecture du Coran. Le livre est classé là, au côté de la Bible, dans la bibliothèque, au rayon « Politique ».

Le 9 juin, tôt le matin, Napoléon monte sur la passerelle de l'*Orient*. L'amiral Brueys tend le bras. À l'horizon, des dizaines de voiles forment un moutonnement blanc. Dans la longue-vue, Napoléon repère le convoi parti de Civitavecchia qui rejoint le gros de la flotte. Et cette bande de terre brune qu'on distingue à peine au-dessus de la mer, c'est Malte, et l'île de Gozo, qui n'en est séparée que par quelques encablures.

Napoléon demande qu'on lui apporte son épée, puis il commence à dicter des menaces au ton d'ultimatum pour le grand maître des chevaliers de Malte, Hompesch.

Il veut, dit-il, renouveler la provision d'eau de tous les navires. Il exige la reddition des chevaliers. Il sait qu'il va occuper l'île, peu importe la réponse que vont rapporter ces officiers qui s'éloignent de l'*Orient* à bord de deux chaloupes.

L'île doit passer sous le contrôle de la France. Sa possession fait partie du plan. Et rien ne peut s'y opposer. Elle doit être emportée comme un avant-poste lors d'une charge qui va continuer sa chevauchée, bien au-delà.

« Le général Bonaparte, dicte-t-il, est résolu à se procurer par la force ce qu'on aurait dû lui accorder en suivant les principes de l'hospitalité qui est à la base de votre ordre. »

Le débarquement des troupes peut commencer.

Il entend des voix qui chantent la *Marseillaise*. Ce sont les soldats de la 9e demi-brigade qui escaladent les défenses de l'île de Gozo. Napoléon les aperçoit dans sa longue-vue. Il lance des ordres. Dans un grand remuement de cordages, des chaloupes sont descendues, les fantassins embarquent. Certaines touchent terre après quelques minutes, et déjà des fumées d'incendies s'élèvent ici et là.

Napoléon commande un feu de batterie. Il faut montrer que rien n'arrêtera la force. Au bout de quelques heures, le grand maître Hompesch demande à parlementer.

Napoléon, alors, peut parcourir les rues de La Valette. Il marche lentement dans cette ville aux rues pavées qui forment un damier. Ici, comme en Italie, il foule l'Histoire. Il est le successeur des chevaliers de la croisade.

Il reçoit ces chevaliers dans leur propre palais, sur lequel flotte le drapeau de la République. « Que ceux, dit-il, qui sont français et ont moins de trente ans viennent prendre leur part de gloire en rejoignant l'expédition. Quant aux autres, ils ont trois jours pour quitter l'île. »

Puis il poursuit sa visite. Il est le maître de ce qui est un État. Rien ne peut résister à sa volonté, et cela excite son imagination.

Il dicte des codes, des décrets, réorganise toute l'administration de l'île.

Lorsqu'il va et vient dans la grande salle de l'Ordre, il s'arrête parfois devant l'un des blasons de chevalier. Durant quelques minutes, il ne dicte plus. Il avait fallu des siècles pour bâtir cet État. Il lui suffit de quelques heures pour en construire un différent. Et mettre ainsi en place, en seize paragraphes, toute l'administration de l'île, en finir avec les titres de noblesse. Il sent que ses aides de camp l'observent, figés dans une admiration respectueuse.

Un homme, du haut du pouvoir, il l'a déjà pressenti en Italie en créant les Républiques Cisalpine et Ligurienne, peut changer tout l'ordre des choses. Un homme commandant à des soldats en armes peut autant, plus qu'un peuple en révolution, qu'une populace et son désordre. Cette idée l'exalte. Il est fier de son œuvre.

Il marche dans les rues de La Valette. Il entre dans la cathédrale Saint-Jean. Elle est transformée en fonderie. On exécute ses ordres.

Dans chacune des chapelles sont installés des fourneaux qui servent à passer au creuset tout l'or et l'argent des reliques. Dix ouvriers tapent à coups de marteau sur les objets précieux avant de fondre les morceaux.

Il rentre dans le palais des chevaliers. Il ordonne qu'on affiche la proclamation qu'il vient de relire : « Tous les habitants de l'île de Malte deviennent citoyens français et font partie de la République... L'homme ne doit rien au hasard de la naissance, seuls son mérite et ses talents le distinguent... »

Les heures, les jours passent. Lorsqu'il flâne dans les jardins du palais des chevaliers, il écoute ses généraux. Lannes se plaint de l'attitude de certains soldats qui ont pillé un couvent à Gozo, tenté de violer les religieuses, menacé leurs officiers. D'autres parlent des prostituées innombrables accueillantes aux Français.

Il écoute. De quoi se souviendra-t-on ? De ces scories ? Des maisons saccagées, des reliques fondues, et même des femmes violées, de la brutalité des soldats, des morts, ou bien qu'il fut ici, conquérant, avant de rejoindre Alexandrie ?

Que garderont les peuples en mémoire ? Le souvenir de la force, ou bien qu'il a libéré les deux mille esclaves musulmans du bagne de Malte ?

Il s'assied dans le jardin du palais. On lui apporte un panier rempli d'oranges qui viennent d'être cueillies. Sous la peau épaisse et âpre du fruit, il y a la fraîcheur veloutée de la pulpe juteuse.

Le 18 juin, puisque la tâche est accomplie et que les vents sont favorables, Napoléon donne à l'amiral Brueys l'ordre d'appareiller. L'*Orient* s'éloigne cependant que la garnison laissée à Malte salue le départ du convoi par quelques coups de canon.

La chaleur, en quelques heures, se fait plus lourde malgré la brise de mer. Les côtes de Grèce, de Cythère et de Crète qu'on longe sont enveloppées au milieu de la matinée par une brume grisâtre que seuls les vents du soir et du matin dissipent. Napoléon reste sur la passerelle. Ici sont les terres où séjourna Ulysse, là sont les côtes que longèrent les galères romaines. Voici le royaume de Minos, l'origine des mythologies.

Est-il le seul à entrer en communion avec ces paysages chargés d'Histoire ? Il parle sans fin. Il évoque la décadence des cités et des empires, celles de Grèce et ceux d'Occident et d'Orient. Il faut la volonté d'un homme, l'égal d'un Alexandre ou d'un César, pour dessiner les frontières d'une nouvelle puissance. Et la gloire se conquiert ici.

Le 27 juin, dans le crépuscule, Napoléon donne l'ordre à Brueys d'appeler à la poupe de l'*Orient* la frégate *Junon*.

Il voit les hommes massés et silencieux sur le pont de la frégate qui s'est approchée bord contre bord. Ils attendent comme ils attendraient les oracles d'une divinité. Mais c'est lui qui prononce les mots auxquels on obéit. Le commandant de la frégate écoute les instructions : rejoindre Alexandrie et embarquer le consul de France, Magallon.

Il faut attendre le retour de la frégate. Le temps fraîchit. Un vent du nord secoue les navires du convoi. Il se renforce encore. Les lames sont hautes, rageuses, jetant les paquets de mer sur les ponts. Les soldats sont malades. Mais ils se rassemblent pour entendre la lecture d'une proclamation de Napoléon. Il les regarde cependant que les officiers lisent. Ces hommes ont du mal à se tenir debout dans la tempête, mais peu à peu ils écoutent. Il faut qu'ils comprennent. Il leur dit : « Celui qui viole est un monstre, celui qui pille nous déshonore. » Ils sont avertis. Il ne pourra pas tout empêcher. Les hommes en guerre, il les connaît. Mais il pourra sévir. Il leur parle pour les prévenir et pour les élever, leur demander d'être au-dessus d'eux-mêmes. Commander, c'est cela.

« Soldats !

« Vous allez entreprendre une conquête dont les effets sur la civilisation et le commerce du monde sont incalculables...

« Nous ferons quelques marches fatigantes ; nous livrerons plusieurs combats ; nous réussirons dans toutes nos entreprises ; les destins sont pour nous.

« Les peuples avec lesquels nous allons vivre sont mahométans ; leur premier article de foi est celui-ci : " Il n'y a pas d'autre Dieu que Dieu, et Mahomet est son prophète. "

« Ne les contredisez pas ; agissez avec eux comme nous avons agi avec les juifs, avec les Italiens ; ayez des égards pour leurs muftis et leurs imams comme vous en avez eu pour les rabbins et les évêques. Ayez pour les cérémonies que prescrit l'Alcoran, pour les mosquées, la même tolérance que vous avez eue pour les couvents, pour les synagogues, pour la religion de Moïse et de Jésus-Christ.

« Les légions romaines protégeaient toutes les religions. Vous trouverez ici des usages différents de ceux d'Europe : il faut vous y accoutumer.

« La première ville que nous rencontrerons a été bâtie par Alexandre. Nous trouverons à chaque pas des souvenirs dignes d'exciter l'émulation des Français. »

Quelques vivats seulement, le vent est trop fort, la mer trop grosse.

Le 30 juin, en pleine tempête, la *Junon* est de retour.

Le consul Magallon réussit à monter à bord de l'*Orient* malgré les vagues qui poussent la chaloupe contre la coque. Il parle à Napoléon en se tenant aux cloisons de sa cabine. Une escadre anglaise forte de plus de dix navires vient de quitter Alexandrie. Elle doit rôder, attendre le convoi français.

Napoléon monte aussitôt sur le pont. Il devine au visage de l'amiral Brueys que celui-ci est inquiet. Nelson n'est pas loin. La tempête interdit un débarquement dans les heures prochaines.

Il faut attendre, dit Brueys qui insiste.

– Amiral, nous n'avons pas de temps à perdre. La fortune ne me donne que trois jours. Si je n'en profite pas, nous sommes perdus. Être grand, c'est dépendre de tout. Pour ma part, je dépends des événements dont un rien décide.

Ordre est donné de débarquer dans la baie du Marabout, à l'ouest d'Alexandrie.

Depuis l'*Orient*, Napoléon voit des chaloupes chargées de troupes se renverser. Il entend les cris des soldats dont la plupart ne savent pas nager.

C'est le moment le plus périlleux. Napoléon marche sur le pont, les mains derrière le dos. L'anxiété l'a saisi et l'impatience le tenaille.

À quatre heures de l'après-midi, le 1er juillet 1798, il embarque sur une galère maltaise afin d'approcher de la côte. Puis il saute dans une chaloupe et, à une heure du matin, il atteint le rivage.

Cette terre enfin !

Il l'arpente, donne ses premiers ordres. La nuit est claire. Les troupes continuent de débarquer. Il se sent à nouveau calme et déterminé. Il s'allonge. Il va dormir sur la terre où marcha Alexandre.

À trois heures du matin, il se réveille, passe en revue les troupes. Les soldats sont trempés. Il scrute les visages puis donne l'ordre aux divisions Kléber, Menou et Bon de marcher vers Alexandrie.

Ici, ce n'est pas le luxe qui doit distinguer le chef, mais son courage et son audace.

Napoléon, d'un pas vif, se place en avant de la colonne. À ses côtés marche le général Caffarelli, qui a une jambe de bois.

Bientôt commence le règne du soleil, de la soif, du sable, des Bédouins, de la lumière aveuglante et de cette chaleur si pesante qu'elle coupe le souffle, imprègne les vêtements de laine.

Napoléon marche sans se retourner. Parfois il entend un cri sourd et un bruit. Un homme vient de s'effondrer, épuisé, les lèvres et la langue gonflées par la soif.

Les puits sont vides.

Tout à coup, on aperçoit du sommet d'une dune les fortifications d'Alexandrie.

À quelques centaines de mètres se dresse la colonne de Pompée.

Napoléon s'installe sur le socle, s'assied. Un officier lui apporte quelques oranges de Malte dans lesquelles il mord. Elles sont amères et sucrées à la fois.

32

Dès les premiers coups de feu qui claquent dans la touffeur accablante, Napoléon sait. L'estafette rapporte que la population d'Alexandrie accueille les avant-gardes de la division Kléber à coups de pierres et de fusil. Des cavaliers arabes ont chargé. Ces défenses ont été balayées par les troupes, mais à l'intérieur de la ville la résistance se poursuit. On a tiré d'une mosquée. Les troupes y ont pénétré, ont châtié ceux qui s'y trouvaient, hommes, femmes, enfants. Le général a pu arrêter le massacre.

L'estafette repart. On entend, venant de la ville, des cris de femmes qui se mêlent aux détonations. Des blessés passent, se soutenant l'un l'autre, puis s'affalent sur le sol brûlant.

Napoléon sait dès cet instant.

À la barbarie de la guerre s'ajoutera ici l'hostilité, la haine même qu'expriment cette chaleur suffocante, cette luminosité qui dévore les yeux, cette aridité qui sèche la bouche, irrite la peau. Par tout son corps endolori, ses pieds ensanglantés par la marche de la nuit, Napoléon pressent qu'il lui faudra à chaque moment se raidir pour s'opposer à ce climat, le vaincre et imposer aux hommes de marcher, de se battre malgré tout.

Ici, tout sera plus difficile. Ici, tout sera impitoyable. Qui faiblit meurt. Il faudra tuer jusqu'au souvenir du Corso de Milan, des châteaux de Mombello et de Passariano, des cérémonies du palais du Luxembourg et de la réception de Talleyrand à l'*hôtel de Galliffet.*

Talleyrand est-il parti en ambassade à Constantinople pour avertir les Turcs que cette invasion de l'Égypte n'est pas dirigée contre eux ? Napoléon en doute. Il faudra oublier l'Italie, il faudra ne plus penser à Joséphine. Et il faudra que chaque soldat fasse de même pour ce qui le concerne.

En seront-ils capables, ces hommes qui viennent de l'armée d'Italie ?

Les Directeurs Barras et Reubell, tous ces jouisseurs restés à Paris imaginent-ils ce que cela signifie que d'être ici, la peau brûlée, entouré par la mort ?

Il faudra repousser la mort chaque jour, être plus terrible qu'elle, ne pas se laisser attirer par elle. Se servir de la mort pour combattre la mort.

Cette pensée le tend. Il se sent comme un arc. Il est inflexible. Cette guerre, alors qu'il aurait pu choisir de s'enfouir dans les intrigues moelleuses du Directoire, entre salon et boudoir, entre bavards et femmes, c'est l'épreuve que depuis les temps antiques on impose au héros.

Qu'il l'accepte prouve qu'il est un héros, à l'égal de ceux qui ont foulé cette terre, à l'égal de celui qui a fondé cette ville, Alexandrie.

Napoléon lance un ultimatum au gouverneur d'Alexandrie : « Vous êtes soit bien ignorant soit bien présomptueux..., dit-il. Mon armée vient de vaincre une des premières puissances d'Europe. Si, dans dix minutes, je ne vois pas flotter le pavillon de la paix, vous aurez à rendre compte devant Dieu du sang que vous allez faire répandre inutilement... »

Un courrier apporte en même temps la nouvelle que le général Kléber a été blessé par une balle qui l'a frappé au front et qu'une délégation s'avance pour prêter le serment d'obéissance et livrer la ville.

Il la voit s'approcher entourée de soldats en armes. Les turbans multicolores, les soieries des longues tuniques se détachent sur le sombre des uniformes. Les chameaux dominent cette troupe. C'est au pied de la colonne de Pompée un grand désordre. « Cadis, cheiks, imams, tchorbadjis, commence Napoléon, je viens vous restituer vos droits, à l'encontre des usurpateurs... J'adore Dieu plus que ne le font les Mamelouks, vos oppresseurs, et je respecte son prophète Mahomet et l'admirable Coran. »

Il faut parler ainsi. Les hommes ont besoin de ces croyances et de ces mots.

On palabre. Les musulmans se plaignent. Des soldats ont volé des Arabes qui ne s'opposaient pas à leur avance.

Des officiers expliquent qu'on a arrêté l'un de ces soldats. Il a pris un poignard à un Arabe.

– Qu'on juge cet homme.

Le voici, balbutiant, la peau gonflée par les brûlures, le visage déformé par la peur. On l'interroge. Il avoue.

La mort pour combattre la mort.

Le soldat est exécuté à quelques pas de la colonne de Pompée.

Les délégués s'inclinent, font acte d'allégeance à Napoléon. Il entre dans Alexandrie.

Les ruelles sont étroites. La chaleur y est comme recluse. Des femmes lancent d'étranges cris aigus. Napoléon chevauche, entouré des membres de la délégation et d'une escorte de guides. Tout à coup, en même temps qu'il entend la détonation, il ressent un choc sur la botte gauche, son cheval fait un écart. On crie. On tire sur une maison d'où est parti le coup de feu.

La mort vient de m'effleurer une nouvelle fois.

Il s'installe dans la maison du consul de France, et aussitôt, alors qu'autour de lui on parle encore de ce tireur isolé qu'on a trouvé entouré de six fusils et qu'on a abattu, Napoléon commence à donner des ordres.

Demain 2 juillet, revue des troupes avec les corps de musique, les officiers généraux en grande tenue, puis départ des premières unités vers Le Caire. Il appelle le consul Magallon et choisit pour l'avance des troupes la route de Damanhour, afin de ne pas avoir à traverser le Nil sur lequel naviguent des galères mamelouks. Il harcèle déjà les officiers, exige qu'on mette sur pied un atelier pour fabriquer de nouveaux uniformes, plus légers. Napoléon voudrait communiquer à chacun de ceux qui l'écoutent son énergie, son impatience, sa conscience que toute seconde doit être employée à agir. Il dit : « Saint Louis, ici, passa huit mois à prier alors qu'il eût fallu les passer à marcher, à combattre et à s'établir dans le pays. »

Mais comment rendre ces hommes, chaque soldat, tendus comme lui ? Le Caire aujourd'hui, et demain... Quoi ? Plus loin, plus haut.

Il commence à dicter à Bourrienne une proclamation aux Égyptiens, qui doit être imprimée dans la nuit en arabe, en turc et en français, puis affichée dans toutes les villes, lue à haute voix et distribuée par les armées en marche.

« Au nom de Dieu, clément et miséricordieux. Il n'y a de divinité qu'Allah : il n'a point de fils et règne sans associé. »

Bourrienne lève la tête.

Qu'imagine-t-il ? Que l'on peut parler aux musulmans comme on parle aux chrétiens ?

« Au nom de la République française fondée sur la liberté et l'égalité... »

Il dicte d'une voix saccadée, s'en prenant aux Mamelouks, l'aristocratie guerrière qui opprime les Égyptiens.

« Quelle intelligence, quelles vertus, quelles connaissances distinguent les Mamelouks, pour qu'ils aient exclusivement tout ce qui rend la vie douce ? Y a-t-il une belle terre, une belle esclave, un beau cheval, une belle maison ? Cela appartient aux Mamelouks !

« Mais Dieu est juste et miséricordieux pour le peuple... Tous les hommes sont égaux devant Dieu. L'intelligence, les vertus et la science mettent seules la différence entre eux... Aucun Égyptien ne sera désormais exclu des charges et tous pourront parvenir aux dignités les plus élevées... par ce moyen le peuple sera heureux... Cadis, cheiks, imams, tchorbadjis, dites au peuple que les Français sont aussi de vrais musulmans. Ce qui le prouve, c'est qu'ils ont été à Rome la Grande et ont détruit le trône du pape, qui incitait sans cesse les chrétiens à faire la guerre aux musulmans ; qu'ils sont allés dans l'île de Malte et en ont chassé les chevaliers qui s'imaginaient que Dieu voulait qu'ils fissent la guerre aux musulmans... Heureux, oui, heureux les Égyptiens qui s'uniront promptement à nous... Mais malheur à ceux qui se joindront aux Mamelouks.

« Que Dieu conserve la gloire du sultan ottoman, que Dieu conserve la gloire de l'armée française ! Que Dieu maudisse les Mamelouks et rende heureux le sort de la nation égyptienne.

« Écrit au quartier général d'Alexandrie, le 13 Messidor de l'an VI de la République (1er juillet 1798) ou fin Moharram 1213 de l'hégire. »

Il voit le sourire de Bourrienne et ceux des officiers qui répètent en se moquant : « Les Français sont aussi de vrais musulmans. » Il s'emporte. Que savent-ils de la manière de gouverner les hommes ? Il veut révolutionner et républicaniser l'Égypte, désarmer les préventions de ses habitants, en faire des alliés. Cette proclamation, il se l'avoue, « c'est du charlatanisme, mais du plus haut » ! Comment se faire entendre des hommes si on ne joue pas la musique qu'ils connaissent ? Il n'y a qu'un seul autre moyen : les armes, et donc la peur qu'elles procurent.

Le 2 juillet, de grand matin, Napoléon passe les troupes en revue. La chaleur est déjà torride. Il faut que les hommes marchent malgré la soif. Il faut qu'ils se mettent en route avec à leur tête les généraux Desaix et Reynier.

Il se dirige vers un groupe de soldats, qui, après avoir été captifs des Bédouins, se sont enfuis ou ont été libérés. Ils baissent la tête. Puis certains se mettent à parler : ils racontent ce qu'ils ont vu : torture, mutilations. L'un d'eux pleure, le corps secoué par des sanglots. Les Bédouins l'ont sodomisé.

– Grand benêt, te voilà bien malade, lance Napoléon. Tu as payé ton imprudence. Il fallait rester avec ta brigade. Remercie le ciel d'en être quitte à si bon marché. Allons, ne pleure plus.

Mais l'homme ne cesse pas de sangloter. Napoléon s'éloigne, passe à nouveau devant le front des troupes. Il faut aller vite à la bataille avant que la peur et le doute ne désagrègent l'armée. Il faut pousser ces hommes en avant pour qu'ils restent debout, sinon ils s'effondreront ici. Il faut que la frayeur d'être pris, torturés, humiliés, les pousse à vaincre.

Tout organiser, tout prévoir, tout diriger.

Dans la chaleur qui rend chaque geste pénible et oppresse au point qu'on croit ne plus pouvoir respirer, Napoléon ne cesse de bouger, il dicte en marchant. Il inspecte les défenses d'Alexandrie puisqu'il va quitter la ville et rejoindre l'armée afin de livrer bataille. Il parcourt le « bazar », regarde ces femmes qui n'ont de voilé que leur visage. Il contrôle l'approvisionnement des unités, le nombre des chevaux. Il met sur pied une administration civile.

La nuit, l'atmosphère est si étouffante qu'il ne dort pas.

Il se lève, appelle un aide de camp. Se souvient-il de ce sergent qui fut l'un des premiers à franchir les fortifications et qu'il a vu combattre depuis la colonne de Pompée ?

Qu'on le décore. Puis il pense à la flotte. Qu'ordonner à l'amiral Brueys ? De rester dans la rade d'Aboukir, ou bien de gagner Malte ou Cordoue, ou encore d'essayer d'entrer dans le port d'Alexandrie ? Nelson, à l'évidence, va revenir avec son escadre. Napoléon hésite. Brueys estime pouvoir se défendre à Aboukir si on l'attaque. Il manque d'eau pour rejoindre Malte ou Cordoue. Quant au port d'Alexandrie, les navires risquent de s'y échouer.

Un point d'inquiétude dans la tête de Napoléon. Il sent qu'il ne contrôle pas le destin de l'escadre. Mais il n'est pas marin. Il doit faire confiance. Et cependant il n'aime déléguer ni le pouvoir ni les responsabilités.

Le 7 juillet, un brouillard rougeâtre masque le soleil. L'air est chargé de poussière brûlante. Le *khamsin*, le vent du Sud, a commencé à souffler. Il faut pourtant partir vers Damanhour, à travers le désert. Napoléon chevauche en tête de son état-major et des hommes de l'escorte et du quartier général. Les savants Monge et Berthollet se sont joints à la troupe. Il est cinq heures de l'après-midi. Il sent sur son visage ces mille grains de poussière qui le frappent. Il souffre dans tout son corps, comme tous les soldats de Desaix et de Reynier, qui ont traversé le désert caillouteux et torride. Des hommes se sont suicidés. Les citernes qui devaient jalonner la route étaient souvent vides car le canal que longeaient les troupes était à sec. Les yeux brûlés, les lèvres tailladées par la chaleur, sans eau, avec ces uniformes de laine, le ventre vide, car on ne trouve rien dans les villages, les traînards ont été assassinés, torturés. Desaix a envoyé des appels au secours. Les hommes deviennent fous.

Napoléon chevauche toute la nuit, dépassant les divisions Bon et Vial qui font aussi route vers Damanhour.

Ces hommes qui marchent dans la nuit, il les voit. Il imagine leur souffrance et leur peur. Il sait que les soldats grognent, s'en prennent à leurs officiers, accusent les Directeurs de les avoir déportés ici pour se débarrasser de « leur » Bonaparte. Mais ils s'en prennent même à celui-ci. Pourquoi n'a-t-il pas prévu des gourdes d'eau ? Ils se souviennent de l'Italie. Qu'en ont-ils à foutre, des six arpents de cette terre-ci que le général leur a promis ?

Mais ces hommes sont avec lui dans le désert. Et ils n'ont comme lui qu'une issue : vaincre. Donc, il faut qu'ils marchent. Il doit les faire avancer. Il doit faire respecter la discipline. Les sauver, maintenant, c'est les pousser en avant.

À huit heures, il est à Damanhour.

Il entre dans la cahute obscure où l'attendent les notables. On lui offre un pot de lait et des galettes de froment. Il dit quelques mots, mais ce sont les visages des généraux qui le frappent. Certains sont furibonds, d'autres las et désespérés.

Il faut d'abord que Napoléon se taise pour qu'ils puissent parler. Cette aventure est sans espoir, dit l'un. Les hommes deviennent fous, ajoute un autre. Ils perdent la vue. Ils se tuent. Ils ne peuvent plus combattre.

Napoléon s'approche d'eux. Il ne dit rien, mais les regarde, puis leur annonce qu'il faut poursuivre la marche vers Ramanieh sur le Nil. Il faut briser les Mamelouks de Mourad Bey. Commander, s'est s'obstiner.

On repart le 9.

Mêmes souffrances, puis, tout à coup, après les mirages, c'est le Nil.

Napoléon voit les rangs se défaire, les dragons et les fantassins se jeter avec leurs armes dans l'eau du fleuve, boire, et il voit des corps partir au fil du courant, morts d'avoir trop bu, morts du choc et de l'épuisement. Au bord du fleuve s'étendent des champs de pastèques, dont les hommes se gavent.

Il les observe. Ils sont arrivés jusque-là malgré l'épuisement, le dégoût, le mécontentement, la mélancolie, le désespoir d'hommes que rien, après les campagnes d'Italie, ne préparait à cet autre monde, à cette violence du pays.

Ils l'ont fait parce qu'il l'a voulu. Et maintenant il faut qu'ils se battent.

À trois heures, le 11 juillet, il les passera en revue.

Il se fait annoncer par un roulement de tambour. Il chevauche lentement. Ils ont brossé leurs uniformes. Leurs armes brillent.

Napoléon s'arrête devant chacune des cinq divisions. Il convoque les officiers. Il se cambre. Tous les regards sont tournés vers lui, le portent.

– Je vous préviens, lance-t-il, que nous n'avons pas achevé nos souffrances : nous aurons des combats à soutenir, des victoires à remporter et des déserts à traverser. Enfin nous arriverons au Caire où nous aurons tout le pain que nous voudrons !

En s'éloignant, il entend les voix des officiers qui répètent ces mots à leurs hommes. Il entend des chants qui s'élèvent.

Ils vont se battre et vaincre.

Au lever du soleil, il donne l'ordre aux corps de musique de jouer la *Marseillaise*. Il voit sur la ligne d'horizon s'avancer la cavalerie mamelouk. Certains portent des casques dorés, d'autres des turbans. Leurs riches tuniques brillent. Chaque Mamelouk dispose d'une carabine, de pistolets, du *djerid* – un javelot – et de deux cimeterres.

Napoléon rassemble ses aides de camp. Il veut que les divisions forment des carrés. Les officiers s'étonnent. C'est la première fois que cette disposition est utilisée.

Que savent-ils ? C'est une tactique qu'Autrichiens et Russes ont déjà employée contre les Ottomans. Mais jamais l'armée française ne l'a mise en œuvre. Il répète ses ordres. Sa fatigue a disparu. Il fait disposer les canons aux angles des carrés, comportant chacun six rangées de fantassins. Au centre, on placera les équipages, « les ânes et les savants », lance quelqu'un.

Il faut qu'aucun des carrés ne soit ébréché par une charge.

Et en effet, les Mamelouks, toute une matinée, vont se briser contre ces « hérissons », puis ils s'enfuient.

Les morts qu'on dépouille sur le champ de bataille de Chebreis ont, sous leurs tuniques, des bourses remplies d'or. Ils portent tout leur trésor sur eux. Les soldats commencent à les dépouiller.

Mais à peine deux ou trois heures ont-elles passé que Napoléon donne l'ordre du départ.

Il traverse cet enfer de chaleur dans lequel les hommes se traînent. Il voit des soldats s'effondrer, d'autres qui s'écartent sont décapités par les Bédouins qui brandissent leur tête puis s'enfuient. On brûle des villages. On pille. Enfin on atteint Embabèh, à deux heures de l'après-midi, le 21 juillet, après une marche harassante. La chaleur est intense. Au loin, à droite, Napoléon aperçoit les pyramides, et à gauche, les minarets et les dômes du Caire.

Il reste d'abord seul, figé, le regard allant des pyramides aux minarets, puis au Nil. Ici, il est dans le berceau même de l'Histoire. Il se souvient de ses nuits à Valence, lorsqu'il lisait fiévreusement les livres racontant les exploits antiques ou évoquant l'histoire de ces peuples fondateurs.

Il est là, non pas voyageur comme le fut Volney, comme tant d'autres qui l'ont fait rêver, mais conquérant.

Il appelle les généraux. Ils se rassemblent autour de lui. Les divisions formeront le carré, commence-t-il. Mais cependant qu'il parle, il sent qu'il faudrait donner à ces hommes la conscience du moment qu'ils vivent.

– Allez, dit-il enfin, et pensez que du haut de ces monuments – il montre les pyramides – quarante siècles vous observent.

Il voit les premières charges mamelouks s'émietter sur les carrés. Il voit les divisions se mettre en mouvement pour couper les Mamelouks des fortifications d'Embabèh. Il entend les canons qui tirent à la mitraille, puis les cris des soldats qui prennent d'assaut les fortifications.

Il imagine le carnage. Il voit les soldats se précipiter sur les cadavres des Mamelouks et les dépouiller. Là, dans un duel solitaire, un lieutenant français affronte un Mamelouk à grands coups de sabre. Ici, les Mamelouks se jettent dans le Nil et fuient.

C'est la victoire. Il passe à cheval près des fourgons de Mourad Bey que fouillent les soldats. Il voit des soldats qui repêchent avec leur baïonnette afin de les dévaliser les cadavres des Mamelouks que le courant emporte. Puis, tout à coup, la nuit tombe.

Il marche seul. Il a vaincu. Ici, sous le regard des siècles. Il regarde au loin la ville du Caire éclairée par les incendies que des pillards bédouins ou fellahs ont allumés. Les Mamelouks ont mis le feu à plus de trois cents navires. Le ciel est embrasé, et les pyramides surgissent de la nuit, rouges.

Couleur du sang.

Il se sent las.

Il ne rentre pas encore au Caire. Il attend sans impatience, comme si, cette victoire acquise, il se trouvait devant un vide. Il pénètre dans la maison de campagne de Mourad Bey à Gizeh. Il parcourt les vastes pièces meublées de divans recouverts de soieries lyonnaises bordées de franges de fil d'or. Il se promène seul dans le jardin parmi les arbres d'essences diverses, il s'assied sous une tonnelle couverte de vignes aux grappes abondantes et lourdes.

La solitude lui pèse.

Après l'impatience, les marches forcées, toute cette tension, il est saisi par la mélancolie. Il pense à Joséphine. Il appelle Junot. Il a besoin de parler d'elle, de se rassurer, parce que la jalousie revient, qu'il doute, qu'il veut à la fois qu'on l'éclaire et qu'on le laisse dans son aveuglement. Mais Junot s'exclame. Il est temps, en cette soirée de victoire, d'affronter la vérité. Un vainqueur comme le général Bonaparte peut-il accepter d'être trompé ?

Napoléon bondit. Il revoit tout à coup cet officier, un jeune homme que les Arabes avaient capturé sur la route du Caire et que ses ravisseurs se proposaient de libérer contre une rançon. Il avait refusé. Et les Arabes l'avaient immédiatement abattu d'une balle dans la tête. Napoléon avait regardé, puis avait continué sa route. On ne pouvait pas céder ainsi au chantage. Il est cet officier dont on vient de s'emparer. Junot, en parlant, lui brûle la cervelle. Joséphine l'a trahi, dit-il, et il énumère les noms des amants qu'elle a affichés aux yeux de tous. Bonaparte ne se doutait-il de rien ?

Napoléon renvoie Junot, reste longtemps dans le jardin. Puis la fureur le gagne, il rentre dans la maison, renverse les bibelots, se heurte à Bourrienne qui accourt. Il le regarde. On ne peut faire confiance à personne. On est seul. « Vous ne m'êtes point attaché, crie-t-il. Les femmes... »

Le souffle lui manque. Il dit d'une voix sourde : « Joséphine. » Il reconnaît enfin Bourrienne.

– Si vous m'étiez attaché, reprend-il, vous m'auriez informé de tout ce que je viens d'apprendre par Junot : voilà un véritable ami.

Il rugit. Sa voix se brise.

– Joséphine... Et je suis à cent lieues... Vous deviez me le dire ! Joséphine, m'avoir trompé, elle...

Il s'éloigne. Il voudrait frapper.

– Malheur à eux. J'exterminerai cette race de freluquets et de blondins ! Quant à elle, le divorce, oui, le divorce, un divorce public, éclatant ! Il faut que j'écrive, je sais tout...

Il se tourne vers Bourrienne.

– C'est votre faute ! Vous deviez me le dire.

Il entend vaguement Bourrienne qui parle de victoire, de gloire.

– Ma gloire ! Eh ! Je ne sais ce que je donnerais pour que ce que Junot m'a dit ne fût pas vrai, tant j'aime cette femme ! Si Joséphine est coupable, il faut que le divorce m'en sépare à jamais ! Je ne veux pas être la risée de tous les inutiles de Paris. Je vais écrire à Joseph ; il fera prononcer le divorce !

Des officiers entrent dans le jardin. Ils ont appris qu'on y trouve de la vigne, des raisins.

Napoléon se tient à l'écart cependant que joyeusement ils font la vendange. Il a la tête vide. Il ne ressent plus rien, la colère l'a épuisé.

Un courrier reste longtemps devant lui sans qu'il le voie. L'officier raconte que les deux compagnies d'infanterie, clique en tête, sont entrées comme prévu au Caire en compagnie d'une délégation venue apporter la reddition de la ville.

– Pas une âme le long du chemin, dit-il. Seulement le hululement des femmes qui retentissait dans tous les harems.

Les harems ? Napoléon lève la tête et renvoie brutalement le courrier.

Il ne s'installe au Caire, dans le palais de Mohammed el Elfi, sur la place Ezbekieh, que le 24 juillet.

On se presse autour de lui. Il doit organiser encore. Il constitue un divan, un conseil, composé d'ulémas – les chefs religieux – de la mosquée d'al-Azhar. Il dicte tout le jour, puis le lendemain encore.

Il organise des unités de police à partir des anciennes milices ottomanes.

Parfois, il s'interrompt au milieu d'une phrase, comme si tout à coup le vide se recréait, puis il reprend. Il faut mettre fin aux pillages des maisons des Mamelouks par les Égyptiens et les soldats. Il étend le principe du divan à l'ensemble des territoires conquis. Les heures passent. Des commerçants se présentent. Ils comptent rouvrir leurs boutiques. C'est déjà la nuit du 25 juillet. Il est à nouveau seul. Le vide.

Il écrit à Joseph :

« Je peux être en France dans deux mois : je te recommande de mes intérêts. J'ai beaucoup de chagrins domestiques car le voile est entièrement déchiré. Toi seul me restes sur terre. Ton amitié m'est bien chère ; il ne me reste plus pour devenir misanthrope qu'à la perdre et te voir me trahir. C'est une triste position que d'avoir à la fois tous les sentiments pour une même personne dans un même cœur... Tu m'entends ? »

Oui, Joseph comprendra. Oui, Joseph doit lui aussi savoir depuis longtemps ce qu'il en est de Joséphine.

« Fais en sorte, continue Napoléon, que j'aie une campagne à mon arrivée, soit près de Paris, soit en Bourgogne. Je compte y passer l'hiver et m'y enfermer. »

Il se lève, va jusqu'à la fenêtre. La nuit est déchirée par les aboiements ininterrompus des chiens errants qui vont par bandes dans les rues vides. Napoléon retourne à sa table.

« Je suis ennuyé de la nature humaine, écrit-il. J'ai besoin de solitude et d'isolement. Les grandeurs m'ennuient. Le sentiment est desséché, la gloire est fade. À vingt-neuf ans, j'ai tout épuisé, il ne me reste plus qu'à devenir franchement égoïste ! »

Il hésite.

Il pense à ces soldats dont il a vu les corps mutilés, dépecés, brûlés, à ceux dont les Mamelouks montraient la tête tranchée d'un coup de cimeterre.

Il relit sa phrase, puis il ajoute :

« Je compte garder ma maison. Jamais je ne la donnerai à qui que ce soit. Je n'ai plus que de quoi vivre ! Adieu mon unique ami, je n'ai jamais été injuste envers toi ! »

Il ne dort pas. Il hait ces nuits bruyantes, ces chiens qui hurlent. Il commence un rapport au Directoire : « Il est difficile, écrit-il, de voir une terre plus fertile et un peuple plus misérable, plus ignorant et plus abruti. »

Il devine qu'il ne pourra séduire ce peuple. Il est trop différent. Ces ulémas, il le perçoit à mille signes, n'ont pas été dupes de ses déclarations en faveur de leur religion. Il ordonne que la population livre toutes ses armes. Il craint une révolte. Et cette inquiétude le tend à nouveau. Pour l'instant, quels que soient ses souhaits pour le futur, il est dans cette ville. « Le Caire, note-t-il pour le Directoire, qui a plus de trois cent mille habitants, a la plus vilaine populace du monde. » Chaque jour il doit prendre des dizaines de décisions, faire face. Il écrit au général Menou, qui commande le delta, le 31 juillet :

« Les Turcs ne peuvent se conduire que par la plus grande sévérité ; tous les jours, je fais couper cinq ou six têtes dans les rues du Caire. Nous avons dû les ménager jusqu'à présent pour détruire cette réputation de terreur qui nous précédait : aujourd'hui, au contraire, il faut prendre le ton qui convient pour que ces peuples obéissent ; et obéir, pour eux, c'est craindre. »

Le 13 août, il est assis sous sa tente, près de Salheyeh, au bord du désert du Sinaï. Il hésite à aller au-delà. Il interroge ses officiers. Peut-on rejoindre Ibrahim bey, qui s'est enfui vers la Syrie et que l'on poursuit depuis une dizaine de jours ? Ils n'ont pas le temps de répondre. Des courriers arrivent, haletants. Le 1er août, expliquent-ils, la flotte de Nelson a détruit dans la baie d'Aboukir la flotte de l'amiral Brueys. Seuls quelques navires ont pu échapper au désastre. La mer rejette encore des cadavres de marins. L'*Orient* a explosé et le bruit et la secousse ont été entendus jusqu'à Alexandrie. Brueys est mort.

Un silence accablé s'installe. « Nous sommes prisonniers », lance à haute voix un officier.

Napoléon se dresse. Il dit d'une voix forte : « Brueys a péri, il a bien fait. »

Puis il se met à marcher sous la tente devant les officiers sans les quitter des yeux.

– Eh bien, Messieurs, reprend-il d'un ton résolu, nous voilà dans l'obligation de faire de grandes choses !

Il s'approche d'eux.

– Nous les ferons ! De fonder un empire. Nous le fonderons. Des mers dont nous ne sommes pas maîtres nous séparent de la patrie, mais aucune mer ne nous sépare ni de l'Afrique ni de l'Asie.

Il les dévisage. La plupart baissent les yeux.

– Nous sommes nombreux, nous ne manquerons pas d'hommes pour recruter nos cadres. Nous ne manquerons pas de munitions de guerre, nous en aurons beaucoup : au besoin, nous en fabriquerons.

Les officiers rient nerveusement alors qu'il sort de la tente et regarde au loin.

33

Il rentre au Caire.

Lorsqu'il paraît, ce 14 août 1798, dans la grande salle de réception de son palais de la place Ezbekieh, le silence s'établit aussitôt. On n'entend que le bruit de l'eau de la fontaine monumentale qui occupe le centre de la pièce.

Il devine les questions qui sont sur toutes les lèvres, celles des officiers, ou celles des beys et des ulémas. Les visages de ces derniers sont impassibles et pourtant il lit dans leurs yeux la jubilation. Le désastre d'Aboukir est connu de tous.

On le guette. Il s'assied. Il faut qu'il se montre serein. Il fait un signe.

Ses domestiques s'affairent autour des sept cafetières qui sont sur le feu. Il offre le café et le sucre. Il s'enquiert de la fête du Nil qui doit être célébrée le lendemain 15 août, de celle qui doit marquer l'anniversaire de la naissance de Mahomet. Savent-ils qu'il est né un même jour, il y a vingt-neuf ans ?

Il dit, cependant que les notables musulmans boivent lentement leur café en l'observant : « J'espère établir un régime fondé sur les principes de l'Alcoran, qui sont les seuls vrais et qui peuvent faire le bonheur des hommes. »

Il se lève. L'entretien est terminé. Il raccompagne ses visiteurs jusqu'aux vastes escaliers de marbre, d'albâtre et de granit d'Assouan.

Berthier et Bourrienne sont restés dans la pièce. Ils n'osent parler. Ils le suivent alors qu'il parcourt les salles du palais dont le propriétaire, Mohammed bey el Elfi, s'est enfui en Haute-Égypte. Ce palais est le seul du Caire qui comporte des vitres aux fenêtres et une salle de bains à chaque étage.

Napoléon s'arrête.

Même ses officiers les plus proches ne le comprennent pas. Qu'imaginent-ils ? Qu'il s'est converti à l'islam ? Lorsqu'il a voulu recevoir les membres du divan habillé en Turc avec une tunique à l'orientale et un turban, Bourrienne et Tallien, qui vient d'arriver en Égypte, se sont récriés. Et il a cédé, remis sa redingote noire serrée jusqu'au cou. Il fallait choisir entre désorienter ses soldats et peut-être séduire les Égyptiens. Les esprits ne lui ont pas paru prêts. Mais il ne veut pas renoncer. Il envisage de créer des unités de militaires dans lesquelles serviront des Noirs achetés en Haute-Égypte, des Bédouins, des anciens serviteurs des Mamelouks. Cette armée serait ainsi à l'image du pays, de l'empire qu'il rêve encore de constituer. Et il réglerait le problème des effectifs, alors que l'armée actuelle s'amenuise, que les malades s'entassent dans les hôpitaux et que la peste frappe les villes côtières.

Il faut avoir l'œil à tout. Il interroge Berthier. A-t-on, comme il l'a demandé, imposé aux hommes une baignade quotidienne, le nettoyage des uniformes ? Où en est l'impression du *Courrier d'Égypte*, ce premier journal qui doit précisément informer l'armée ?

Il regarde Berthier. Il apprécie cet homme efficace, attentif. Il l'estime pour la passion qu'il nourrit à l'égard d'une Milanaise, Mme Visconti, laissée en Italie. Berthier veut qu'on lui en parle.

– Je comprends cette passion mais non cette adoration, murmure Napoléon.

Berthier baisse la tête. Il a demandé à rentrer en Europe. Il n'a pas caché ses raisons. Mais il sait que la flotte est détruite.

– Sur une frégate, ajoute Napoléon, bientôt vous la rejoindrez.

Puis il prend Berthier et Bourrienne à témoin, accuse l'amiral Brueys, imprévoyant, l'amiral Villeneuve, qui n'a pas combattu, a fui la rade, selon tous les récits.

– L'empire de la mer est à nos rivaux, dit-il. Mais si grand que soit ce revers, il ne peut être attribué à l'inconstance de la Fortune ; elle ne nous abandonne pas encore, bien loin de là, elle nous a servis dans cette opération, au-delà de ce qu'elle a jamais fait.

Il voit l'étonnement de Bourrienne et de Berthier.

– Il ne nous reste plus qu'à organiser notre conquête, explique-t-il.

« Ce que j'aime dans Alexandre, poursuit-il, ce ne sont pas ses campagnes mais ses moyens politiques. C'est d'un grand politique que d'avoir été à Ammon pour régner sur l'Égypte.

Berthier et Bourrienne comprennent-ils ?

– Mon projet, ajoute Napoléon, est de gouverner les hommes comme le grand nombre veut l'être. C'est là, je crois, la manière de reconnaître la souveraineté du peuple. Si je gouvernais un peuple de juifs, je rétablirais le temple de Salomon...

Il s'interrompt. Le 18 août, il assistera à la fête du Nil, puis, quelques jours après, à celle donnée à la gloire de Mahomet, et le 21 septembre, on célébrera la fête de la République et, plus tard, le souvenir du 13 Vendémiaire, le 4 octobre. Il faut, ces jours-là, que les corps de musique, les généraux en grand uniforme, les troupes soient rassemblés.

Berthier et Bourrienne s'éloignent.

Demain 15 août 1798, j'ai vingt-neuf ans.

À six heures du matin, le 18 août, alors que le soleil brûle déjà, Napoléon se tient quelques pas en avant du groupe des généraux et des notables cairotes qui se rendent au *Megyas*.

C'est là qu'on va rompre la digue qui permettra aux flots du Nil d'envahir une partie de la campagne entourant la ville en s'engouffrant dans le canal. Les musiques jouent, on tire des salves. L'eau déferle enfin.

Napoléon regarde ce torrent et cette foule. Il commence à jeter des pièces de monnaie. On se bat pour les ramasser, on le suit quand il retourne vers son palais de la place Ezbekieh.

Le 21 août, la ville est à nouveau en fête pour l'anniversaire de la naissance du Prophète. Napoléon préside aux défilés militaires. Il faut qu'on voie la force. Il s'assied au milieu des ulémas pour le grand banquet. Il déteste cette viande de mouton trop grasse, ces plats trop épicés. Mais il plonge ses doigts dans la sauce, il saisit les morceaux de viande, comme les autres convives.

Le général Dupuy, qui commande la place du Caire, se penche vers Napoléon.

– Nous trompons les Égyptiens, dit-il, par notre simulé attachement à leur religion, à laquelle nous ne croyons pas plus qu'à celle du pape.

Pourquoi lui répondre ? Combien d'hommes acceptent de vivre sans religion ? Et pourrait-on gouverner un peuple qui ne reconnaîtrait pas le pouvoir d'un Dieu ? Et qui ne craindrait pas le châtiment divin ? Ou celui des armes ?

Napoléon veut donc que, le 21 septembre, des forces militaires encore plus nombreuses participent à la fête de la République. Il fait construire sur la place Ezbekieh un grand cirque au centre duquel est dressé un obélisque en bois qui porte le nom des soldats tombés pendant la conquête. Un temple entoure le monument. Il porte sur son frontispice, tracée en grandes lettres d'or, l'inscription : *Il n'y a de Dieu que Dieu, et Mahomet est son prophète*. Les drapeaux tricolores sont hissés en même temps que les couleurs turques, le bonnet phrygien et le croissant.

Il faut, pour gouverner, unir les forces, les hommes, les idées, et tenir tout cela serré dans une poigne de fer.

Cette pensée a dû être celle de tous les conquérants, de tous les empereurs, de tous ceux qui ont voulu imposer leur marque dans l'histoire des peuples.

Il est de ceux-là. Il en est sûr maintenant, en voyant ces soldats qui défilent sur la piste du cirque, puis ces cavaliers qui s'élancent pour une course, comme celles qui jadis ont dû se dérouler ici, au temps des civilisations aujourd'hui mortes.

Il s'avance vers un autel sur lequel ont été déposés la table des Droits de l'homme et le Coran. Il va s'adresser aux soldats, célébrer leurs exploits et exalter la République.

Il parle. Il sent que ses paroles ne rencontrent aucun écho. Personne ne crie : « Vive la République ! » Ces hommes sont las, inquiets de la guerre qu'ils sentent venir avec la Turquie, angoissés à l'idée d'être prisonniers de leur conquête.

Il lève le bras. L'artillerie lance une salve, puis le feu d'artifice illumine le ciel.

L'enthousiasme des hommes est comme une montgolfière qui se dégonfle. Il faut à chaque instant le ranimer. Sinon, rien n'est possible.

Mais lui-même n'oscille-t-il pas ?

Il se donne à sa tâche. Il fonde l'Institut d'Égypte. Il aime s'y rendre. N'en est-il pas le vice-président ?

Monge, le président, l'accueille dans ce palais qui appartenait à Qassim bey et qui est situé à Nasrieh, dans les faubourgs du Caire.

Tous les savants de l'expédition logent là, dans les bâtiments qui entourent un jardin ombragé.

Napoléon entre dans la salle de réunion qui était jadis le salon principal du harem. Monge, Berthollet, Geoffroy Saint-Hilaire sont assis autour de lui. Il les écoute. Les trouvailles sont innombrables. À Rosette, expliquera plus tard avec passion Berthollet, le capitaine Bouchard a découvert sur la face polie d'un gros bloc de basalte une inscription grecque, qui semble avoir été traduite en hiéroglyphes et en une troisième écriture, qu'on ne peut identifier. Peut-être pourra-t-on enfin déchiffrer les hiéroglyphes en les comparant aux autres graphies ?

Napoléon écoute. Il oublie ses rêves d'empire, cette idée de marcher vers l'Inde, de nouer une alliance avec Tippoo Sahib, le sultan du Mysore, qui est si antianglais qu'il a accepté que les Français créent à Mysore un club jacobin !

Il visite la bibliothèque qui a été créée dans l'un des bâtiments. Là se côtoient soldats et officiers, et quelques cheiks. Il traverse le jardin, découvre le laboratoire et, plus loin, la maison des peintres. Parfois il participe, dans le jardin de l'Institut, aux discussions des savants.

Il est pris par un autre rêve, celui de la connaissance. Savoir, comprendre. Et l'enthousiasme qui avait été le sien dans ses années d'adolescence le saisit à nouveau : « Dignité des sciences, dit-il en saisissant le bras de Geoffroy Saint-Hilaire. C'est le seul mot qui rende exactement ma pensée. Je ne connais pas de plus bel emploi de la vie pour l'homme, que de travailler à la connaissance de la nature et de toutes les choses à son usage, placées sous sa pensée dans le monde matériel. »

Il continue de parler avec énergie. Il faudrait dresser la carte de l'Égypte, retrouver les traces de ce canal des Pharaons qui partait de Suez vers la Méditerranée.

– Je me rendrai à Suez, dit-il en se levant.

Monge et Geoffroy Saint-Hilaire le raccompagnent jusqu'à l'entrée de l'Institut. Il les dévisage. Ces hommes ont l'air heureux. Il interroge Geoffroy Saint-Hilaire. « Je retrouve ici des hommes qui ne pensent qu'aux sciences, dit Saint-Hilaire d'une voix exaltée. Je vis au centre d'un foyer ardent de lumières... Nous nous occupons avec ardeur de toutes les questions qui intéressent le gouvernement et les sciences auxquelles nous nous sommes volontairement dévoués. »

Il est celui qui a permis cela.

Il rentre dans son palais. Les rues autour de la place Ezbekieh se sont transformées depuis quelques semaines. Des cafés se sont ouverts, tenus par des chrétiens du Caire. Une foule grouillante se presse devant des échoppes. Les soldats en vadrouille sont nombreux, achetant des poulets, des moutons, échangeant ce qu'ils ont parfois pillé lors de leurs opérations contre les Bédouins. Nombreux sont ceux qui sont accompagnés de femmes, de tous âges, qu'ils achètent aussi. Elles ont revêtu des habits européens. Elles s'exhibent, fièrement.

Autour de lui, parmi ses proches, c'est la même recherche du plaisir. Elle l'irrite et elle le blesse. Eugène de Beauharnais se montre ainsi en compagnie d'une jeune femme noire dont le corps élancé attire tous les regards.

Certains soirs, lorsque Napoléon se retrouve seul, au milieu de la nuit, le souvenir de ces femmes le hante. Il ressent le besoin d'un corps près de lui, dans cette chaleur moite qui incite à la débauche. Des prostituées innombrables racolent aux abords du palais. Il ne réussit pas à dormir. Les aboiements des chiens lacèrent la nuit. Il a donné des ordres pourtant, afin que l'on détruise tous ces chiens qui se rassemblent en bandes. On les a, lui a-t-on rapporté, encerclés sur la grande place, abattus par dizaines, mais des centaines d'autres sont insaisissables.

Tout à coup il a un sentiment d'impuissance, l'amertume l'envahit. Lui aussi, comme ses officiers et ses soldats, il se sent prisonnier.

Les cheiks lui ont présenté des femmes. Il les a trouvées trop grasses, trop vieilles, masses de chair huileuse. Il s'est senti humilié. Et le souvenir de Joséphine a avivé sa colère contre elle.

Un soir, le cheik El Bekri a poussé vers lui une jeune fille de seize ans. Il a passé des nuits avec elle. Mais qu'est-ce qu'une femme qui ne sait que subir ? Elle l'a satisfait et ennuyé. Et il s'est senti plus seul. Après quelques semaines, il l'a renvoyée. Il est ressorti en compagnie de ses aides de camp qui fréquentent le Tivoli. C'est lui, qui a voulu qu'on ouvre ce théâtre à la française. On y trouve des pistes de danse, des salles de jeu, et même une bibliothèque. Les quelques femmes qui ont suivi l'expédition y font assaut de séduction, courtisées par les officiers.

Il s'installe à une table. Il fait du regard le tour de l'assistance. Eugène de Beauharnais et Junot lui ont parlé de cette jeune femme blonde, épouse d'un lieutenant Fourès, séduisante et gaie. Elle est là. Il la fixe durant toute la soirée. Il la veut. Elle lui est nécessaire. Elle ne cesse de se tourner vers lui. Il ressent pour la première fois depuis des mois un désir qui l'obsède et efface toute autre pensée.

Il sait que tout le monde a remarqué son attitude. On chuchote, on montre Pauline Fourès. Il ne s'en soucie pas. Il veut. Donc, il doit obtenir.

Il n'a aucun doute qu'elle cédera. À la façon dont elle a répondu à ses regards, il sait qu'elle est prête à lui céder. Il se renseigne. Elle a vingt ans. Elle a été modiste. Elle a suivi son mari déguisée en soldat. Ses cheveux blonds, dit-on, sont si beaux, si longs, qu'ils peuvent lui servir de manteau.

Il dicte un ordre : « Il est ordonné au citoyen Fourès, lieutenant au 22e régiment de chasseurs à cheval, de partir par la première diligence de Rosette pour se rendre à Alexandrie et de s'y embarquer... Le citoyen Fourès sera porteur de dépêches qu'il n'ouvrira qu'en mer, dans lesquelles il trouvera ses instructions. »

Ainsi agissent les rois.

N'est-il pas devenu l'égal d'un souverain ?

Elle cède. Il l'installe dans une maison proche du palais, place Ezbekieh. Il se promène avec elle en calèche. Il sait qu'on l'appelle *Clioupâtre,* ou « notre souveraine de l'Orient ». Il se repaît de son corps, de sa spontanéité joyeuse, de son bavardage. Elle est sa *Bellilote,* puisque c'est là son surnom. Et lorsque le lieutenant Fourès revient, parce que les Anglais, après avoir saisi le navire sur lequel il partait, l'ont libéré pour créer un conflit avec Napoléon, elle divorce. Il suffit d'un mot. Elle est la première femme avec qui il se conduit en maître. Il n'est plus le jeune général qu'une femme d'expérience séduisait par ses manœuvres autant que par son charme et qui lui imposait sa loi. C'est lui, désormais, qui ordonne. Et c'est comme si Bellilote lui révélait que c'est ainsi qu'il aime être. Qu'avec les femmes aussi, il faut se conduire en conquérant. Elle le libère de cette soumission volontaire qui, durant des années, avait fait de lui le soupirant éploré de Joséphine. Fini, cela.

Pourquoi n'épouserait-il pas Bellilote ? pense-t-il parfois. Car il va divorcer de Joséphine. Il ressent pour elle de la rancune. C'est finalement si simple, si gai d'aimer une femme comme Bellilote !

Si elle lui donnait un enfant, il n'hésiterait pas à s'unir à elle. « Mais que voulez-vous, dit-il à Bourrienne, la petite sotte n'en peut pas faire. »

Serait-ce le moment, d'ailleurs ?

Cette femme le distrait, le satisfait, l'équilibre. Elle préside les dîners, est présente à ses côtés. Les aides de camp lui font escorte. Eugène de Beauharnais s'est insurgé. Il est le fils de l'épouse légitime, a-t-il lancé. Napoléon n'a pas répondu, mais l'a dispensé de ce service. Il ne peut en vouloir à Eugène, bon soldat, aide de camp dévoué. Et Napoléon se refuse à ce que sa vie privée empiète sur les devoirs et les responsabilités de sa charge.

Joséphine n'a jamais réussi à le faire renoncer à ce qu'il devait faire. Comment Bellilote le pourrait-elle ?

Une femme peut éclairer ou assombrir son destin mais ce n'est pas une femme qui peut être ce destin.

Il a dû réprimer la révolte d'une partie de la population du Caire. Les hommes ont tué, saccagé, pillé, avec une furie aveugle. Il a fallu pour les réduire ouvrir le feu sur la mosquée al-Azhar. Le général Dupuy a été assassiné, l'aide de camp Sukowski est tombé à son tour, alors qu'il effectuait une reconnaissance hors du Caire.

– Il est mort, il est heureux, lance Napoléon.

Une fureur intérieure, que seules sa pâleur et sa nervosité révèlent, l'habite.

– Je suis surtout dégoûté de Rousseau, lance-t-il. L'homme sauvage est un chien.

Près de trois cents Français ont été tués, et sans doute deux à trois mille insurgés ont péri. Il faut maintenant sévir, ordonner qu'on tranche les têtes dans la citadelle et que les corps décapités soient jetés dans le Nil, cependant que les soldats pillent et molestent, tuent.

Et il faut alors retenir le bras vengeur, s'opposer aux officiers et aux soldats qui veulent « livrer sans exception au trépas ceux dont les yeux avaient vu se replier des compagnies de Français ».

Voilà ce que demandent les troupes et qu'il faut refuser, parce qu'on ne peut seulement tenir un peuple par la terreur. Ne l'ont-ils pas compris ?

Napoléon reçoit les notables au lendemain de la révolte. Ils s'agenouillent. Il les dévisage. Ces hypocrites jouent la soumission alors qu'ils ont excité le peuple à s'insurger.

– Chérifs, ulémas, orateurs des mosquées, leur dit-il ; faites bien connaître au peuple que ceux qui, de gaieté de cœur, se déclareraient mes ennemis n'auront de refuge ni dans ce monde ni dans l'autre... Heureux ceux qui, de bonne foi, sont les premiers à se mettre avec moi...

Il les fait se relever.

– Il arrivera un jour où vous serez convaincus que tout ce que j'ai fait, poursuit-il, et tout ce que j'ai ordonné, m'était inspiré par Dieu. Vous verrez alors que, même si tous les hommes se réunissaient pour s'opposer aux desseins de Dieu, ils ne pourraient empêcher l'exécution de ses arrêts, et c'est moi qu'il a chargé de cette exécution...

– Ton bras est fort et tes paroles sont de sucre, lui disent-ils.

C'est le langage qu'il doit tenir et qui ne doit pas le griser.

Et cependant, à chaque pas qu'il fait, l'Histoire est si présente qu'elle l'enivre. Il reçoit sous sa tente les marchands du Yémen, dont les caravanes vont jusqu'aux Indes. Il traite avec les Bédouins. Il se rend aux sources de Moïse, là où, des falaises du Sinaï, jaillit de l'eau douce.

Il est sur ces terres où s'est forgée la religion des hommes. Il traverse lui aussi la mer Rouge, et la marée, tout à coup, le surprend avec son escorte. Les chevaux doivent nager dans la nuit qui tombe. Ils sont comme les soldats de l'armée de Pharaon, que le flot va balayer. Mais ils atteignent enfin le rivage, dans la rumeur des vagues. Le général Caffarelli a perdu sa jambe de bois.

Napoléon s'avance sur un promontoire qui domine le flux. Voilà où sont nés les mythes. C'est là qu'il est debout, c'est ici que son destin se nourrit, ici que sa légende, peut-être, naîtra.

Sur le chemin du retour, il découvre le canal creusé par les pharaons. Il descend de cheval, le suit un long moment.

Le temps, comme le sable, ensevelit le travail des hommes, mais laisse vivante leur légende.

Il retrouve Bellilote. Il vit avec elle quelques jours de passion physique et d'oubli.

Parce qu'il sait qu'il va devoir s'éloigner et retrouver la solitude de l'action. Déjà, il laisse son imagination l'emporter. La Turquie est en guerre désormais. Ses troupes sont en Syrie et se dirigent vers l'Égypte. Il faut les arrêter. Et donc, partir à leur rencontre. Les battre, et après les routes s'ouvrent vers l'Inde ou vers Constantinople.

Mais au début du mois de février, un commerçant français, Hamelin, a réussi à franchir le blocus anglais. Il apporte des nouvelles d'Europe. La France doit faire face à une coalition, ses conquêtes sont menacées. « Si, dans le courant du mois de mars, le rapport du citoyen Hamelin se confirme et que la France soit en armes contre les rois, je passerai en France », dit Napoléon.

Les portes de l'avenir se sont rouvertes.

Il va quitter Le Caire pour la Syrie.

On lui présente trois grenadiers de la 32ᵉ demi-brigade, accusés d'avoir tué deux Égyptiennes chez elles, lors d'une tentative de vol. Le divan veut que le général en chef les juge.

Ils sont en face de lui, frustes et protestant de leur innocence, rappelant les combats auxquels ils ont participé. Il les interroge. Ils se troublent. Des preuves, un bouton, un morceau d'uniforme, les accablent. Il décide seul. Ils seront fusillés.

Quelques heures plus tard, ils sont exécutés en présence de toute la brigade, après avoir levé leur verre « à la santé de Bonaparte ».

Il écoute le récit de l'exécution. Des soldats ont protesté, d'autres se sont félicités du châtiment au nom de l'ordre, de la discipline et de la justice. Il dit au médecin Desgenettes qui se trouve à son côté :

– Comment diable disputerait-on raisonnablement à un homme, à qui l'État confie quelquefois la vie de cent mille hommes, le droit de réprimer d'après sa conviction des délits aussi graves...

Il fait quelques pas, puis il ajoute :

– Un général en chef doit être investi d'un pouvoir terrible.

34

Il fait froid. Napoléon se retourne. À quelques centaines de mètres, le village brûle. Il entend encore quelques cris, puis, parce qu'il s'éloigne vite au milieu de la cavalcade de l'escorte, ces hurlements s'effacent. Berthier s'approche de lui et, tout en galopant, l'interroge sur ses blessures. Napoléon donne un coup d'éperon et étouffe une plainte. Sa cuisse est douloureuse, sa tête à chaque instant résonne, bat là où il a reçu le coup, sur la tempe. Il se retourne à nouveau. La compagnie des dromadaires forme un bloc qui cache les flammes de ce village où il eût pu mourir, en ce 15 février 1799. Les paysans se sont précipités sur lui armés de bâtons, parce qu'il était isolé en compagnie de Berthier, ayant laissé l'escorte s'éloigner. Et tout à coup il a été entouré, frappé. Puis la cavalerie a surgi, sabrant, tuant, mettant le feu au village.

Cet incident est un signe de plus. Depuis qu'il avance vers le nord, à la tête des treize mille hommes qui composent son armée, il n'est porté par aucun enthousiasme. Il chevauche pourtant dans le pays de la Bible, celui qu'occupèrent les Croisés. Il imagine un soulèvement des populations chrétiennes de Palestine, et le ralliement des Arabes dressés contre leurs maîtres ottomans. Il pourrait, si cela se produisait, rejoindre soit l'Inde, soit Constantinople, bouleverser la carte du monde. Mais, et il s'en étonne lui-même, il demeure sombre.

Le 17 février 1799, il arrive à El Arich. Les troupes du général Reynier viennent de conquérir la forteresse. Napoléon traverse à pas lents le camp où les soldats ont allumé de grands feux, sur lesquels rôtissent des moutons, des quartiers de chevaux. Ils ont dressé de grandes tentes et, en se penchant, Napoléon aperçoit des silhouettes de femmes, des Noires abyssines, des Circassiennes. Sur le sol sont placés des matelas et des nattes.

Est-ce là l'armée qui peut marcher jusqu'à l'Indus ? Les soldats ne le regardent pas. Le général Reynier s'avance, accompagné de ses officiers. La forteresse d'El Arich était bien défendue, explique-t-il, mais il a conduit l'attaque par surprise. Les Ottomans ont été embrochés pendant leur sommeil. Peu de pertes parmi les assaillants, mais il montre du bras les corps des Turcs entassés sur le sol, il n'y a que quelques survivants.

Napoléon s'avance. « C'est une des plus belles opérations de guerre qu'il soit possible de faire », dit-il. Puis il indique le campement. L'indiscipline y règne. Pourquoi ces feux où chaque groupe de soldats se nourrit à sa guise ? Où sont les approvisionnements ? Qui distribue les vivres ?

Et brusquement Reynier s'emporte, proteste contre l'accusation. Ses officiers l'approuvent. Le général Kléber qui survient ajoute que rien n'a été prévu, qu'on ne peut entretenir une armée sur les magasins pris à l'ennemi.

Napoléon les dévisage.

L'armée quittera El Arich le 21 février, dit-il. Elle marchera vers Gaza, Jaffa, Saint-Jean-d'Acre.

Il se dirige vers sa tente, aperçoit réunis autour d'un feu Monge, Berthollet, et Venture, l'interprète, Vivant Denon, un artiste peintre, le médecin Desgenettes, et quelques autres savants, dont il a souhaité qu'ils suivent l'armée en Syrie.

– Palestine, terre de massacre, dit Venture.

Napoléon le sait. Il pense au dieu Moloch auquel les Phéniciens offraient des hommes en sacrifice, aux massacres d'innocents, ordonnés par Hérode, par les Romains, par les Croisés. La mort, ici, a engendré l'Histoire.

Il incarne aujourd'hui l'Histoire en marche. Sa tête et sa jambe sont toujours douloureuses. Mais il est vivant. Ses ennemis sont morts. Il n'est pas d'autre loi depuis l'origine des temps.

Le 25 février 1799, il entre dans Gaza.

La pluie tombe sans discontinuer. Il avance dans l'eau et la boue. Les chameaux meurent de froid sur la route de Ramaleh. Deux monastères en pierres ocre dominent la petite ville. Napoléon s'y rend. L'un est de rite arménien, l'autre catholique. On se presse autour de lui. On embrasse ses mains. Des femmes à la peau très blanche s'agenouillent devant lui. Il écoute. Il est le premier chrétien depuis des siècles à parvenir jusqu'ici. Il traverse les salles voûtées, suivi par le médecin Desgenettes. Ici, dit-il, il faudra organiser un hôpital militaire. Au moment de quitter le monastère catholique, il voit arriver les premiers blessés, entassés sur des charrettes.

Il pleut encore. Les troupes qu'il rejoint avancent lentement vers Jaffa. Il devine leur fatigue, leur lassitude. Les hommes, soldats et officiers, répugnent à s'éloigner davantage encore de la France, et même de l'Égypte où ils ont pris leurs habitudes. Pour quel but ? Briser l'armée turque ? Pourquoi ne pas attendre qu'elle vienne sur le Nil ? Pourquoi faut-il la débusquer ? Faudra-t-il prendre chaque ville au terme d'un combat ? À quoi cela sert-il d'avoir loué Mahomet, appelé les Arabes à se joindre à l'armée, alors que partout ils se dressent, barbares, déterminés, cruels ?

Le 4 mars, voici Jaffa.

Napoléon regarde cette ville qu'il faut enlever. Elle est située sur une sorte de haut pain de sucre. Les maisons s'étagent sur les pentes, protégées par un mur d'enceinte flanqué de tours. Dans le vent froid, il dresse les plans du siège, puis, les travaux presque achevés, il se rend dans les tranchées.

Les soldats se pressent autour de lui, au pied de cette pente qu'il va falloir gravir. Il dicte à Berthier un message au gouverneur de Jaffa : « Dieu est clément et miséricordieux... C'est pour éviter les malheurs qui tomberaient sur la ville que le général en chef Bonaparte demande au pacha de se rendre avant qu'il y soit forcé par un assaut prêt à être livré. »

Napoléon suit des yeux l'officier chargé de porter le message. L'homme s'approche de l'une des portes du mur d'enceinte, on lui ouvre, on le tire à l'intérieur.

Le silence règne sur les tranchées. Tout à coup, on voit apparaître des silhouettes sur les remparts. Elles brandissent la tête de l'officier. Aussitôt ce sont des cris, les troupes s'élancent sans même en avoir reçu l'ordre.

Après, on oublie que l'ennemi est un homme.

Napoléon entend les cris, il voit le sang. Les soldats reviennent, leurs baïonnettes rougies. Ils rentrent au camp chargés de butin, poussant devant eux des femmes et des jeunes filles à vendre, qu'ils commencent à échanger contre des objets.

Napoléon s'est retiré sous sa tente. Il est comme vide. Le corps est glacé. Il reste deux à trois mille Turcs réfugiés dans la citadelle, lui dit Berthier. Il y aurait des cas de peste dans la ville. Le pillage désorganise l'armée.

Napoléon semble sortir d'un songe. Qu'on envoie deux officiers examiner la situation. Eugène de Beauharnais s'avance. Il veut être l'un d'eux. Napoléon accepte. Il a à nouveau le regard fixe.

Après quelques heures, Beauharnais revient. Il a obtenu la reddition des Turcs. Ils sont en train de se rendre, d'abandonner leurs armes.

Napoléon se dresse. Il murmure, pâle :

– Que veulent-ils que j'en fasse, que diable ont-ils fait là ?

Il convoque un conseil de guerre. Il dévisage ses officiers. Tous baissent les yeux.

– Il faut renvoyer les natifs d'Égypte chez eux, dit Napoléon. Il interroge : Que faire des autres ?

Personne ne répond. Il marche, les mains dans le dos, le corps voûté. Il se souvient de ce livre de Volney qu'il lisait à Valence, puis de ses conversations avec lui en Corse. Un conquérant de la Palestine avait fait élever une pyramide de têtes coupées pour s'emparer par la terreur du pays.

La mort de l'ennemi est une arme.

– Il faut, recommence-t-il.

Les officiers sortent. Il reste figé, glacé.

Cela va se passer dans les dunes de sable au sud-ouest de Jaffa. On séparera les prisonniers en petits groupes. Certains essaieront de se sauver en se jetant à la mer. L'eau sera rouge. Et, quand les soldats auront épuisé les cartouches, ils frapperont à la baïonnette.

Il entend les cris des mourants qu'on égorge. Et, après quelques heures, il sent cette odeur de mort qui monte du charnier de près de trois mille corps.

Il est un conquérant de Palestine parmi les autres conquérants.

Il dicte à Bourrienne, qui le regarde avec une sorte de frayeur, une proclamation destinée aux habitants de Palestine, à ceux de Naplouse, de Jérusalem et de Saint-Jean-d'Acre : « Il est bon que vous sachiez que tous les efforts humains ont été inutiles contre moi, car tout ce que j'entreprends doit réussir. Ceux qui se déclarent mes amis prospèrent. Ceux qui se déclarent mes ennemis périssent. L'exemple qui vient d'arriver à Jaffa et à Gaza doit vous faire connaître que, si je suis terrible pour mes ennemis, je suis bon pour mes amis et surtout clément et miséricordieux pour le pauvre peuple. »

Puis, d'un mouvement brusque, il chasse Bourrienne.

Il s'assied. Où est-il ? Qui est-il ? Qu'a-t-il fait ? Où va-t-il ? Il ne sait pas combien de temps il reste ainsi. Peut-être la nuit est-elle passée sans qu'il bouge, puisqu'il fait plein soleil.

Le médecin Desgenettes est devant lui. Depuis combien de temps parle-t-il de ces malades qui s'entassent à l'hôpital ? Ils ont d'énormes bubons qui surgissent à l'aine et au cou. C'est la peste. Mais Desgenettes a tenté de rassurer les hommes. Il a lui-même trempé la pointe d'un poignard dans le pus d'un malade, puis il s'est piqué l'aisselle et l'aine.

Napoléon se dresse et d'un pas résolu se dirige vers l'hôpital. Quelques officiers de son état-major le suivent, le regardant avec le même effroi que lorsqu'il a ordonné l'exécution des prisonniers.

Ces regards le justifient, l'absolvent. Il est d'une autre trempe. Ses actes ne doivent pas être jugés au mètre du quotidien des hommes. Le rôle qu'il joue, qu'il veut et va jouer dans l'Histoire justifie tout. Il ne craint pas la mort. Il la défie. Et, si elle le prend, c'est qu'il s'est trompé sur le sens de son destin.

Les pestiférés sont couchés dans la pénombre, dans une

odeur infecte de cloaque. Les moindres recoins sont remplis de malades.

Napoléon marche lentement. Il interroge Desgenettes sur l'organisation de l'hôpital. Ses officiers se tiennent à quelques pas derrière lui, tentent de l'empêcher de se pencher vers chaque malade, de lui parler, de le toucher.

Le roi, à Reims, touchait les écrouelles.

Le roi était thaumaturge.

Il doit être l'égal de ces souverains. Sa peur, ses émotions n'existent pas. Il est soumis à la seule loi de son destin, il accomplit les actes que cette loi lui dicte. Il oublie ce qu'il ressent pour n'être que ce qu'il doit faire.

Il entre dans une chambre étroite de l'hôpital. Les malades y sont entassés. Un mort est là, jeté en travers d'un grabat. Il a un visage hideux à force de souffrance. Ses vêtements sont en lambeaux et souillés par l'ouverture d'un énorme bubon dont le pus s'est répandu.

Il n'hésite pas. Il saisit ce corps. Des officiers tentent de le retenir. Mais il serre ce soldat mort contre lui et le porte.

Que craint-il ? Seulement de ne pas être à la hauteur de ce qu'il doit être. La mort – la sienne, celle des autres – n'est rien.

La peste ne l'a pas atteint. Mais le destin est là, dans la baie de Haïfa : deux navires de ligne anglais, le *Tigre* et le *Thésée,* bientôt rejoints par des canonnières et des navires turcs, sont à l'ancre.

Napoléon occcupe Haïfa, à l'extrémité sud de la baie. Sur l'autre péninsule, au nord, dominant un petit port, la citadelle de Saint-Jean-d'Acre surmontée d'une grande tour.

Il contemple longuement la vaste baie, très largement ouverte sur la mer. Il connaît les hommes qui sont en face de lui. On appelle le gouverneur de Saint-Jean-d'Acre *Djezzar le Boucher*. Napoléon se souvient des livres de voyage de

Tott, lus comme ceux de Volney à Valence. Djezzar le Boucher, racontait Tott, avait fait emmurer dans l'enceinte qu'il reconstruisait autour de Beyrouth des centaines de chrétiens de rite grec, laissant leurs têtes à découvert afin de mieux jouir de leurs tourments. Voilà l'homme qui a reçu l'aide de l'Anglais Sydney Smith. Napoléon a croisé pour la première fois Smith au siège de Toulon. Smith a fait sauter la flotte française dans la rade au moment où les troupes de la Convention, et parmi elles Napoléon, s'emparaient de la ville. Depuis, il n'a pas cessé de combattre la France. Napoléon se souvient de cette lettre reçue en 1797, peu après le 13 Vendémiaire, où Sydney Smith, emprisonné à Paris, demandait sa libération en échange de prisonniers français. Napoléon n'avait pas répondu. Peu après, il avait appris l'évasion de Smith, avec la complicité d'agents royalistes, dont un certain Le Picard de Phelippeaux.

Phelippeaux ! Il est à Saint-Jean-d'Acre, commandant l'artillerie de Djezzar le Boucher. Cela aussi est un signe.

– Phelippeaux..., commence Bourrienne.

Napoléon, d'un mouvement de tête, le fait taire. Cette rencontre, ici, sous les murailles de Saint-Jean-d'Acre, est un nœud du destin.

Tous les affrontements qu'il a eus avec Phelippeaux à l'École militaire lui reviennent en mémoire. Ces coups de pied sous les tables du réfectoire, cette rivalité, cette haine. Voilà qu'ils trouvent leur conclusion ici.

On met le siège. On creuse des sapes pour approcher des remparts et des tours énormes construites par les Croisés. On essaie, à coups de mines, d'ouvrir une brèche. L'artillerie de siège, indispensable, qui arrivait par bateaux, a été arraisonnée par les navires de Sydney Smith. Les canons turcs balaient les positions, et Napoléon, qui assiste à leurs tirs croisés, sait que Phelippeaux dirige le feu, applique les enseignements qu'ils ont reçus ensemble.

Les assauts se succèdent, inutiles et meurtriers. Le camp français autour de Saint-Jean-d'Acre ressemble à une grande foire. On y vend du vin, de l'eau-de-vie, des figues, des pains plats, des raisins et même du beurre. Des femmes, aussi.

Il sait cela, mais l'armée peu à peu lui échappe. La discipline est de plus en plus difficile à maintenir. On lui rapporte les propos des officiers, les réticences des généraux, la colère des soldats. Bourrienne dépose sur sa table des proclamations que Sydney Smith fait jeter chaque jour du haut des murailles dans les tranchées. « Ceux d'entre vous, lit Napoléon, de quelque grade qu'ils soient, qui voudraient se soustraire au péril qui les menace doivent sans le moindre délai manifester leurs intentions. On les conduira dans les lieux où ils désirent aller. »

Napoléon, d'un geste méprisant, repousse la proclamation. Pas un soldat ne cédera à cette tentation, dit-il. Il dicte un ordre du jour à Berthier. Des centaines de chrétiens ont été massacrés à Saint-Jean-d'Acre par Djezzar le Boucher, rappelle-t-il. Qu'ont fait Smith et Phelippeaux ? Ils sont complices. Les prisonniers français sont torturés, décapités, embarqués dans des navires touchés par la peste. Il faut couper toutes relations avec les Anglais. Les démarches de Smith sont celles d'un fou, martèle-t-il.

Il faut reprendre les assauts. Caffarelli est tué. Les officiers tombent par dizaines à la tête de leurs hommes. Kléber murmure :

– Bonaparte est un général à dix mille hommes par jour !

Il doit affronter ces reproches.

Napoléon réunit les généraux. Murat fait un pas vers lui :

– Vous êtes le bourreau de vos soldats, dit-il. Il faut que vous soyez bien obstiné et bien aveugle pour ne pas voir que vous ne pourrez jamais réduire la ville de Saint-Jean-d'Acre...

Écouter. Ne pas s'emporter. Ne pas répondre.

– Au début, vos soldats étaient enthousiastes, reprend Murat, à présent il faut les forcer à obéir ! Vu leur état d'esprit, je ne serais pas étonné qu'ils n'obéissent plus du tout.

Napoléon tourne le dos, s'éloigne vers sa tente sans mot dire.

Pourquoi ces hommes ne voient-ils pas l'enjeu ? Dans Saint-Jean-d'Acre, il y a les trésors du pacha et des armes pour trois cent mille hommes.

Bourrienne est entré en compagnie de Berthier. Il les interpelle.

– Si je réussis, dit-il, je soulève et j'arme toute la Syrie qu'a indignée la férocité du Djezzar, dont vous avez vu que la population demandait la chute à Dieu, au moment de chaque assaut. Je marche sur Damas et Alep. Je grossis mon armée, en avançant dans le pays, de tous les mécontents. J'annonce au peuple l'abolition de la servitude et des gouvernements tyranniques des pachas. J'arrive à Constantinople avec des masses armées. Je renverse l'Empire turc. Je fonde dans l'Orient un nouvel et grand Empire qui fixera ma place dans la postérité. Et peut-être retournerai-je à Paris, par Andrinople ou par Vienne, après avoir anéanti la maison d'Autriche.

Il lit sur les visages de Bourrienne et Berthier que le rêve ne se partage pas, qu'il faut les entraîner en emportant chaque jour une victoire, en gardant pour soi le but ultime.

Berthier annonce que les troupes de Kléber sont en difficulté dans la région du mont Thabor, non loin de Nazareth et de Tibériade.

Laissons l'Empire d'Orient. Allons vaincre le sultan de Damas qui tente d'encercler les troupes françaises !

Napoléon mène la charge. Les Turcs s'enfuient. Certains se précipitent dans le lac de Tibériade où les soldats les poursuivent, les tuant à la baïonnette. L'eau bientôt est teintée de sang.

La victoire est complète. Napoléon marche dans les ruelles de Nazareth.

Des animaux se désaltèrent dans la vasque de pierre d'une fontaine. Napoléon s'arrête. Peut-être existait-elle déjà au temps où naissaient les religions ?

Les moines du monastère de Nazareth l'accueillent, lui offrent l'hospitalité pour la nuit. Il visite la chapelle. Le prieur parle avec gravité, montrant la colonne de marbre noir que l'ange Gabriel brisa en la touchant du talon.

Des rires s'élèvent parmi les officiers et les soldats. Napoléon, d'un regard, rétablit le silence. Ici est l'un des lieux où l'Histoire a surgi. Les chefs du village s'avancent. On chante un *Te deum* pour célébrer les victoires. Les moines, la population chrétienne entourent Napoléon. Il est le continuateur des Croisés. Ils sont heureux. Les chrétiens s'imaginent libérés de leurs tyrans. Il ne les détrompe pas.

Pour combien de temps jouiront-ils de cette liberté ?

Quand il rentre au camp de Saint-Jean-d'Acre, la situation a empiré. Les assiégés ont reçu des renforts en artillerie et en hommes.

Napoléon s'isole dans sa tente.

Huit assauts ont eu lieu, en vain. Il lui a suffi de parcourir le camp pour mesurer l'épuisement des soldats, et surtout leur indiscipline. La seule bonne nouvelle est la mort de Phelippeaux.

C'est lui qu'elle a choisi de prendre, et non moi.

Mais il faut trancher. Parmi les papiers que ses aides de camp lui ont remis, il trouve une lettre du Directoire, du 4 novembre. « C'est à vous de choisir, d'accord avec l'élite de braves et d'hommes distingués qui vous entourent », lui écrit-on.

À lui de décider. Il écoute les nouvelles que rapporte de son long voyage un commerçant arrivé d'Italie. Les troupes françaises auraient repris Rome et Naples. L'homme n'en sait pas plus. Mais ces mots suffisent. Napoléon sent l'impatience le gagner. Les dés ont recommencé de rouler en Europe. L'Autriche ne peut que déclarer la guerre à la France, si Naples est tombée.

Et je suis là, dans cette nasse, à combattre des barbares avec des hommes las, mécontents, et qui ont la peste à leurs trousses.

Il faut partir, abandonner le siège et rejoindre la France.

Mais, d'abord, donner un sens à ce qui a eu lieu. Il faut que les sacrifices, la souffrance n'aient pas été exigés en vain. Alors il faut des mots, pour transformer la réalité, donner du rêve à ces hommes pour qu'ils soient fiers de ce qu'ils ont accompli.

« Soldats, vous avez traversé le désert qui sépare l'Afrique de l'Asie avec plus de rapidité qu'une armée arabe..., écrit-il. Vous avez dispersé aux champs du mont Thabor cette nuée d'hommes accourus de toutes les parties de l'Asie dans l'espoir de piller l'Égypte... Nous allons rentrer en Égypte... La prise du château d'Acre ne vaut pas la perte de quelques jours. Les braves que je devrais d'ailleurs y perdre sont aujourd'hui nécessaires pour des opérations plus essentielles... Soldats, nous avons une carrière de fatigue et de dangers à courir... Vous y trouverez une nouvelle occasion de gloire. »

La décision est prise.

– Il faut organiser la retraite, dit-il, faire sauter les pièces d'artillerie après qu'elles auront bombardé jusqu'au bout Saint-Jean-d'Acre. Puis se mettre en marche, exiger qu'à chaque traversée de village on défile, les drapeaux pris à l'ennemi passant en tête, avec la musique.

Il ordonne qu'on charge les blessés sur les chevaux. Tous les hommes valides à pied.

– Général, quel cheval vous réservez-vous ? demande l'ordonnance.

– Que tout le monde aille à pied, foutre, moi le premier : ne connaissez-vous pas l'ordre ?

Il marche en tête. Il a mis sa voiture à la disposition de Monge et de Berthollet et du mathématicien Gostaz, tous trois malades. Dans les rues d'Haïfa, sur la place de Tantourah, à Jaffa, des blessés et des pestiférés se traînent. On les porte, on les abandonne. Certains demandent qu'on les achève.

Napoléon, après avoir visité une nouvelle fois l'hôpital de Jaffa, s'approche du docteur Desgenettes.

Il le fixe longuement. Il y a une trentaine de malades intransportables.

– De l'opium, dit-il seulement.

Desgenettes a un mouvement de tout son corps.

– Mon devoir à moi est de conserver, dit-il.

Il n'empoisonnera pas ces malades.

– Je ne cherche pas à vaincre vos répugnances, répond Napoléon. Mais mon devoir à moi, c'est de conserver l'armée.

Il s'éloigne. Il trouvera des hommes pour laisser de l'opium aux pestiférés.

– Si j'avais la peste..., commence-t-il.

Il voudrait qu'on lui accorde cette faveur.

Il reprend la tête de la marche, cependant que les sapeurs font sauter les fortifications de Jaffa.

Il faut avancer, entendre les coups de feu de soldats qui se suicident, à qui des compagnons font la grâce, à leur demande, de les tuer.

Les champs sont en feu. Les bateaux anglais tirent sur la colonne que des Bédouins harcèlent.

Ils arrivent enfin à Salahyeh, le 9 juin, après avoir traversé le désert du Sinaï.

Napoléon sait que la troupe gronde. Qu'est-ce qu'une armée qui doute et se rebelle ? Il doit reprendre les soldats en main. Il est depuis toujours un officier. « Les motionneurs » doivent être punis, écrit-il, si besoin est par la peine de mort, si l'indiscipline se produit lors d'une marche forcée ou sous le feu.

Le 17 juin 1799, il entre au Caire par la porte de la Victoire, Bab el Nasr. Il a donné des ordres au commandant de la garnison, le général Dugua, pour que l'accueil soit triomphal. Des palmes ont été jetées sur le sol. Les musiques jouent, la foule des badauds se presse. Les drapeaux pris à l'ennemi ouvrent la marche.

Napoléon, arrivé place Ezbekieh, s'installe au centre, voit défiler devant lui ces hommes au port martial, chacun portant à son drapeau une feuille de palmier.

La forteresse de Saint-Jean-d'Acre, les cris des fusillés de Jaffa, les plaintes des pestiférés, tout cela disparaît dans un passé qui lui semble déjà lointain.

Il est vivant. Il rentre en vainqueur. L'avenir continue.

Il se dirige vers le palais.

Pauline Fourès l'attend sur le perron.

35

Il entend à nouveau les aboiements des chiens. Il se lève. Pauline Fourès, sa Bellilote, dort. Il va jusqu'à la fenêtre. Il aperçoit les minarets. Est-il possible qu'il demeure encore longtemps dans cette ville, maintenant qu'il sait qu'il ne pourra pas marcher vers Constantinople ou vers l'Inde ?

Il descend l'escalier de marbre, il passe sa main sur le granit d'Assouan. Il doit quitter cette ville où il se sent désormais pris au piège de la répétition.

Les chiens sont revenus hanter toutes les nuits du Caire. Il faudrait à nouveau les rabattre sur la place afin de les tuer.

Et au bout de quelques semaines ils seraient encore là, courant en bandes dans les ruelles, hurlant à faire éclater la tête.

Il faut partir, retrouver la France, l'Europe.

Ce 21 juin, il commence donc à écrire à l'amiral Ganteaume d'avoir à tenir prêtes à appareiller les deux frégates qui sont en rade d'Alexandrie, la *Muiron* et la *Carrère*.

Muiron, dont la mort sur le pont d'Arcole lui a sauvé la vie.

C'est ainsi, les uns tombent, les autres continuent leur marche.

Il retourne dans la chambre. Pauline Fourès n'a pas bougé.

Partir ? Mais quand ?

Il est à l'affût. Il sait qu'il lui faudra saisir l'instant, bondir, ne pas se laisser retenir. L'occasion viendra, il en est sûr, parce qu'une fois de plus ce choix est pour lui celui de la vie ou de la mort. Et la vie bat en lui si fort que c'est elle qui l'emportera.

Peut-être devant Saint-Jean-d'Acre, là où son rêve s'est brisé, n'a-t-il pas assez voulu ? Ou bien son imagination l'a-t-elle emporté trop loin ?

Il faudra que « le compas de son raisonnement » demeure le maître. Il ne doit pas céder à l'impatience, mais au contraire agir dans ce pays comme s'il comptait y demeurer toujours, masquer ses intentions, laisser à ceux qui resteront une conquête en ordre. Autant que faire se peut.

Il se présente devant les notables du divan, arrogant. Sa parole doit être assurée.

– J'ai appris que des ennemis ont répandu le bruit de ma mort, dit-il. Regardez-moi bien, et assurez-vous que je suis réellement Bonaparte... Vous, membres du divan, dénoncez-moi les hypocrites, les rebelles. Dieu m'a donné une puissance terrible. Quel châtiment les attend ! Mon épée est longue, elle ne connaît pas de faiblesse !

Il va donc falloir continuer de tuer. C'est ainsi.

Il reçoit, le 23 juin, le général Dugua, qui commande la citadelle. Que faire des prisonniers qui s'entassent ? Il faudrait économiser les cartouches, et aussi exécuter avec moins d'éclat, dit-il.

Dugua hésite avant de poursuivre.

– Je me propose, général, reprend-il, de faire appel au service d'un coupeur de têtes.

– Accordé, dit Napoléon.

La mort pour gouverner la vie.

Les bourreaux sont des Égyptiens ou des Grecs. Et ce sont des musulmans qui noient les prostituées dans le Nil, en application de la loi islamique qui condamne les rapports entre une musulmane et un infidèle.

Il faut les laisser faire. Les maladies vénériennes se répandent. Et l'armée doit être reprise en main, réorganisée, protégée, car les hommes et la discipline se sont relâchés, même au sommet de la hiérarchie.

Kléber se moque. Napoléon regarde longuement ces caricatures qu'on lui a déposées sur sa table, et que Kléber a dessinées. Cet homme maigre qui semble possédé, malade, c'est lui, tel que le voit Kléber.

On murmure contre lui dans cette armée qui est lasse.

Le 29 juin, à la première réunion de l'Institut d'Égypte, le docteur Desgenettes s'est levé, furibond, parlant d' « adulation mercenaire », de « despote oriental », accusant Napoléon de vouloir faire de la peste la cause de l'issue de la campagne de Syrie, c'est-à-dire, en fait, de faire porter au médecin la responsabilité de la défaite.

Ne pas répondre, attendre que Desgenettes retrouve son calme, dise : « Je sais, messieurs, je sais, général, puisque vous êtes ici autre chose que membre de l'Institut et que vous voulez être le chef partout. Je sais que j'ai été porté à dire avec chaleur des choses qui retentiront loin d'ici ; mais je ne rétracte pas un seul mot... Et je me réfugie dans la reconnaissance de l'armée. »

Chaque jour qui passe le confirme donc : il doit quitter l'Égypte, mais il a besoin d'une victoire éclatante, sinon son départ, quels que soient les efforts qu'il ait faits pour rétablir la situation dans le pays, aura les allures de la fuite d'un vaincu.

Il cherche cette victoire, vers le sud d'abord, et il installe son quartier général au pied des pyramides, pour s'apprêter à combattre Mourad Bey, toujours insaisissable.

Chaque jour, dans la chaleur cruelle, il marche sous le soleil, se forçant à attendre que les patrouilles aient repéré le campement de Mourad Bey ou ses signaux, puisque la nuit, dit-on, le sultan communique avec sa femme restée au Caire.

Le 15 juillet, un groupe de cavaliers, le visage brûlé par le sable, apporte la nouvelle : une flotte anglo-turque a débarqué des troupes, plusieurs milliers d'hommes à Aboukir.

Inutile d'écouter le reste. Voilà le signe, voilà l'instant.

Napoléon dicte des ordres. C'est la bataille qu'il attendait. Il faut avancer à marche forcée, se rassembler à Ramanyeh, puis atteindre Aboukir, découvrir que les Turcs se sont fortifiés le long du rivage.

Il faut écarter d'un revers de main les avis de prudence, faire taire ceux des officiers qui demandent qu'on attende l'arrivée de la division de Kléber.

Napoléon convoque, dans la nuit du 24 juillet, Murat. Voilà le plan d'attaque. Il faut charger, rejeter les Turcs à la mer. Napoléon n'a aucune incertitude. C'est ainsi qu'il faut agir. Il prend Murat par le bras, l'entraîne hors de la tente. La nuit est claire. L'aube se dessine.

– Cette bataille va décider du sort du monde, dit-il.

Il saisit l'étonnement de Murat qui répond :

– Au moins du sort de l'armée.

– Du sort du monde, répète Napoléon.

Il sait qu'il ne pourra quitter l'Égypte que couronné par une victoire qui effacera tous les épisodes sanglants et incertains, ne laissant dans les mémoires que des souvenirs glorieux.

Murat charge à l'aube du 25 juillet 1799 et bouscule les Turcs. Des milliers de corps rougissent la mer, là même où tant de marins français sont morts il y a un an.

Lorsque Kléber arrive, la bataille est terminée, Murat est fait général de division.

– C'est une des plus belles batailles que j'aie vues, dit Napoléon, et l'un des spectacles les plus horribles.

Kléber le réticent, le sarcastique, Kléber l'hostile s'avance.

Ce corps puissant, Napoléon le domine. Kléber tend les bras.

– Général, vous êtes grand comme le monde, dit-il, et il n'est pas assez grand pour vous.

Napoléon se laisse embrasser.

C'est le 2 août. Les derniers Ottomans qui résistaient dans le fort d'Aboukir se sont rendus l'après-midi, loques tremblantes, affamées, blessées que Napoléon a donné l'ordre de nourrir et de soigner. Puis il a envoyé deux officiers à bord du *Tigre*, le navire du commodore Sydney Smith – encore lui, toujours lui –, pour négocier un échange de prisonniers.

Il est dix heures du soir. Napoléon s'est allongé. Le sommeil vient. Au loin, le bruit rythmé du flux et du reflux de la mer. Il se réveille en sursaut. L'un de ses aides de camp entre dans la tente et lui annonce que le secrétaire de Sydney Smith est avec lui et désire le voir de la part du commodore.

Napoléon s'assied sur le bord du lit de camp, regarde l'Anglais s'avancer. C'est un homme grand, respectueux, qui dépose un paquet de journaux que sir Smith tient à communiquer au général en chef. Il y a là *La Gazette de Francfort* et *Le Courrier de Londres*. Napoléon commence à lire, sans se soucier de la présence de l'Anglais. Les exemplaires les plus récents sont datés du 10 juin. Voilà des mois que Napoléon n'a plus de nouvelles.

Les mots, les noms le blessent. Défaites françaises en Italie, devant le maréchal Souvorov : les Russes ! En Allemagne, défaites devant l'archiduc Charles. Celui-là même qu'il avait défait. Toutes les conquêtes balayées. Le Directoire divisé allant de crise en crise.

Et je suis là, impuissant à redresser cette situation, à profiter d'elle, à saisir cet instant où tout est possible, quand cette poire est enfin mûre.

Un autre peut agir.

Il interroge l'Anglais, qui confirme les nouvelles, laisse entendre que Sydney Smith souhaite voir les Français quitter l'Égypte, qu'une négociation peut s'engager à ce sujet.

Napoléon le raccompagne jusqu'à son embarcation, puis, d'un pas rapide, revient à sa tente, reprend les journaux.

Ces hommes du Directoire ont perdu tout ce qu'il avait gagné. Victoires et morts inutiles.

Il jette les journaux sur le sol.

– Les misérables, est-il possible ! Pauvre France ! Qu'ont-ils fait ! s'exclame-t-il. Ah, les jean-foutre !

Il ne peut plus dormir. Il faut quitter l'Égypte, vite.

15 août 1799 : c'est le jour de ses trente ans. Une étape de sa vie se termine. Assise en face de lui, Pauline Fourès bavarde, insouciante, en tunique de hussard et bottes, ses cheveux longs et blonds dénoués.

Elle ne sait pas. Il faut que personne, à l'exception des quelques hommes qui vont l'accompagner, ne se doute de son départ.

Il fait mine d'écouter Bellilote. Elle évoque l'avenir. Quand se décidera-t-il à divorcer ? Elle est libre. Il lui a promis ou laissé entendre qu'il l'épouserait. Elle dit cela gaiement, sans hargne. Il hoche la tête. « Ma maîtresse, c'est le pouvoir. Ma seule passion, ma seule maîtresse, c'est la France. Je couche avec elle. » Et il n'a fait de promesse qu'à lui-même : être tout ce qu'il veut être. Tout ce qu'il sent pouvoir être.

Mais, pour cela, il faut qu'il dissimule, qu'il continue à paraître, qu'on ne devine pas qu'il est déjà loin, ailleurs, en France, à Paris, s'imposant à tous les bavards, les impuissants, les incapables, les corrompus du Directoire.

Comme à l'habitude, il se rend devant les notables du divan. Il les salue comme un musulman. Il fait avec eux la prière. Il dit : « N'est-il pas vrai qu'il est écrit dans vos livres qu'un être supérieur arrivera d'Occident, chargé de continuer l'œuvre du Prophète ? N'est-il pas vrai qu'il est encore écrit que cet homme, ce délégué de Mahomet, c'est moi ? »

Ils n'osent pas protester. La victoire qu'il vient de remporter les a stupéfaits, anéantis. Ils sont soumis.

Napoléon s'enferme dans son palais, commence à rédiger les instructions qu'il laissera à Kléber, qu'il a choisi comme successeur. Il écrit sans relâche, des heures durant, expliquant les moyens qu'il faut utiliser pour gouverner l'Égypte. Mais si la situation devenait critique, du fait de la peste ou du manque de renforts envoyés par la France, « vous serez autorisés à conclure la paix avec la porte ottomane, quand même l'évacuation de l'Égypte devrait être la condition principale ».

Il pose la plume.

L'Égypte ne le concerne plus.

Souvent, pendant qu'il dicte un ordre, annonce qu'il va se rendre dans le delta pour une inspection, ce qui donnera le change, il s'interroge. Qui partira avec lui ? Il n'a besoin que d'hommes sûrs, dévoués corps et âme, efficaces. C'est cela qui est indispensable à un chef. Donc, ses aides de camp ; donc, sa garde personnelle. « Trois cents hommes d'élite, pense-t-il, sont une chose immense. » Bourrienne, confident et bon secrétaire, l'accompagnera comme les généraux Berthier, un chef d'état-major irremplaçable, Murat, Marmont, Andréossy, Bessières. Ils sont jeunes, fougueux, fidèles. C'est la fidélité qui compte d'abord. Il pense à Roustam Raza, ce Mamelouk que le sultan El Bekri lui a offert au retour de sa campagne de Syrie et qui, depuis, a manifesté l'attachement et la discrétion d'un esclave. Il faut un chef à un homme de cette sorte, qui n'ignore rien, peut voir et entendre le plus intime et sait le taire. Roustam viendra. Comme Monge et Berthollet, Vivant Denon, qui ont montré du courage et de la fidélité, et qui témoigneront devant l'Institut des découvertes accomplies.

Personne d'autre.

Il voit entrer Pauline Fourès. Elle ne devine pas. Et il ne dit rien. Elle fut un moment de sa vie. Il a été généreux avec elle et il le sera encore s'ils se retrouvent. Mais il s'agit de son destin à lui, plus grand que le destin de tous les autres, et devant lequel il doit être sans faiblesse.

Le 17 août enfin, dans l'après-midi, le courrier de l'amiral Ganteaume arrive. La flotte anglaise a quitté les abords de la côte d'Égypte, sans doute pour aller s'approvisionner en eau à Chypre. Pour quelques jours, la sortie du port d'Alexandrie est possible.

Ne pas attendre. Décider dans l'instant. Avertir ceux qui sont du voyage. Donner les ordres.

S'approcher de Pauline Fourès, l'embrasser, lui donner mille louis et s'éloigner aussitôt, vite. Chevaucher jusqu'à Boulaq et, de là, jusqu'à Alexandrie, et attendre sur la plage que la nuit tombe.

Il a trente ans. Voici qu'à nouveau l'avenir s'ouvre. Tout est possible. Un naufrage. La capture par une croisière anglaise. La condamnation par les Directeurs sous l'accusation de désertion. Ils en sont capables. Ou bien, tout simplement, arriver trop tard, quand quelqu'un – Bernadotte, Moreau, ou Sieyès, ou Barras – aura déjà cueilli la poire mûre, tranché d'un coup de sabre le pédoncule de ce fruit qu'est le pouvoir.

Il regarde la mer dans la nuit qui tombe. Les mâts des deux frégates et ceux des deux avisos se profilent sur l'horizon rouge.

Le général Menou s'approche. Il sera le messager auprès de Kléber, convoqué, mais il faut partir cette nuit même, avant que Kléber n'arrive.

Napoléon prend le bras de Menou, marche rapidement le long de la plage. L'homme bedonnant est essoufflé, ne peut répondre.

– Le Directoire a tout perdu de ce que nous avions conquis, vous le savez, Menou, commence Napoléon. Tout est compromis. La France est ballottée entre la guerre étrangère et la guerre civile. Elle est vaincue, humiliée, près de périr.

Il s'arrête, fait face à la mer.

– Je dois courir la chance de la mer pour aller la sauver, dit-il.

Il se remet à marcher.

– Si j'arrive, reprend-il, malheur au bavardage de tribune, au tripotage des coteries.

Il fera justice de tout.

– Ici – il montre l'intérieur des terres et, au loin, la ville d'Alexandrie –, ma présence est surabondante, Kléber peut me suppléer en tout.

Il tend à Menou ses instructions, puis lui donne l'accolade.

La nuit a brutalement enfoui les hommes et les navires. Pas de lune. Il faut, malgré les risques d'être repéré, allumer des feux pour guider les embarcations qui touchent enfin la plage. La mer est lisse, les navires immobiles comme s'ils étaient pris dans une glu noire.

À l'aube du 23 août, une petite embarcation accoste la frégate *Muiron*. Un homme suppliant monte à bord. C'est un membre de l'Institut, Parseval Grandmaison, qui a compris quel était le but du voyage de ses collègues et supplie qu'on l'accepte.

Napoléon regarde longuement cet homme qui implore. Qui a forcé la porte. Cela mérite récompense. Il l'accepte à bord.

À huit heures, à la première brise, on hisse les voiles et on s'éloigne de la côte égyptienne, qui n'est bientôt plus qu'une ligne brune qu'on perd de vue.

Napoléon n'a plus d'impatience. Il s'assied sur un affût de canon. À quelques encablures, la frégate *Carrère* suit la *Muiron*. En avant des deux frégates, leur servant d'éclaireurs, les avisos tirent des bordées.

Le vent a été long à se lever. Napoléon se sent le plus calme de tous ceux qui sont à bord. Il a répété : « Soyez tranquilles, nous passerons. »

Les voiles se sont gonflées. L'amiral Ganteaume est venu expliquer sa route. Il longera les côtes barbaresques puis obliquera en remontant le long de la Corse.

– Je gouverne sous votre étoile, a-t-il dit.

Berthollet s'approche peu après. Il évoque l'inquiétude des uns et des autres.

– Qui a peur pour sa vie, dit Napoléon, est sûr de la perdre. Il faut savoir à la fois oser et calculer, et s'en remettre du reste à la Fortune.

Il se lève, marche sur le pont.

Il est pour plusieurs semaines dans la main de la Fortune. Il ne peut rien, maintenant qu'il a choisi.

– L'avenir est méprisable, dit-il en se tournant vers Berthollet qui l'a suivi. Le présent doit être seul considéré. Le présent, ce sont ces jours de navigation qui se succèdent, ce vent qui faiblit ou s'exacerbe, ces voiles qu'on croit apercevoir et qui disparaissent, ces livres qu'on lit.

Il écoute l'un de ses aides de camp auquel il a demandé, après le déjeuner, de lire à haute voix *la Vie des hommes illustres*. Il aime Plutarque, ce narrateur qui sait animer un récit. Il aime ces journées où l'on peut laisser l'esprit aller librement, puisque c'est la seule manière d'agir, le vent, la mer, la Fortune décidant de tout.

Il dit : « Nous ne pouvons rien contre la nature des choses. Les enfants sont volontaires. Un grand homme ne l'est pas. Qu'est-ce qu'une vie humaine ? La courbe d'un projectile. »

Qui charge, qui pointe, qui met le feu à la mèche ? demande Berthollet.

Napoléon marche à grands pas. Les mots viennent. Expriment-ils sa pensée ou joue-t-il avec eux ? Il dit ce qu'il ressent, et cependant, à chaque moment de sa vie, il a choisi. Mais il dit à Berthollet : « Une puissance supérieure me pousse à un but que j'ignore ; tant qu'il ne sera pas atteint, je serai invulnérable, inébranlable : dès que je ne lui serai plus nécessaire, une mouche suffira pour me renverser. »

Mais pourquoi évoquer cela avec Berthollet ou Monge ? Ces savants éprouvent-ils comme lui cette sensation qu'une force les soutient, ont-ils comme lui des pressentiments, des certitudes que rien n'explique ?

Il sait, lui, que les Anglais ne l'intercepteront pas. Il sait que la France est lasse des guerres entre jacobins et émigrés, qu'elle veut la paix intérieure, qu'elle attend l'homme qui la lui apportera.

Peut-être cet homme est-il déjà en place ?

C'est sa seule inquiétude.

Le 30 septembre, il contemple les reliefs de la côte corse dans le soleil couchant, puis ce sont les parfums du maquis, et bientôt apparaissent la citadelle et les maisons d'Ajaccio.

Le 1er octobre, la *Muiron* jette l'ancre et aussitôt surgissent de toutes parts des embarcations.

Comment ont-ils su ?

Ils crient, ils acclament. Personne ne prête attention à l'obligation de la quarantaine. On veut voir Napoléon, le toucher. On l'embrasse. Il distingue, dans la foule qui maintenant se presse sur le quai, sa nourrice, Camilla Ilari, vieille femme qui bientôt le serre contre lui. C'est son enfance, si proche et si lointaine, qu'il embrasse. Il apprend que Louis, qu'il avait envoyé en France en 1798, est passé par Ajaccio puis a gagné le continent avec leur mère.

Napoléon se rend à la maison de campagne de Milelli. Il retrouve dans sa mémoire chaque détail, et cependant il n'éprouve pas d'émotion. Cet univers est enfoui en lui comme un décor dont il est sorti et qui ne le concerne plus, alors qu'on l'entoure de prévenances intéressées. « Quel ennui, murmure-t-il. Il me pleut des parents. »

Il demande les derniers journaux qui sont arrivés de France. Il lit avec avidité les nouvelles, mesure que la situation militaire s'est redressée, que Masséna – « son » Masséna – a remporté des victoires en Italie, que le général Brune résiste dans la République batave, mais que la crise politique couve à Paris, où Sieyès mène le jeu.

Il faut quitter la Corse, arriver à temps.

Enfin, le 7 octobre, le vent se lève, on peut appareiller.

Napoléon se tient à la proue jusqu'à ce que la côte française soit en vue.

C'est le moment le plus périlleux de la traversée. L'escadre anglaise croise le long des côtes. Au large de Toulon, on aperçoit des voiles, qui heureusement s'éloignent.

Le 9 octobre au matin, on entre dans le golfe de Saint-Raphaël.

La citadelle de Fréjus ouvre le feu devant l'arrivée de cette division navale inconnue.

De la proue, Napoléon voit la foule qui se précipite sur les quais puis se jette dans les embarcations, rame vers les frégates, crie : « Bonaparte ! »

L'amiral Ganteaume s'approche au moment où la *Muiron* est envahie.

– Je vous ai conduits où vos destins vous appellent, dit l'amiral.

Des bras soulèvent Napoléon, le portent en triomphe.

– Il est là ! Il est là ! crie-t-on.

Il descend de la frégate. Sur le quai, un cortège se forme.

Qui pense à la quarantaine, au risque de la peste ?

On prépare une voiture.

Puisqu'il est là, c'est bien que la Fortune l'a protégé.

Qui pourrait m'arrêter ?

NEUVIÈME PARTIE

Oui, suivez-moi. Je suis le dieu du jour

9 octobre 1799 –
11 novembre 1799
(20 Brumaire an VIII)

36

Dix-sept mois qu'il a quitté la France ! C'était le printemps, le mois de mai 1798, et c'est l'automne. Le lit de la Durance est envahi de flots boueux. Le temps est à l'orage, et les averses obligent parfois à retenir les chevaux.

À l'époque, il roulait vers Toulon. Joséphine était près de lui, lui donnant tous les signes de l'attachement. Prête, avait-elle dit, à le suivre en Égypte.

Il sait maintenant ce qu'il en est d'elle, du capitaine Charles, de ses amants.

La fureur et l'amertume envahissent Napoléon dès que les rumeurs de la foule, qui, à chaque village, entoure les voitures, crie : « Vive la République ! Vive Bonaparte ! », se sont estompées et qu'il reste seul avec ses pensées.

Voudrait-il oublier, qu'il lui suffit de regarder Eugène de Beauharnais, assis en face de lui, pour se souvenir.

À Avignon, le peuple arrête les voitures. On veut fêter Bonaparte, le victorieux, l'homme de la paix. Il dit quelques mots : « Je ne suis d'aucune coterie, je suis la grande coterie du peuple français. » On l'acclame. On célèbre sa victoire d'Aboukir. La nouvelle est donc parvenue jusqu'ici et, comme il l'avait prévu, le peuple ne retient qu'elle. Il suit des yeux Murat, qui, son cimeterre accroché par des cordons, se pavane, bronzé, raconte sa charge aux officiers de la garnison qui l'entourent. Le Mamelouk Roustam est au centre d'une foule qui le questionne, veut toucher son uniforme. Roustam essaie de fendre ce cercle qui le presse. Lorsqu'il est proche de Napoléon, il réussit à dire que les voitures qui portaient les bagages ont été pillées, dans les environs d'Aix, qu'elles sont immobilisées. Il répète : « Bédouins français ont volé. Bédouins français. »

En entendant ces mots, la foule gronde. Les brigands harcèlent les voyageurs, dévalisent les diligences. Il faut le retour de la paix et de l'ordre. « Le Directoire nous dévalise aussi ! » crie une voix. Tous brigands, tous, reprend-on.

Napoléon s'approche des notables, qui se lamentent, flattés de l'attention qu'il leur porte. Le général Bonaparte sait-il que le Directoire veut décréter un emprunt forcé pour voler les honnêtes gens, ceux qui ont du bien ? Et puis il y a les Chouans, qui tiennent toujours une partie de la Vendée, qui menacent Nantes. Qui peut nous assurer que les émigrés ne vont point rentrer, exiger la restitution des terres qui ont été vendues comme biens nationaux et que nous avons achetées ? Il faut sauver la République, disent-ils.

– Je suis national, dit Napoléon alors qu'il monte dans la voiture.

Il lance depuis le marchepied :

– Il ne faut plus de factions, je n'en souffrirai aucune. Vive la nation !

Les cris de « Vive la République ! Vive Bonaparte ! » l'accompagnent tout au long des rues d'Avignon, et plus tard, tout au long de la route, dans les villages de la vallée du Rhône, il retrouve les mêmes clameurs.

À l'approche de Lyon, il voit aux croisées de toutes les maisons des drapeaux tricolores. Les postillons, aux relais, ont arboré des rubans aux mêmes couleurs.

C'est pour lui.

À Lyon, toutes les maisons sont illuminées et pavoisées. On tire des fusées. La foule est si dense que les voitures doivent rouler au pas.

Il aperçoit, devant la porte de l'hôtel, des grenadiers, et, sur le perron, ses frères Louis et Joseph.

De toutes parts, on crie : « Vive Bonaparte qui vient sauver la patrie ! »

Il salue la foule avec modestie. Il sent que la vague qui le porte est puissante, profonde, mais il doit se garder de tout excès et de toute impatience. Ce qu'il veut, il le sait : accéder au pouvoir. Il vaut mieux que tous ces hommes qui s'y déchirent. Il a trente ans. Il a commandé à des dizaines de milliers d'hommes. Il a affronté avec eux la mort. Il a vaincu. Il va bousculer tous les obstacles. Mais la prudence est nécessaire. Les Barras et les Sieyès sont habiles, retors.

Il s'isole avec Joseph.

Napoléon voudrait d'abord évoquer la situation à Paris, les projets des uns et des autres. Mais ce sont d'autres questions qui viennent à ses lèvres : Joséphine, Joséphine, répète-t-il.

Joseph commence à parler d'une voix sourde, puis s'emporte. Il ne paie plus à Joséphine la rente de quarante mille francs que Napoléon l'avait chargé de lui verser. Elle a ridiculisé le nom des Bonaparte. Elle a vécu avec le capitaine Charles à Malmaison, cette propriété qu'elle a achetée. Elle a continué de voir Barras. On l'a vue chez Gohier, le président du Directoire. Quel homme puissant ne lui prête-t-on pas comme amant ? Elle est couverte de dettes. Elle a favorisé Charles dans ses trafics sur les approvisionnements des armées.

– Notre mère..., continue Joseph.

Napoléon l'arrête. Il imagine les sentiments de sa mère, de ses sœurs. Il va divorcer, dit-il. Et ce mot lui déchire la bouche. Il le répète. Il s'y blesse. Il a changé, et pourtant, à chaque tour de roue depuis Fréjus, il a pensé au corps de sa femme, à ses parfums. Il voudrait la soumettre, comme une place qui a longtemps résisté au siège et qui enfin se livre, et à laquelle on impose sa loi. C'est qu'il est devenu cet homme qu'on acclame. Il s'approche de la fenêtre, voit des voitures tirées par des chevaux qui s'éloignent. Il appelle un aide de camp. Le général Marbot, qui s'en va prendre son commandement en Italie, lui apprend l'officier, avait réservé cette série de chambres, que l'hôtelier a mises à la disposition du général Bonaparte.

Ne jamais rien négliger. Un homme humilié ou même simplement vexé peut devenir un ennemi.

Napoléon donne des ordres. Il va se rendre à l'hôtel où est descendu Marbot afin de le saluer et de s'excuser. Dans la partie qu'il joue, tout homme peut devenir un pion capital.

Et toute femme.

Il pense à Joséphine. Peut-il s'en faire une ennemie, maintenant ?

Ils ont quitté Lyon et, malgré l'heure matinale, une foule enthousiaste a crié à nouveau devant l'hôtel : « Vive Bonaparte, le sauveur de la patrie ! »

Napoléon a voulu rester seul avec Joseph dans la voiture. Qu'on ne parle plus de Joséphine, dit-il. Il regarde le paysage des monts du Forez enveloppés de brume. La voiture va suivre la route du Bourbonnais, plus étroite et moins sûre, mais qui permet d'atteindre Paris plus rapidement.

Or, il faut agir vite. Depuis son retour d'Italie, il n'a jamais douté qu'un jour il accéderait au pouvoir à Paris. Mais, maintenant, ces acclamations, ces cris transforment ce qui n'était qu'une intuition en une réalité qu'il faut organiser, dans laquelle il doit se mouvoir.

Il se penche vers Joseph, l'interroge.

– Un homme compte d'abord, dit Joseph. Sieyès.

Napoléon se souvient de cet homme de cinquante ans, à la fois déterminé et prudent, un ancien prêtre. En 1789, il a rédigé ce libelle qui a donné son sens aux événements : *Qu'est-ce que le tiers état ?* Puis, durant la Convention et la Terreur, il a, comme il l'a dit, « vécu ». Joseph explique que Sieyès a pris langue avec Lucien, leur frère, élu de Corse à l'assemblée des Cinq-Cents. Sieyès veut une réforme pour renforcer le pouvoir exécutif face aux deux assemblées, les Cinq-Cents et les Anciens. Il a cherché un général pour l'imposer. Lucien a été de toutes les tractations. Sieyès a pensé au général Joubert, mais il a été tué à la bataille de Novi. Le général Moreau s'est montré réservé. Napoléon imagine-t-il ce qu'il a dit en apprenant son retour en France ? Et il a prononcé cette phrase devant Lucien : « Voilà votre homme, il fera votre coup d'État mieux que moi. »

Et Bernadotte ? questionne Napoléon. Hostile, dit Joseph. Mais il est l'époux de Désirée Clary. Et peut-être cela le rendra-t-il plus compréhensif. On peut bien sûr compter sur le général Leclerc, le mari de Pauline. Et bien des troupes qui séjournent à Paris sont composées d'anciens de l'armée d'Italie. Mais l'homme important, insiste Joseph, c'est Sieyès. Quant au ministre de la Police, Fouché, il est intelligent, comme le séminariste, l'orateur qu'il fut. C'est un républicain, régicide et terroriste, le massacreur au canon des royalistes de Lyon. Son adjoint, Réal, un ancien jacobin, est proche de Lucien. Il tient la police judiciaire.

Napoléon écoute. Mais il faut ne commettre aucune erreur. Napoléon évoque la duplicité de Fouché, un homme énigmatique, avec ses cheveux roux, ses paupières lourdes masquant ses yeux. Napoléon a bénéficié de son aide le 13 Vendémiaire, manière pour Fouché de rentrer en grâce auprès de Barras.

Il faudrait obtenir le concours de Barras. Mais comment se présenter en sauveur de la patrie, si on s'allie à l'homme qui, aux yeux de l'opinion, incarne la corruption ? Mieux vaut compter sur ce « brelan de prêtres » : Sieyès, Fouché, Talleyrand.

– Gohier, murmure Napoléon.

– Un avocat, un homme de cinquante ans, timoré, dit Joseph, mais président en exercice du Directoire.

Joseph soupire, ajoute que les époux Gohier entretiennent les meilleures relations avec Joséphine, qui est souvent leur invitée.

Joséphine, encore.

Elle n'est pas là lorsque, à six heures du matin, le 16 octobre 1799, Napoléon entre dans sa demeure de la rue de la Victoire.

Sa mère s'avance, grave, puis viennent les sœurs, Lucien. Ils attendaient. Il n'a pas besoin de les questionner. Leurs premiers mots sont pour la condamner, l'infidèle, l'intruse, l'absente. Où est-elle ? Ils disent comme à regret qu'elle a quitté Paris pour se rendre à sa rencontre, mais Joseph et Louis ont bien rencontré Napoléon, ricanent-ils. Elle, elle n'a pas trouvé son époux !

Il a pris la route du Bourbonnais, murmure-t-il.

Puis la fureur s'empare de lui. Il divorcera, qu'on fasse les malles de Joséphine, qu'on les porte dans l'entrée. Il divorcera.

Il voudrait se reposer, mais il est trop tendu, et voici déjà les premières visites. Collot, un fournisseur aux armées, que Napoléon n'a pas vu depuis les temps de l'armée d'Italie, se présente. Il veut apporter son aide. Cependant qu'il parle parviennent les premières rumeurs d'une foule qui s'est rassemblée rue de la Victoire, qui chante *la Marseillaise*, crie le nom de Bonaparte.

Napoléon écoute à peine Collot. Il voulait un retour discret. Il lui faut jouer le modeste encore, durant quelques jours. Il ne découvrira ses batteries qu'après s'être assuré de toutes les positions. Alors il ouvrira un feu d'enfer. Mais, pour l'heure, la retenue et la prudence s'imposent.

Collot découvre les malles de Joséphine.

– Vous voulez la quitter ? demande-t-il.

– Plus rien de commun entre elle et moi.

Napoléon se reproche cette réponse, mais sa rancœur a été plus forte que la réserve qu'il doit s'imposer.

Collot secoue la tête. Il argumente. Il ne s'agit pas, dit-il, de s'occuper de querelles domestiques.

– Votre grandeur disparaîtrait, vous n'êtes plus aux yeux de la France un mari de Molière.

Ces mots de raison, Napoléon ne peut les contester. Ils ouvrent un chemin en lui.

– Il vous importe de ne pas débuter par un ridicule, conclut Collot.

Napoléon ne peut accepter de se soumettre d'emblée à cette argumentation si forte, qu'il avait déjà développée en lui-même. Il s'emporte pour masquer son hésitation.

– Non, c'est un parti pris, dit-il. Elle ne mettra plus les pieds dans ma maison. Que m'importe ce qu'on dira !

Il s'éloigne. Il claque une porte. Il sait bien qu'il se ment. Il doit tenir compte de l'opinion. Et cependant, quand il retrouve Collot, que celui-ci insiste, se dit sûr que finalement Napoléon pardonnera, il crie :

– Si je n'étais pas sûr de moi, j'arracherais ce cœur et je le jetterais au feu.

Il ne veut plus penser à elle, mais il sait que, quoi qu'il ait dit, il n'a pas tranché. Elle est trop bien placée au centre de l'échiquier pour qu'il puisse la considérer seulement comme une épouse infidèle. Mais elle est aussi cela. Et elle est encore la femme qu'il désire.

Voici Réal, l'adjoint de Fouché, qui demande à être reçu. Prudence. On s'observe. On se sonde. Fouché, dit Réal, est prêt à soutenir un projet qui sauverait la République du double péril, jacobin et royaliste. Il est ministre de la Police générale. Il peut apporter une aide financière substantielle. Collot avait déjà offert cinq cent mille francs.

Si ces hommes risquent leur argent, c'est qu'ils croient à mon succès.

Mais il ne faut pas perdre un jour. Napoléon est reçu par Gohier, le président du Directoire. C'est donc chez cet homme-là, si médiocre, si compassé, si timoré, que Joséphine passait ses soirées. Mais il est l'autorité. Il faut le circonvenir.

– Les nouvelles qui nous sont parvenues en Égypte étaient tellement alarmantes, dit Napoléon, que je n'ai pas balancé à quitter mon armée pour venir partager vos périls...

– Général, dit Gohier, nos périls *étaient* grands. Mais nous en sommes glorieusement sortis. Vous arrivez à propos pour célébrer avec nous les nombreux triomphes de vos compagnons d'armes...

C'est donc cela qu'ils vont dire ! Mettre en avant les victoires des généraux Moreau, Brune, Masséna, qui ont desserré l'étau ennemi. Mais ils ne pourront pas faire taire, ou pas tout de suite, cette foule qui s'agglutine rue de la Victoire ou, le 17 octobre dans la matinée, devant le palais du Luxembourg, quand Napoléon se présente devant les Directeurs.

Napoléon a choisi d'être en civil, le corps serré dans une redingote verdâtre, un chapeau haut de forme couronnant cette tenue étrange. Il porte, attaché par des cordons de soie, un cimeterre turc.

On l'acclame alors qu'il baisse la tête. Et devant les Directeurs il garde la même attitude modeste. Il montre son arme.

– Citoyens Directeurs, dit-il, je jure qu'elle ne sera jamais tirée que pour la défense de la République et celle de son gouvernement.

Il les regarde. Oseront-ils le condamner, lui reprocher d'avoir quitté l'Égypte alors qu'ils entendent la foule qui continue de crier son nom ? Ils savent bien qu'il faudra qu'on lui trouve une place dans la République. Il dévisage Barras, Gohier, Moulin. Il ne peut pas compter sur ceux-là. Tout au plus peut-il empêcher ces trois Directeurs de lui nuire. Il reste Sieyès et Roger Ducos, ces deux-là sont des alliés, et c'est avec eux qu'il faut jouer, mais tout le visage de Sieyès exprime à la fois la suffisance et la méfiance. Il veut garder la maîtrise du jeu.

Lucien a rapporté ce qu'il a confié à ses proches : « L'épée de Bonaparte est trop longue. »

Il faut donc le rassurer. Ou bien se rendre indispensable. Car sur quel autre général pourrait compter Sieyès ?

On se congratule. Les cinq Directeurs n'oseront rien contre lui.

Il sort du palais du Luxembourg, affichant sa gaieté et son assurance devant la foule. Il faut qu'on sache aujourd'hui que le pouvoir n'a rien à lui reprocher.

Il rentre rue de la Victoire. Il doit nouer les fils. Il reçoit ceux qui ont décidé de jouer avec lui cette partie décisive et périlleuse.

Il écoute Talleyrand. Voilà un homme qu'on a contraint de démissionner de son poste de ministre. Qui ne rêve que de le reconquérir. « Son intérêt répond donc de lui. »

Il est accompagné de Rœderer, un membre de l'Institut, d'autres qui parlent avec une passion avide.

Napoléon les observe quand ils répètent : « Général, il faut prendre le pouvoir. »

Mais c'est lui qui paiera seul leurs bons conseils s'il s'aventure trop tôt hors de la tranchée.

Il choisit donc de rester rue de la Victoire, refusant même de recevoir des délégations d'officiers et de soldats qui viennent le saluer et qui demeurent longtemps dans la rue, essayant de l'apercevoir.

Prendre le pouvoir ?

– Vous croyez que la chose est possible ? demande-t-il à Rœderer qui insiste.

– Elle est aux trois quarts faite.

Il se contente de pousser vers Rœderer un exemplaire du journal *Le Messager*, paru le matin même, 20 octobre. Ce sont les premiers signes d'une contre-attaque de ses adversaires, peut-être même des jacobins, ou peut-être de Barras.

« Bonaparte, a-t-on écrit, n'est parti si précipitamment et si secrètement d'Égypte que pour échapper à une sédition générale de son armée. »

Rœderer puis Talleyrand s'indignent. Napoléon les observe sans mot dire. Il doit agir car, s'il ne conquiert pas le pouvoir, on le brisera. La gloire se ternit vite, et la popularité se change souvent en désaveu. Mais s'il agit, il doit vaincre.

Et pour cela ne rien négliger.

Il a eu raison de se réconcilier avec Joséphine.

Elle est rentrée dans la nuit. Le portier a accepté de lui ouvrir malgré les consignes.

Napoléon l'a entendue. Il s'est aussitôt enfermé dans sa chambre. Elle est venue frapper à la porte. Elle l'a supplié. Et cette voix qui implore l'a ému. Elle est à sa merci, telle qu'il l'a si souvent désirée et jamais obtenue.

Il ne cède pas. Il la laisse pleurer, reconnaître ses torts, demander grâce. Il ne bouge pas, mais la tourmente se lève en lui, mêlant le désir et l'intérêt, le plaisir de la revanche et le calcul.

Elle s'est éloignée, et il a cru qu'elle avait renoncé, aussitôt il a éprouvé le sentiment de la perte. Il a eu plus encore envie d'elle. Il a su mieux encore qu'il avait besoin d'elle.

Il a guetté les bruits. On descendait l'escalier. Il a reconnu les voix d'Eugène et d'Hortense de Beauharnais qui le suppliaient de pardonner à leur mère.

Il a été submergé par l'émotion. Il aime Eugène. Il a partagé avec cet enfant les périls et les plaisirs de l'Égypte. Il l'a vu devenir un homme et un soldat. Il a confiance en lui. Pourquoi renoncerait-il, en ce moment, à l'appui de tout le clan Beauharnais ? Peut-il se permettre de se priver d'une partie de son « armée » familiale ?

Il ne cède pas à Joséphine, mais à ses enfants.

Il a ouvert la porte. Joséphine s'est précipitée vers lui. Elle a commencé à lui caresser le visage. Il a retrouvé son parfum, son corps si svelte, qui se colle à lui.

Il l'a aimée toute la nuit.

Il est devenu le maître de cette femme, peut-être parce qu'il ne l'aime plus comme autrefois, en aveugle suppliant.

Il la voit sourire, le lendemain, quand entre Lucien, qui croyait le divorce de son frère décidé. Napoléon entraîne Lucien. Ce n'est point le moment de parler de cela, ce sont mes affaires.

Lucien n'insiste pas. Napoléon écoute ce garçon de vingt-quatre ans dont la passion est la politique et qui a réussi, en s'aidant de son nom, à peser dans le Conseil des Cinq-Cents, à devenir l'interlocuteur de Sieyès.

Lucien parle nerveusement. Sieyès, dit-il, veut un gouvernement plus resserré, composé de trois consuls au lieu de cinq Directeurs. Il compte organiser le transfert des assemblées de Paris à Saint-Cloud et leur faire voter la réforme des institutions.

– Puis-je l'assurer que vous consentez à être l'un des trois consuls ? demande Lucien.

– Non, parbleu, gardez-vous-en bien.

Il est trop tôt encore. Nous verrons plus tard. Sieyès est trop marqué comme modéré, réactionnaire même, partisan d'un retour à la monarchie, peut-être est-il lié aux Orléans.

– Je ne veux prendre la couleur d'aucun parti, répète Napoléon.

C'est une guerre couverte qu'il mène. Excitante comme une offensive, tout en coups masqués. Il faut l'appui de Sieyès, mais sans le solliciter et sans le proclamer. Il faut se débarrasser des Directeurs mais, si on le peut, éviter le coup d'État. Il faut prendre la place de l'intérieur, avec l'appui des assemblées, les Cinq-Cents et les Anciens.

Je ne veux pas être un général qui s'empare du pouvoir par la force.

Il ignore donc Sieyès à un dîner chez Gohier, et celui-ci lui rapporte, le lendemain, l'exclamation pleine d'amertume de Sieyès : « Avez-vous remarqué la conduite de ce petit insolent envers le membre d'une autorité qui aurait dû le faire fusiller ? »

Trop tard.

Il flatte le général Moreau : « Je désirais depuis si longtemps vous connaître. »

Il se rend une nouvelle fois, le 23 octobre, au palais du Luxembourg, et, sans insister, il fait comprendre aux deux Directeurs qu'il est candidat au Directoire. Gohier, Moulin, avec des mines attristées et satisfaites, répondent que « le pacte social exige impérieusement quarante ans pour entrer au Directoire ».

Tant pis pour eux.

La foule continue de l'applaudir. Les journaux, qu'il lit chaque matin avec attention, affirment que « les exclusifs ne parviendront point à indisposer le peuple contre Bonaparte ».

Ce 23 octobre, Lucien est élu président du Conseil des Cinq-Cents. Voilà une position conquise.

Mais toute médaille a son revers.

On honore le nom de Bonaparte en la personne de Lucien, et on espère ainsi reléguer Napoléon à un rôle militaire.

S'ils imaginent que c'est encore possible, gare au réveil !

Mais rien n'est sûr tant qu'on n'a pas vaincu.

Bernadotte ne vient-il pas de refuser de participer à un banquet aux côtés de Napoléon ? « Un homme qui a violé la quarantaine, a-t-il dit, peut très bien avoir rapporté la peste et je ne me soucie point de dîner avec un pestiféré. »

Cela fait dix jours seulement que Napoléon est rentré à Paris.

37

Napoléon n'a que quelques minutes à accorder à chacun de ses visiteurs. Il prend leur bras, les entraîne au fond du salon. Le jardin qu'on aperçoit par les portes-fenêtres de la rotonde est envahi par la brume. Les flammes vives éclairent et chauffent la pièce.

Joséphine se tient devant la cheminée, sourit en faisant patienter, en bavardant avec le futur interlocuteur. Napoléon lui jette un coup d'œil.

Il faut être aimable avec tous, les flatter, les inviter à revenir.

Joséphine sait à merveille accueillir ces officiers de tous grades, ces membres de l'Institut, ces députés et ces banquiers qui viennent rue de la Victoire parce qu'on murmure, dans le Paris des Importants, celui qui grouille de rumeurs et d'ambitions, que le général Bonaparte sera bientôt au gouvernement, qu'il prépare un coup d'État.

Les faubourgs sont calmes, écrasés par la misère, la recherche d'un emploi, lassés depuis dix ans d'une succession d'espérances et de déceptions, de violences et de répression. Ils n'aspirent plus qu'à obtenir de quoi acheter du pain. Ils rêvent à la paix, pour que les jeunes hommes ne soient plus requis d'aller se battre sur les frontières afin d'engraisser les Barras, les fournisseurs aux armées.

Alors, pourquoi pas ce général Bonaparte, victorieux et qui jadis signa la paix ?

Mais ce n'est plus l'affaire des faubourgs et de la rue. C'est dans les salons et les casernes, dans les assemblées que se règle désormais la question du pouvoir.

Napoléon a compris que c'est entre quelques dizaines d'hommes que la partie se joue.

Il reconnaît, bavardant avec Joséphine accoudée à la cheminée, l'adjudant général Thiébaud, qui servit en Italie, puis, le 13 Vendémiaire, fut de ceux qui l'aidèrent.

– Vous déjeunez avec nous, dit-il.

Joséphine s'assied entre eux.

– Il n'y a que vous qui, pendant mon absence, ayez fait de bonnes choses, continue Napoléon.

Il lève les yeux sur Thiébaud, qui paraît intimidé, puis commence à évoquer les plans d'une nouvelle campagne d'Italie.

Est-ce le moment ? Ne comprend-il pas, celui-là aussi, qu'il faut d'abord régler la question du pouvoir à Paris ?

Napoléon interrompt Thiébaud, s'emporte.

– Une nation est toujours ce qu'on sait la faire, dit-il. Il n'est pas de mauvais peuple pour un bon gouvernement, comme il n'y a pas de mauvaises troupes sous de bons chefs. Mais qu'espérer de gens qui ne connaissent ni leur pays ni ses besoins, qui ne comprennent ni leur temps ni les hommes, et qui ne trouvent que des résistances où ils devraient trouver des secours ?

Napoléon se lève. Il ne peut rester à table plus de quelques minutes. Il commence à marcher dans le salon.

– J'ai laissé la paix et je retrouve la guerre, s'exclame-t-il. L'influence de la victoire a été remplacée par des défaites honteuses. L'Italie était conquise ; elle est envahie, et la France est menacée. J'ai laissé des millions et la pénurie est partout ; ces hommes abaissent au niveau de leur impéritie la France qu'ils dégradent et qui les réprouve...

Il raccompagne Thiébaud, le dévisage. Cet homme est-il sûr ?

– Que peuvent espérer des généraux avec un gouvernement d'avocats ? reprend Napoléon. Pour que des lieutenants se dévouent, il leur faut un chef, capable de les apprécier, de les diriger, de les soutenir...

Thiébaud s'éloigne. Il faut le retenir, lui lancer : « Allez donner votre adresse à Berthier ! »

Voir et revoir les hommes qui comptent. Déjeuner et dîner avec eux. Se rendre devant le Directoire, à nouveau, alors qu'on sait que l'intention des Directeurs est de l'écarter.

– Tâchons s'il est possible de le faire oublier, a dit Sieyès.

Sieyès : le seul, pourtant, des cinq Directeurs qui pourrait être un allié ! Mais Sieyès ne veut pas d'un égal. Il ne veut qu'une épée, qu'il utilisera à son profit et qu'il remettra dans son fourreau aussitôt l'affaire faite. Il faut aussi répondre à la rumeur que répand Barras. « Le Petit Caporal, a-t-il dit – lui, le corrompu, lui dont les gitons se pavanent, lui qui fut l'amant de Joséphine ! – a entassé une fortune dans ses campagnes d'Italie. »

– C'est un propos indigne, martèle Napoléon lorsqu'il est reçu par les Directeurs. Au reste, s'il était vrai que j'eusse fait de si bonnes affaires en Italie, ce ne serait pas aux dépens de la République que j'aurais fait ma fortune.

Gohier le doucereux, l'homme qui courtise Joséphine, Gohier le timoré, répond que les « effets précieux enfermés dans les caissons du général en chef ne lui appartiennent pas plus que la poule dans le sac du malheureux soldat qu'il fait fusiller. Si vous aviez fait fortune en Italie, ce ne pourrait être qu'aux dépens de la République » !

– Ma prétendue fortune est une fable que ne peuvent croire que ceux-là mêmes qui l'ont inventée ! répond Napoléon.

Qu'espèrent-ils, ces avocats ? Ne devinent-ils pas qu'il n'y a plus qu'une issue pour moi, vaincre ? Avec certains d'entre eux, ainsi Sieyès, ou contre tous ?

Joséphine le calme. Elle est habile. Elle connaît chacun de ces hommes. Il faut leur parler, les séduire. Ne pas les dresser contre soi.

Napoléon fait quelques pas. Il l'approuve tout en se révoltant contre cette attitude. Il prend Bourrienne à témoin.

– Souvenez-vous d'une chose, dit-il. Il faut toujours aller au-devant de ses ennemis et leur faire bonne mine, sans cela ils croient qu'on les redoute et cela leur donne de l'audace.

Il voit Barras. Il l'écoute, impassible, quand le Directeur, d'un ton détaché, lui dit :

– Votre lot, Bonaparte, c'est le militaire. Vous allez vous mettre à la tête de l'armée d'Italie. La République est en si mauvais état qu'il n'y a qu'un président qui puisse la sauver. Je ne vois que le général Hédouville. Qu'en pensez-vous, Bonaparte ?

Saluer et tourner les talons.

Voir le général Jourdan, qu'on dit proche des jacobins, qui prépareraient un coup de force pour le 20 Brumaire. Le rassurer sans le tromper.

– Je suis convaincu de vos bonnes intentions et de celles de vos amis, mais dans cette occasion je ne puis marcher avec vous. Au reste, soyez sans inquiétude, tout sera fait dans l'intérêt de la République.

Revoir le général Moreau : lui offrir un sabre de Damas garni de brillants, d'une valeur de dix mille francs.

Voir le général Bernadotte, « l'homme-obstacle », tenter de le rallier ou, tout au moins, de l'empêcher d'être hostile. Mais celui-là ira chez le vainqueur. Donc, il faut vaincre.

Maintenant, 1er novembre – 10 Brumaire –, l'heure n'est plus aux reconnaissances et aux patrouilles, mais à la préparation de l'assaut.

Napoléon accepte enfin une discussion de fond avec Sieyès. L'entrevue a lieu chez Lucien.

Sieyès est à peine assis que Napoléon l'interpelle. Il faut bousculer cet homme-là, lui faire comprendre qu'on ne sera pas le subordonné, mais l'égal.

– Vous connaissez mes sentiments, dit Napoléon. Le

moment d'agir est venu. Toutes vos mesures sont-elles arrêtées ?

Ne pas laisser Sieyès se perdre dans un dédale constitutionnel, l'interrompre.

– Occupez-vous donc exclusivement de la translation à Saint-Cloud des assemblées et de l'établissement simultané d'un gouvernement provisoire. J'approuve que ce gouvernement provisoire soit réduit à trois personnes, je consens à être l'un des trois consuls provisoires avec vous et votre collègue Roger Ducos.

Le silence de Sieyès et celui de Lucien disent assez leur étonnement devant cette déclaration brutale.

– Sans cela, ne comptez pas sur moi. Il ne manque pas de généraux pour faire exécuter le décret des Anciens.

Mais quel général oserait marcher contre moi dès lors qu'ils savent tous quel est mon but ?

Parfois, pourtant, l'inquiétude le saisit.

Un soir, chez Talleyrand, rue Taitbout, il entend le trot d'un peloton de cavalerie. Les soldats font halte devant la maison. Talleyrand, en boitant, se précipite, souffle les bougies. Dans la rue, un fiacre entouré de cavaliers est arrêté.

Ils peuvent vouloir m'arrêter.

Qui protesterait ? Les alliés d'aujourd'hui, ceux qui viennent chaque jour rue de la Victoire, se rallieraient aux vainqueurs. Le peuple ne bougerait pas. Pour qui le ferait-il ?

Talleyrand rallume en riant les bougies. Il ne s'agit que d'un banquier qu'on escorte chez lui.

Il faut cependant prendre ses précautions. L'opinion peut changer. Napoléon entend, mêlés aux acclamations, des cris hostiles quand il entre dans le temple de la Victoire – l'église Saint-Sulpice, où les Conseils des Cinq-Cents et des Anciens, offrent, le 6 novembre, un banquet en son honneur et en celui du général Moreau.

Il ne mange que trois œufs et une poire.

Ces mets-là, au moins, personne ne peut les empoisonner.

Dans l'église décorée de bannières et d'une grande inscription, *Soyez unis, vous serez vainqueurs*, il fait froid. La musique joue des airs entraînants, mais l'atmosphère est funèbre. Dehors il bruine. À tour de rôle, les personnalités se lèvent pour porter des toasts. « Aux armées de terre et de mer de la République », lance Lucien en tant que président du Conseil des Cinq-Cents. « À la paix », dit Gohier. Moreau déclame : « À tous les fidèles alliés de la République. »

Napoléon se lève, attend quelques minutes, regarde cette salle où les ombres des colonnes dessinent un labyrinthe. Il dit d'une voix forte :

– À l'union de tous les Français !

Puis, sans attendre, il quitte le banquet.

Il est plus important de revoir Sieyès pour confirmer l'accord, Barras pour lui faire comprendre qu'il doit démissionner, Fouché pour sceller l'alliance avec le ministre de la Police générale, Bernadotte pour s'assurer de sa neutralité.

Le 17 Brumaire, 8 novembre, il est chez lui, rue de la Victoire. Il chantonne. Tout est prêt. Il vient de relire les tracts, les affiches, les proclamations qui annonceront à la population le changement de gouvernement. Puis il convoque pour le lendemain 18 Brumaire – 9 novembre – à six heures du matin chez lui, les généraux et les officiers. Des troupes, précise-t-il à Sébastiani et à Murat, prendront position place de la Concorde, puisque le Conseil des Cinq-Cents siège au palais Bourbon et le Conseil des Anciens aux Tuileries, et qu'ils ne seront déplacés à Saint-Cloud que le 19 Brumaire.

Il rédige une invitation à dîner pour le lendemain soir au président Gohier. Voilà qui devrait rassurer Gohier.

Puis Napoléon se ravise, appelle Joséphine. Gohier lui avait fait la cour, n'est-ce pas ? Qu'elle invite donc cet imbécile demain matin.

Elle sourit, prend la plume, écrit :

« Au citoyen Gohier, président du Directoire exclusif de la République française.

« Venez, mon cher Gohier, et votre femme, déjeuner avec moi demain, huit heures du matin. N'y manquez pas ; j'ai à causer avec vous sur des choses très intéressantes.

« Adieu, mon cher Gohier, comptez toujours sur ma sincère amitié.

« La Pagerie Bonaparte. »

Il est minuit quand Eugène de Beauharnais remet à Gohier cette invitation pour le lendemain, 18 Brumaire.

38

Il est cinq heures du matin. Napoléon ouvre la fenêtre du salon de la rotonde, fait quelques pas dans le jardin. La nuit est froide et claire. Sur les pelouses, il distingue dans la lumière glacée les traces brillantes du gel blanc.

Ce jour, le 18 Brumaire, est celui du premier acte. Il est calme, comme toujours dans les instants qui précèdent la bataille, quand les troupes s'ébranlent. Les dragons et les cavaliers de Sébastiani et de Murat doivent déjà avoir pris position place de la Concorde et aux Tuileries, et les premiers députés des Anciens commencent à arriver dans le palais.

Napoléon rentre dans sa chambre, s'habille calmement en choisissant l'uniforme le plus simple, sans un parement, celui qui l'opposera aux tenues chamarrées des députés, des Directeurs et même des généraux. Quelques dizaines de minutes plus tard, dès six heures, voici déjà les premiers officiers qui se présentent à l'entrée, rue de la Victoire. Ils sont bottés, en culotte blanche, avec leur bicorne à plumet tricolore. Napoléon fait un tour dans le jardin, les salue, vérifie que le corps de garde est en place.

Il faut que ces généraux attendent ici, autour de lui, la notification du décret que les députés des Anciens, si le plan prévu est appliqué, vont voter aux Tuileries.

Bientôt la maison est pleine.

Il faut leur parler afin que chacun se sente personnellement distingué et engagé. Napoléon s'installe dans son petit cabinet de travail, et fait signe à Berthier d'introduire les militaires à tour de rôle.

Le général Lefebvre entre le premier. C'est un homme qu'il faut rassurer. Napoléon le sait inquiet de ce rassemblement, peut-être illégal. Or, il faut conquérir Lefebvre, qui commande la 17e division, qui représente les troupes de la région de Paris et la garde nationale du Directoire. Napoléon lui donne l'accolade. Lefebvre veut-il que la France soit entre les mains de ces avocats qui pillent la République ? commence Napoléon avant de faire le procès du Directoire. Puis il décroche son sabre.

– Voici, en gage d'amitié, le sabre que je portais en Égypte, il est à vous, général.

Lefebvre, les yeux pleins de larmes, prend le sabre. Il sort du cabinet en clamant qu'il est prêt à « jeter ces bougres d'avocats à la Seine ».

Premier succès.

Les hommes sont finalement si simples à orienter. Presque tous les hommes.

Mais rien n'est gagné tant que le décret n'est pas communiqué, car le plus souvent les hommes n'acceptent de prendre des risques que s'ils sont sûrs de gagner.

Joseph entre en compagnie du général Bernadotte.

– Comment ? Vous n'êtes pas en uniforme ? s'exclame Napoléon.

Bernadotte explique qu'il n'est pas en service et ne veut pas prendre part à une rébellion.

– Rébellion, rébellion, contre un tas d'imbéciles, des gens qui avocassent du matin au soir ! dit Napoléon. Vous croyez peut-être pouvoir compter sur Moreau, sur Macdonald, sur... Ils viendront tous à moi, Bernadotte. Vous ne connaissez pas les hommes. Ils promettent beaucoup et tiennent peu.

Il ne faut pas se tromper avec Bernadotte, qui agite sa canne-épée, qui dit : « Il est possible de me donner la mort, mais je ne suis pas un homme qu'on retienne malgré lui... »

Il faut sourire, se contenter de demander à Bernadotte qu'il n'entreprenne rien d'hostile.

– Comme citoyen, je vous donne ma parole d'honneur de ne point agir, dit Bernadotte, mais si le corps législatif et le Directoire me donnent l'ordre...

Napoléon prend le bras de Bernadotte.

– Ils ne vous emploieront pas, dit-il en entraînant Bernadotte. Ils craignent plus votre ambition que la mienne. Moi, je suis certain de n'en pas avoir d'autre que de sauver la République...

Il accompagne Bernadotte jusqu'au seuil.

– Je veux me retirer à la Malmaison avec quelques amis, dit-il.

Bernadotte, saisi, le regarde, incrédule.

Il faut tout oser, quand la bataille est en cours.

Napoléon appelle Joseph. « Votre beau-frère, commence-t-il, le général Bernadotte, déjeunera chez vous. »

Ainsi, il sera surveillé.

Napoléon traverse le salon, fendant difficilement la foule des officiers. Il devine les questions. Ces hommes commencent à s'inquiéter. Si le décret n'arrive pas...

Joséphine survient. Et Gohier ? demande Napoléon. Le président du Directoire n'est pas venu rue de la Victoire. Il a décliné l'invitation, a envoyé sa femme seule.

Tout peut encore basculer, et cependant Napoléon sent en lui la certitude du succès. Car il n'y a plus d'autre issue que d'aller jusqu'au bout, quelles qu'en soient les conséquences.

Un brouhaha dans le salon. Il est huit heures trente. Deux inspecteurs questeurs du Conseil des Anciens, accompagnés d'un « messager d'État » en tenue d'apparat, fendent la foule des officiers. Ils viennent communiquer le texte du décret voté par les Anciens.

Napoléon, debout dans son cabinet, le parcourt des yeux. Il est conforme à ce qui a été prévu avec Sieyès. Les assemblées sont transférées dans la commune de Saint-Cloud, demain 19 Brumaire à midi. « Le général Bonaparte est chargé de l'exécution du présent décret. Il prendra toutes les mesures nécessaires pour la sûreté de la représentation nationale. » Il devra se présenter devant le Conseil des Anciens pour prêter serment.

Il relit. Il prend la plume sans même jeter un coup d'œil sur les inspecteurs. Il ajoute une ligne qui lui attribue le commandement de la garde du Directoire. Il a déjà le soutien de Lefebvre. Il a gagné la première bataille. C'est lui qui mène le jeu et non Sieyès.

Il entre dans le salon, tenant le texte dans la main. Il le brandit, le lit. Il est légalement le chef de toutes les troupes. Les officiers tirent leurs épées, les brandissent et l'acclament.

Qui pourrait l'arrêter ?

À cheval !

L'air est vif en ce début de matinée. Le ciel limpide. Napoléon a pris la tête de la troupe. Il entend derrière lui le martèlement de la cavalcade. Les généraux, les officiers le suivent à quelques mètres. Paris est beau. La foule se rassemble. À la hauteur de la Madeleine, Marmont rejoint le cortège avec un groupe d'officiers, puis arrivent les cavaliers de Murat.

Napoléon respire à pleins poumons, le visage fouetté par ce vent allègre.

Il saute de cheval devant les Tuileries, marche, suivi de quelques généraux, jusqu'à la salle où se tiennent les députés des Anciens. Il voit tous ces yeux qui le fixent, cette multitude de visages, ces hauts cols aux galons dorés. Il hésite.

– Citoyens représentants, la République périssait, commence-t-il. Vous l'avez su et votre décret vient de la sauver. Malheur à ceux qui voudraient le trouble et le désordre ! Je les arrêterai, aidé du général Lefebvre, du général Berthier et de tous mes compagnons d'armes...

Il reprend son souffle. Il n'aime pas les assemblées « d'avocats ».

– Rien, dans l'Histoire, ne ressemble à la fin du XVIIIe siècle, dit-il. Rien dans la fin du XVIIIe siècle ne ressemble au moment actuel.

« Nous voulons une République fondée sur la vraie liberté, sur la liberté civile, sur la représentation nationale : nous l'aurons, je le jure en mon nom et en celui de mes compagnons d'armes. »

– Nous le jurons, répètent les officiers.

On applaudit. Un député se dresse, évoque le respect de la Constitution, mais le président Lemercier lève la séance. On se réunira demain à Saint-Cloud.

Il a gagné la deuxième bataille.

On le félicite. Mais tant qu'un combat n'est pas fini, rien n'est acquis. Il sort dans le jardin des Tuileries. Les troupes sont rassemblées. Ce sont elles qui décident de tout. Il aperçoit un proche de Barras, Bottot, il le saisit par le bras, le pousse devant le front des troupes, le prend à partie d'une voix forte.

– Qu'avez-vous fait de cette France que je vous avais laissée si brillante ? clame-t-il. Le vol a été érigé en système ! On a livré le soldat sans défense ! Où sont les braves, les cent mille camarades que j'ai laissés couverts de lauriers ? Que sont-ils devenus ?

Il écarte Bottot, fait un pas en avant.

– Cet état de choses ne peut durer ! Avant trois mois, il nous mènerait au despotisme. Mais nous voulons la République, la République assise sur les bases de l'égalité, de la morale de la liberté civile et de la tolérance politique !

« Soldats, l'armée s'est unie de cœur avec moi, comme je me suis uni avec le corps législatif !

« À entendre quelques factieux, bientôt nous serions tous des ennemis de la République, nous qui l'avons affermie par nos travaux et notre courage ! Nous ne voyons pas de gens plus patriotes que les braves qui sont mutilés au service de la République ! »

Les acclamations éclatent. Les épées et les fusils se dressent.

Napoléon saute à cheval et passe les troupes en revue.

Il n'est que onze heures trente, ce 18 Brumaire, et Napoléon a le sentiment que le premier acte est terminé.

Il y a Gohier, bien sûr, le président du Directoire, qui refuse, un temps, de signer le décret. Selon Cambacérès, ministre de la Justice, son paraphe est nécessaire.

– Les légistes entravent toujours la marche des affaires, murmure Napoléon.

Mais Gohier s'incline, signe, tout en assurant qu'on verra demain, à Saint-Cloud, s'il n'y a plus de Directoire !

Demain...

Peut-être aurait-il fallu conclure dès aujourd'hui. Mais Napoléon efface ce regret. Il ne veut pas d'un coup d'État militaire, brutal, arrogant, avec ses canonnades, ses feux de salve, ses arrestations. Il veut être, selon les termes des affiches qu'on colle autour des Tuileries, des tracts qu'on distribue dans la foule, selon ses ordres, « un homme de sens, un homme de bien ».

Au début de l'après-midi aux Tuileries, Talleyrand entre dans le bureau. Napoléon l'interroge du regard. Barras a accepté de démissionner, vaincu sans combattre. Voilà les meilleures victoires ! Pourquoi la violence, quand on peut l'emporter par la seule menace ?

Napoléon appelle ses officiers d'état-major, déploie le plan de Paris. Demain, il faut disposer des troupes aux Tuileries, aux Champs-Élysées, sur la route menant à Saint-Cloud. Il faut montrer sa force, pour rassurer les honnêtes gens, terroriser les éventuels opposants et les empêcher d'agir.

Fouché s'approche, explique qu'il a fait baisser les barrières de Paris.

– Eh, bon Dieu, pourquoi toutes ces précautions ? s'exclame Napoléon. Nous marchons avec la nation et par sa seule force. Qu'aucun citoyen ne soit inquiété, et que le triomphe de l'opinion n'ait rien de commun avec ces journées faites par une minorité factieuse !

Ne comprennent-ils pas qu'il faut que Paris vive une journée ordinaire ?

– Écoutez, dit-il.

Il lit la proclamation aux troupes qui sera publiée demain 19 Brumaire.

– La République est mal gouvernée depuis deux ans... La liberté, la victoire et la paix replaceront la République au rang qu'elle occupait en Europe et que l'ineptie ou la traîtrise a pu seule lui faire perdre...

Est-ce clair ?

– La nation tout entière.

Il se tourne vers Sieyès qui réclame l'arrestation de meneurs jacobins, secoue la tête. Il refuse.

Il ne dit pas qu'il a déjà chargé Saliceti d'aller rassurer les jacobins et de leur promettre, au nom du général, « une explication franche et détaillée » en leur précisant que Sieyès voulait les arrêter et que Bonaparte les a défendus. Demain, les jacobins n'iront pas à Saint-Cloud.

Sieyès baisse la tête.

Sieyès a-t-il compris qu'en ce soir du 18 Brumaire il n'est pas le vainqueur solitaire qu'il espérait être ? Mais que Napoléon a imposé sa marque toute la journée ?

Demain ?

Demain, à Saint-Cloud, c'est vrai.

– Cela n'a pas été trop mal aujourd'hui, dit Napoléon à Bourrienne, rue de la Victoire. Nous verrons demain.

Il sort de leurs fontes deux pistolets et les emporte avec lui dans sa chambre.

39

C'est aujourd'hui, 19 Brumaire an VIII, 10 novembre 1799, le dernier acte.

Napoléon, depuis le salon, regarde le ciel gris. Il bruine. Le feu, dans la cheminée, a du mal à prendre. L'humidité imprègne la pièce.

Rue de la Victoire, il y a moins de personnes présentes qu'hier matin. On chuchote. Ceux qui sont là sont des hommes sûrs. Mais il faut cependant aller de l'un à l'autre, parce que certains ont déjà exprimé des craintes. Comment vont réagir les députés des deux assemblées ? Se laisseront-ils convaincre ? Hier, on l'a emporté par surprise. Ils ont eu la nuit pour se concerter.

Napoléon, d'un geste, écarte ces inquiétudes. Et cependant elles l'habitent. Une bataille interrompue, c'est une bataille à demi perdue et à demi gagnée. Rien n'est joué. Et cette journée qui commence lui déplaît.

Certes, il a veillé au dispositif militaire. Les troupes seront présentes tout au long de la route. Les soldats de Murat occuperont l'esplanade devant le château de Saint-Cloud, et cerneront ainsi la garde du Directoire, dont il faut se méfier. Mais rien n'a été prévu quant au déroulement de la journée. Lucien Bonaparte et Sieyès ont affirmé que les Anciens et les Cinq-Cents se résoudraient à accepter la nomination de trois consuls et le renvoi des assemblées pour quelques semaines. Est-ce sûr ?

Napoléon regrette de ne pas avoir la situation mieux en main. Il croit à la Fortune, mais il n'aime pas s'en remettre à l'improvisation, au hasard.

Cambacérès s'approche, le visage grave.

– On n'est fixé sur rien, dit le ministre de la Justice. Je ne sais trop comment cela finira.

Napoléon hausse les épaules. Il faut rassurer Cambacérès.

– Dans ces conseils, dit-il, il y a peu d'hommes. Je les ai vus, entendus hier toute la journée. Que de pauvretés, que de vils intérêts !

Il fait quelques pas. Il dit au général Lannes, blessé, de ne pas partir pour Saint-Cloud. Puis, au moment où il embrasse Joséphine, il murmure : « Cette journée n'est pas une journée de femmes. »

Il peut y avoir combat.

On part en voiture, avec pour escorte un détachement de cavalerie.

Napoléon reste silencieux, entend Bourrienne qui, près de lui, murmure à La Valette au moment où l'on traverse la place de la Concorde : « Nous coucherons demain au Luxembourg ou nous finirons ici. »

D'un mouvement du menton, Bourrienne indique l'emplacement de la place où se dressait la guillotine.

La route est encombrée de voitures souvent chargées de bagages, comme si ceux qui se rendent à Saint-Cloud avaient déjà envisagé leur fuite. Partout, aux abords du château, des bivouacs de soldats.

Au moment où il traverse l'esplanade, Napoléon aperçoit des groupes de députés des Cinq-Cents, leur robe blanche serrée d'une ceinture bleue et coiffés de leur toque rouge, se diriger vers le pavillon de l'Orangerie.

Il traverse l'esplanade. Des soldats crient : « Vive Bonaparte ! » D'un groupe de députés des Cinq-Cents, des voix s'élèvent : « Ah, le scélérat, ah, le gredin ! » Il ne tourne pas la tête.

Ce dernier acte de la pièce doit se conclure par sa victoire. Car, s'il est vaincu, il perd tout.

Il entre dans le cabinet qui lui a été réservé et qui est attenant aux salons. C'est une pièce meublée seulement de deux fauteuils, où sont déjà assis Sieyès et Roger Ducos, les deux futurs consuls. Il fait un froid humide. Les flammes dans la cheminée paraissent à chaque instant devoir s'éteindre.

Napoléon commence à marcher dans la pièce. Attendre, ne pas agir, s'en remettre à d'autres, de son destin, est insupportable.

Il n'est que treize heures trente.

La Valette, l'aide de camp, annonce que Lucien Bonaparte vient d'ouvrir la séance du Conseil des Cinq-Cents.

Attendre, donc. Napoléon se tourne vers Sieyès et Ducos. Ils bavardent. Peuvent-ils ainsi laisser leurs destins se dessiner sans intervenir ? Un aide de camp entre, Napoléon le saisit par l'épaule, l'attire loin des fauteuils. L'officier murmure, tourné vers Sieyès, que ce dernier a donné ordre à son cocher de laisser sa voiture attelée et de la cacher dans les bois, afin, si l'affaire tournait mal, de pouvoir fuir. Talleyrand, explique l'officier, est arrivé en compagnie du banquier Collot et s'est installé dans une maison proche du château.

Ils sont tous prudents, prêts à assurer leurs arrières. Lui joue toutes ses cartes.

L'aide de camp La Valette entre. Son visage exprime les préoccupations. Les Cinq-Cents, dit-il, sont en tumulte. Les députés ont crié : « Point de dictature ! À bas les dictateurs ! Vive la Constitution ! » Le président, Lucien Bonaparte, a dû accepter que les députés prêtent serment de fidélité à la Constitution de l'an III.

Sieyès sourit. Naturellement, il n'est pas mécontent des accusations portées contre Napoléon.

– Vous voyez ce qu'ils font, lui lance Napoléon.

Sieyès hausse les épaules. Ce serment de respecter toute la Constitution est en effet un peu exagéré. Mais...

Napoléon se détourne, s'emporte contre un chef de bataillon qui n'a pas exécuté ses ordres. « Il n'y a d'ordre ici que les miens ! crie-t-il. Qu'on arrête cet homme, qu'on le mette en prison. »

Il marche de long en large. Cette journée, il le sentait, serait incertaine. On pousse la porte. Que veulent ces généraux députés Jourdan et Augereau, qu'on dit de sympathie jacobine ?

Viennent-ils déjà rôder comme des charognards, parce qu'ils croient que je vais reculer devant l'opposition parlementaire ?

Ils proposent un compromis, une action de concert avec eux. Ils assurent que Bernadotte dispose d'hommes dans les faubourgs, qu'il peut déclencher un mouvement sans-culotte.

Si je n'agis pas, je perds.

Napoléon écarte Augereau.

– Le vin est tiré, dit-il. Il faut le boire. Tiens-toi tranquille.

Il quitte cette pièce où il étouffe. Il ne se laissera pas entraver par ces manœuvres, ni enliser dans ces discours d'avocats.

Il entre dans la galerie d'Apollon. Les Anciens ont suspendu leur séance. Ils forment une masse compacte, rouge et bleu. Napoléon voudrait avancer, mais il ne peut accéder à l'estrade.

Il doit agir, c'est-à-dire parler.

– Représentants du peuple, commence-t-il, vous n'êtes point dans des circonstances ordinaires, vous êtes sur un volcan...

Les députés murmurent déjà. Il est mal à l'aise. Il n'aime pas se justifier.

Ces hommes-là, auxquels il dit : « Je vous le jure, la patrie n'a pas de plus zélé défenseur que moi ; je me dévoue tout entier pour faire exécuter vos ordres », qui sont-ils ? Qu'ont-ils fait pour qu'il soit ainsi contraint d'obtenir leur accord ?

– Et la Constitution ? hurle l'un d'eux.

Il se redresse.

– La Constitution ? Vous sied-il de l'invoquer ? Et peut-elle être encore une garantie pour le peuple français ? La Constitution ? Elle est invoquée par toutes les factions et elle a été violée par toutes ; elle est méprisée par toutes.

Il a rugi. Il reprend son souffle. L'un des députés qui lui est proche propose l'impression de son discours. Mais d'autres voix demandent des explications. Il doit encore parler des périls qui se lèvent en Vendée, des royalistes qui menacent Nantes, Saint-Brieuc, Le Mans.

Il martèle :

– Je ne suis d'aucune coterie, parce que je ne suis que du grand parti du peuple français.

Mais il sent que ses paroles ne portent pas. Ces hommes-là, drapés dans leur robe bleue, le front barré par leur toque rouge, le torse enveloppé dans leur manteau blanc, le ventre serré dans leur ceinture rouge, ne peuvent être convaincus.

Il se tourne vers l'entrée de la salle.

– Vous, grenadiers, dit-il, dont j'aperçois les bonnets, vous, braves soldats dont j'aperçois les baïonnettes...

Les députés se lèvent, menacent, grondent. Ce sont pourtant les Anciens, ceux qui lui sont le plus favorables !

Il les regarde. Ils sont hostiles. Il ne pourra jamais les séduire dès lors qu'ils sont cette meute rassemblée. Et il se laisse aller, les mots surgissent qu'il ne contrôle plus, qui balaient toute habileté, toute prudence.

– Si quelque orateur payé par l'étranger parlait de me mettre hors la loi, lance-t-il, que la foudre de la guerre l'écrase à l'instant, j'en appellerai à vous, braves soldats, mes braves compagnons d'armes...

Les députés hurlent.

– Souvenez-vous, crie-t-il, que je marche accompagné du dieu de la Victoire et du dieu de la Fortune...

Il entend Bourrienne qui murmure :

– Sortez, général, vous ne savez plus ce que vous dites.

Mais que dire d'autre à ces avocats-là qui ne veulent pas entendre !

– Je vous invite à prendre des mesures salutaires que l'urgence des dangers commande impérieusement, poursuit-il. Vous trouverez toujours mon bras pour faire exécuter vos résolutions.

Il traverse la galerie d'Apollon. Il marche d'un pas rapide. Il écarte ceux qui, comme Bourrienne, lui recommandent la prudence, lui déconseillent de se rendre devant l'assemblée des Cinq-Cents, où la majorité des députés lui est hostile. Ne comprennent-ils pas qu'il vaut mieux se battre mal que ne pas se battre ? Il est persuadé qu'il n'obtiendra rien de ces députés par la modération. Sieyès, près de lui, ne dit rien. Dans l'escalier qui conduit à l'Orangerie, l'écrivain

Arnault, qui arrive de Paris, l'interpelle : il vient de quitter Fouché.

– Fouché vous répond de Paris, général, mais c'est à vous, dit-il, de répondre de Saint-Cloud. Il est d'avis qu'il faut brusquer les choses, si l'on veut vous enlacer dans des délais... Le citoyen Talleyrand estime aussi qu'il n'y a pas de temps à perdre.

On essaie pourtant de le retenir au moment où il va pénétrer dans la salle de l'Orangerie où siègent les Cinq-Cents.

Il se dégage. Il faut trancher ce nœud. Escorté de grenadiers, il fend la cohue qui encombre le couloir et pousse la porte, avance seul.

Devant lui, ces hommes en toques rouges. Des cris, des hurlements. Les visages de la haine.

– Hors la loi le dictateur ! À bas le dictateur ! crie-t-on.

Un député, qui dépasse de la tête tous les autres, se rue en avant, frappe violemment l'épaule de Napoléon.

– Général, est-ce donc pour cela que tu as vaincu ? demande-t-il.

Il y a quelques cris de « Vive Bonaparte ! », vite recouverts par les hurlements. « Hors la loi, hors la loi », répète-t-on.

Un instant il a un voile devant les yeux. Il étouffe dans la bousculade. Il voit des députés brandir des poignards. Il griffe ses dartres, ses boutons sur son visage. Le sang coule sur ses joues. Il se sent soulevé, porté.

Il est dans le salon, Sieyès est en face de lui, calme.

– Ils veulent me mettre hors la loi, eux, dit-il.

– Ce sont eux qui s'y sont mis, répond Sieyès. Il faut faire donner la troupe.

Napoléon, en quelques secondes, retrouve son calme. Il ne voulait pas d'un coup de force militaire. Il n'en veut pas encore. Mais il ne peut pas perdre.

On entend des cris provenant de l'Orangerie.

On pousse les portes du salon. On assure que les Cinq-Cents ont décrété la mise hors la loi du général.

Il ne peut pas perdre. Il dégaine son épée, crie, depuis la fenêtre : « Aux armes ! Aux armes ! »

Puis se précipite, suivi de ses aides de camp, dans la cour, monte à cheval. Lucien apparaît, tête nue. Il réclame un cheval.

Sieyès lance :

– Ils nous mettent hors la loi ! Eh bien, général, contentez-vous de les mettre hors la salle !

Lucien, debout sur les étriers, crie :

– Un tambour, un roulement de tambour !

Le tambour bat. Puis c'est le silence.

– Français, le président du Conseil des Cinq-Cents vous déclare que l'immense majorité de ce conseil est, en ce moment, sous la terreur de quelques représentants à stylets... Ces odieux brigands, sans doute à la solde de l'Angleterre... ont osé parler de mettre hors la loi le général chargé de l'exécution du décret du Conseil des Anciens... Ce petit nombre de furieux se sont mis eux-mêmes hors la loi... Ces proscripteurs ne sont plus les représentants du peuple, mais les représentants du poignard !...

Les acclamations emplissent l'esplanade et la cour.

Napoléon a du mal à rester en selle. Son cheval piaffe, fait des écarts.

Napoléon sait que c'est l'instant crucial de cette journée. Et il est sûr qu'il va l'emporter. Il le doit.

– Soldats, crie-t-il, je vous ai menés à la victoire, puis-je compter sur vous ?

Des hommes lèvent leur fusil et leur épée, répondent oui.

Cette rumeur enfle, porte Napoléon.

– Des agitateurs cherchent à soulever contre moi le Conseil des Cinq-Cents. Eh bien, je vais les mettre à la raison ! Puis-je compter sur vous ?

On crie : « Vive Bonaparte ! »

– J'ai voulu leur parler, reprend Napoléon, ils m'ont répondu par des poignards...

Il a gagné. Il suffit de quelques mots encore.

– Depuis assez longtemps, la patrie est tourmentée, lance-t-il, pillée, saccagée, depuis assez longtemps ses défenseurs sont avilis, immolés. Ces braves que j'ai habillés, payés, entretenus au prix de nos victoires, dans quel état je les retrouve...

– Vive Bonaparte !

– Trois fois j'ai ouvert les portes de la République, et trois fois on les a refermées.

– Vive Bonaparte !

– Oui, suivez-moi, je suis le dieu du jour !

Les acclamations reprennent. Il entend Lucien qui lui crie :

– Mais taisez-vous donc, vous croyez parler à des Mamelouks ?

Lucien a raison : il ne faut plus parler.

Napoléon se penche, donne un ordre au général Leclerc. Les grenadiers s'ébranlent. Les tambours battent la charge, se dirigent vers l'Orangerie. On voit des députés du Conseil des Cinq-Cents enjamber les fenêtres, laissant tomber leur toque rouge, se débarrassant de leur toge blanche, s'enfuyant dans le parc. Et l'on entend Murat crier : « Foutez-moi tout ce monde-là dehors ! »

Il fait nuit. Il est dix-huit heures.

Il suffit d'attendre dans le salon. L'aide de camp La Valette apporte la nouvelle que les Anciens ont voté le décret remplaçant le Directoire par une commission exécutive de trois membres. Mais il faut le vote des Cinq-Cents.

Les soldats s'en vont à Saint-Cloud, dans les guinguettes, les jardins, les cafés, retrouver les députés qui se sont enfuis, afin de les ramener à l'Orangerie, pour qu'ils votent à leur tour.

Napoléon va et vient dans le salon. Le château, maintenant, est silencieux. On entend le piétinement des soldats qui commencent à quitter Saint-Cloud.

Lucien, vers minuit, entre dans le salon, rayonnant.

Il lit le décret : « Le corps législatif crée une commission consulaire exécutive composée des citoyens Sieyès, Roger Ducos, ex-Directeurs, et de Bonaparte, général, qui porteront le nom de consuls de la République. »

Puis Napoléon prend place dans le cortège qui conduit les consuls jusqu'à la salle de réunion où ils vont prêter serment de fidélité « à la Souveraineté du Peuple, à la République française une et indivisible, à l'Égalité, à la Liberté et au Système représentatif ».

Napoléon prononce ces mots le dernier.

Il est consul à l'aube de ce 11 novembre 1799.

Dans la voiture qui, à cinq heures du matin, le reconduit à Paris, il se tait. Il devine que, dans l'obscurité, Bourrienne, assis près de lui, le regarde.

Mais Napoléon, les yeux fermés, ne tourne pas la tête.

La voiture longe des soldats qui se rangent sur le bas-côté de la route. Ils sont gais. Ils chantent :

Ah ça ira, ça ira
Les aristocrates à la lanterne.

Napoléon sait bien que, quoi qu'il fasse, il est le fils de la Révolution. Mais elle est finie, comme l'aube.

Il ouvre les yeux. La voiture entre dans Paris. Les rues sont désertes, silencieuses. Le bruit des roues sur les pavés et des sabots des chevaux de la petite escorte résonne entre les façades aux volets clos.

Il éprouve un sentiment jusqu'alors inconnu de puissance sereine. Après tous ces mois d'Égypte, avec leurs incertitudes, les revers, après ces heures où il a vu briller à Saint-Cloud les poignards de la haine, où, à chaque instant, il a pu tout perdre, il lui semble qu'enfin il a franchi les derniers obstacles. Devant lui s'étend l'horizon, sa vie. Tout maintenant sera grand. Il le sent. Il le veut.

Oui, la Révolution est finie.

Il est celui qui ferme un temps et ouvre une autre époque.

Enfin, enfin ! Le jour se lève ! À moi l'avenir !

Table

Ouverture
Cette plaine serait un beau champ de bataille 11

Première partie
Du granit chauffé par un volcan
15 août 1769 - octobre 1785 19

Deuxième partie
Toujours seul au milieu des hommes
Novembre 1785 - septembre 1789 63

Troisième partie
La cervelle pleine des grandes choses publiques
Septembre 1789 - 11 juin 1793 115

Quatrième partie
Mieux vaut être mangeur que mangé
Juin 1793 - mai 1795 187

Cinquième partie
Mon épée est à mon côté, et avec elle j'irai loin
Mai 1795 - 11 mars 1796 229

Sixième partie
Je voyais le monde fuir sous moi...
27 mars 1796 - 5 décembre 1797 267

Septième partie
Tout s'use ici... Il faut aller en Orient
5 décembre 1797 - 19 mai 1798 345

Huitième partie
Être grand, c'est dépendre de tout
19 mai 1798 - 9 octobre 1799 371

Neuvième partie
Oui, suivez-moi. Je suis le dieu du jour
9 octobre 1799 - 11 novembre 1799
(20 Brumaire an VIII) 437

Pour les lecteurs du Club
afin qu'ils chevauchent avec
moi en compagnie de
Napoléon.

Avec toute ma sympathie,

[illegible]

Fiche d'identité

« Qui suis-je ? D'abord un écrivain. C'est-à-dire quelqu'un qui accepte depuis une quarantaine d'années – j'ai commencé à écrire vers quinze ans – d'être seul avec lui-même plusieurs heures par jour. Bien sûr on peut dire aussi que j'ai enseigné longtemps. C'est vrai. Je suis agrégé d'histoire et docteur-es-lettres. On peut ajouter que j'ai été journaliste : durant dix ans éditorialiste à *l'Express,* puis j'ai dirigé la rédaction du *Matin de Paris* et collaboré à plusieurs journaux, français et étrangers : du *Point* à *France-Soir,* de *Der Spiegel* au *Corriere della Sera.* On peut rappeler aussi que j'ai été député de ma ville natale – Nice –, ministre puis député européen. On ne mentira pas en disant tout cela. Et pourtant, ma seule activité permanente a été d'écrire : des romans, des essais, des biographies. Et tout cela accumulé a fait une soixantaine de livres ! Une vie ! Mais cependant à chaque fois que je commence un nouveau livre j'éprouve angoisse et joie. Je me lance dans le travail avec passion. J'écris. Je vis. En écrivant les quatre tomes de " mon " *Napoléon,* j'ai partagé un destin unique. Que vaut le reste comparé à ce miracle-là ? »

Max Gallo

(Photo : © Louis Monier)

« Pourquoi j'ai écrit ce livre »

« Pourquoi n'écririez-vous pas une vie de Napoléon ? » Quand l'éditeur Bernard Fixot m'a posé cette question je l'ai regardé avec étonnement. J'ai pensé à tous les livres déjà écrits sur Napoléon. Combien ? Sans doute des milliers. Et pourtant, en moi, aussitôt, ma mémoire fit remonter au jour des projets anciens auxquels j'avais renoncé. Durant des années j'avais lu des textes de Napoléon, et j'avais été fasciné par la clarté et la puissance de sa pensée. Son destin m'avait fait rêver. Un enfant corse d'à peine dix ans débarque en France. Il ne parle par le français. Son père le laisse seul dans une école militaire. Et vingt ans plus tard ce gamin dont on se moque – c'est un « mulâtre méditerranéen » dit-on – est Premier Consul et il incarne la France. Il est devenu et il est encore le plus illustre des Français. Quel météore ! « Quel roman que ma vie », disait-il. Et puis, après quinze années de gloire, le voici prisonnier des Anglais sur ce rocher de Sainte-Hélène, au fond de l'Atlantique Sud ! Quel symbole de la destinée humaine : les sommets et la chute. Une vie de légende, comparable à celle de Prométhée, volant le feu sacré aux dieux et condamné pour cela.

Napoléon ? Je le connaissais bien, puisque le premier texte que j'avais écrit – je n'avais pas seize ans – s'intitulait naïvement « De Gaulle égale-t-il Bonaparte ? » Et plus tard je l'avais croisé en écrivant une biographie de Robespierre et j'avais quelques années après écrit un roman, intitulé *La Route Napoléon,* où il apparaissait, figure énigmatique, que mon héros, un jeune noble émigré, était tenté de suivre.

Mais je n'avais pas osé monter à cheval pour accompagner Napoléon tout au long de sa vie.

« Réfléchissez » m'a répété l'éditeur.

***

Je suis rentré chez moi et j'ai commencé à sortir de mes bibliothèques tous les livres qui concernaient Napoléon. Ils représentaient plusieurs piles, plus de cinquante ouvrages, des plus austères aux plus anecdotiques. Mais j'ai commencé par relire les lettres de Napoléon, ses proclamations, et je me suis senti – comme des années auparavant – proche de cet homme passionné, multiple, lucide, énergique, généreux. Est-ce d'être né, comme lui sur les bords de la Méditerranée, en face – à Nice – de sa Corse natale ? Il m'a semblé que je comprenais ses mobiles, sa manière de penser, ses emportements et ses doutes, son fatalisme parfois, et sa volonté.

Or quelle n'a pas été ma surprise en constatant que la plupart des livres qui lui avaient été consacrés, n'avaient pas pris en compte l'homme dans sa totalité. Les uns l'évacuaient en quelques pages et se consacraient à étudier les batailles, le code civil ou les groupes sociaux qui l'avaient soutenu ou trahi. Les autres le décrivaient de l'extérieur sans même chercher à comprendre ce qui avait pu mettre en mouvement cette force humaine hors du commun. Ceux qui s'intéressaient à lui le faisait à l'aide d'anecdotes, le réduisant ainsi, à un mari jaloux, à un amant pressé ou bien à un fou de pouvoir ou encore à un chef de guerre qui, au fil des années, passe de la victoire à la défaite.

Tout cela était vrai mais en même temps l'homme Napoléon se trouvait mutilé, réduit, ou émietté. Là, on parlait de « Napoléon et les femmes », ici de « Napoléon et la guerre » ou encore de « l'ambition de Napoléon », ou bien de « Napoléon et sa famille ». Mais un homme, fut-il Napoléon, ça ne se découpe pas en tranches ! C'est un tout. Napoléon, comme n'importe qui, prend un bain, mais quand il en sort, il dicte une proclamation pour ses armées, ou une lettre à Joséphine de Beauharnais. Et c'est tout cela qui fait Napoléon, c'est tout cela qu'il faut faire revivre !

Après deux jours passés à lire et à relire ces ouvrages, j'ai été convaincu qu'il y avait un livre différent à écrire. Et que j'étais l'auteur qui pouvait réussir ce livre-là. J'ai imaginé quatre tomes qui me permettraient de suivre pas à pas Napoléon. Mes livres n'auraient pas pour objet de dire « Napoléon est un monstre » ou bien « Napoléon est un génie ». Ils cherchaient simplement à comprendre la trajectoire d'une personnalité, à percer ses secrets en essayant d'éprouver – et donc de faire éprouver au lecteur – ce qu'avait ressenti l'enfant Napoléon, le jeune général, l'Empereur puis le captif des Anglais, isolé à Sainte-Hélène.

En somme j'ai pensé que je pouvais faire descendre de son socle la statue de l'Empereur et lui rendre la vie, c'est-à-dire la placer à chaque instant devant les choix qu'il avait dû faire, dans l'ignorance de ce qui pouvait survenir. Partir en Égypte pour la conquérir, par exemple ? C'était aussi faire le pari qu'il pouvait traverser la Méditerranée en échappant à la flotte anglaise. Et à tous les moments de sa vie Napoléon a dû lancer les dés, en remettant en jeu tous ses gains.

Il m'a semblé aussi que, deux cents ans après le 18 Brumaire (9 novembre 1799), il fallait réaliser ce projet. Napoléon ne devait plus être regardé avec des œillères politiques. Dictateur ? Homme de droite ? Révolutionnaire ? Des mots trop utilisés. Je voulais raconter de l'intérieur une vie tout entière consacrée à l'action. Tout dire de ce qu'il avait fait. Ne rien cacher : s'il ordonnait de fusiller des prisonniers, je devais le raconter. Et évoquer aussi ce qu'il avait pensé en prenant cette décision. Et ainsi toutes les données en main laisser aux lecteurs la possibilité de juger. Je voulais dire à celui qui lirait mon livre : vous avez devant vous un homme. Vous n'ignorez rien de ses actions et de ses sentiments. Vous savez pourquoi il a agi ainsi. Vous êtes donc capable de le condamner ou de l'admirer. Mais vous le ferez en connaissance de cause. Vous êtes libre. Je ne vous dicte pas, habilement, ce que vous devez penser de lui.

***

Ma décision d'écire *Napoléon* était prise. Et je me suis tout entier englouti dans sa vie. Travail acharné sans doute, mais que pèsent les heures de solitude – apparente – quand on est à cheval en compagnie de Napoléon Bonaparte ? Mon intuition ne m'a pas trompé, me semble-t-il. J'ai été aux côtés de cet homme avec une constante allégresse, comme s'il me communiquait au fur et à mesure que je l'accompagnais son énergie vitale. Certes il y eut à partager sa jalousie, ses moments d'abattement et de désespoir et pour finir cet enfermement à Sainte-Hélène. Il me fallut affronter la défaite et la trahison, avec lui. Mais même dans les moments les plus sombres, j'étais entraîné par la volonté émanant de Napoléon. Et c'est pourquoi, malgré les échecs, et en dépit de la cruauté de certaine circonstance – que dire de la campagne de Russie ? –, de la mort des meilleurs autour de lui, j'ai pu parler d'allégresse. Parce qu'il se dégage de Napoléon une telle puissance de vie, qu'elle emporte tout.

***

Jamais je ne suis « sorti » d'un livre avec autant de regrets. Je ne voulais pas quitter cet homme. Et écrivant ces quelques lignes il est encore présent en moi. Il m'a beaucoup donné, parce que le spectacle d'un homme généreux qui veut aller jusqu'au bout de lui-même est toujours exaltant. Et que la passion est communicative. Les lecteurs me semblent partager cette impression. Merci Napoléon !

Max GALLO

Aubin Imprimeur
LIGUGÉ, POITIERS

Cet ouvrage a été imprimé sur du papier bouffant Skoura
de la papeterie de la Gorge de Domène
par Aubin Imprimeur (Ligugé)
et relié par la Nouvelle Reliure Industrielle (Auxerre)
pour France Loisirs

N° d'édition 27212 / N° d'impression L 54334
Dépôt légal, août 1997
Imprimé en France